浙江省普通高校"十三五"新形态教材

浙江省高等学校德育统编教材

Zhongguo Tese Shehui Zhuyi

Zai Zhejiang de Shijian

中国特色社会主义在浙江的实践

（第三版）

谭劲松　金一斌 ◎主　编

张国宏　詹真荣 ◎副主编

ZHEJIANG UNIVERSITY PRESS

浙江大学出版社

图书在版编目（CIP）数据

中国特色社会主义在浙江的实践/谭劲松，金一斌
主编．—3版．—杭州：浙江大学出版社，2018.12（2022.8重印）
ISBN 978-7-308-18784-8

Ⅰ.①中… Ⅱ.①谭…②金… Ⅲ.①中国特色
社会主义—社会主义建设模式—浙江 Ⅳ.①D675.5

中国版本图书馆 CIP 数据核字（2018）第 282840 号

中国特色社会主义在浙江的实践（第三版）

谭劲松　金一斌　主编

策划编辑　徐　霞　黄娟琴
责任编辑　徐　霞　黄娟琴
责任校对　张培洁　杨利军
封面设计　春天书装
出版发行　浙江大学出版社
　　　　　（杭州市天目山路 148 号　邮政编码 310007）
　　　　　（网址：http://www.zjupress.com）
排　　版　杭州青翊图文设计有限公司
印　　刷　杭州杭新印务有限公司
开　　本　710mm×1000mm　1/16
印　　张　17.25
字　　数　329 千
版 印 次　2018 年 12 月第 3 版　2022 年 8 月第 7 次印刷
书　　号　ISBN 978-7-308-18784-8
定　　价　24.00 元

序　言

　　中国特色社会主义理论是马克思主义中国化的最新成果，是中国社会主义现代化建设的根本指导思想与行动指南。用中国特色社会主义理论武装大学生，事关青年学生的健康成长，事关国家与民族的前途与命运，影响深远，意义重大。中国特色社会主义在浙江的伟大实践，为中国特色社会主义理论的科学性、正确性提供了丰富的实践印证，同时为丰富、发展和创新中国特色社会主义理论做出了重要贡献。编写这部《中国特色社会主义在浙江的实践》教材，是要将浙江人民在中国特色社会主义理论指引下的伟大实践编入教材，引进课堂，让大学生通过了解浙江改革发展的历程，深切感悟科学理论的强大生命所在，深入了解国情、省情和民情，引导大学生投身于建设物质富裕、精神富有的社会主义现代化浙江的伟大实践之中。

　　浙江的改革开放之路，就是中国特色社会主义成功实践之路。浙江原本是一个经济社会发展相对落后的农业省份。改革开放以来的短短30多年，浙江经济社会发展实现了从资源小省向经济大省、计划经济向市场经济、农业社会向工业社会、封闭型经济向开放型经济、基本温饱向总体小康的五大历史性跨越，面貌发生了翻天覆地的变化，迅速发展成为一个经济强省，成为我国经济发展最具活力的省份之一。从敢闯敢冒、赢得改革开放先机到整体推进、重点突破的全面深化改革，从"八八战略"到"两山"理论，浙江30多年的发展之路是全省人民在中央和省委省政府的带领下，以一往无前的创新精神、波澜壮阔的创业实践、不屈不挠的毅力、善谋善断的经营能力，经受住多种考验，始终走在改革开放最前沿的开拓之路；是浙江人宁可苦干、不愿苦熬，走遍千山万水、讲尽千言万语、想尽千方百计、历尽千辛万苦的实干之路。中国特色社会主义在浙江的成功实践，既是浙江人民把中国特色社会主义理论同当地实际有机结合的成果，又为丰富和创造性地发展中国特色社会主义理论提供了实践基础。

中国特色社会主义在浙江的实践历程，本身就是一部中国特色社会主义理论生动的教科书。浙江改革开放之路，是全省人民以一往无前的创新精神和波澜壮阔的创业实践，走出的一条具有中国特色、时代特征和浙江特点的经济社会发展之路，为中国特色社会主义道路、理论、制度的科学性提供了鲜活的实践印证。浙江人民在中国特色社会主义理论指导下，以敢为人先的胆识、善于开拓求变的智慧、勇于创新创业的精神，创造出许多"全国第一""全国首创""全国率先"，成就了世人瞩目的"浙江现象""浙江奇迹""浙江经验"，走出了一条具有鲜明地方特色的经济社会发展的成功路子。干在实处、走在前列，是对浙江现象最生动的评价；"无中生有、小题大做"，是浙江奇迹最真实的写照；以人为本、创新创业是浙江经验最本质的核心。浙江改革开放和现代化建设的伟大成就，是中国改革开放的一个多彩缩影，是中国特色社会主义伟大理论在浙江大地上的生动展示。浙江这片热土每时每刻的发展变化，都是对中国特色社会主义理论最生动、最具体的诠释，都是开展大学生思想政治教育鲜活的教材。

立足于中国特色社会主义在浙江的伟大实践，将理论武装与国情、省情教育联系起来，与师生身边的事情和切身感受结合起来，对于提高教育教学的生动性与说服力具有重要意义。我省高校学生中的大部分来自全省各地，毕业后大多将留在浙江工作。知晓浙江的过去、现在与未来，了解浙江的省情、社情与民情，是青年学生的迫切需要；将理论武装与国情、省情教育联系起来，为学生毕业后尽快地适应当地经济社会发展要求打下基础，是社会对学校教育的必然要求；将学校办学理念、人才培养特色融入思想政治教育之中，把理论武装与专业学习、学科建设有机结合起来，形成理论教育、省情教育、学术伦理与职业素养教育三位一体的高校德育课堂教学模式，是增强思政理论课针对性、实效性的有效途径。

"半亩方塘一鉴开，天光云影共徘徊。问渠那得清如许？为有源头活水来。"教材如同"方塘"，唯有紧接社会实践的"源头活水"，才能保持池水的充沛与清澈，准确折射出时代的"天光云影"，更好地滋润学生的心田。

是为序。

中共浙江省委教育工委书记
浙 江 省 教 育 厅 厅 长　　刘希平
二〇一三年六月

目　录

绪　　论 …………………………………………………………001

第一章　中国特色社会主义在浙江实践概述…………………………005

　　第一节　中国特色社会主义在浙江实践的发展历程 ……………005
　　第二节　中国特色社会主义在浙江实践的重大成就 ……………014
　　第三节　中国特色社会主义在浙江实践的主要经验 ……………024

第二章　调整和完善所有制结构…………………………………………033

　　第一节　多形式发展公有制经济，确保公有制主体地位 ………033
　　第二节　做大做强国有企业，充分发挥国有经济主导作用 ……037
　　第三节　鼓励、支持和引导非公有制经济发展 …………………041

第三章　改革经济体制，发展市场经济…………………………………051

　　第一节　推进市场大省建设，提高资源配置效率 ………………051
　　第二节　转变政府经济职能，健全宏观调控体系 ………………061
　　第三节　完善收入分配制度，健全社会保障体系 ………………066

第四章　改革创新抓先机，创造发展新模式……………………………078

　　第一节　探索新型工业化道路，推动工业跨越式发展 …………078
　　第二节　统筹城乡发展，推进城镇化和新农村建设 ……………085
　　第三节　把握发展新机遇，建设海洋经济强省 …………………089

第五章　创新政府治理体制，推进民主法治建设………………………098

　　第一节　创新行政管理体制，建设服务型政府 …………………098
　　第二节　创新基层民主形式，推进民主政治建设 ………………109

　　第三节　坚持依法治国方略，推进"法治浙江"建设 …………………113

第六章　建设文化强省，提升文化软实力……………………………………120

　　第一节　建设文化浙江，提升文化影响力 …………………………………120
　　第二节　完善公共文化服务体系，提高文化惠民力 ………………………130
　　第三节　引导文化产业健康发展，提高文化产业综合竞争力 ……………135

第七章　坚持教育优先发展战略，持续推进教育强省建设………………145

　　第一节　浙江教育事业的改革与探索 ………………………………………145
　　第二节　教育事业跨越式发展 ………………………………………………156
　　第三节　浙江教育发展的主要经验 …………………………………………162

第八章　提高社会治理水平，建设平安浙江………………………………170

　　第一节　保障和改善民生，提升群众获得感 ………………………………170
　　第二节　推进治理体系现代化，提高社会治理能力 ………………………179
　　第三节　创新社会治理理念，转变社会治理方式 …………………………184

第九章　推进生态文明建设，打造富饶秀美浙江…………………………190

　　第一节　转变发展方式，发展生态经济 ……………………………………190
　　第二节　创新环保方式，优化生态环境 ……………………………………195
　　第三节　加强生态文明教育，建设新型生态文化 …………………………203

第十章　全方位对外开放，全面利用世界资源……………………………211

　　第一节　抓住对外开放先机，创造浙江先发优势 …………………………211
　　第二节　创业创新闯天下，全面利用世界资源 ……………………………216
　　第三节　创新招商引资战略，提升经济开放水平 …………………………222

第十一章　全面加强党的建设，着力提高执政能力……………………232

　　第一节　加强思想建设，提高理论武装能力 ………………………………232
　　第二节　加强组织建设，提高政治领导能力 ………………………………240
　　第三节　加强作风建设，增强党群凝聚力 …………………………………247
　　第四节　加强纪律建设，提高拒腐防变能力 ………………………………250
　　第五节　加强制度建设，提高科学管理能力 ………………………………255

后　　记……………………………………………………………………262

第二版后记……………………………………………………………………263

第三版后记……………………………………………………………………264

绪　　论

　　浙江是中国革命红船的起航地，中国改革开放的先行地，习近平新时代中国特色社会主义思想的重要萌发地。生活在这片历史悠久、底蕴深厚、活力四射、孕育奇迹的土地上的浙江人民，有着爱国爱党爱家乡的光荣传统，敢为人先的奋斗基因，干在实处的优秀品格。改革开放以来，浙江人民以强烈的创新精神和宏大的创业实践，取得了辉煌成就，谱写了一部自强不息、顽强奋进的恢宏篇章，创造了无数个"全国第一"，实现了由资源小省到经济大省强省的历史性跨越，在中国改革开放史上写下了浓墨重彩的一笔，为丰富和发展中国特色社会主义理论提供了浙江样本、贡献了浙江智慧。为了将浙江经验、浙江模式、浙江精神的伟大实践，融入大学生思想政治理论课的教学之中，我们根据中共浙江省委的要求，编写了《中国特色社会主义在浙江的实践》这一地方性教材，既作为国家统编教材《毛泽东思想和中国特色社会主义理论体系概论》的配套教材，也作为浙江高校思想政治理论课的延伸教材。

　　中国特色社会主义理论是马克思主义基本原理与中国改革开放和社会主义现代化建设实践相结合的产物，是被实践检验和证明了的科学理论。中国特色社会主义理论作为中国化马克思主义，系统回答了什么是社会主义、怎样建设社会主义，建设什么样的执政党、怎样建设执政党，实现什么样的发展、怎样发展，新时代坚持和发展什么样的中国特色社会主义、怎样坚持和发展中国特色社会主义等重大理论和实际问题；科学阐明了中国特色社会主义的思想路线、根本任务、发展阶段、发展道路、发展方向、发展方式、发展动力、总体布局、战略布局、战略步骤、外部条件、政治保证等重大问题，是贯通马克思主义哲学、政治经济学、科学社会主义等领域，覆盖经济、政治、文化、社会、国防、外交、统一战线、祖国统一、党的建设等方面的系统的科学理论。中国特色社会主义理论来自实践，它既是中国社会主义现代化建设的根本指导思想和行动指南，又是对中国特色社会主义伟大实践的经验总结和理论升华。党的十一届三中全会以来，浙江的改革开放和社会主义现代化建设，在中国特色社会主义理论指导下，以敢为人先的胆识、敢闯敢冒的精神、善于求变创新的智慧，先行先试，创造了许多"全国第一""全国首创""全国率先"的浙江经验、浙江模式、浙江现象、浙江特色。浙江的伟大实践，既为中国特色社会主义理论的科学性提供了丰富的实践印证、论证和实证，又丰富、发展和创新了中国特色社会主义理论。特别是习近平同志主政浙江期间，围绕改革开放、自主创新、协调发展、共同富裕、法治建设、文化建设、生态文明建设、党的建设等方面进行了一系列前瞻性的思考和探索，做出了"八八战略"等重大决策部署，在省域层面对中国特色社会主义进行了卓有成效的理论创新和实践创新，不仅为浙江全面建成小康社会、推进社会主义现代化建设提供了根本遵循，而且为党的十八大以来以习近平同志为核心的党中央坚持和发展中国特色社会主义提供了理论支持和实践基础。我们所编写的《中国特色社会主义在浙江的实践》这一教材，旨在阐明浙江改革开放实践同中国特色社会主义理论的辩证关系。

《中国特色社会主义在浙江的实践》作为浙江省高等学校德育统编教材，立足浙江省情和实际，系统回顾浙江发展历程，全面总结提炼浙江发展经验，阐明浙江改革开放实践同中国特色社会主义理论的辩证关系，使大学生从浙江现代化建设的伟大实践、成功经验和辉煌成就的感悟中，增强对中国特色社会主义理论的认同感和自信心。

一是回顾浙江发展历程。按照历史与逻辑相统一的方法，理清浙江改革开放以来的发展脉络，回顾浙江在国家改革开放的重要发展阶段和关键时期是怎样先发先行，走在全国前列发挥示范作用的。重点回顾习近平同志主政浙江期间的一系列前瞻性思考和探索，以及党的十八大以来，习近平总书记对浙江经济社会发展的关心和指导。

二是总结提炼浙江经验。重点总结浙江作为一个缺少自然资源的农业省份，怎样做到在经济社会发展上走在前列，成为经济大省强省的成功经验。从理论和实践的结合上诠释浙江敢为人先所创造的浙江经验、浙江模式、浙江现象、浙江奇迹，是怎样在全国率先实现机制创新、体制创新、制度创新、理论创新和经济社会发展走在前列的。

三是阐明浙江改革开放实践同中国特色社会主义理论的辩证关系。运用马克思主义哲学思维，阐明浙江改革开放和现代化建设的伟大实践，既离不开中国特色社会主义理论指导，又在实践中丰富、发展和创新了中国特色社会主义理论。通过回顾浙江发展历程，总结浙江发展经验，提炼浙江精神，解读浙江模式，剖析浙江现象，以充实和丰富中国特色社会主义理论指导改革开放和现代化建设实践的内容和样本。

《中国特色社会主义在浙江的实践》作为浙江高校思想政治理论课延伸教材，力图在国家统编教材《毛泽东思想和中国特色社会主义理论体系概论》系统阐述中国特色社会主义理论的基础上，着重回顾总结浙江改革开放以来，坚持党的领导，贯彻党的思想路线，推进"五位一体"社会主义现代化建设，全面建成小康社会、全面深化改革、全面依法治国、全面从严治党等方面创造的浙江经验、浙江精神、浙江奇迹、浙江模式。全书由十一章构成：第一章，中国特色社会主义在浙江的实践概述；第二章，调整和完善所有制结构；第三章，改革经济体制，发展市场经济；第四章，改革创新抓先机，创造发展新模式；第五章，创新政府治理体制，推进民主法治建设；第六章，建设文化强省，提升文化软实力；第七章，坚持教育优先发展战略，持续推进教育强省建设；第八章，提高社会治理水平，建设平安浙江；第九章，推进生态文明建设，打造富饶秀美浙江；第十章，全方位对外开放，全面利用世界资源；第十一章，全面加强党的建设，着力提高执政能力。

《中国特色社会主义在浙江的实践》作为国家统编教材《毛泽东思想和中国特色社会主义理论体系概论》的配套教材，其特色和定位如下：

一是定位于地方教材，突出地方性特色。《中国特色社会主义在浙江的实践》主要阐述中国特色社会主义理论指导下的浙江实践、浙江经验、浙江现象、浙江模式、浙江智慧、浙江胆识，以浙江地方特色和特点丰富国家统编教材阐述的中国特色社会主义理论的实践内容。

二是定位于实践实证，突出实践性特色。《中国特色社会主义在浙江的实践》紧扣浙江改革开放以来的伟大实践，重在回顾实践历程、总结实践经验、宣扬实践典型、提供实践案例、梳理实践举措，阐述浙江实践同中国特色社会主义理论的辩证关系，以浙江实践实证和论证国家统编教材所阐述的中国特色社会主义理论的科学性和指导作用。

三是定位于对国家统编教材的延伸，突出补充性特色。《中国特色社会主义在浙江的实践》主要是补充浙江在中国特色社会主义理论指导下进行的伟大实践和积累的实践经验，以丰富、充实、拓展、补充和延伸国家统编教材关于中国特色社会主义理论和实践的内容。

四是定位于总结实践经验，突出经验性特色。《中国特色社会主义在浙江的实践》主要阐述浙江改革开放以来，在中国特色社会主义理论指导下取得了哪些成功经验，是怎样在实践中总结推广实践经验，并将实践经验提升为理论的。

《中国特色社会主义在浙江的实践》作为配套教材，旨在让学生通过对浙江实践、浙江经验的了解，缩小和拉近学生学习国家统编教材阐述的中国特色社会主义理论的距离，给学生以身临其境、身在其中的现场感、亲切感，以推进和实现学生学习中国特色社会主义理论的三个结合：

一是推进学生学习理论与实践相结合。《毛泽东思想和中国特色社会主义理论体系概论》作为国家统编教材，阐述的是反映整个中国特色社会主义现代化建设普遍规律的一般理论和基本原理。《中国特色社会主义在浙江的实践》作为配套性地方教材，重在阐述浙江实践和浙江经验。通过对《中国特色社会主义在浙江的实践》的学习，大学生可从对浙江实践和浙江经验的了解和把握中，把理论和实践有机结合起来，以加深对中国特色社会主义理论的理解，深化对中国特色社会主义理论的认识，坚定对中国特色社会主义理论的信念，增强对中国特色社会主义的道路自信、理论自信、制度自信、文化自信。

二是推进学生了解国情与了解省情相结合。《毛泽东思想和中国特色社会主义理论体系概论》作为国家统编教材，从整个国情出发，揭示的是社会主义现代化建设的普遍规律，阐述的是中国特色社会主义一般理论。《中国特色社会主义在浙江的实践》作为地方性补充教材，立足省情，所阐述的是浙江经验和浙江模式，具有浓厚的浙江地方特色。通过对《中国特色社会主义在浙江的实践》的学习，大学生可了解和把握省情，通过对省情的把握，深化对国情的认识，把国情和省情有机结合起来。

三是推进学生建设国家与建设家乡相结合。《毛泽东思想和中国特色社会主义理论体系概论》作为国家统编教材，立足于整个国家发展全局，让大学生了解和掌握建设社会主义现代化的一般规律。《中国特色社会主义在浙江的实践》作为地方性补充教材，侧重阐述改革开放以来浙江经济社会发展取得的辉煌成就，浙江推进现代化建设的成功经验和美好前景。通过对《中国特色社会主义在浙江的实践》的学习，大学生可把热爱祖国、建设国家同热爱家乡、建设家乡有机结合起来，把热爱祖国、建设国家落到热爱和建设家乡的实处。

《中国特色社会主义在浙江的实践》作为浙江省高等学校德育统编教材，应当对改革开放以来浙江人民在中国特色社会主义理论指导下进行的波澜壮阔的实践进行全面系统的总结概括。但是由于这一伟大实践时间跨度长、空间涵盖广、创新层出不穷、地区特色各异，实践内容丰富、形式多样，因此尽管我们尽了最大努力，但《中国特色社会主义在浙江的实践》对浙江实践的总结概括仍难免有遗漏和以偏概全。本教材将跟踪浙江实践发展，及时吸收浙江人民在实践过程中创造的新成果，力争全面深刻反映浙江人民在中国特色社会主义理论，尤其是在习近平新时代中国特色社会主义思想指导下的伟大实践。

第一章 中国特色社会主义在浙江实践概述

浙江改革开放和社会主义现代化建设之路，既是一条中国特色社会主义成功实践之路，也是一部中国特色社会主义实践的生动教科书。改革开放使中国特色社会主义在浙江大地上焕发出勃勃生机，给浙江人民带来了福祉。改革开放以来，全省人民以一往无前的创新精神和波澜壮阔的创业实践，从模式创新到经济社会全面发展，走出了一条具有中国特色、时代特征、浙江特点的经济社会发展路子，取得了举世瞩目的辉煌成就，谱写了一部自强不息、顽强奋进的恢宏篇章，为全国改革发展做出了卓越贡献，为中国特色社会主义理论提供了鲜活的实践印证，为高水平全面建成小康社会、高水平全面建设社会主义现代化奠定了坚实基础。

第一节 中国特色社会主义在浙江实践的发展历程

一、敢闯敢冒敢干，赢得改革开放先发优势（1978 年 12 月至 1991 年 12 月）

党的十一届三中全会以后，浙江人民抓住改革开放机遇，敢闯敢冒敢干，大胆创业创新，从农村经营体制改革起步，积极发展乡镇企业、个私企业、块状经济、专业市场，创造了闻名全国的温州模式和义乌模式，赢得了改革开放先发优势。

（一）家庭联产承包责任制使农村焕发勃勃生机

浙江省是承包制的发源地之一。早在 1956 年，永嘉县就尝试过"包产到户"。1979 年下半年，长兴县长城公社在浙江率先实施家庭联产承包责任制。之后，云和县、金华市等地相继推行家庭联产承包责任制。为顺应人民群众实行家庭联产承包责任制的愿望，1982 年，省委明确提出"尊重多数群众意愿、把选择责任制的权力交给群众"的指导原则。至 1984 年，全省实行家庭联产承包责任制的生产队达到 99% 以上。家庭联产承包责任制使浙江农村焕发出勃勃生机，农民温饱问题迅速得到解决。

（二）乡镇企业异军突起引领农村走上快速致富之路

党的十一届三中全会后，浙江人民秉持"无农不稳、无工不富、无商不活"的理念，从"村村点火，户户冒烟"发展乡村工业起步，率先开创了以农民为主体的乡镇企业发展之路。浙江出台了税收、信贷、出口、市场、科技等一系列扶持政策，鼓励农民放手创办乡镇企业。自 1983 年温岭县工商局核发全国第一张股份合作制企业营业执照之后，全省兴起了大力发展乡镇企业的高潮。到 1991 年，全省乡镇企业总产值突破 1000 亿元大关，乡镇工业产值占到全省工业的 51.4%[①]，成为全国乡镇企业发展最快的省份之一。乡镇企业的发展快速改变了浙江农村面貌，推动了市场经济的发展和城乡一体化进程。

（三）小商品大市场创造市场经济发展新模式

20 世纪 80 年代初期，群众经商积极性高涨，在浙江大地涌现出了众多各具地方特色的专业市场，逐步形成了"小商品、大市场"的市场经济发展新态势，创造了诸多闻名全国的市场与发展模式，如温州"十大专业市场"、义乌"小商品市场"、绍兴"轻纺市场"。闻名全国的义乌模式和温州模式，为推动浙江市场经济发展，建立和完善市场经济体制，建设市场大省提供了有益经验。

二、全面推进改革开放，统筹城乡经济社会发展（1992 年 1 月至 2002 年 10 月）

1992 年邓小平南方谈话后，浙江抓住全国加快推进改革开放的机遇，在企业产权制度改革、扩大对外开放等方面取得突破性进展，形成了领先全国的先发性体制优势，实现了从资源小省向经济大省的跨越。

（一）重点突破推进改革开放向纵深发展

浙江按照建立社会主义市场经济体制的要求，在"整体推进、重点突破"的改革战略指引下，率先推进企业产权制度改革，放手发展个体私营经济，大力发展外向型经济，不断推进改革开放向纵深发展。

1.改革产权制度，推进经济体制机制创新

宁波从 1993 年开始在全省率先进行乡镇企业产权制度改革，探索市场经济体制机制创新。至 1995 年，不仅城镇集体企业产权制度改革全面启动，而且国有小企业产权制度改革也在全省范围内迅速展开；到 1997 年，国有大中型企业的股份制改造全面推进，混合所有制经济得到长足的发展。以产权制度为突破口的重点改革，进一步创新了市场经济体制机制，激发了企业活力，在全国较早形

---

① 浙江政策创新三十年课题组 . 浙江政策创新三十年 [N]. 浙江日报，2008-12-15(3).

成了多种所有制经济共同发展、相得益彰的良好局面。

2.扩大对外开放，发展外向型经济

外向型经济的发展，极大地提升了浙江经济的国际竞争力。为了扩大对外开放，浙江相继出台了设立外贸发展基金、赋予有条件的大中型生产企业（集团）进出口经营权等一系列鼓励扩大外贸出口的政策，积极推进和实施外贸经营主体、出口市场、出口商品和贸易方式多元化，形成国有及国有控股企业、外商投资企业、民营企业等共同开拓国际市场的格局。外商来浙江投资迅速增加，利用外资取得突破性进展。从1991年到2002年，浙江省外贸出口从29亿美元增加到294亿美元，成为全国出口大省。

（二）统筹推进经济社会全面发展

1.夯实农业基础，发展效益农业

农业是国民经济的基础，是安天下、保民生的战略性产业。浙江在1998年做出了大力发展效益农业的战略决策，加快推进农业农村现代化进程。在确保全省150亿千克粮食生产能力、100亿千克粮食产量、25亿千克粮食可调控库存的前提下，引导农民面向市场，解放思想，大力发展效益农业。2001年3月，浙江又率先推出取消粮食定购任务、放开粮食购销市场和购销价格的重要改革举措，并获得国务院批准。这为夯实农业基础、发展效益农业提供了有力的政策保障。

2.加快工业化进程，推进城市化建设

乡镇工业的发展加快了农村工业化进程，全省2100万农村劳动力转移了近1000万，城市化水平从1978年的14%提高到1998年的35%。浙江先后出台了《浙江省城市化发展纲要》《浙江省城镇体系规划》等一系列政策，进一步推动产业升级，加快推进城市化建设。到2002年，全省城市化水平提高到52%，高于全国平均水平13个百分点。

3.实施科教兴省战略，提升科技综合实力

1992年，浙江提出并实施科教兴省战略，相继推出了系列配套措施：1995年率先启动创建科技工作先进县市，1996年率先建立市县党政领导科技进步目标责任制，1998年率先出台技术要素参与收益分配政策。这一期间还出台了培育"五个一批"重点骨干企业①、大力推进高新技术产业化、运用高新技术和先进适用技术改造传统产业、加强技术改造等政策举措，以促进科技与经济紧密结合，有效提升了浙江科技综合实力，促进了全省国民经济整体素质和科技水平的提高与结构优化。

---

① 即一批大企业、大集团，一批高新技术企业，一批"小型巨人"企业，一批名牌产品企业，一批出口创汇企业。

4. 以改善民生为目标，全面推进社会建设

浙江在高度重视经济建设的同时，注重推动社会全面进步和民生改善。制定实施了《浙江省社会主义精神文明建设纲要（1993—2000年）》，总结提炼了"自强不息、坚韧不拔、勇于创新、讲求实效"的浙江精神，做出了"发展文化产业、建设文化大省"的战略决策，加强精神文明建设和文化建设。1996年做出了依法治省重大决策，在全省总结推广温岭等地发展基层民主的经验等，推进民主法制建设。2002年，省第十一次党代会正式提出建设"信用浙江"的重大战略决策，按照"政府推动与监督、市场规范运作、社会广泛参与"的原则，建设信用浙江，打造诚信社会。启动社会保障体系建设，建立了企业最低工资制度，动员全社会力量建设1000千米高标准海塘，有力促进了经济社会的全面发展和民生改善。

三、实施"八八战略"，建设惠及全省人民的小康社会（2002年10月至2012年10月）

2002年10月至2007年3月，习近平在浙江工作期间，制定实施"八八战略"[①]，引领浙江广大干部群众秉持干在实处、走在前列的浙江精神，不断实现新的发展。省委先后做出"平安浙江""法治浙江""文化大省""生态省建设""加强党的执政能力建设"等重大战略决策部署，率先在省域范围内创造性地完成了经济、政治、文化、社会、生态文明和党的建设等一体化的现代化建设布局，经济社会呈现持续、快速、健康、均衡发展态势，使浙江成为中国特色社会主义现代化道路探索的重要先行者。在"八八战略"指引下，浙江先后推出"创业富民、创新强省"的"两创"战略，建设"物质富裕、精神富有"的"两富"战略，全面建设惠及全省人民的小康社会。

---

① 2003年7月，中共浙江省委举行第十一届四次全体（扩大）会议，在总结浙江经济多年来的发展经验基础上，全面系统地总结了浙江省发展的八个优势，提出了面向未来发展的八项举措——"八八战略"，具体为：进一步发挥浙江的体制机制优势，大力推动以公有制为主体的多种所有制经济共同发展，不断完善社会主义市场经济体制；进一步发挥浙江的区位优势，主动接轨上海，积极参与长江三角洲地区交流与合作，不断提高对内对外开放水平；进一步发挥浙江的块状特色产业优势，加快先进制造业基地建设，走新型工业化道路；进一步发挥浙江的城乡协调发展优势，统筹城乡经济社会发展，加快推进城乡一体化；进一步发挥浙江的生态优势，创建生态省，打造"绿色浙江"；进一步发挥浙江的山海资源优势，大力发展海洋经济，推动欠发达地区跨越式发展，努力使海洋经济和欠发达地区的发展成为浙江经济新的增长点；进一步发挥浙江的环境优势，积极推进基础设施建设，切实加强法治建设、信用建设和机关效能建设；进一步发挥浙江的人文优势，积极推进科教兴省、人才强省，加快建设文化大省。

（一）发挥区域经济优势，推进省域经济协调发展

发挥区域功能优势，加快杭甬温三大中心城市建设，支持嘉兴、绍兴、金华等区域中心城市做大做强，鼓励支持中小城市和小城镇发展。积极稳妥推进乡镇行政区划调整，促进人口集聚，要素集约利用。加快杭州湾、温台沿海、金衢丽等三大产业带建设，形成各具特色的产业集聚区。加大对先进制造业基地的扶持力度，不断提升产业层次。加强对区位条件好、优势明显、竞争力强的开发区的培育，进一步优化产业布局，促进生产要素在区域和城乡间的合理配置和优化。设立乡镇工业功能区，全省第一批选择了 30 个块状经济区，开展产业集群发展的试点。经过十年的调整发展，浙江逐步形成了城乡产业统筹发展的良好局面。

（二）高度重视"三农"问题，全面推进新农村建设

省委省政府始终把解决好"三农"问题作为重中之重，不断加大农村改革力度、政策扶持力度、科技驱动力度，提升现代农业水平，推进美丽乡村建设，加快转变农民增收方式。先后实施了"千村示范、万村整治""乡村康庄"等十大建设工程，着力打造"美丽乡村"，不断改善农村生产生活条件，努力实现农业更强、农村更美、农民更富目标，开创了新型城市化与新农村建设协调发展新局面，全面推进新农村建设。

（三）立足民生标本兼治，扎实推进"平安浙江"建设

省委省政府高度重视民生建设，把为老百姓创造安居乐业、和谐稳定的生活环境作为社会建设的重要工作目标。省委十一届六次全会审议通过了建设"平安浙江"、促进社会和谐稳定的决定，并出台了一系列配套政策，在全省广泛开展创建"平安市县""平安乡镇""平安社区"等系列活动，坚持和发展"枫桥经验"，深化平安浙江建设，全面推行"网格化管理、组团式服务"，稳步提高浙江的公共安全应急能力、社会保障水平和人民群众安全感、幸福感，使浙江成为全国最具安全感的省份之一。

（四）文化事业产业两手抓，加快从文化大省到文化强省建设

浙江是一个文化传统久远、底蕴丰厚的文化大省，高度重视文化建设。2005 年省委做出了《关于加快建设文化大省的决定》，启动了包括文明素质、文化研究、文化产业促进、文化人才培养等八大建设工程，相继出台了一系列扶植政策。2008 年省委制定了《浙江省推动文化大发展大繁荣纲要（2008—2012）》，2011 年在总结文化大省建设实践经验的基础上做出了推进文化强省建设的决定，2012 年推出了积极推广和大力发展乡村精神文化地标——"农村文化礼堂建设工程"。坚持发展文化事业和兴办文化产业两手抓，积极推进文

化体制改革综合试点，不断增强文化软实力。培育和弘扬"求真务实，诚信和谐，开放图强"精神，使全省人民始终保持昂扬向上、奋发有为、锐意进取的精神状态。

（五）坚持依法治国基本方略，积极推进"法治浙江"建设

2006年召开的省委十一届十次全会做出建设"法治浙江"的决定，明确提出加快建设民主更加完善、法制更加完备、依法治国基本方略得到全面落实、人民政治经济文化权益得到切实尊重和保障的法治社会。省人大常委会做出了建设"法治浙江"的决议，省政府出台了加快政府职能转变推进法治政府建设的意见。如率先建立公民旁听省人大常委会会议制度，率先向社会公开征集立法项目，率先推行行政案件异地管辖等。积极推进基层民主形式创新，涌现出自荐海选村干部、民情沟通日、村务监督委员会等许多新的民主形式。

（六）全面保护生态环境，打造"绿色浙江"

2002年12月，时任浙江省委书记的习近平主持召开省委十一届二次会议，提出"以建设生态省为重要载体和突破口，加快建设绿色浙江，努力实现人口、资源、环境协调发展"。2003年8月，习近平以"环境保护要靠自觉自为"①为题，从认识论的角度阐述金山银山和绿水青山的关系。浙江先后出台了《浙江生态省建设规划纲要》《浙江省循环经济发展纲要》《中共浙江省委关于推进生态文明建设的决定》等重要文件，推动"811"②环境污染整治行动，提出实施循环经济"991行动计划"③，组织开展了评选绿色学校、绿色社区、绿色家庭活动，追求人与自然和谐共生，为推进全国的生态文明建设奠定了理论与实践基础。

（七）全面加强党的建设，着力提升执政能力

强化党的领导核心作用，完善"总揽全局、协调各方"的体制机制，不断把浙江这一建党圣地打造成为党建高地。扎实开展学习实践科学发展观活动、"之江先锋"创先争优活动，大力弘扬红船精神。深化理论武装工作，深入推进学习型党组织建设，对进一步加强党的纯洁性建设做出部署。深化干部人事制度改革，

---

① 习近平.之江新语[M].杭州：浙江人民出版社，2007：13.
② "811"即指全省八大水系及运河、平原河网，"11"既指11个设区市，也指11个省级环境保护重点监管区。
③ 发展循环经济九大重点领域、"九个一批"示范工程和100个重点项目。

出台干部考核评价"一个意见、五个办法"①等制度。扎实推进非公有制企业和新社会组织党建工作，全面加强各领域党的建设，着力构建城乡统筹基层党建工作新格局。扎实开展"服务企业、服务基层"和"进村入企"大走访活动，着力转变作风、狠抓落实、提能增效。全面推进廉政风险防控机制建设，具有浙江特点的惩治和预防腐败体系不断完善。

四、以"八八战略"为指引，奋力建设"两富""两美""两个高水平"浙江（2012年11月至今）

党的十八大以来，省委省政府坚持以"八八战略"为总纲，围绕干好"一三五"②、实现"四翻番"③、"两个高水平"和"六个浙江"建设的奋斗目标，全力打好转型升级系列组合拳，统筹推进富强浙江、法治浙江、文化浙江、平安浙江、美丽浙江、清廉浙江建设，突出改革强省、创新强省、开放强省、人才强省，下大气力补齐"六块短板"，扎实推进"两富""两美"浙江建设，推动了"五位一体"总体布局和"四个全面"战略布局在浙江的实践。

（一）加快转型升级，建设"两富""两美""两个高水平"浙江

省委省政府主动适应和把握经济发展新常态，深入推进供给侧结构性改革，全面实施创新驱动发展战略，打出了一套以"拆治归"为主要内容的转型升级系列组合拳。八大万亿产业培育、特色小镇建设、传统产业改造提升等取得突破，发展环境不断优化，发展空间不断拓展，发展动能不断增强。实施"四换三名"④工程，全面开展 "五水共治"⑤等重大举措，以短期阵痛换来长远的绿色发展、持续发展。2014年，省委做出关于建设美丽浙江、创造美好生活的决定。2016年，出台《 "811"美丽浙江建设行动方案》。2017年，省第十四届二次全会做出奋

---

① "一个意见、五个办法"是指经浙江省委常委会审议通过、浙江省委组织部公布的新修订的《关于健全促进科学发展的领导班子和领导干部考核评价机制的实施意见》，以及《浙江省市、县（市、区）党政领导班子和领导干部综合考核评价实施办法》《浙江省党政工作部门领导班子和领导干部综合考核评价实施办法》《浙江省高等学校领导班子和领导干部综合考核评价实施办法》《浙江省省属企业领导班子和领导人员综合考核评价实施办法》和《浙江省党政领导班子和领导干部年度考核实施办法》。

② "一三五"是指"进度表"，其中"一"，就是做好2013年工作；"三"，就是在今后三年完成省"十二五"规划；"五"，就是全面落实省第十三次党代会部署的今后五年目标任务。

③ "四翻番"是指"目标值"。到2020年，全省生产总值、人均生产总值、城镇居民人均可支配收入、农村居民人均纯收入分别比2010年翻一番。

④ "四换三名"是指腾笼换鸟、机器换人、空间换地、电商换市和培养名企、名品、名家。

⑤ "五水共治"是指治污水、防洪水、排涝水、保供水、抓节水。

力推进"两个高水平"建设的决定。2018年，实施大湾区大花园大通道大都市区建设行动计划。

（二）以实施国家发展战略为契机，再创体制机制新优势

省委省政府紧扣重点领域和关键环节统筹抓好各项改革，全力推动国家级重大改革试点落地见效。自2011年以来，《浙江海洋经济发展示范区规划》《浙江舟山群岛新区发展规划》等国家战略先后获国务院批准。成功创建国家信息经济示范区、国家科技成果转移转化示范区等一批新的改革试验区，并积极推进其与温州金融综合改革试验区建设等改革试点取得积极成果，进一步增强经济发展的内在活力，再创新一轮领先发展优势。

1. 创建海洋经济发展示范区，引领海洋经济强省建设

以创建"海洋经济发展示范区"这一国家战略为发展平台，大力发展以"一核两翼三圈九区多岛"为空间布局的海洋经济，积极实施"5211"①海洋强省行动，着力优化海洋经济结构，加强海洋生态文明建设，提高海洋科教支撑能力，创新体制机制，统筹海陆联动发展，推进海洋综合管理，建设综合实力较强、核心竞争力突出、空间配置合理、生态环境良好、体制机制灵活的海洋经济发展示范区，海洋经济综合实力、辐射带动力和可持续发展能力居全国前列。

2. 开辟舟山群岛新区，创造陆海统筹发展新优势

高度重视舟山群岛新区建设，按照国务院的要求，把舟山群岛新区建设成浙江海洋经济发展的先导区、海洋综合开发试验区、长江三角洲地区经济发展的重要增长极，建成中国大宗商品储运中转加工交易中心、东部地区重要的海上开放门户、中国海洋海岛科学保护开发示范区、中国重要的现代海洋产业基地、中国陆海统筹发展先行区。舟山群岛新区的建设，必将为浙江经济建设创造陆海统筹发展的新优势。

3. 深化义乌市国际贸易综合改革试点，主动对接"一带一路"建设

义乌市国际贸易综合改革是全国首个由国务院批准的县级市综合改革试点，是新型贸易发展方式的示范。其承担着探索建立新型贸易方式、优化出口商品结构、加强义乌市场建设、探索现代流通新方式、推动产业转型升级、进一步开拓国际市场、加快"走出去"步伐、推动内外贸一体化发展、妥善应对国际贸易摩擦和壁垒等9个方面的试点任务。通过推动义新欧班列和义甬舟开放大通道的发展，将"兴商建市"战略推向以开放共享为主题的新阶段，深度融入"一带一路"建设之中，构建起陆海双向联动的开放新格局，使"义乌商圈"延伸至国内各主

---

① "5"是指统筹推进浙江海洋经济发展示范区、舟山群岛新区、舟山江海联运服务中心、中国（浙江）自由贸易试验区和义甬舟开放大通道建设等五大战略举措；"2"是指海洋强省、国际强港"两强"战略目标；"11"是指十一项重点工作措施。

要城市以及欧美、亚洲、非洲等世界许多国家和地区，成为一个可供全球共享的商流、物流、资金流、信息流、政务流多向交流大平台。

4.建设温州市金融综合改革试验区，构建多元化金融服务体系

国务院设立温州市金融综合改革试验区，对于新时期深化市场体系改革，健全和完善金融服务体系具有重要作用和意义。浙江通过温州市金融综合改革试验区这一国家战略平台，推进体制机制创新，构建与经济社会发展相匹配的多元化金融体系，引导民间融资规范发展，使金融服务明显改进，防范和化解金融风险能力明显增强，金融环境明显优化，全面提升金融服务实体经济能力，并为全国金融改革提供经验。

5.建设国家信息经济示范区，拓展经济发展新空间

2016年，浙江省国家信息经济示范区建设启动。示范区创建工作以全球新一轮科技革命和产业变革为契机，把握数字经济发展的新形势和新趋势，围绕建设网络强国战略目标先行先试。通过大力培育信息经济新产业、新业态和新模式，推动互联网与各行各业的深度融合。以阿里巴巴为主的世界电子贸易平台（eWTP）落地推广。云计算产业快速发展，阿里云成为全国最大、全球第三大的公有云公司。杭州的梦想小镇、云栖小镇成为互联网领域创业创新的样板。全省信息经济呈现规模增长强劲、发展质量持续提升、新动能不断发展壮大的喜人态势，信息经济成为浙江经济创新发展的新动能和新引擎。

（三）全面依法治省，推进政府依法行政效能建设

2014年，省委做出了《关于全面深化法治浙江建设的决定》，提出要在全面推进依法治国，建设中国特色社会主义法治体系、建设社会主义法治国家进程中继续走在全国前列。率先出台法治政府建设省级标准。2014年，中国首部社会救助的地方性法规《浙江省社会救助条例》开始施行。加强和创新社会管理，从"'管'字当头"到"服务为先"，率先建设一体化网上政务服务平台，深化"四张清单一张网"①，大力推动"最多跑一次"改革，在全省形成了"以稳定保发展，以发展促和谐"的良好局面。

（四）全面从严治党，严明政治纪律

省委始终把学习贯彻党的十八大、十九大精神和习近平新时代中国特色社会主义思想作为首要政治任务，坚决维护以习近平同志为核心的党中央权威和集中统一领导。高质量开展党的群众路线教育实践活动、"三严三实"专题教育和"两学一做"学习教育。打造绝对忠诚、敢于担当、能打硬仗的干部队伍。形成了浙

---

① 四张清单——政府权力清单、政府责任清单、企业投资负面清单、省级政府部门财政专项资金管理清单；一张网——浙江政务服务网。

江农村基层党建工作经验20条[①]，出台了"浙江人才新政"。为严格落实加强和规范党内政治生活、强化党内监督要求，高标准贯彻中央八项规定精神，省委出台了"28条办法"和"六个严禁"，党风政风持续好转。坚持"零容忍"惩治腐败，反腐败斗争压倒性态势已经形成。

二维码1-1

第二节　中国特色社会主义在浙江实践的重大成就

一、经济建设快速发展，综合实力和人民生活水平大幅提升

改革开放以来，浙江经济社会发生了全面而深刻的历史性变化，成为中国经济增长最快、人均收入水平最高、发展活力最强的省份之一，实现了三大历史性跨越，为高水平全面建成小康社会打下了坚实基础。

（一）从"资源小省"到"经济大省"的跨越

经济实力显著增强。1978—2017年，全省GDP从124亿元增加到51768亿元，GDP总量列广东、江苏、山东之后，连续22年居全国第4位；人均生产总值从331元增加到92057元（按年平均汇率折算为13634美元）[②]，居全国省区第2位，已建成经济大省，正稳步向经济强省迈进。

产业结构走向优化。一、二、三次产业增加值结构比重由1978年的38.1∶43.3∶18.6调整到2017年的3.9∶43.4∶52.7，第三产业对GDP增长的贡献率为57.0%。2017年以新产业、新业态、新模式为主要特征的"三新"经济增加值占GDP的24.1%。[③]提前完成工业化初期任务，顺利进入工业化中期向后期过渡阶段，并开始由制造大省向创造强省跨越。产业结构的根本性变化，标志着浙江实现了由农业社会向工业化社会的历史性跃进。

基础设施日益完善。1979—2017年，全社会固定资产投资累计突破23万亿元。[④]随着杭州湾跨海大桥、秦山核电站、北仑电厂、金温铁路、沪杭甬高速公路、

---

①　见《中共中央组织部关于印发浙江省农村基层党建工作经验做法的通知》（中组发〔2015〕13号）。

②　浙江省统计局，国家统计局浙江调查总队.2017年浙江省国民经济和社会发展统计公报[R].浙江日报，2018-02-27(4).

③　浙江省统计局，国家统计局浙江调查总队.2017年浙江省国民经济和社会发展统计公报[R].浙江日报，2018-02-27(4).

④　根据《浙江改革开放30年的历程、成就和经验》文中1979—2007年和2009—2017年数据计算得出。

宁波北仑港工程、杭州萧山国际机场、舟山跨海大桥、沪杭高铁等一批重大建设项目的投入使用，基础设施逐步完善，长期困扰浙江发展的基础设施"瓶颈"制约得到明显缓解，已形成以铁路、公路、水路、民用航空组成的四通八达的综合交通运输网络，建成覆盖全省、通达世界、技术先进、业务全面的信息通信基础网络。

（二）从计划经济体制到市场经济体制的跨越

改革开放以来，浙江大力推进市场取向改革，市场体系不断健全，市场配置资源的决定性作用进一步发挥，市场化水平位居全国首位。至 2014 年，浙江实体和网上市场交易总额已跃居全国首位，总额 4.51 万亿元。中国最早的实体市场和网上市场都诞生在浙江，全球最大的实体市场和网上市场也在浙江，浙江的商品交易市场成交总额、超亿元市场数等指标连续 20 年居全国首位。① 率先基本完成国有企业产权制度改革，积极发展个体私营经济，逐步形成了以公有制为主体，多种所有制经济相互促进、共同发展的新格局。浙江率先突破城乡分割的户籍制度和商品物资的地域封锁，走出田野和乡村，走向全国和世界。1978年，浙江外贸进出口总额仅为 0.7 亿美元。2017 年，浙江货物贸易进出口总额达25604 亿元，服务贸易进出口额达 3663 亿元，境内上市公司达 415 家。②

浙江积极发挥市场在资源配置中的决定性作用，比较早地形成了一大批类型不同、功能各异、经营灵活的以商品的批发零售、集中交易为特征的连接生产与消费、辐射全国及世界的商品专业市场。近年来，浙江积极推进专业市场的转型发展、创新发展，在以阿里巴巴等为代表的电商平台企业的推动下，线上线下市场有机互动、融合发展，涌现出义乌中国小商品城与"义乌购"等一批新型专业市场，成为全国的典范。浙江已形成了以消费品市场为中心、专业市场为特色、生产资料市场为后续，其他要素市场相配套的商品交易网络，多项指标领跑全国，实现了从"市场大省"向"市场强省"的跨越。

（三）人民生活水平从温饱到全面小康的跨越

全省人民共享改革发展成果，生活质量明显改善。1978—2017 年，城镇居民人均可支配收入由 332 元增加到 51261 元，连续 17 年列上海、北京之后，居全国省（区、市）第 3 位，省区第 1 位；农村居民人均纯收入从 165 元增加到24956 元③，连续 33 年居全国各省区首位。1978 年，浙江城市化率为 14%，低于

① 屈凌燕.总额 4.51 万亿元 浙江实体和网上市场交易居全国首位 [EB/OL]. (2015-02-26) [2018-07-01].http://news.xinhuanet.com/fortune/2015-02/26/c_1114444496.htm.

② 浙江省统计局，国家统计局浙江调查总队.2017 年浙江省国民经济和社会发展统计公报 [R].浙江日报，2018-02-27(4).

③ 浙江省统计局，国家统计局浙江调查总队.2017 年浙江省国民经济和社会发展统计公报 [R].浙江日报，2018-02-27(4).

全国平均水平近 4 个百分点；2017 年，浙江城市化率达到 68%，比全国早 10 年进入城市型社会。①浙江省的全面小康进程跃居全国第一。按照国家统计局制定的《全面建成小康社会统计监测指标体系》测算，2014 年，浙江全面小康社会实现程度为 97.2%，比 2012 年的 96.1% 提高 1.1 个百分点，居全国各省（区、市）第一。②

二、政治建设有序推进，基层民主活力四射

改革开放以来，省委省政府领导全省人民坚定不移地走中国特色社会主义政治发展道路，扩大基层民主，积极创造良好的民主法治环境，建设法治浙江，着力推进政府治理体系与治理能力现代化。

（一）积极推进政府行政体制改革

改革行政管理体制，推动政府职能转变。浙江全面推进简政放权，通过深化行政审批制度改革，全面清理和规范行政及非行政许可事项，创新行政审批方式，推进行政服务中心建设，深入推进"最多跑一次"改革，建立行政许可监督制约机制和配套制度，政府运行机制得到有效优化，服务型政府建设成效显著，政府公信力和执行力不断提高。

"省管县"财政体制模式独树一帜。随着 1994 年我国分税制的推行，浙江在坚持"省管县"的前提下，按分税制的财政改革要求，推行了具有浙江特色的省以下分税制财政体制改革，完善了地方财政体制。通过改革，构建了责、权、利统一的财政保障机制，增强了省级财政直接调控和统筹地区发展的能力，增强了县域经济实力和活力，促进了省内基本公共服务均等化。

（二）积极探索基层民主的有效实现形式

创新和完善村民自治新机制。杭州余杭"自荐海选"选举村委会，首开全国先河；武义县在白洋街道后陈村成立"村务监督委员会"，积极探索村级民主监督体制与机制；天台县创建"村民提案制"、仙居和宁波等地创立村务"公决制"；在农村基层民主选举中，因地制宜，采用"海推直选"和"自荐直选"制度选举村委会等，都在不同层面丰富完善了村民自治机制，走在全国前列。

探索和创建社会（企业）民主新形式。2000 年 10 月，义乌市职工法律维权协会成立，一种新的工会维权模式产生。2003 年，温岭市新河镇政府为解决当

---

① 刘亭，庞亚君 . 这四十年，浙江城市化经历了什么 [EB/OL].(2018-04-17)[2018-08-15]. http://zjnews.china.com.cn/jrzj/2018-04-17/140772.html.

② 傅吉青，黄洪琳 . 创新转型　砥砺奋进——十八大以来浙江经济社会发展成就 [EB/OL]. (2017-10-11) [2018-07-01]. http://tjj.zj.gov.cn/tjxx/tjjd/201710/t20171011_200142.html.

地非公有制经济劳务纠纷，探索出了行业工资集体协商制。

探索和拓展地方民主决策新渠道。温岭市的民主恳谈1999年发端于松门镇"农业与农村现代化教育论坛"，后逐步推广到温岭的政府机关和非公企业，乡镇重大事务决策、政府职能部门处理公共事务及党内民主生活会都广泛引入了民主恳谈机制。杭州市从2000年以来，先后在公民评议政府、市长热线、机关效能建设、人民建议征集、公民参与城市规划等方面进行了创新，形成了以"参与式"为亮点的"民主促民生"城市治理模式，包括"开放式决策""市民投票""重大工程建设"等民主参与机制。

从"自荐海选"到"村务监督委员会"、从"工资协商"到"工会维权"、从"民主恳谈"到"民主促民生"，一个个带有"浙江印记"的创举极大丰富了中国基层民主建设的内容和形式，为完善我国基层民主制度提供了可资借鉴的经验。

（三）积极推进依法治省，建设法治浙江

随着中央依法治国方略的提出，浙江的民主法治建设也相应进入了积极推进依法治省阶段。浙江致力在法治轨道上提高治理能力现代化水平，努力打造法治中国的先行示范区。1996年8月，省委制定了"依法治省"的具体实施意见。同年11月，省人大常委会通过了《关于实行依法治省的决议》。2000年年初，省委做出了《关于进一步推进依法治省工作的决定》。2006年4月，省委做出了《关于建设法治浙江的决定》，标志着浙江法治建设进入了新阶段。2014年12月，省委又做出了《关于全面深化法治浙江建设的决定》，成为全面深化法治浙江建设的行动纲领。

加强地方立法工作，完善立法机制，提高立法质量，加快形成与国家法律法规相配套、比较完备的地方性法规和规章。不断完善立法程序，加强立法监督，为巩固改革开放成果和深化改革提供了有力的法制保障，为社会主义现代化建设创造了良好的法制环境。全面推进依法行政，加快建设法治政府。积极推进司法体制改革，建立健全司法工作保障机制，大力推进执法规范化建设，促进公正司法。群众对政府机关依法行政和对司法部门公正司法的满意度逐年提高。

三、文化建设蓬勃发展，文化强省实力跃升

文化是民族的血脉，是人民的精神家园。浙江在全国较早提出了建设文化大省的战略目标，把建设文化大省作为实施"八八战略"的重要内容，把"文化更加繁荣"作为高水平建成全面小康社会的重要目标，努力建设文化强省，着力提升浙江文化的引领力、创造力、传播力、服务力、竞争力，致力将浙江建成在全国具有重要影响的文化高地、文明高地。

（一）社会主义核心价值体系逐步深入人心

在浙江，各级党组织自觉坚持用社会主义核心价值体系引领社会思潮，扎实推进中国特色社会主义理论体系宣传普及，大力推进马克思主义中国化、时代化、大众化。深化理论武装工作，大力弘扬民族精神、时代精神，秉持红船精神和浙江精神，广泛开展核心价值观大讨论活动，积极倡导"务实、守信、崇学、向善"的浙江人共同的价值观，深入推进"中国梦想·美丽浙江""最美浙江人"等主题宣传和群众性精神文明创建活动。全社会的思想道德水平和文明素养显著提高，涌现出了"最美妈妈吴菊萍""最美司机吴斌"等影响全国的道德模范。浙江人民正以昂扬向上的精神姿态，在促进生产力大解放、大发展的同时，努力推动人的大解放、大发展，使精神文明建设与物质文明建设协调发展、同步共进。

（二）公共文化服务体系日臻完善

积极促进基本公共文化服务均等化。基本形成了省市县乡村五级文化基础设施网络体系和覆盖全省的公共文化服务体系，基本形成了优势互补、错位发展、优化配置、布局合理的城乡区域公共文化服务体系一体化格局。至2016年年末，浙江文化馆和公共图书馆均为102个，文化站1364个，博物馆275个，隶属文化部门艺术表演团体59个，农村文化礼堂6527个，村级文化活动室覆盖率达100%；有线广播电视入户率为92.9%，广播、电视人口综合覆盖率分别为99.7%和99.7%；共有省级青少年体育俱乐部408所，国家级青少年体育俱乐部148所；省级青少年户外活动营地55个，国家级营地6所。[①] 浙江公共文化服务体系建设和覆盖面走在全国前列。

（三）文化产业不断发展壮大

21世纪以来，浙江文化产业发展战略、政策、机制等进一步完善，文化产业规模持续较快增长、布局不断优化、发展层次不断提升、多元投资格局逐步形成，"走出去"步伐显著加快，在推动经济结构调整和转型升级中的作用日益凸显。

2010年，浙江文化产业增加值首次跨过千亿元大关，达1056亿元；文化产业增加值在国内生产总值中的比重达到3.8%，高出全国平均水平1个百分点。截至2015年，浙江省文化及相关特色产业增加值达到2490亿元，占GDP的比重提高到5.81%，[②] 已经成为浙江省国民经济支柱产业。文化发展指数稳步提高。2012—2016年，浙江文化发展指数（CDI）分别比上年提高4.2、4.3、13.9、10.3

① 傅吉青，黄洪琳.创新转型　砥砺奋进——十八大以来浙江经济社会发展成就 [EB/OL].(2017-10-11)[2018-07-01].http://tjj.zj.gov.cn/tjxx/tjjd/201710/t20171011_200142.html.

② 中共浙江省委宣传部."四个全面"战略布局和"八八战略"研究 [M].杭州：浙江人民出版社，2017：40.

和12.3个百分点，呈稳步提高态势。由中国人民大学研究并发布的"中国省市文化产业发展指数（2017）"结果表明，浙江文化产业综合发展指数位居全国第四，仅次于北京、上海、江苏。目前，在全国文化企业30强中，浙江占据4席。

文化企业发展迅猛，形成了国有文化企业存量和民营文化企业增量资源共同推动文化产业发展的局面。国有文化企业集团已经成为浙江文化产业发展的主力军。浙江卫视、浙报集团、浙江出版联合集团等国有文化企业社会效益和经济效益俱佳，走在同行前列。民营文化企业成长迅速，已成为浙江文化产业发展的生力军。目前全省共有民营文化企业4万多家，从业人员75万人，投资总规模1300亿元以上。涌现出了横店、宋城、华策影视、中南卡通等一批在全国有影响的民营文化龙头企业；我国资本市场上的"电影第一股""演艺第一股"和"电视剧第一股"的华谊兄弟、宋城集团、华策影视都出自浙江。

扎实推进文化体制改革综合试点工作，经营性文化单位改革取得重要进展，国办文艺院团改革实现新突破。坚持文化交流与文化贸易"两翼齐飞"，集中力量打造一批对外演展精品，实施一批具有重大影响的对外文化项目，对外文化交流渠道不断拓展，浙江文化影响力得到进一步提升。

四、社会建设全面展开，体制机制逐步完善

"加强社会建设，是社会和谐稳定的重要保证。必须从维护最广大人民根本利益的高度，加快健全基本公共服务体系，加强和创新社会管理，推动社会主义和谐社会建设。"①浙江加强以保障和改善民生为重点的社会建设，创新社会管理的体制机制，切实保障人民群众的权益，全面推进富民惠民安民，促进社会公平正义，维护社会和谐稳定，打造"平安浙江"，奋力建设平安中国示范区。

（一）社会事业均衡快速发展

在全国率先基本普及从学前三年到高中段的十五年教育和城乡免费义务教育。至2016年，九年义务教育入学率、巩固率分别为99.99%、100%，全省学前三年到高中段的十五年教育普及率为98.71%，高中段教育毛入学率为96%、巩固率为99%，高等教育毛入学率达57%。②国家技术创新工程试点省建设加快，区域综合创新能力居全国前列。至2017年，全省有国家认定的企业技术中心115家（含分中心），高新技术企业11462家，科技进步贡献率为60.1%。医疗卫生服务能力明显增强。全省共有卫生机构3.2万个（包括村卫生室），各类

①　胡锦涛.坚定不移沿着中国特色社会主义道路前进　为全面建成小康社会而奋斗——在中国共产党第十八次全国代表大会上的报告[R].人民日报，2012-11-18(1).

②　浙江省教育厅.2016年浙江教育事业发展统计公报[R/OL].(2017-03-02)[2018-07-01].http://www.zjedu.gov.cn/news/1488426200535533447.html.

医院床位数 31.4 万张，卫生技术人员 46.1 万人。^①区域协调发展水平不断提高。城乡居民收入倍差从 2012 年的 2.37 进一步缩小至 2016 年的 2.07，城乡差异相对较小，地区差异也明显小于其他发达省份。2016 年的人均期望寿命为 78.4 岁，列上海、北京、天津之后居全国第四。

（二）基本公共服务均等化体系初步形成

浙江从 2008 年开始实施基本公共服务均等化行动计划，以扩大基本公共服务覆盖面、提高基本公共服务均等化程度为目标，以社会保障、社会事业和公用设施为工作重点，努力构建覆盖城乡、区域均衡、全民共享的基本公共服务体系。2008 年以来，每年组织实施 80 多项基本公共服务均等化项目，城乡、区域、群体之间的基本公共服务差距逐渐缩小，连续多年新增财力 7% 以上用于改善民生。基本建成覆盖城乡的医疗卫生服务体系，城乡公共就业服务一体化初步形成。

（三）社会保障制度框架初步确立

浙江全民医保初具雏形，初步形成了以城镇职工医保、城镇居民医保、新农合为主体，其他多种形式的医疗保险和商业健康保险为补充，城乡医疗救助为兜底的医保制度体系。城乡养老保障制度正在建构，积极推动了国家在浙江省基本养老服务体系建设的试点工作，发展居家养老服务，加强养老基础设施建设。新型社会救助与社会福利制度体系正在形成，逐步完善低保标准动态调整机制，不断提高医疗救助水平。实施法律援助工程，突出保障农民工、老年人、未成年人、妇女的法律权益。精准扶贫、精准脱贫工作走在前列，干在实处。至 2015 年年底，浙江在全国率先全面消除家庭人均年收入 4600 元以下贫困户，成为全国第一个完成脱贫攻坚任务的省份。

（四）社会治理不断加强和创新

社会治理新格局初步形成。各级党委和政府坚持以创建平安浙江为抓手、为载体，高度重视社会治理体制创新。如创新和推广枫桥经验，全面落实"网格化管理、组团式服务"，全面推行社会稳定风险评估机制，建立社会应急联动救助平台、社会公共服务平台、社会组织服务平台、网络舆情研判导控服务平台、矛盾纠纷大调解体系等，平安创建活动深入开展，社会治安防控体系不断完善，应急管理全面加强，突发事件应急处置体系基本形成。切实加强党对基层治理工作的组织领导，积极发挥社会组织在社会治理中的协同作用，广泛动员和组织群众依法有序参与社会治理，形成了全省上下共建和谐社会、共享美好生活的生动局面。人民群众安全感满意率连续 13 年位居全国前列，2016 年达到 96.43%，浙

---

① 浙江省统计局，国家统计局浙江调查总队 . 2017 年浙江省国民经济和社会发展统计公报 [R]. 浙江日报，2018-02-27(4).

江被公认为全国最安全、社会公平指数最高的省份之一。[①]

五、生态建设扎实推进，生态环境明显改善

"人与自然是生命共同体"，"建设生态文明是中华文明永续发展的千年大计"[②]。浙江现代化进程创造了众多"浙江奇迹"和"浙江经验"。但随着经济的快速发展，浙江又较早面临"成长中的烦恼"，即资源能源与生态环境问题的集中暴露。浙江人民敢于正视，迎难而上。党的十六大以来，省委省政府在过去重视生态环境保护的基础上，坚持以生态省建设为抓手，加快生态文明建设，努力建设美丽浙江，完成了从单一的生态环境建设到综合的"绿色浙江"建设，再从综合的"绿色浙江"建设到文明高度的"生态浙江"建设的成功转型。2010年，省委十二届七次全会通过《关于推进生态文明建设的决定》，提出要"坚持生态省建设方略、走生态立省之路"，"打造'富饶秀美、和谐安康'的生态浙江"，开启了浙江人与自然和谐发展的新阶段。2014年，省委又做出了《关于建设美丽浙江创造美好生活的决定》，浙江开始迈进社会主义生态文明新时代。据《中国省域生态文明建设评价报告（ECI 2014）》，浙江省生态文明指数为91.57分，位居各省份生态文明指数排行榜第3名。据四川大学"美丽中国"研究所的《"美丽中国"省区建设水平（2015）研究报告》对2015年列入评价的31个省（区、市）建设水平指数进行的测算，浙江省综合建设指数排名所有省（区、市）第二，生态建设指数排名所有省（区、市）第一。

二维码1-2

（一）生态建设战略一脉相承

浙江省委按照"一张蓝图绘到底""一任接着一任干""功成不必在我"的精神，持之以恒、锲而不舍地推进生态文明建设。浙江在生态文明建设上先后实施了绿色浙江建设战略、生态省建设战略、生态浙江建设战略、"两美"浙江建设战略等重大战略。这些战略既一脉相承，又与时俱进，集中体现为"四大目标性战略"和"两大手段性战略"[③]。这些战略清晰明了，保障了浙江生态文明建设的顺利推进。

（二）省域生态环境明显改善

浙江将经济转型升级与生态建设有机结合，积极推进"五水共治"、"三改

---

① 中共浙江省委宣传部 . "四个全面"战略布局和"八八战略"研究 [M]. 杭州：浙江人民出版社，2017：42.

② 习近平 . 决胜全面建成小康社会　夺取新时代中国特色社会主义伟大胜利——在中国共产党第十九次全国代表大会上的报告 [R]. 北京：人民出版社，2017：50，23.

③ "四大目标性战略"即产业生态化战略、消费绿色化战略、资源节约化战略、生态经济化战略；"两大手段性战略"即绿色科技创新战略、绿色制度创新战略。

一拆"、大气污染防治等战略举措的落实。治水拆违倒逼经济转型，节能减排促进环境改善。GDP 能耗降至 2016 年的 0.44 吨标准煤 / 万元。GDP 用水量降至 2016 年的 39 立方米 / 万元，浙江是水资源集约利用水平最好的省份之一。化学需氧量、氨氮、二氧化硫和氮氧化物四项主要污染物排放指标每年均提前完成国家下达的减排任务。2016 年，11 个设区城市环境空气 PM2.5 浓度比 2013 年下降 32.8%；日空气质量（AQI）优良天数平均为 83.1%，比 2013 年提高 14.7 个百分点；平均霾日数 34 天，比 2014 年减少 35 天。[①]

（三）城乡生态建设成果丰硕

省委省政府带领全省人民深入贯彻习近平生态文明思想，生态文明建设理念深入人心，生态文明建设制度不断创新，生态文明建设实践扎实有效，取得了丰硕的生态文明建设成果。截至 2017 年，累计建成国家级生态市 2 个，国家级生态县（市、区）39 个，国家环境保护模范城市 7 个，国家级生态乡镇 691 个，省级生态市 5 个，省级生态县（市、区）67 个，省级环保模范城市 15 个。[②] 美丽乡村建设深入推进。至 2015 年，有 58 个县（市、区）成为美丽乡村创建先进县（市、区）。2016 年，创建第一批省级美丽乡村示范县 6 个、示范乡镇 100 个、特色精品村 300 个、美丽庭院 10000 个。至 2016 年年末，累计完成 23137 个村的生活污水治理体系建设。[③]

六、党的建设全面加强，执政能力显著提升

改革开放以来，全省各级党组织坚持以马克思列宁主义、毛泽东思想、邓小平理论、"三个代表"重要思想、科学发展观和习近平新时代中国特色社会主义思想为指导，紧紧围绕党的中心任务，着眼于推进改革开放和发展社会主义市场经济，致力于加强党的执政能力建设、先进性和纯洁性建设，以改革创新精神全面推进党的政治、思想、组织、作风、纪律和制度建设，深入推进反腐败斗争，为建设惠及全省人民的高水平全面小康社会提供了强有力的保障。

（一）理论学习与时俱进，思想武装不断深化

浙江各级党组织以理论学习中心组、读书会、浙江论坛等形式，带头深入学习理论，组织开展一系列中国特色社会主义理论教育活动，理论学习持续升温。

① 傅吉青，黄洪琳 . 创新转型　砥砺奋进——十八大以来浙江经济社会发展成就 [EB/OL]. (2017-10-11) [2018-07-01]. http://tjj.zj.gov.cn/tjxx/tjjd/201710/t20171011_200142.html.

② 浙江省统计局，国家统计局浙江调查总队 . 2017 年浙江省国民经济和社会发展统计公报 [R]. 浙江日报，2018-02-27(4).

③ 傅吉青，黄洪琳 . 创新转型　砥砺奋进——十八大以来浙江经济社会发展成就 [EB/OL]. (2017-10-11) [2018-07-01]. http://tjj.zj.gov.cn/tjxx/tjjd/201710/t20171011_200142.html.

新发展理念深入人心，学习型党组织建设扎实推进，中国特色社会主义理论体系宣传教育如春风润雨，践行习近平新时代中国特色社会主义思想成为党员干部自觉行动。通过理论武装，科学理论成为广大党员干部的思想之魂、工作之纲，为推进改革开放和社会主义现代化建设奠定了坚实的思想理论基础。

（二）党管人才落到实处，队伍素质稳步提升

省委坚持把人才作为第一资源来抓，深入实施人才强省战略。按照创业创新总战略的要求，不断建立健全人才工作政策体系，以培养选拔高层次创新人才和领军人才为重点，统筹推进各类人才队伍建设，着力构建了党委统一领导、组织部门牵头抓总、有关部门各司其职、社会力量广泛参与的人才工作新格局。各地干部人事制度改革亮点纷呈，人才队伍整体素质和竞争力不断提升。

在深化干部人事制度改革方面，逐步走出了一条从干部选拔、考核、管理等单项改革探索到整体推进的新路子，党建工作科学化制度化不断提升。"党员素质提升工程"的实施，以党组织书记为重点的基层党员干部队伍建设的推进，大大提高了基层党组织的战斗力和党员的先进性。

（三）党内民主稳步推进，从严治党力度不断增强

早在1988年，经省委批准并报中组部同意，台州市椒江区在全国率先开展了党的代表大会常任制工作。经过多年的探索和建设，浙江逐步形成了以党代表任期制、党代会年会制、党委负责制为主要内容的制度体系，党代表任期制全面推行，全省已建成党代表工作室4072个。基层党内民主建设探索更趋活跃，基层党组织"公推直选"积极推行，各种行之有效的民主制度和措施也得以不断整合和提升，党的生机和活力不断激发。

在省委的坚强领导下，浙江紧紧围绕中心工作，聚焦群众反映强烈的问题，以"干在实处、走在前列"的精神贯彻落实全面从严治党。抓政治从严夯实党建根本，抓思想从严加强党内教育，抓作风从严营造良好政治生态，抓廉政从严强化执纪反腐，抓治吏从严建设浙江铁军，抓管党从严规范党内政治生活，管党治党境界不断提升，为建设现代化浙江奠定了坚实的政治基础。

（四）适应新社会组织和经济组织发展变化，不断拓宽党建工作新领域

全面推进农村基层党组织建设、非公企业党建、社区党建、新社团党建等各领域的党建工作，积极实施"党员人才工程"，开展在新的社会组织、经济组织发展党员工作，大力推进区域化基层党建工作，党组织的创造力、凝聚力、战斗力不断增强。浙江已有29.2万家非公企业建立了党组织，组建率89.5%。非公企业党建工作全覆盖的目标已基本实现。

第三节　中国特色社会主义在浙江实践的主要经验

一、坚持实事求是，创造性地把中央精神与浙江实际有机结合

浙江在中国特色社会主义道路上艰难探索获得的重要经验之一，就是坚持从实际出发，解放思想，实事求是，与时俱进，求真务实，创造性地把中央精神与浙江实际紧密结合起来。

解放思想是发展中国特色社会主义的一大法宝。从实际出发，坚持主观与客观相统一，以新的思维方式理解和分析客观世界的现实问题，消除不适应现实和时代发展要求的旧思想、旧观念和体制机制，创造适合时代发展需要的新思想、新观念和新体制机制，是加快浙江发展，保证浙江改革开放事业顺利推进的重要前提。浙江改革开放以来的每一步发展、每一个成就都离不开思想的解放和求实精神。党的十一届三中全会以后，浙江广大干部群众较早在所有制和经济运行机制等方面突破僵化观念的束缚，开创了"千家万户办企业、千山万水闯市场"的波澜壮阔局面；党的十四大以后，浙江广大干部群众较早确立现代市场经济观念，全面推进市场取向的改革，掀起了"改体制转机制、建市场促开放"的新高潮；党的十六大以来，浙江广大干部群众深入贯彻落实科学发展观，确立一系列与新的发展阶段相适应的新思路、新观念，开创了经济社会持续健康发展的新局面。党的十八大以来，浙江人民坚持以习近平新时代中国特色社会主义思想为指导，以更加豪迈的姿态、以干在实处走在前列的实际行动，坚定不移沿着"八八战略"指引的路子走下去，扎实推进新时代中国特色社会主义在浙江的实践。实践证明，没有思想的解放，就没有浙江发展的领先；没有观念的超越，就实现不了浙江发展的跨越。

坚持普遍性和特殊性相统一是辩证唯物主义的一条根本原则，也是浙江探索中国特色社会主义道路取得成功的重要经验。从理论上说，党的基本理论、基本路线、基本纲领、基本经验、基本方针和一系列重大政策，是全党集体智慧的结晶，是指导中国特色社会主义前进的科学理论。但中国地域广大，各地区的情况千差万别，必须在中央统一领导下，把中央的精神因地制宜地贯彻到各地的具体工作中去，才能全面推进中国特色社会主义事业健康发展。浙江经济社会发展具有早发、先发的特点，同时也较早遇到伴随发展而来的问题和困难，解决这些问题和困难，书本上没有现成答案、前人没有现成经验，只能在实践中将普遍性与特殊性紧密结合起来，在具体工作中因地制宜地贯彻中央的精神，找寻合乎浙江实际的解决办法。

以往的成功经验表明，今后要实现浙江持续健康发展，必须始终坚持解放思

想、实事求是的思想路线，站在时代的高度，树立宽广的视野，在中央精神和浙江实际中找到契合点，从本地实际出发，研究新情况，开拓新思路，创造性地开展工作，因地制宜地推进浙江沿着新时代中国特色社会主义的正确方向科学发展。

二维码1-3

二、坚持创业富民，充分尊重人民群众的意愿和首创精神

习近平总书记指出，人民对美好生活的向往，就是我们的奋斗目标。人民群众是历史的创造者，是推动改革发展的根本动力。浙江在中国特色社会主义道路上艰难探索获得的重要经验之一，就是以创业富民为目标，充分尊重人民群众的意愿和首创精神，将群众智慧化作促进发展的体制机制，始终坚持把增进人民福祉、促进人的全面发展、朝着共同富裕方向稳步前进作为改革发展的出发点和落脚点。改革开放前，人民群众的许多创造活力被高度集中的体制遏制；改革开放以来，浙江人民的创造活力被空前激发。浙江的许多制度创新并非来自政府自上而下的推广，无论是发展乡镇企业、个体私营企业，还是创建专业市场、股份合作制等，都是人民群众在改革实践中自行创造的，群众是真正的英雄。正是由于浙江各级党委和政府尊重人民群众的意愿和首创精神，顺应发展规律，才创造了浙江奇迹。

改革开放以来，浙江以创业富民为导向，坚持党的群众路线，充分尊重人民群众的意愿和群众首创，放手发动人民群众，推进改革创新。对于干部群众中不同时期的不同认识，采取不争论、不压制、不扼杀的态度，冷静观察，不轻易作结论，鼓励群众大胆闯、大胆试、大胆拼、大胆干，不张扬、不气馁、不动摇、不折腾，形成充分发挥人民群众积极性和创造性的良好氛围。特别是在改革目标尚不明确、模式尚未确定，在一些重大理论和政策问题上还存在着不同认识，许多问题一时还说不清楚，旧体制、旧观念造成很大阻力的情况下，采取宽容默认的态度和方法，允许探索，予以支持和保护。坚持用事实来引导思想，用实践结果来统一意志，在时机成熟的情况下逐步推广。这样做既有利于保护群众改革的积极性、主动性和创造性，又有利于减少探索创新的盲目性。

浙江的持续快速发展得益于始终坚持以人为本——"发展相信人、发展依靠人、发展为了人"。回顾浙江改革开放以来的实践，我们不难发现，只要是有利于解放和发展社会生产力、有利于提高人民的生活水平、有利于实现好维护好发展好最广大人民根本利益的事情，浙江都大胆试、大胆闯，坚决破、坚决改。浙江始终注重从人们生活息息相关的领域来设计改革项目，编制改革方案，落实改革任务。各项改革都围绕着一个根本目的，就是要让人民得到实惠，让人民生活得到改善。在这块富有中国特色社会主义共同理想和广大人民群众创业创新激情

的热土上，以公有制为主体，多种所有制经济水乳交融，各类市场主体相得益彰，各种发展模式共生共荣，经济社会的发展始终保持着良好态势，走出了一条具有中国特色、时代特征、浙江特点的科学发展之路。全省各地探索中国特色社会主义道路的成功实践、宝贵经验，为我们提供了一个个具体而生动的典型，充分证明了尊重群众意愿和首创精神是中国特色社会主义事业的源泉这一历史唯物主义的朴实道理。

三、坚持创新强省，不断完善经济社会发展体制机制

创新是经济和社会发展的不竭动力。科技创新是提高社会生产力和综合实力的战略支撑，体制机制创新是经济社会健康快速发展的活力源泉。浙江在中国特色社会主义道路上艰难探索获得的重要经验之一，就是坚持走创新强省之路，不断推进理论创新、体制机制创新和科技创新。回顾浙江探索中国特色社会主义道路的历程，在实践中的每一个重大发展，体制上的每一个重大突破，机制上的每一次重大转变，理论上的每一次提升，都离不开创新。

浙江高度重视科技创新。在改革开放初期，浙江的技术创新更多地表现为技术引进、消化、吸收和模仿，以及通过"干中学"得到的技术经验和通过示范传授的技术诀窍和技巧的传播。正是这些与商业应用密不可分的产品在生产实践中大量的技术推广和小的改进，形成了浙江技术进步的主流。随着市场竞争的日益加剧和企业规模的不断扩大，越来越多的企业加大对技术创新的投入，自主创新能力逐步增强。全面实施创新驱动发展战略，建设科技强省。2013年省委十三届三次全会又做出了《关于全面实施创新驱动发展战略　加快建设创新型省份的决定》，明确提出到2020年，建立比较完善的区域创新体系，创新资源有效集聚，创新能力显著增强，创新效益大幅提升，跨入创新型省份行列，基本形成创新驱动发展格局。据《中国区域创新指数报告（2016）》，浙江区域创新能力列江苏、广东、北京和上海之后居全国第5位，国内科技综合实力（综合科技进步水平）列上海、北京、天津、江苏和广东之后居全国第6位。

浙江高度重视体制机制创新。浙江人敢闯敢创，敢为天下先，具有钱江弄潮儿的无畏气概和争喝"头口水"的超前意识，创造了第一批个体工商户、第一批私营企业、第一批股份合作企业、第一批专业市场、第一座农民城等许多可以载入改革史册的"全国第一"，成为体制机制创新的开路先锋。进入20世纪90年代，特别是21世纪以来，浙江人继续开创着许多"全国率先"：率先推进国有集体企业产权制度改革，率先推进资源要素市场化改革，创水权交易改革之先例、开粮食购销市场化改革之先河，率先打破城乡二元结构，率先构建全覆盖、保基本、多层次、可持续的社会保障体系，率先推进县级政府扩权改革，率先推进"最

多跑一次"改革，等等。浙江体制机制的市场化取向改革总是先人一拍、快人一步，使浙江赢得了发展先机、充满了发展活力。浙江大力推动经济社会等方面的体制机制创新，创造了独具特色的浙江模式、科学发展的浙江经验。

近5年来，浙江蹄疾步稳推进全面深化改革，为浙江发展闯关、为全国改革探路。重要领域和关键环节改革取得突破性进展，宁波舟山港一体化、全省机场整合、欠发达县集体摘帽、杭州互联网法院成立等亮点纷呈，国家监察体制改革、河长制、特色小镇、"四张清单一张网"、"城市数据大脑"等做法和经验向全国推广。浙江大力推进"最多跑一次"改革，加快建设"审批事项最少、办事效率最高、政务环境最优、群众和企业获得感最强"的省份，百姓纷纷点赞，企业普遍叫好，中央充分肯定。

浙江自主创新的最大优势在于体制灵活，与市场结合紧密，以及以企业为主体的创新体系。浙江位于中国经济创新最为活跃的长三角区域，区位优势明显是实施创新强省的外在优势；浓厚的创新文化是实施创新强省的内在优势。在推进新时代中国特色社会主义的伟大征程中，必须走自主创新之路，加大创新投入的力度，不断完善创新强省的体制机制，为"两个高水平"浙江建设提供持久动力。

二维码1-4

四、坚持科学发展，推动经济社会全面进步

科学发展是中国特色社会主义的根本要求。浙江在中国特色社会主义道路上艰难探索获得的重要经验之一，就是坚持科学发展，统筹兼顾，致力建设全面协调可持续发展的和谐浙江，努力实现经济社会的全面发展和进步。

改革开放以来，浙江人民坚持以经济建设为中心，抓住机遇，敢闯敢试，勇于创新，大胆推进经济体制改革，加快发展，实现了从资源小省向经济大省的跨越。随着经济的不断发展和市场化改革的深化，浙江积极推进社会主义民主法治建设，加强人大和政协的作用，转变政府职能，改革行政管理体制，积极探索基层民主选举、民主参与、民主监督和发扬党内民主的有效形式，实行依法治省，努力使社会领域的发展改革与经济领域的发展改革相适应。同时，日益自觉地实现经济文化的互动共进，从"两手抓"到有计划地全面推进精神文明建设，到探究经济发展的文化动因，提炼和弘扬浙江精神，到把文化产业作为重要的经济增长点，率先进行文化体制改革，大力建设公共文化服务体系，努力满足人民群众日益增长的精神需求，不断增强竞争软实力。

21世纪以来，省委在调查研究的基础上，相继提出了深入实施"八八战略"、全面建设"平安浙江"、加快建设文化强省、努力建设"法治浙江"、建设"生态浙江"、建设"两富"浙江、建设"两美"浙江、建设"两个高水平"浙江等

重大战略，形成了经济、政治、文化、社会、生态建设"五位一体"的科学发展总体布局。在这个总体布局中，深入实施"八八战略"是总纲领、总抓手，它侧重于经济发展和经济体制改革，致力建设"富强浙江"，同时也涉及政治、文化、社会发展；全面建设"平安浙江"是浙江社会建设的主要载体，是涵盖经济、政治、文化和社会各方面的宽领域、大范围、多层面的广义"平安"；加快建设文化强省，奋力建设"文化浙江"是浙江发展社会主义先进文化的重要举措，是包括思想道德建设，发展文化事业、文化产业和教育、科技、卫生、体育在内的"大文化"；努力建设"法治浙江"是浙江发展社会主义民主政治的有效途径，它要求不断提高经济、政治、文化和社会各个领域的法治化水平，切实尊重和保障人民的政治经济文化权益，为全面落实"八八战略"、"平安浙江"、文化强省等重大战略部署，为"两个高水平"浙江建设提供法治保障；建设"美丽浙江"是从源头上扭转生态环境恶化趋势，为人民创造良好生产生活环境，实现经济社会永续发展的根本要求，融入于经济建设、政治建设、文化建设、社会建设各方面和全过程。这个总体布局始终把五大建设作为一个全面、系统、有机联系的整体，使之相互渗透、相互支撑、相互促进；同时又在不同阶段突出重点，从不同角度推动全局，促进经济、政治、文化、社会、生态五大建设全面协调可持续发展。

五、弘扬"浙江精神"，增强经济社会发展软实力

人文精神是区域经济社会又好又快发展的宝贵支撑。浙江在中国特色社会主义道路上艰难探索获得的重要经验之一，就是特别注重区域优秀传统文化的发掘和弘扬浙江精神。

浙江精神是浙江经济腾飞的历史文化基因。数千年来，浙江特有的地域环境、生产生活方式，在义利并重、工商皆本思想的影响下，凝聚成了民众崇文重商、勤勉创业、励志创新、注重实效的精神品质，并代代传衍，成为浸润和流淌在浙江人民躯体和血脉中的文化基因。这种基因具有一种"野火烧不尽，春风吹又生""一有土壤就发芽，给点阳光就灿烂"的内在特质，也被誉为浙江的"草根精神"，被改革开放以来党的富民政策全面激活。浙江人民把深厚的历史文化基因与创业创新的时代要求相结合，不仅铸造了富有时代特色的"自强不息、坚韧不拔、勇于创新、讲求实效"的浙江精神，并结合新的实践，与时俱进地赋予其"求真务实、诚信和谐、开放图强"的新内涵。正是在这种精神熏陶下，浙江人民具有特别能吃苦、特别能忍耐、特别能创业、特别能发现商机、特别能化解危机、特别能灵活应变的优秀品行；正是在这种精神引领下，浙江人民率先进行市场取向改革，大力培育充满生机与活力的市场主体，极大地解放发展了生产力，赢得了发展先机，创造了"浙江奇迹"；正是在这种精神激励下，浙江人民始终保持

了勇往直前、敢闯敢创、开拓创新的勇气，走在了全面建成小康社会和新时代中国特色社会主义的前列。

浙江精神是推动浙江经济社会持续快速发展的精神动力。浙江精神已成为能动的经济创造力，促进经济快速发展；成为巨大的社会凝聚力，促进社会全面进步；成为核心的文化竞争力，促进浙江软实力全面提升。中国特色社会主义在浙江的成功实践深刻地启示我们，文化的竞争是最重要最深层次的竞争，必须高度重视精神文化在经济社会发展中的作用。在深入推进新时代中国特色社会主义在浙江实践的伟大征程中，要坚持继承区域优秀历史文化传统，结合新的实践和时代要求，不断进行文化创新，进一步秉持和弘扬浙江精神，形成浙江经济社会新一轮发展和跨越的强大精神支撑。

六、坚持和改善党的领导，为经济社会发展提供政治保障

党的领导是实现经济社会健康发展的根本保证，是浙江改革开放的本质特征和优势之一。浙江在中国特色社会主义道路上艰难探索获得的重要经验之一，就是以改革创新精神全面推进党的建设新的伟大工程，不断提高党的建设科学化水平，使党的各级组织成为探索中国特色社会主义道路的引领者和强有力保证。

浙江改革开放以来的历程，就是坚持和改善党的领导的历程，就是以改革创新精神推进党的建设新的伟大工程的历程。省委和各级党委始终坚持把党的领导摆在首位，敢于领导、善于领导，注重顺势而为，坚持科学有为，使党的领导成为推进各项事业蓬勃发展的根本保证。在一些局外人士的印象中，浙江的发展似乎主要依靠民间力量，政府是无为而治。事实并非如此，深入分析浙江的成功实践，毋庸置疑的是，各级党委政府科学有为，在无为而治和有为而治的有机结合中不断增强驾驭经济社会发展大局的能力，才是浙江实现又好又快发展的真正奥秘。

从无为而治看，就是放手让群众去干。对一时看不准的，当时的政策环境不允许而广大老百姓又愿意干的事，放手让群众去干。浙江总结实行了"三个允许""五个不"的领导方法，即"允许试、允许闯，甚至允许犯错误"，"不争论、不攀比、不张扬、不气馁、不动摇"，以及"坚定、清醒、有作为"的工作思路。如义乌小商品市场、"温州模式"的形成、新时代电子商务产业在全国的领先地位以及浙江改革开放史上出现的众多"全国第一"现象，各级党委、政府都以宽容的态度默许、支持和引导。这表明，无为而治不是放任不管，而是充分尊重群众的首创精神，敢于为干部群众的探索挑担子，并及时总结和推广群众创造的新鲜经验。

从有为而治看，就是引领群众去干。即对看得准、符合经济社会发展规律和国家政策的事物，对一家一户企业和群众需要做而又做不了的公共事业，适时出

台支持扶植举措，谋在前面，干在实处。如党的十五大明确把非公有制经济作为社会主义市场经济重要组成部分以来，浙江积极出台政策，鼓励、支持和引导个体私营经济上规模上水平；针对城市化滞后工业化的情况，率先实施城市化战略，推进城乡协调发展；针对农业发展出现的新情况，提出大力发展效益农业，鼓励农民什么来钱种什么；针对基础设施建设滞后问题，组织实施以"六个一千工程"和"五大百亿工程"为重点的基础设施建设，改善发展环境；针对一些地方存在的假冒伪劣等现象，着力打造"信用浙江"，树立浙江的良好形象；等等。这都充分体现了有为而治，但有为而治不是盲目蛮干，而是顺势而为，按客观规律办事。习近平同志主政浙江时期提出并深入实施的"八八战略"，正是立足浙江实际，遵循客观规律，引领浙江改革发展的系统性战略，是浙江省委敢于领导、善于领导、科学有为的生动体现。

浙江探索中国特色社会主义道路有今日的成就，根源于党中央的坚强领导和在各个时期路线、方针、政策的正确，根源于浙江省委和各级党组织在经济、社会和其他各方面善于领导，根源于广大党员干部在党的建设新的伟大工程中勇于探索、敢于创造的精神。

改革开放以来，浙江人民在中国特色社会主义理论指导下，用自己勤劳、智慧、勇敢的双手绘就了一幅逶迤而又气势磅礴、雄浑而又绚丽多彩的画卷，开创了具有中国特色、时代特征、浙江特点的经济社会发展新路。浙江人民开创的创业创新之路、团结奋斗之路、共享发展成果之路、走向共同富裕之路，正是中国特色社会主义道路在浙江的生动体现。浙江人民用鲜活的实践充分证明，中国特色社会主义是当代中国发展进步的根本方向，只有中国特色社会主义才能发展中国。

 案例 1-1

"新时代浙商精神"有了新内涵

2006 年，时任中共浙江省委书记习近平指出，在社会主义市场经济大潮中培育和成长起来的浙商群体，是浙江发展中的一支十分活跃的生力军，也是全国最活跃的企业家群体。改革开放以来，浙江非公有制经济，特别是民营经济的发展，培育了一批具有鲜明个性特征和时代精神的浙江商人，他们从鸡毛换糖走向全球贸易，从祖传手艺走向高新产业，从"草根老板"走向现代企业家。

"勇立潮头、创业创新"是"浙商精神"的集中体现。改革开放以来，浙商作为中国最具活力、创新力和影响力的商人群体，一路栉风沐雨、披荆斩棘，凭着自己的商业天赋和执着的企业家精神，在中国经济舞台上长袖善舞，上演了一出又一出精彩绝伦、让人击节赞叹的经济大戏，不断推动着中国及全球的发展。30 多年来，以冯根生、鲁冠球和宗庆后为代表的老一代浙商，以开天辟地的豪迈气概，创造了无数个中国奇迹；20 多年来，以南存辉、邱继宝和周晓光为代表的中生代浙商，以犀利敏感的全球视野，将浙商精神推广到了全世界；10 多年来，以马云、丁磊和陈天桥为代表的新生代浙商，以执着创新的气魄，将新经济舞得风生水起。他们，有个共同的名字叫浙商；他们，有个共同的基因叫浙江；他们，有个共同的精神叫浙商精神。

今天，全面建成小康社会进入决胜阶段，伴随着中国特色社会主义进入新时代，浙商也由当初的创业走向守业开拓再创业的新时代。新时代呼唤新时代浙商精神。2017 年 11 月 10 日，浙江省委省政府召开民营企业家座谈会，省委书记、省人大常委会主任车俊寄语广大民营企业家，要弘扬坚韧不拔的创业精神、敢为人先的创新精神、兴业报国的担当精神、开放大气的合作精神、诚信守法的法治精神、追求卓越的奋斗精神。这些催人奋进的价值追求，构成了新时代浙商精神的丰富内涵。

一部浙江改革开放史，也是浙商的拼搏史、企业家精神的淬炼史。浙江企业几十年走过的路，正是中国经济向产业链高端奋力攀升的缩影，凝聚着几代浙商的求索与顿悟、奋起与自强，背后始终有浙商精神在支撑。与时俱进地提出和弘扬新时代浙商精神，必将给广大浙商以激荡于心的豪情、磅礴于怀的信心、砥砺前行的动力，去创造更多神奇。在新时代，新一代浙商企业家尤须弘扬新时代浙商精神，全面推进腾笼换鸟、凤凰涅槃、扎根浙江、放眼全球、开拓创新、克难攻坚，增创新优势，续写新辉煌。

资料来源：

1. 中共浙江省委宣传部 . 基本经济制度在浙江创造奇迹——从浙江的实践看"六个为什么"之五 [N]. 杭州日报，2009-08-14.

2. 大力弘扬新时代浙商精神 推动民营经济新发展新飞跃 [N]. 浙江日报，2017-11-11.

 阅读书目

1. 中共浙江省委 . 中国特色社会主义在浙江的成功实践 . 求是，2017(16).

2. 车俊 . 坚定不移沿着"八八战略"指引的路子走下去 . 人民日报，2017-08-18.

3. 中共浙江省委宣传部 . "四个全面"战略布局和"八八战略"研究 . 杭州：浙江人民出版社，2017.

4.《浙江改革开放史》课题组.浙江改革开放史.杭州：浙江人民出版社，2006.

5.王杰.数字变化看浙江.杭州：浙江人民出版社，2008.

 思考讨论题

1.浙江改革开放以来对中国特色社会主义的探索经历了怎样的发展历程？

2.浙江改革开放以来对中国特色社会主义的探索取得了哪些辉煌成就？

3.中国特色社会主义在浙江实践的主要经验有哪些？

4.如何从浙江实践中增强对中国特色社会主义的道路自信、理论自信、制度自信和文化自信？

第二章　调整和完善所有制结构

改革开放以来，浙江在推进所有制改革和结构调整过程中，立足本省实际，毫不动摇地坚持公有制主体地位，毫不动摇地鼓励、支持和引导非公有制经济发展，形成了具有鲜明时代特色和浙江特点的公有制经济和非公有制经济共生共赢、共同发展的新型所有制结构。

第一节　多形式发展公有制经济，确保公有制主体地位

一、所有制结构的调整与变迁

改革开放以来，浙江经济快速发展是生产力得到极大解放的结果，而生产力的解放与发展又与所有制结构的调整紧密相连。回顾 1978 年以来浙江所有制结构的演变历程，大致可分为以下三个阶段。

（一）突破单一公有制结构，非公有制经济从无到有（1978—1990 年）

改革开放初期，浙江各地贯彻中央关于改革、开放、搞活的方针，放宽政策，突破禁区，开始发展个体私营经济，打破了长期由公有制经济一统天下的单一所有制结构，个体私营经济从无到有，从少到多。这一时期，尽管公有制经济比重有所下降，但在数量上仍具有绝对优势，处于主体地位。艰难起步的非公有制经济发展迅速，逐渐成为推动经济发展的新生力量。从总体看，1978 年至 1990 年，浙江所有制结构虽未发生根本性的变化，但"多轮驱动、多轨运行、多元发展"的势头已初现端倪。

（二）公有制经济比重相对下降，非公有制经济比重明显上升（1990—1998 年）

邓小平南方谈话和党的十四大以后，浙江出台了一系列政策，鼓励和支持非公有制经济发展。全省掀起了兴办个体、私营企业的高潮。同时率先探索公有制企业产权制度改革，国有大中型企业开始推行现代企业制度，组建企业集团，小型国有企业和乡镇集体企业大批改制为股份合作制或私营企业。集体经济改革

以产权制度改革为核心，以股份合作制为主要形式，大力推进集体所有制企业的改制合并，集体经济焕发出勃勃生机，所占比重下降。伴随着非公有制经济的快速发展，公有制经济在全省国民经济中的比重相对下降，而非公有制经济的比重不断上升。到 1997 年，全省国民生产总值 4638 亿元，公有制经济所占的比重为 61.7%，比 1990 年下降了 19.8 个百分点。其中国有经济的比重为 25%，比 1990 年下降了 3.4 个百分点，集体经济的比重为 36.7%，比 1990 年下降了 16.4 个百分点；非公有制经济增加值为 1775 亿元，所占比重高达 38.3%，比 1990 年上升了 19.8 个百分点。[①] 这一阶段，虽然非公有制经济比重上升，但并没有改变公有制主体地位，而且公有制企业的活力和效益明显提高，所有制结构逐步趋向合理。

二维码 2-1

（三）优化公有制结构和实现形式，公有制经济活力和竞争力大幅提升（1999 年至今）

这一阶段，全省国有企业经历了股份制、股份合作、兼并、整体转让、租赁、拍卖等多种形式的产权制度改革之后，又启动了以产权主体多元化为重点的新一轮国有企业改革，推进国有经济布局结构优化和竞争力提升。集体经济改革进一步深化，集体经济的集中度和控制力有所增强，企业产权结构多元化格局初步形成。

党的十六届三中全会提出"大力发展国有资本、集体资本和非公有资本等参股的混合所有制经济"的举措之后，浙江解放思想，大胆实践，从放手发展非公有制经济和放权让利于国有企业到鼓励和支持各种所有制经济通过相互参股、联合重组和嫁接外资等方式推行股份制。党的十八大以来，浙江始终坚持以公有制为主体，多种所有制经济共同发展的基本经济制度，进一步深化国有企业改革，加快推进公司制股份制改造，有力推动混合所有制经济的发展。进一步为民营经济发展创造更优的政策环境和社会环境，实现民营经济的新发展新飞跃。

改革开放以来，浙江所有制改革和结构调整证明，坚持社会主义初级阶段基本经济制度，就必须坚持以公有制为主体、多种所有制经济共同发展，并把两者统一于社会主义现代化建设的进程中；各种所有制经济完全可以在社会主义市场经济体制下发挥各自优势，相互促进、相互包容、相互融合、相得益彰、共同发展。

二、始终保持公有资产在社会总资产中占优势

如何既坚持公有制为主体，又坚持多种所有制经济共同发展，这是改革开放所面临的一个重大的历史性课题。改革开放以来，浙江虽然非公有制经济得到了

---

① 潘家玮，徐志宏，等.活力浙江——增强发展新动力 [M].杭州：浙江人民出版社，2006：35.

长足发展，但公有资产在全省社会总资产中始终保持着量的优势。

（一）公有资产在资源性资产中居独占优势

我国《宪法》规定："矿藏、水流、森林、山岭、草原、荒地、滩涂等自然资源，都属于国家所有，即全民所有；由法律规定属于集体所有的森林和山岭、草地、荒地、滩涂除外。""城市的土地属国家所有。农村和城市郊区的土地，除由法律规定属于国家所有的以外，属于集体所有；宅基地和自留地、自留山，也属于集体所有。"浙江严格依据《宪法》规定，坚决杜绝国家和集体所有的资源性资产流失，确保资源性资产归国家或集体所有。

（二）公有资产在公益性资产中占绝对优势

公益性资产是指由特定主体拥有或控制的，不以盈利为目的的公共性、服务性资产。公益资产包括铁路、公路、港口码头、机场、桥梁、电力设施、电信设施和油气管道等基础设施，政府机关、事业单位、军队国防等公共性和公益性设施与资产。其中，政府机关、事业单位和军队国防等部门的资产属于公有资产。铁路、公路、港口码头、机场、桥梁、电力设施、电信设施和油气管道等基础设施，绝大多数也都是公有资产。统计数据显示，在全省基础设施建设投资中绝大部分为公有资产，非公有制资产所占比重低，保证了公有资产在公益性资产中占绝对优势。

（三）公有资产在经营性资产中占相对优势

经营性资产是指直接从事生产经营活动的各类企业资产。浙江是非公有制经济大省，如果简单地从公有资产在全省经营性总资产中的数量比重看，公有资产数量在经营性资产中已经不占优势。但如果从经营性资产行业分布看，浙江公有资产在经营性资产中仍保持着相对优势。所谓相对优势，是指在国民经济命脉部门、重要行业和关键领域，公有经营性资产高度集中，与非公有资产相比具有明显优势。如在烟草制品业、石油加工、炼焦及核燃料加工业，电力、燃气及水的生产和供应业，交通运输业等行业中，浙江国有及国有控股工业企业资产总额占优势。浙江公有资产在经营性资产中的数量比重虽较过去有所下降，但在资产规模、科技含量、竞争力、盈利力等方面具有明显优势。以省属国企为例，省国资委监管企业共有 19 家（含 3 家直属企业），下属全资、控股企业共 1900 余家，主要分布在能源、交通、商贸物流、化工、建筑、装备制造、旅游、农粮等领域。现有物产中大集团、能源集团、交通集团、海港集团、国资运营公司等 5 家"千亿级"企业，有 8 家企业入选中国企业 500 强，其中物产中大集团连续 5 年入选世界 500 强。省属企业资产质量和收益能力连续多年名列全国前茅。[①]

---

①　佚名. 坚定不移做强做优做大国有企业——五年来浙江国企国资改革发展回顾 [N]. 浙江日报，2017-10-13(13).

三、积极探索公有制的有效实现形式

浙江在改革开放中，积极探索公有制多种实现形式，坚定不移把国有企业做大做强做优，积极发展混合所有制经济，较好地巩固了公有制主体地位，激活了公有制经济的活力。

（一）多元化社会投资催生和助推混合所有制经济发展

浙江在改革开放中，国有经济活力增强，民营经济相对发达，外贸企业投资活跃，多元市场主体和多元投资主体形成，为混合所有制经济发展提供了重要的经济和体制基础，使混合所有制经济获得了快速发展，并创造了多样化的发展路径和企业形态。一是大力发展股份制企业，从改革开放之初温州、台州地区初创的股份合作制企业，到目前全省出现大批规范的股份制企业。二是通过不同所有制的企业联合，组建企业集团，形成国有经济、集体经济和非公经济的联合体。三是通过个人入股、自愿组合而产生的民办集体企业。四是通过引进外资创办"三资企业"，以及发展"三来一补"业务。五是在区域块状经济发展中，由众多中小加工制造企业、商贸流通企业通过扬长避短、优势互补而形成的区域经济联合体和块状经济中的龙头企业。六是在推进科技体制改革和国有产权制度改革中允许个人参股国有企业，允许技术股加入国有、集体企业，允许个人承包租赁经营国有、集体企业，即"国有私营""集体所有，私人经营"等。通过多年的改革与发展，混合所有制在浙江大地迅速发展，实现了所有制形式多样化。

浙江实践表明，与单一的所有制相比较，混合所有制关系更加符合市场经济需要，更具优越性。一是作为一种企业的组织形式，充分发挥各种不同所有制经济组织的运营机制优势，避免了传统国有企业机制不灵活、单一家庭制企业管理不规范等不足，创造和形成了新的组织机制和组织效应。二是这种企业组织形式和领导体制，有利于减少和避免行政权力对企业生产经营的不恰当干预。企业完全是按照市场经济原则组织起来的，能集中力量抓生产经营，经济效益一般较好。三是有利于分散风险和风险共担。混合所有制经济有利于业主投资多个不同领域的企业，发展多个行业的经营，在很大程度上分散了投资和经营风险。四是扩大了公有制经济的辐射力和控制力。混合所有制经济的发展有利于国有经济以较少的资本控制更多企业的生产经营活动，增强国有经济的控制力，改善和调整国有经济的布局和结构，深化国有资产管理体制和国有企业的改革，引导和规范个体私营企业的发展，探索公有制的多种实现形式。

（二）积极探索和发展同市场经济相适应的股份制经济

1997年以后，浙江全面推开国有、城镇集体企业产权制度改革，股份制企业在公有制经济中的比重快速增长。截至2002年年底，全省国有、集体企业绝

大部分已经改制，市县产权制度改革基本完成，浙江国有、城镇集体企业改制面达到97.94%，其中，国有企业改制面达到97.39%，城镇集体企业改制面达到98.40%。已改制的国有、集体企业，采取了股份制形式，国有中小企业则采取改组、联合、兼并、租赁、承包经营和股份合作制、出售等其他形式，采取其他改制形式的企业数量基本上占到改制企业的一半左右，但资产总额估计比重不会超过20%。国有、城镇集体企业劳动关系转换面达到87.74%。[①]2015年年底，浙江在全国率先完成农村集体资产确权工作，全面完成村集体经济股份制改革。[②] 股份制已经成为浙江国有、集体经济企业的主要实现形式。实践表明，浙江的公有制企业通过股份制实现形式，扩大了公有资本的支配范围，实现了所有权与经营权的有效分离，实现了转换机制和科学管理，提高了公有资本运营效率，巩固了公有制主体地位，发展壮大了公有制经济。

第二节 做大做强国有企业，充分发挥国有经济主导作用

一、推进产权制度改革，增强国有经济活力

党的十八届三中全会指出："产权是所有制的核心。健全归属清晰、权责明确、保护严格、流转顺畅的现代产权制度。"[③] 改革开放以来，浙江把国有企业改革作为经济体制改革的中心环节，以产权制度改革为突破口，加快推进国有经济布局和结构的战略性调整，大大增强了国有经济活力。

浙江的国有企业改革大致可分为两个时期。从1978年到1992年，浙江主要围绕扩大企业经营管理自主权、利改税、实行厂长负责制等三个层面，通过"简政放权"和"减税让利"等措施推动国有企业发展。1994年以后，浙江国有企业改革进入攻坚阶段。一是以产权制度改革为突破口，积极推进现代企业制度建设。二是坚持抓大放小、有进有退，有所为有所不为。三是强化企业领导班子建设，加快企业内部机制改革和各项配套改革。2004年，省委省政府提出"宜强则强、宜留则留、宜退则退"的"三宜"原则，明确以产权多元化为国企改革主要内容，创造了多种国企改革模式：（1）基础性、公益性、战略性行业的企业，或保持国有独资，或在保持国有绝对控股的前提下，积极引进战略投资者，实现产权主体多元化。（2）对具有一定规模和较强竞争力的行业龙头企业，分别采

① 杜平，卓勇良.股份制成为浙江公有制的主要实现形式[J].浙江经济，2004(1)：30-31.

② 新华社.浙江省农村集体经济股份制改革全面完成[EB/OL].(2016-01-15)[2018-07-01].http://www.xinhuanet.com/fortune/2016-01/15/c_1117792254.htm.

③ 中共中央关于全面深化改革若干重大问题的决定[M].北京：人民出版社，2013：8.

取战略投资者控股、国有参股、企业经营团队和员工持股，或国有控股、战略投资者参股、企业经营团队和员工持股等多种形式的产权结构。（3）对具有专业投资功能并具有扩张力的企业，以资本运作和战略持股为主要职能，实施相关核心产业的整合，成为投资类资产经营公司。（4）对行业相同、业务相近的国资营运机构，通过辅业分离、产业整合的方式，重组成具有较强竞争力的行业骨干企业。（5）对散布在各集团内具有鲜明产业特征的企业，通过依托强势企业，集中优质资产和稀缺资源，组建新的企业集团。[1]截至 2013 年，10 家省属企业进行了合并重组，3 家引进战略投资者，3 家国有资本战略性退出，1 家实行清算解散。通过改革，省属各级企业产权多元化比例已达到 70% 以上，国有资产证券化率提高了 20 多个百分点。目前，省属企业有控股上市公司 10 家，各市、县国有控股上市公司达 22 家。[2]2013 年以来，浙江开始新一轮的国企改革。强调健全归属清晰、权责明确、保护严格、流转顺畅的现代产权制度，确保各类投资主体权责利统一，充分激发各类市场主体发展活力。并以国有企业分类改革和分类监管为核心和关键，以国有资产证券化为抓手，积极发展混合所有制经济。2016 年制定的《浙江省省属企业改革发展"十三五"规划》把发展混合所有制经济作为主要任务，主要内容是加快推进公司制股份制改造，根据不同企业功能定位，逐步调整国有股权比例。功能类企业，保持国有独资或国有资本控股，根据企业实际支持非国有资本参股；竞争类企业，国有资本可保持绝对控股、相对控股或者参股。着力推进企业整体资产或核心业务资产上市，提高资产证券化水平。鼓励国有资本以多种方式入股发展潜力大、成长性强的非国有企业。探索混合所有制企业员工持股，优先支持人才资本和技术要素贡献占比较高的转制科研院所、高新技术企业、科技服务型企业开展员工持股试点。依法保护各类出资人产权，切实做到依法依规、权责对等。力争"十三五"末省属国有资产证券化率达到 75% 左右。经过多年的国企改革，截至 2017 年 6 月底，省属企业国有资产证券化率已达 52.5%，产权多元化比例已达到 75% 左右。以产权多元化为主要内容的国有企业改革，成功探索了浙江公有制经济的有效实现形式，为国有企业的发展注入了勃勃生机，极大地增强了国有企业的活力和竞争力，壮大了国有经济规模，提高了国有资产运行效率。

建立新型劳动关系，以激发国有企业新活力。从 20 世纪 90 年代中后期开始，浙江国有企业改革进入股份合作、兼并、整体转让、租赁、拍卖等多形式的产权制度改革阶段，职工劳动关系日趋复杂化、多样化。浙江各地根据自身的经济状

---

① 金涛，胡屏岗.浙江国企竞争力"看涨"的背后 [N].浙江日报，2005-07-18(10).

② 夏丹，等.实施市场化改革，坚持做强主业，浙江国有经济大步转型 [N].浙江日报，2014-07-15(10).

况，纷纷探索行之有效的劳动关系处理办法，主要采取了解除合同转化职工身份、协议"双缴"和内退、鼓励职工自谋职业等三种方式。促进了劳动力资源的市场化配置，维护了企业和职工的合法权益，为国有企业改革和发展增添了活力。

二、调整国有经济布局，增强国有经济控制力

为了充分发挥和提升国有经济的主导作用，浙江坚持有所为有所不为的原则，对国有经济布局和结构进行战略性调整，推动国有资本更多地流向基础性、战略性行业和关键领域，以优化国有资本结构，增强国有经济的控制力和竞争力。在行业分布上，全省国有资产总量大部分集中在第二、三产业中关系国计民生的行业及垄断性经营行业。在第三产业中，国有资产主要集中在邮电通信业、金融保险业、卫生体育和社会福利业、教育文化艺术及广播电影电视业、科学研究和综合技术服务业、国家机关和社会团体等公共服务行业。在第二产业中，国有及国有控股工业企业已从一般竞争性行业逐步退出，主要集中在关系国计民生的行业和垄断型行业。国有经济在重要行业和关键领域占据支配地位。国有经济控制的重要行业和关键领域，包括涉及国家安全的行业、重大基础设施、重要矿产资源、提供重要公共产品和服务的行业，以及支柱产业和高新技术产业中的骨干企业。全省国有经济在烟草、水、电、油及铁路、航空、港口、高速公路等基础产业和基础设施领域占绝对优势，处于主导地位。2017年浙江统计年鉴数据显示：2016年在浙江规模以上工业企业工业生产总值中，国有及国有控股工业企业的烟草制品业为496.02亿元，占99.48%；水的生产和供应业为156.41亿元，占87.53%；电力、热力的生产和供应业为4157.67亿元，占93.51%；燃气生产和供应业为335.92亿元，占82.21%；石油加工、炼焦和核燃料加工业为1153.43亿元，占74.26%。在交通方面，2015年，省政府正式成立浙江省海港投资运营集团有限公司，整合宁波、舟山、温州、嘉兴、台州五大港口，实现了统一运营。截至2016年9月，该集团总资产为973亿元，净资产为667亿元。2016年7月，省政府将原浙江省交通投资集团有限公司和浙江省铁路投资集团有限公司重组合并为新的浙江省交通投资集团有限公司，截至2017年3月底，集团资产总额2830.15亿元，2016年实现营业收入875.35亿元、利润总额64.5亿元，连续十年入选中国企业500强榜单，连续八年列全国道路运输、城市公交及辅助服务业前3位。浙江省机场集团于2017年11月17日成立，下辖杭州机场、宁波机场、温州机场、舟山机场，托管衢州机场、台州机场、义乌机场等，整合了全省机场资源，搭建了航空大平台。截至2016年年底，民航运输年旅客吞吐量、货邮吞吐量分别为5050万人次、68.6万吨。

改革开放以来，尽管国有经济在全省经济结构中的比重相对下降，但总量、增量、质量却呈上升趋势，控制力和影响力较以往明显增强。全省国有经济凭其雄厚的资本实力、规模效益、技术优势、规范管理，在基础产业、先导产业和经济命脉领域支撑着经济的发展，辐射、引导和带动着整个经济的发展。[①] 以省属国企为例，在国有经济布局调整中，浙江省属国有资本向能源、交通、钢铁、商贸物流等重要行业和优势产业集中，控制力和竞争力不断增加。统计数据显示，目前省级国有资本在关键领域和优势产业的集聚度进一步提高，分布在能源、交通、商贸物流等基础和优势行业的资产总额、营业收入、利润总额均占省属企业总量的 85% 以上。近年来投资建成了电力、机场、高速公路、化工等领域一批重大基础设施项目和重大产业项目，充分发挥省属企业对全省经济社会发展的支撑作用。能源集团发电业务占全省统调机组 50% 左右，发挥浙江省能源安全供应主力军作用。交通集团建设高速公路营运里程占全省总里程的 66%，营运铁路里程超 2500 千米。萧山机场客流量稳居全国十大机场之列。[②]

三、完善国有资产管理体制，确保国有资产保值增值

改革开放以来，在省委省政府的领导下，浙江在全国率先进行了国有资产管理体制改革，并取得了明显成效，全省国有资产快速增长，总量跃居全国前列，较好地实现了国有资产保值增值的目标。[③]

浙江在国有资产管理体制改革上积极探索，大胆改革。一是建立健全国有资产监督委员会。2004 年，浙江国有资产监督委员会正式挂牌。目前，全省国资监管组织体系、制度体系和责任体系建设有序推进、形成特色。全省 11 个市均组建了国资委，57 个县（市、区）组建了独立或相对独立的国资监管机构，初步形成全省三级国资联动的组织体制。二是实行全省国有资产管理、监督和运营体系的"三层次"架构。2010 年，全省外派监事会组建工作正式启动，外派监事认真履行监督职责，重点开展国有企业往来账款专项检查工作。

国有资产管理体制改革，促进了国有资产结构优化，总量持续增长，规模和效益连创新高。浙江从提高国有资本运营效率出发，探索产融结合、资本整合的有效模式。一是组建省级国有资本运营平台，调整省国资运营公司为省属一级企

---

① 潘家玮，徐志宏，等 . 活力浙江——增强发展新动力 [M]. 杭州：浙江人民出版社，2006：61-67.

② 佚名 . 坚定不移做强做优做大国有企业——五年来浙江国企国资改革发展回顾 [N]. 浙江日报，2017-10-13(13).

③ 刘仁伍 . 浙江市场经济发展报告 (2011)[M]. 北京：社会科学文献出版社，2012：52-53.

业，赋予新功能，为推进省属企业乃至全省国有企业深化改革、促进国有资本布局结构战略性调整增加新动力、打造新手段。二是打造新的省级交通投融资平台，合并重组省交通集团和省铁路集团。承担起全省高速公路、铁路等交通基础设施各项职能，推进浙江省现代交通"五大建设"、实施"万亿综合交通工程"。三是组建全省海洋港口投融资平台，以宁波舟山港为主，组建省属一级企业省海港集团，使之成为浙江省加强海港投资运营的主抓手、主平台和主力军，有力推动全省海洋资源的统筹整合和科学利用。统计数据显示，截至 2016 年年底，浙江省国资监管企业资产总额 34187.5 亿元，净资产 10988 亿元，全年累计实现营业收入 9418 亿元，利润总额 526.9 亿元，分别是 2012 年年末的 2.3 倍、1.9 倍、1.3 倍、2.3 倍。其中，省属国资监管企业资产总额 9489.4 亿元，净资产 3811.4 亿元，全年累计实现营业收入 6247.5 亿元，利润总额 304.7 亿元，分别是 2012 年的 1.6 倍、1.9 倍、1.1 倍、1.7 倍。2017 年 6 月底，省属企业资产总额首破万亿元大关，达 10066 亿元。[①]

二维码 2-2

第三节　鼓励、支持和引导非公有制经济发展

一、为非公有制经济发展创造良好环境

改革开放以来，浙江在鼓励、支持和引导非公有制经济发展上，思想解放、积极探索、敢闯敢试敢冒，立足省情，注重为非公有制经济发展创造良好的政策和社会环境。一是放宽非公有制经济市场准入；二是加大对非公有制经济的财税金融支持；三是提升对非公有制经济的社会服务水平；四是推进非公有制经济加快结构调整和增长方式转变；五是维护非公有制企业和职工的合法权益；六是改进和加强政府对非公有制企业的指导和监管。

进入 21 世纪以来，浙江进一步加大了鼓励、支持和引导非公有制经济发展的力度，提出了许多新举措。如消除影响非公有制经济发展的体制性障碍，确立平等的市场主体地位，实现公平竞争；进一步完善政策法规，着力解决非公有制经济发展中的突出问题，依法保护非公有制企业和职工的合法权益；进一步改进和加强政府指导和监管，为非公有制经济发展排忧解难；进一步推动非公有制企业加快制度创新、技术创新、管理创新，转变增长方式，提高竞争能力；进一步引导非公有制企业依法经营、诚实守信，不断提高自身素质，促进非公有制经济持续快速健康发展。2012 年省委省政府召开提振民营经济大会，科学谋划新一

---

① 佚名. 坚定不移做强做优做大国有企业——五年来浙江国企国资改革发展回顾 [N]. 浙江日报，2017-10-13(13).

轮民营经济发展蓝图，突出"稳中求进、转中求好"的工作基调，明确"调结构、抓转型，重投入、兴实体，强改革、优环境，惠民生、促和谐"的总体思路，着力推动民营经济转型发展、创新发展、开放发展、集约发展、和谐发展，推动民营经济大发展大提升。

2017年浙江召开民营企业家座谈会，进一步提出全力为民营经济发展创造更优环境，实现民营经济新发展新飞跃，以改革的思路、创新的办法、更优的服务，千方百计支持企业发展，进一步营造有利于创业创新的政务环境和社会环境。

第一，努力打造审批事项最少、办事效率最高、投资环境最优、企业获得感最强的省份。浙江以"最多跑一次"改革为重点撬动各方面各领域改革，加快建设服务型政府。深化"放管服"改革，从企业最渴望解决、最难办的事情上突破，全力破解一窗受理、网上办理、"数据孤岛"等重点难点问题，真正实现一件事情"最多跑一次"，努力实现多数事情不要跑，让政府多跑路、干部多跑路、数据多跑路，群众和企业少跑路。

第二，着力构建"亲""清"新型政商关系，营造风清气正的良好环境。各级领导干部在坚守法纪底线的前提下，坦荡真诚地同民营企业家接触交往。一要关心企业、关心企业家，和企业家多谈心、多交心。二要积极作为、靠前服务，寓管理于服务之中，急企业家之所急，解企业家之所难。省委统战部、工商联、浙商总会等要进一步发挥作用，更好服务浙商、引领浙商、凝聚浙商。三要进一步破除制约民营经济发展的障碍，放开市场准入，充分激发活力，鼓励民营企业和民间资本参与重点建设。四要进一步完善政策体系，鼓励和支持民营企业转型升级、创新发展。要进一步减轻企业负担，让企业轻装上阵。

第三，营造有利于企业健康发展的社会氛围。以完善和落实产权保护制度为重点，依法保护企业家合法权益。加强对产权保护的统筹协调，加快完善平等保护各类市场主体产权的长效体制机制。加大对知识产权的保护力度，完善查处知识产权侵权行为快速反应机制，提高侵犯知识产权违法成本。建立完善涉企收费、监督检查等清单制度，细化规范行政执法条件。要鼓励创新、宽容失败，主动讲好浙商故事，积极传递浙商声音，大力弘扬新时代浙商精神，深入宣传民营企业和企业家先进事迹，在全社会形成有利于民营经济发展和民营企业家茁壮成长的浓厚氛围。[①]目前，浙江非公有制经济特别是个体、私营经济发展规模处于全国前列，非公经济正以崭新的姿态迎接未来。

---

① 车俊.大力弘扬新时代浙商精神 推动民营经济新发展新飞跃 [J].政策瞭望，2017(11):12-15.

二、充分发挥非公有制经济在推进经济发展中的积极作用

改革开放以来，浙江是全国非公有制经济发展最活跃、最发达、最典型的省份之一。当人们在回顾总结改革开放以来浙江由一个经济小省变为经济强省的历程时，都把放手发展非公有制经济，较早形成以公有制为主体，多种所有制经济相互竞争共同发展作为一条重要经验。非公有制经济巨大发展直接和间接地推动浙江所有制改革乃至整个经济体制的改革。20 世纪 80 年代，非公有制经济生存环境非常艰难，在 1992 年邓小平南方谈话以后才获得了良好的发展环境，随后浙江非公有制经济加快了发展步伐。进入 21 世纪后，浙江为非公有制经济发展提供有利的政策环境。非公有制经济所释放出来的巨大能量已经成了浙江经济发展的重要推力，非公有制经济的繁荣发展成为浙江的靓丽名片。

经过改革开放以来的多年发展，浙江民营企业占企业总量 90% 左右，贡献了全省 60% 的税收、70% 的 GDP、80% 的出口贸易额、90% 的就业岗位和机会。[①]在 2017 中国民营企业 500 强中，浙江占了 120 席，连续 19 年蝉联全国第一。在中国民营企业制造业 500 强名单和中国民营企业服务业 100 强中，浙江分别有111 家企业和 12 家企业入围。民营企业家已从鸡毛换糖走向全球贸易，从祖传手艺走向高新产业，从"草根老板"走向现代企业家。有 800 多万名浙商在全国各地投资创业，投资额累计超过 3 万亿元，有 150 多万名浙商走出国门，在 138个国家和地区创业发展，2017 年全省经核准的境外企业和机构共计 4902 家，累计投资总额 112.2 亿美元。浙商群体已成为中国最活跃的企业家群体。[②]

浙江的改革发展证明，大力发展非公有制经济，有利于充分发掘和动员庞大的民间生产资源用于发展生产、促进经济增长；有利于拓宽就业门路，吸纳大量劳动力就业；有利于增加劳动者收入和国家财政收入；有利于满足人民群众多样化的物质文化需求，方便人民生活；有利于高新技术产业和文化产业发展，更有效地推动知识创新；有利于调动人民群众创业的积极性，使广大人民群众的聪明才智得到充分发挥。不仅如此，发展非公有制经济还为国有经济的战略性调整和国有企业改革发展创造了条件。浙江从一个经济小省的农业省份，一跃而成为位居全国前列的经济强省，一个重要原因就是所有制结构调整，多种所有制经济的共同发展，特别是非公有制经济的快速发展，在体制机制方面形成并保持了先发性优势，使经济发展始终充满生机和活力。

---

① 徐光. 浙江各种所有制企业健康发展 [N]. 浙江日报，2016–03–06(8).

② 佚名. 浙商回归的先行示范区 [EB/OL]. [2018–05–15]. http://www.abp.cn/jnqianyue/zheshanghuigui.html.

三、推动非公有制经济发展的举措

（一）充分保护和激发老百姓创业创新精神

改革开放以来，浙江坚持"三个有利于"标准，在推进国有经济再创新优势的同时，毫不动摇地鼓励、支持、引导非公有制经济发展。明确提出发展个体私营经济"不限发展比例，不限发展速度，不限经营方式，不限经营规模"，尊重群众的创业权利和自主选择，支持千百万群众大胆进行实践，突破单一所有制形式，大力发展个体私营经济。经过改革开放以来的多年发展，非公有制经济已成为浙江经济发展的重要推力。让广大老百姓成为创业创新主体，是浙江非公有制经济不断发展壮大的最根本经验。浙江是最早允许农民务工经商、允许农民长途贩运、允许对农民开放城乡市场的省份。日出而作、日落而息的农民从狭小的土地经营中走出来，从农业走向第二、三产业，从农村走向城镇，从本土市场走向国内外大市场，开始了艰苦的创业历程。

据统计，浙江第一批个体私营企业创业者 90% 来自农村，在全省 2090 万农村劳动力中，有 1070 万活跃在非农业领域。在 2004 年召开的全省民营经济工作会议上，表彰的非公有制企业 100 强，其中 90% 以上老板都是农民出身。万向集团的鲁冠球、正泰集团的南存辉、横店集团的徐文荣、星星集团的叶仙玉等企业资产十几亿、几十亿元、成百上千亿的企业家，都是农民出身。他们白手起家，善小而为，集腋成裘，滚动发展，抓住计划经济体制向市场经济体制转轨蕴藏的巨大商机，敢冒风险，敢为天下先，实现了资本的原始积累，创建了一大批民营企业。

（二）充分发挥市场在资源配置中的作用

浙江经济快速发展的一个重要驱动力，是非公有制经济以超常规速度推进农村工业化，而农村工业化又为非公有制经济发展提供了新的空间。农村工业化与各类专业市场群体相互依托、相互促进，以小商品为基础，形成小商品、大市场、低成本、高收益的比较优势。尽管后来这种传统的集贸式市场逐步被现代流通方式所替代，但在长达 20 多年的历史中，它对提高生产和流通的组织化程度，降低小规模创业者的交易成本，促进和加快经济要素的聚合，满足多层次消费需求，特别是为中国农村市场提供廉价消费品，起到了巨大的作用。

浙江非公有制经济发展初期，我国经济体制整体上还处于计划经济时期，商品短缺、特别是农村商品供给严重不足，流通渠道不畅。浙江发展专业市场，一方面抢占了这个先机，创造了"买全国、卖全国"的商机；另一方面与本土个体私营企业发展相适应，为众多规模小、技术层次低、组织结构简单的企业提供了共享式销售平台和场所，使大量劳动力密集型商品和具有较强互补性和替代性商品有了集中交易的载体，由此产生了交易的集聚效应和规模效应。不断发展的专业市场把成千上万的个体工商户、家庭企业连接在一起，形成内部细致的分工协作。优势企业带动，中小企业支撑，"生产在一家一户，规模在千家万户"，带动了中小企业发展，逐步形成覆盖全国、辐射全球的商品营销网络，成为推动浙江农村工业化和浙江经济快速发展的重要力量。义乌中国小商品城就是一个典型。市场从业人员 20 余万，日客流量 21 万人次。来自世界各地的 10 万余家生产企业 6000 余个知名品牌在这里常年展示商品，这里是中国商品走向世界和世界商品走向中国的桥梁，被联合国、世界银行等权威机构誉为全球最大的小商品批发市场。

义乌中国小商品城已形成十几个专业市场，30 多条专业街和产权、技术、劳动力等要素市场，货运直达全国及亚欧大陆，实现了从以血缘、亲缘、地缘为纽带的创业形式向以业缘、契约为纽带的现代企业关系转化。从这个意义上说，浙江专业市场是在高度集中的传统计划经济薄弱地带和缝隙中发展起来的通向全国乃至世界的贸易通道，是浙江率先冲破传统计划经济藩篱、走向市场经济的突破口，也是浙江非公有制经济企业加速完成资本原始积累的重要来源。

（三）有效激活和充分发挥民间资本的投资积极性

非公有制经济的发展，快速积累了大量民间资本。浙江个体私营企业在 20 世纪 80 年代末 90 年代初就基本完成了资本的原始积累，民间资本丰厚。如何有效利用和激活民间资本以加快浙江经济发展？一是最大限度地开放投资领域，放宽民间投资的准入领域。对 28 个领域的 526 种产品、技术、服务和产业，对预期有回报的基础设施和公益性项目，对向外资开放的领域都向民间资本开放，浙江民间资本已涉足了众多领域。二是引导民间资本流向大型基础设施和重大公益性项目。积极建立和完善"谁投资、谁决策、谁受益、谁承担风险"的投资体制及运行机制。采取"政府引导、市场运作"的方式，支持基础设施项目的经营权或产权依法转让，鼓励和引导民间资本以独资、合作、参股、特许经营、并购等多种形式参与投资，构建了多元化的投资竞争主体。三是积极探索有效的融资机制，拓宽民间筹资渠道。通过组建中小企业信用担保机构、推行企业财产抵押贷款、推动高科技民营企业上市等方式，探索面向非公有制企业的新型融资机制，浙江民企上市公司数量居全国之冠。同时，允许通过股权转换、增资扩股、资产兼并重组等多种形式，增大民间资本的股份，探索建立股份制商业银行。

近年来，浙江不断推出新的鼓励民间投资政策，鼓励建立为民间投资项目提供信用担保和再担保的机构；鼓励积极组建各种类型的产业投资基金和信托基金推广融资租赁；在城市供水、供热、工交、水利等基础设施领域，允许以建设项目的收益权、收费权及受让后获得的经营权为质押，或以项目资产折价为抵押进行贷款；允许符合要求的新建项目企业经批准发行债券。温州金融体制改革试点，进一步打通了融资渠道，使民间投资更加活跃，从而对加快浙江经济社会发展发挥更为重要的作用。

（四）充分发挥块状经济在提升非公有制经济发展水平上的整合作用

浙江经济持续、快速发展的奥秘之一，还在于不失时机地抓住非公有制经济迅速发展和民间投资异常活跃的新特点，大力发展以同类产业区域性集聚为特点的"块状经济"①，与各类特色的专业市场紧密结合，形成了群体化的规模优势。块状经济把分散在若干农户家庭和中小企业的生产要素，变成整体集聚性的现实生产要素，把一些乡村局部的生产优势转化为综合的经济优势，使块状经济成为目前浙江最有活力、最富有带动力和辐射力的特色产业优势。块状经济发展促进专业市场的扩大，专业市场为块状经济提供了资源市场配置和产品外销网络等诸多有利条件。个体私营工业企业大多分布在农村，"一村一品、一乡一品、一县一品"的块状经济格局已经形成。

发展块状经济的作用，一是加快了农村工业化进程，使大量农村剩余劳动力实现了就地转移，农村农民收入稳定增长。二是提高了产业配套能力，形成规模效益。中小企业集聚所产生的规模经济效应和区际国际分工效应，是浙江经济充满活力、在国内外市场具有较强竞争力的重要原因。块状经济把大量中小企业聚集在一起，通过高度细化的分工与合作，形成并无产权关系的超大型"工厂"。三是加快了走新型工业化道路，建设先进制造业基地的速度。在区域特色产业的基础上，一批具有竞争力的龙头企业与跨市县的大产业区正在崛起。宁波的"杉杉""罗蒙"，温州的正泰、德力西集团等企业已成为全国同行业的龙头企业。目前，块状经济出现了特色工业园区的新形式，全省几百个特色工业园区吸引了成千上万家企业，进一步促进了产业集聚、企业重组和管理、技术的提升，成为区域特色经济发展的新亮点。四是打破了城乡分割的"二元结构"，促进了城乡之间人口和各种生产要素的流动和重组，形成了人口和生产要素向块状经济中心或城镇集聚的趋势。块状经济的发展为浙江农村的城镇化进程提供了强大动力和物质基础。

（五）充分发挥技术改造和创新对非公有制经济质量和效益提升的助推作用

浙江从"八五"时期起就对非公有制企业予以技术改造贴息。在淘汰落后生

---

① 块状经济（massive economic），是指一定的区域范围内形成的一种产业集中、专业化极强的，同时又具有明显地方特色的区域性产业群体的经济组织形式。因为块状经济往往能带动当地的经济和社会发展，因而往往又被称为区域特色经济。

产能力、关闭"五小"企业的过程中，对列入关闭名单的非公有制企业同样给予补偿，鼓励企业引进先进技术、先进设备加快对传统产业的改造。企业研究开发的科技成果转化成投产产品的，企业可以连续五年从生产该产品的新增利润中提取20%，奖励给技术创新者。实施的228项国家级重大项目，90%交给了非国有企业。省财政每年安排专项资金扶持民营科技企业起步和发展。省政府规定，科技型中小企业的技术开发费占销售收入的比例不低于3%，科技人员占职工总数的比例不低于20%，专利产品和新产品的销售收入占当前销售总额的比例不低于50%。通过优化资产配置，优良资产向名牌产品、名牌企业集中，企业综合实力和竞争力得到提升。目前，越来越多的民营企业，把技术改造与产品开发、结构优化、规模扩张结合起来，加大技改投入，主动与大专院校、科研单位攀亲结缘，加快了科技成果向现实生产力的转化。全省一大批企业如万向集团、华立集团、正泰集团、德力西集团、飞跃集团等大型民营企业，不仅建立了研发机构，还设立了博士后工作站。浙江昱辉阳光能源有限公司集高质量太阳能单晶硅棒、单晶硅片、太阳能电池板的研发、生产、销售于一体，通过创新性研发，已形成月产300万片硅片的生产能力，进入全球同行前10位。

　　浙江实践表明，在社会主义初级阶段，公有制和非公有制是发展社会生产力不可缺少的所有制形式，都可以而且应该用来为社会主义服务，二者统一于社会主义现代化建设的过程中。"坚持公有制为主体"与"坚持多种所有制经济共同发展"，是由我国社会主义初级阶段基本国情所决定，只能作为统一整体而存在的基本经济制度。既不能只强调前者而不讲后者，也不能只强调后者而不讲前者，否则会脱离社会主义初级阶段的实际，不利于生产力的发展。

二维码2-3

案例 2-1

实现企业整体上市　推动产业转型升级

　　物产中大集团股份有限公司（以下简称"物产中大"）前身是成立于1954年的浙江省物资供应站，1970年转为浙江省物资局，1996年成建制转制成立浙江省物产集团公司（以下简称"物产集团"），2015年实现整体上市，是浙江省属特大型国有控股企业，也是浙江首家完成混合所有制改革及集团整体上市的省属企业。

　　面对激烈的市场竞争，"物产中大"提出打造"流通4.0版新型综合商社"，以整体上市为契机，加快向现代流通模式转型升级，努力把企业做大做强做久的目标。在省委省政府的全力支持下，"物产中大"紧紧抓住新一轮国有企业改革契机，于2014年10月正式启动整体上市工作。首先，剥离"物产集团"全部非上市资产，依法合规处置下属企业的职工持股、优先股、量化股、国有独享权益等历史遗留问题，规范员工持股形式，适当提高母公司权益占比，以最大程度达到"物产集团"主要经营性资产整体上市的目的。其次，省国资委将"物产集团"62%的国有股权无偿划转至浙江省综合资产经营有限公司，剩余38%的国有股权协议转让给浙江省交通投资集团有限公司，获得现金价款约40亿元，由浙江省综合资产经营有限公司专项用于支付收购"物产集团"非上市资产。再次，"物产中大"向浙江省综合资产经营有限公司和浙江省交通投资集团有限公司发行股份，换股吸收合并"物产集团"实现整体上市（原物产集团注销）；同时，"物产中大"向中信并购基金、联想君联资本、天堂硅谷、赛领资本、中植资本、三花控股等战略投资者发行股份募集配套资金。优化激励约束机制，让"物产中大"管理层及业务骨干以现金参与认购。2015年9月，"物产中大"正式取得中国证监会批文，2015年11月，吸收合并发行股份购买资产及配套融资的法律程序基本完成。

在完成整体上市后，"物产中大"稳扎稳打，屡创佳绩。一是业绩稳中有升。2016年，全年实现营业收入2071.72亿元、增长13.47%，利润总额33.05亿元、增长49.34%，进出口总额73.49亿美元、增长19.81%。二是资产保值增值较为显著。完成整体上市后的两年间，仅国有股东获得的现金分红就达到10.84亿元。三是保持连续7年入围世界500强（2017年排名第348位），荣获中国上市公司品牌价值榜之海外榜第24位，位居全国批发和零售行业上市公司竞争力榜首，同行业唯一入选高盛"新漂亮50"名单，充分展现了可持续发展动力与能力。

资料来源：根据国务院国资委改革办《国企改革探索与实践——地方国企100例》一书中"反向吸收合并实现整体上市　推动现代流通产业转型升级"一文编写。

 案例 2-2

关停钢铁产能　优化国有经济布局结构

杭州钢铁集团公司（以下简称"杭钢集团"）创建于1957年，是一家以钢铁为主，兼营贸易流通、环境保护、科研设计等产业的浙江省属国有企业。2014年，"杭钢集团"实现营业收入1011.5亿元，拥有在职职工1.8万人、离退休人员1万多人，涉及关联人员10万人。其中，"杭钢集团"半山钢铁基地位于杭州市区，年产能400万吨。2015年，根据中央和国务院化解钢铁过剩产能的部署，浙江省委省政府审时度势，以壮士断腕、破釜沉舟的决心和勇气，做出了当年年底关停"杭钢集团"半山钢铁基地生产线的决定，进一步推动杭州城市布局调整和产业转型升级。在省市各级党委、政府的大力支持下，"杭钢集团"在不到半年时间里，安全关停半山钢铁基地 400 万吨产能，化解了涉及 2 万人的 19 个历史遗留问题，平稳有序分流安置 1.2 万人，推进了 8000 多户杭钢居民水电气移交，实现了"无一人到省市区政府上访、无一人到集团公司恶性闹访、无一起安全生产事故发生"的目标。

在关停钢铁产能后，"杭钢集团"开启第三次创业。积极谋划"十三五"发展，对杭钢股份进行了重大资产重组，集团整体资产证券化率由 27% 提升至 75% 左右。成立改革与战略发展领导小组及其办公室，重点开展"十三五"发展规划、现代企业制度设计、重大政策和发展战略的研究，确立了"打基础、调结构、抓创新、谋发展"的总基调、"企业规模化、产品高端化、产业集群化、市场国际化、管理精细化、资产证券化、体制现代化"的总定位，明确了节能环保、智能健康、特色钢铁业等产业发展方向。在 2015 年亏损 28 亿元的情况下，2016 年实现营业收入 702 亿元、利润 13.27 亿元，达到了产能压缩、平稳转型、结构优化、效益倍增的预期目标。2017 年 1—9 月实现营业收入 646 亿元、利润 15 亿元，同比增长 33% 和 123%。

资料来源：根据国务院国资委改革办《国企改革探索与实践——地方国企 100 例》一书中"壮士断腕关停钢铁产能 推进转型转出一片新天地"一文编写。

 **阅 读 书 目**

1. 习近平. 决胜全面小康社会 夺取新时代中国特色社会主义伟大胜利——在中国共产党第十九次全国代表大会上的报告. 北京：人民出版社，2017.

2. 车俊. 大力弘扬新时代浙商精神 推动民营经济新发展新飞跃 [J]. 政策瞭望，2017(11).

3. 佚名. 国企国资发展改革回顾五年来. 浙江日报，2017-10-13.

4. 蔡宁，周颖，等. 协同创新：浙江国有企业发展之路. 杭州：浙江大学出版社，2008.

5. 刘宗让. 先行与特色：浙江经验对中国特色社会主义理论体系的贡献. 杭州：浙江大学出版社，2012.

6. 潘家玮，徐志宏，等. 活力浙江——增强发展新动力. 杭州：浙江人民出版社，2006.

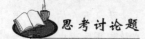 思考讨论题

1. 结合浙江实践谈谈对公有制主体地位和国有经济主导作用内涵的理解。
2. 谈谈你对浙江探索公有制多种实现形式的认识与体会。
3. 浙江国有企业改革的基本经验有哪些?
4. 简述浙江推动非公有制经济发展的特色与经验。
5. 浙江完善社会主义初级阶段基本经济制度的做法给我们以哪些启示?

第三章　改革经济体制，发展市场经济

改革开放以来，浙江从本省实际出发，率先进行市场取向改革，大力培育和发展市场体系；正确认识和处理政府与市场的关系，重塑市场经济条件下的政府功能，健全和完善宏观调控体系；深化收入分配制度改革，走全民创业、共同富裕的发展道路；不断健全和完善社会保障体系，维护和实现社会公平。以市场为取向的经济体制改革，不仅推动了浙江经济社会持续健康发展，而且对于健全和完善我国社会主义市场经济体制提供了有益启示。

第一节　推进市场大省建设，提高资源配置效率

一、充分挖掘浙江经商传统，因势利导建设市场大省

培育和发展各类市场主体、构建和完善现代市场体系是市场经济有效运行的基础和前提。改革开放以来，浙江大胆探索与社会主义初级阶段基本经济制度相适应的经济体制机制，逐步形成了各类市场主体相互促进、各种市场协调发展的市场经济体系，市场在资源配置中的决定性作用得到了充分发挥。

（一）培育和发展充满生机与活力的市场主体

企业是市场主体，发展市场经济最重要的是要搞活企业。企业作为市场主体是市场经济的细胞，宏观经济的质量和活力取决于企业这一市场经济细胞的质量和活力，经济体制改革的成效最终也要体现在市场主体活力的增强上。企业的市场化程度是市场经济发展程度的重要衡量指标。浙江发展市场经济的实践表明，培育活跃的市场经济主体，是保证经济发展走向市场化的关键所在。截至2018年3月底，全省在册市场主体总量首次突破600万户，在册企业数首次突破200万户，每万人市场主体拥有量为1074户，位居全国榜首。①

---

① 黄莹.我省市场主体突破600万户　每万人市场主体拥有量全国居首 [N].浙江日报，2018-05-04(1).

第一，放手发展个体私营经济，放开搞活微观市场主体。改革开放以来，省委省政府按照"三个有利于"标准，打破"唯成分论"，坚持"国家、集体、个人一起上""先发展后提高"的思路，先后出台了一系列鼓励、扶持和引导个体私营经济发展的政策，让个体私营企业经营者"经济上有实惠，社会上有地位，政治上有荣誉"；引导个体私营经济"上规模、上水平、上档次"，适应市场需要，不断提高企业的素质和竞争力，努力向现代企业制度迈进。1978年全省个体工商户仅2000多家，私营企业几乎为零。到2001年年底，全省已有个体工商户158.03万户，从业人员277.33万人；私营企业20.88万家，从业人员347.11万人；个私经济占全省国内生产单位的比重超过40%。^①在国家政策的鼓励下，个体私营经济蓬勃发展，微观市场主体空前活跃，并已成为浙江经济社会发展的重要力量。其中，个体私营经济的蓬勃发展，造就了千百万充满创业冲动和竞争活力的市场主体，促进了农村工业化进程和小城镇建设，拓宽了城乡劳动力的就业渠道，增加了财政收入和城乡居民收入。个体私营经济的发展，是推动市场经济发展和经济体制改革的内生动力。

第二，积极探索搞活、发展和壮大农村集体经济的新路子。改革开放初期，浙江各级党委、政府高度重视发展村级集体经济，乡镇企业异军突起，"多轮驱动，多轨运行，多业并举"，不仅数量急剧增长，而且经济效益明显增强，发展动力强劲。全省的社队企业（1984年改名为乡镇企业）从1978年年底的7.4万家一跃而成为1984年年底的9.7万家。2015年全省农村集体经济组织增加到29429个，拥有资产4188亿元（不包括森林和土地）、村级集体经济收入362.4亿元。为落实党的十九大壮大集体经济的要求，浙江部署实施消除集体经济薄弱村三年行动计划（2017—2019年），以最大决心打好这场事关脱贫富民、强基固本的攻坚战。到2017年年底，全省6920个集体经济薄弱村已有5053个实现"摘帽"，单年"消薄"数量是过去5年的总和，集体经济总收入达到423.5亿元，比2016年增长10.4%，增幅创近年来最高。农村集体经济的快速发展为全省经济发展注入了巨大活力，使浙江成为全国乡镇企业起步最早、发展最快的省份之一。解放和发展社会生产力，不仅有赖于多元有效的所有制结构，也有赖于多元有效的企业产权结构。浙江从实际出发，率先推进乡镇企业转制，探索农村集体经济发展新路子，积极推行股份合作制和股份制等组织形式，对乡镇集体企业进行了以产权制度为中心的改革。全省各地解放思想，勇于实践，大胆探索，盘活了集体资产存量，促进了产权流动重组和生产要素的优化配置，形成了明晰的产权关系、多元的产权主体和有效的产权结构，极大地调动了经营者和劳动者的积极性，兴

---

① 浙江省委党校，浙江行政学院.道路自信与浙江实践[M].杭州：浙江人民出版社，2017：233.

起了增加投入、扩大规模、提高技术含量的热潮，激发了企业的生机和活力。与此同时，浙江还积极变革农村集体资产管理体制，不断探索集体经济的多种实现形式。通过资源开发、资本经营、资产管理和社会化服务，使集体资产不断优化存量，提高质量，扩大总量。同时实行财务公开和民主监督，完善集体资产管理，促进了农村集体资产的保值增值，使农村集体经济成为与市场经济相适应的充满生机和活力的市场主体。农村集体经济的不断发展壮大，促进了农村公益事业的发展、社会的稳定和基层政权的巩固。

与农村集体经济发展相辅相成的则是浙江商品经济蓬勃发展，整个农村经济的商品率显著提高。到1984年年底，整个农村经济的商品率约为77%，除粮食和蔬菜自食自用比例较高，其余农副产品如棉花、麻类、茶叶、蚕桑、生猪、水产品的商品率都在80%以上，有的高达90%；原先单一的农贸集市逐步发展为各类农副产品和工业品兼营、与各类专业市场或批发市场并存、乡村和城市紧连、零售和批发、专业性和综合性、季节性和常年性、原材料和成品半成品皆有如星罗棋布、多类型多功能、互联互通的商业网络。赫赫有名的"桥头纽扣"市场、"义乌小商品"市场就是其中的典型代表。[①]

第三，不断深化国有企业改革，增强国有经济的控制力和竞争力。浙江在鼓励个体私营经济快速发展的同时，始终把国有企业改革作为经济体制改革的重要环节。其重要举措：一是推动国有企业从行政部门附属物向市场主体转变，并逐步成为自主经营、自负盈亏的市场主体和法人实体；二是积极探索公有制的多种有效实现形式，增强国有企业的竞争力；三是不片面追求国有经济的比重，而是积极推进国有资产向基础产业和关键部门集中，优化国有资产配置，增强国有经济对国民经济的控制力和影响力，提升国有经济的市场适应力。

（二）建立健全完善的现代市场体系

市场决定资源配置是市场经济的一般规律，健全完善的市场体系是市场经济健康发展的基础和前提。党的十八届三中全会指出，要紧紧围绕市场在资源配置中起决定性作用深化经济体制改革，加快完善现代市场体系。党的十九大进一步强调："经济体制改革必须以完善产权制度和要素市场化配置为重点，实现产权有效激励、要素自由流动、价格反映灵活、竞争公平有序、企业优胜劣汰。"[②]改革开放以来，浙江破除资源和产品市场"两头在外"的困局，从自身的资源禀赋、区位条件和人文特点出发，积极创建了各种具有地方特色的商品市场和生产

① 浙江省委党校，浙江行政学院.道路自信与浙江实践[M].杭州：浙江人民出版社，2017：29.

② 习近平.决胜全面建成小康社会　夺取新时代中国特色社会主义伟大胜利——在中国共产党第十九次全国代表大会上的报告[R].北京：人民出版社，2017：33.

要素市场，并充分发挥市场配置资源的机制功能，走出了一条商品市场和要素市场共同发展、国内市场和国外市场并举、有形市场和无形市场联动的市场体系培育之路。

改革开放之初，为了解决中小企业原料采购、产品销售"两头在外"的瓶颈制约，浙江人克服依赖国家的"等、靠、要"思想，把眼光从找"市长"转向找市场，各类商品和生产资料专业市场应运而生。特别是在邓小平南方谈话和党的十四大精神鼓舞下，浙江经济的市场化发展步入快车道。1992—1997年，全省商品交易市场总数达4488个，商品交易总额近2800亿元，1993—1997年连续5年位居全国第一，"市场大省"的名声远扬。① 到2001年，全省已有各类商品交易市场4278个，成交额4652亿元。大约算来，当时浙江每1万人有1个市场，每个市场成交额1亿元以上。其中，超10亿元的市场有78个，超百亿元的市场有6个，成为首屈一指的"市场大省"。② 经过改革开放以来的发展，浙江市场经济获得快速发展，市场体系日趋成熟。截至2017年年末，全省已登记商品交易实体市场3824个，交易额为2.15万亿元。其中，10亿元级市场284个，100亿元级市场35个，1000亿元级市场2个。③ 商品市场年交易总额、超亿元市场数、单个市场成交额三项指标连续多年稳居全国榜首。被誉为"中国第一市"的义乌市场目前已成为国际性日用小商品流通中心、展示中心和信息中心，2017年市场成交额1493.2亿元，连续26年居全国各大专业市场榜首。浙江现已成为全国商品市场数量最多、规模最大、综合能力最强、辐射范围最广的省份，形成了以消费品市场为中心、专业市场为特色、其他生产资料市场相配套的完整的现代市场体系。浙江在市场化改革中创造了无数个"全国第一"：第一批个体工商户、第一批私营企业、第一批专业市场、第一座农民城、第一个股份合作制企业、第一家私人包机公司、第一个在海外开发商品市场等等。同时，一批又一批市场经济的开路先锋走出浙江，将市场网络布向全国，形成了"哪里有市场，哪里就有浙江人；哪里有浙江人，哪里就有市场"的奇特景象，浙江成为全国闻名的"市场大省"、名副其实的"世界超市"。④ 党的十八大以来，在新的创业创新

① 浙江省委党校，浙江行政学院.道路自信与浙江实践[M].杭州：浙江人民出版社，2017：31-32.

② 浙江省委党校，浙江行政学院.道路自信与浙江实践[M].杭州：浙江人民出版社，2017：233.

③ 浙江省统计局，国家统计局浙江调查总队.2017年浙江省国民经济和社会发展统计公报[R/OL].(2018-02-27)[2018-07-01].http://tjj.zj.gov.cn/tjgb/gmjjshfzgb/201802/t20180227_205759.html.

④ 刘宗让.先行与特色：浙江经验对中国特色社会主义理论体系的贡献[M].杭州：浙江大学出版社，2012：33.

的浪潮下，阿里系、浙商系、海归系、高校系组成的"新四军"已经成为浙商的新代表。

依托星罗棋布于全省范围内的各类专业市场和供销大军建立起来的营销网络，使成千上万种小商品从浙江流向全国甚至全世界，而广大中小企业所需的生产要素则从国内外汇集到浙江，促进了功能齐全的市场体系的形成，优化了资源配置，有力地推动了浙江经济社会的发展。① 一是极大地改变了人们关于生产、生活的思想意识，市场经济观念深入人心。观念改变的第一个社会效应是极大地促进了人们创业的积极性，有效地提升了资源配置的市场化程度。截至 2017 年年末，全省境内上市公司 415 家，累计融资 9077 亿元；其中，中小板上市公司 138 家，占全国中小板上市公司的 15.3%；创业板上市公司 80 家，占全国创业板上市公司的 11.3%。② 二是市场的发展，带动了区域特色经济的发展，形成了市场与产业双向互动发展格局，"一品一村""一户一业"的块状特色产业与专业市场互为依托，有力地推动着浙江地方经济的发展。据初步核算，截至 2017 年年末，全年地区生产总值（GDP）51768 亿元，比上年增长 7.8%；人均 GDP 为 92057 元（按年平均汇率折算为 13634 美元），增长 6.6%。③ 三是活跃的市场搞活了流通，满足和丰富了人民群众生产和生活的各种需要。四是市场的兴起，有力地带动了全省农村和城镇化发展，随市建镇、以市兴镇的现象遍及全省各地。五是市场经济体制的确立，为公有制企业的体制改革与机制转换创造了良好的外部社会环境，为公有制经济做大做强提供了广阔的空间。六是市场的兴起和发展，极大地增加了地方财政收入，财政收入的提高又为改善基础设施及科教文卫事业、社会保障事业的发展提供了强大的财政保障。

二、政府主导和民众创新结合，合力培育和完善市场体系

党的十八届三中全会指出："建设统一开放、竞争有序的市场体系，是使市场在资源配置中起决定性作用的基础。必须加快形成企业自主经营、公平竞争，消费者自由选择、自主消费，商品和要素自由流动、平等交换的现代市场体系，着力清除市场壁垒，提高资源配置效率和公平性。"④ 党的十九大强调："全面实施市场准入负面清单制度，清理废除妨碍统一市场和公平竞争的各种规定和做

① 浙江省委党校，浙江行政学院. 道路自信与浙江实践 [M]. 杭州：浙江人民出版社，2017：32-33.

② 浙江省统计局，国家统计局浙江调查总队. 2017 年浙江省国民经济和社会发展统计公报 [R/OL]. (2018-02-27) [2018-07-01]. http://tjj.zj.gov.cn/tjgb/gmjjshfzgb/201802/t20180227_205759.html.

③ 浙江省统计局，国家统计局浙江调查总队. 2017 年浙江省国民经济和社会发展统计公报 [R/OL]. (2018-02-27) [2018-07-01]. http://tjj.zj.gov.cn/tjgb/gmjjshfzgb/201802/t20180227_205759.html.

④ 中共中央关于全面深化改革若干重大问题的决定 [M]. 北京：人民出版社，2013：14.

法，支持民营企业发展，激发各类市场主体活力。"①著名经济学家诺斯曾经说过：
"有效率的经济组织是经济增长的关键。"②由于市场能相对较好地解决信息不
充分问题和激励问题，因而，建立健全有效的市场体系和市场制度是促进经济增
长的关键因素。

（一）打破行政垄断和体制束缚，激发各类市场主体活力

培育活跃的市场主体，是确保浙江经济发展走向市场化的关键所在。改革开
放以来，浙江人正是靠着自主改革、自担风险、自我发展、自强不息的"四自精
神"，闯出了一条促进经济繁荣的道路。从城乡集体经济到个体私营经济，浙江
经济发展培育、产生了一批批市场主体。这些土生土长的具有顽强生命力的市场
主体让浙江区域市场经济呈现出民有、民享、民营的特色，呈现出从"体制外成
长"到"体制内攻坚"的经济改革进程。③

改革开放以来，浙江省委省政府立足本省实际，充分尊重广大群众的创业
热情与自主选择，相继出台了一系列鼓励和引导个体私营经济发展的政策。早在
20世纪80年代初期，浙江民间就孕育着强烈的市场倾向，如温州、台州等地就
已开始出现许多带有市场因素倾向的民间制度创新，如专业市场制度、股份合作
制和民营金融制度等。为了推动个体私营经济发展，克服传统体制下政府管得过
多过死的弊端，浙江各级政府在国家政策法规范围内，坚持"多轮驱动、多轨运
行、多业并举"，从市场准入条件到经营范围，从发展速度到经营规模，从个体
私营经济与公有制经济的比例到发展非公有制经济等各个方面全面放宽政策，积
极扶持和培育了一大批生机勃勃的市场主体。如在传统计划经济体制的边缘地带
和缝隙中，温州、台州等地秉承"不论成分重发展，不限比例看效益"的改革理
念，始终坚持"唯实""不唯上"的态度，允许个体私营企业"挂户经营"，甚
至给戴上"红帽子"。义乌等地早在20世纪80年代初就提出"允许农民经商、
允许长途贩运、允许开放城乡市场、允许多渠道竞争"的开明政策，从而开拓了
自由经商和自由创业的空间。改革的先发优势为浙江营造了市场聚集和配置资源
的独特优势，形成了引人注目的"零资源现象"。例如，余姚不产塑料，却在全
国享有"塑料王国"的美誉；桐乡不出羊毛，却有全国最大的羊毛衫市场；海宁
不产皮革，却有全国最大的皮革市场；嘉善没有森林，却成了全国最大的木业加

① 习近平.决胜全面建成小康社会　夺取新时代中国特色社会主义伟大胜利——在中国
共产党第十九次全国代表大会上的报告 [R].北京：人民出版社，2017：33-34.

② [美]诺斯，托马斯.西方世界的兴起 [M].厉以平，蔡磊，译.北京：华夏出版社，
1999：5.

③ 浙江省委党校，浙江行政学院.道路自信与浙江实践 [M].杭州：浙江人民出版社，
2017：232.

工中心。"建一个市场，带一片产业，兴一座城镇，活一地经济，富一方百姓"，已成为浙江市场建设的真实写照。

（二）尊重民众首创精神，助推民间市场主体发展

个体私营经济的快速发展，是浙江以市场为取向的渐进式改革的主要推进因素。然而，浙江市场化改革先行，并非上级"授权"和外部推力的结果，而主要是依靠群众自发地走出来的，体现了经济社会发展的自然秩序。改革开放伊始，浙江就成为我国非公经济特别是个体私营等民营企业的重要发祥地。当乡镇企业"家家点火、村村冒烟""千家万户搞经营、千军万马闯市场"时，当各式各样的创业形式四处涌现时，当外界对此还存在各种责难、疑虑甚至争议时，浙江从省委省政府到市、县基层党委政府，对人民群众自发的创业行为往往采取"先做不说，做了再说"，或者"先养儿子，再领结婚证"的做法，做到"老百姓愿意干的不阻拦，老百姓不愿干的不强迫"。例如，20世纪80年代初期，温州、台州等地为保护个体和私营经济的发展实行了有名的"挂户经营"，允许个私企业通过向当地合法的集体企业缴纳一定的"挂靠费"，戴上"红帽子"。"红帽子"在很大程度上起到了"保护伞"的作用，这既发展了经济，又不让老百姓承担风险。此外，温州市委和市政府顶住来自各方面的巨大压力，于1982年年底召开了表彰个体经济重点户、专业户的千人代表大会，肯定和认同了个体创业、商品经济及市场经济的发展。地方政府的这种做法和适应性，成为浙江民营经济发展的一大推动力量。[①] 与此同时，土地等稀缺资源的倒逼机制及浓郁的工商皆本、义利兼顾的实业致富文化传统，使得浙江法人单位众多、创业者众多、小老板众多。他们"不恋旧业创新业，不求包揽求保障"，创业致富大潮奔涌。千千万万个走南闯北的浙商"走遍千山万水，说遍千言万语，想尽千方百计，历经千难万险"的创业故事，浙江流行的"先生孩子后起名""有条件自然长得好，没条件也要想方设法照样长""不找市长找市场，不叫下岗言转岗"的俗语，无不体现着浙江老百姓各显神通的创业致富、追求幸福生活的坚强信念，正是这样一种执着、一种坚强才造就了浙江千家万户搞经营、千军万马闯市场的波澜壮阔的经济发展大潮，绘出了既属于浙江人自己更属于这个时代的独特风景画卷。

（三）整顿规范市场秩序，全力打造"信用浙江"

党的十九大指出："全面实施市场准入负面清单制度，清理废除妨碍统一市场和公平竞争的各种规定和做法。"[②] 这是建设统一、开放、竞争、有序的市场

① 吴德进.产业集群论[M].北京：社会科学文献出版社，2006：36.

② 习近平.决胜全面建成小康社会 夺取新时代中国特色社会主义伟大胜利——在中国共产党第十九次全国代表大会上的报告[R].北京：人民出版社，2017：33-34.

体系的内在要求，也是使市场在资源配置中起决定性作用、提高资源配置效率和公平性的重要举措。常言道：人无信不立，业无信难兴，政无信必败。改革开放之初，浙江曾一度出现一些厂家生产假冒伪劣产品、一些温州商人坑蒙拐骗等比较严重的信用失范现象，温州货甚至成了"假冒伪劣产品"的代名词，损人却自损。痛定思痛，知耻后勇，浙江人深刻认识到诚信是企业的重要无形资产，信用也是生产力，倡导"顾客就是上帝""爱人如爱己"的精神理念，大力整顿和规范市场秩序，着力深化区域性质量整治，许多地方还提出了质量立市、质量兴业等举措，为建设"信用浙江"打下了基础。殊不知，曾被国内外媒体冠以"永假"称号的温州永嘉鞋业，由三把熊熊大火烧出了闻名全国的永嘉"品牌之县"。永嘉鞋业兴发初期，由于质量差被消费者当作劣质品烧毁。永嘉人并没有被烧馁，反而激发出逆势而上的精神。"三把大火"——一把火烧硬了质量，二把火烧红了品牌，三把火烧出了诚信。从被别人烧劣质鞋到烧别人的仿冒劣质鞋，永嘉制鞋业终于走出"火"的阴影，走出"假冒伪劣"产品造成的困境，步入"品牌兴业、质量立市"正轨，永嘉因此被誉为"中国鞋都"，蜚声海内外。

为了打造信用浙江，浙江高度重视政府、企业、个人三大主体信用体系建设，推行"百万企业信用工程"，完善"全省企业信用发布查询系统"，探索建立个人诚信系统，完善信用监督和失信惩戒制度，规范引导民间融资，提高全社会的信用意识，社会信用环境明显改善。浙江市场体系的发育和市场秩序的扩展演进过程，体现了中国市场经济建设的历程。先发的体制创新优势，使浙江在创立市场体系方面明显走在全国前列，闯出了一条富有浙江特色的市场经济发展之路。市场体系的率先发育，"信用浙江"建设的推进，为浙江赢得了丰厚的体制机制创新回报。

二维码 3-1

三、加强市场建设与监管，营造良好经济环境

强调市场在资源配置中起决定性作用，并不意味着不重视政府的作用，更不意味着市场是万能、完美无缺的。实践表明，市场存在着自身难以克服的盲目性、自发性等"市场失灵"缺陷。市场交易活动中的种种不道德行为会影响和干扰经济健康发展，仅靠市场自身的力量，并不能保证公平竞争。因此，完善社会主义市场经济体制，关键是要处理好政府"看得见的手"和市场"看不见的手"的关系，既要发挥市场对资源配置的决定性作用，又要更好地发挥政府作用。

（一）规范市场秩序，净化营商投资环境

浙江在市场经济快速发展进程中，以"小商品、大市场""小企业、大协作""小区块大产业""小资源、大制造""小资本、大经营""小城市、大经济"，构建了一个结构多元、充满活力的经济发展格局。随着市场经济的发展，市场主体"自

主性"的权利要求与政府"管制性的体制安排"矛盾日渐突出。浙江市场经济在走在全国前列，较早享受高效率的同时，也较早遭遇到了市场竞争带来的诸多问题。国内外市场经济的研究与实践表明，市场存在着自身难以克服的盲目性、趋利性等缺陷，商业活动中的种种不道德行为会严重影响和干扰经济健康发展。仅靠市场自身的力量，并不能保证公平竞争，因此需要政府发挥市场监督的职能。面对先发问题，各级政府主动作为：一是承担起了对市场经济的监管责任，制定出台了一系列规范市场发展的制度法规和政策措施，清理废除了妨碍统一市场和公平竞争的各种规定和做法。近几年，浙江省积极开展整顿和规范市场经济秩序专项行动，依法保护合法的经济行为。2009 年，省政府下发《农产品质量安全整治暨农产品质量安全执法年活动实施方案》，组织制定了种植业、生鲜乳、饲料、兽药及畜产品、"三品"（无公害农产品、绿色食品、有机农产品）、农资打假等 6 个分项整治实施方案；2010 年制定的《浙江省工商行政管理局无照经营监管操作规程》，对无照经营进行了大范围的规范与整顿。2010 年，浙江省工商局出台了《关于进一步规范汽车销售服务行为的实施意见》，在全国率先建立汽车销售服务行业"四项监督制度""四项自律制度"，查处了多起汽车销售服务业的商业贿赂、强制搭售等不正当竞争案件。二是加大执法力度，查处并公开曝光滥用行政权力排除和限制竞争的典型案件，依法打击了生产假冒伪劣商品和商业欺诈行为，有效遏制了假冒伪劣产品的泛滥，同时也增强了民众的商品意识和企业的商业信誉。三是依法打击各种破坏市场经济秩序的犯罪，特别是损害商业信誉、侵犯知识产权等危害企业生产经营的犯罪活动，保护合法的经营行为，大大净化了商业环境。譬如，2009—2010 年，浙江省颁布了《贯彻国家知识产权战略纲要实施意见》等多个保护知识产权的文件，从制度上加强了对知识产权的保护。四是坚持自我清理和社会监督相结合原则，公开透明推进清理工作，充分发挥社会监督的作用，形成了政府部门主导、社会有效参与的工作格局。譬如，省政府通过各种市场与行政手段，大大增加了环境污染企业的成本，维护了市场经济秩序。根据浙江省环保厅数据，"十一五"期间，浙江省共否决"两高一资"等不符合环保要求的项目 7198 个，累计拆除水泥机立窑 705 条，关停小火电 512.4 万千瓦，淘汰污染严重的化工企业近千家。[①]

二维码 3-2

（二）健全产权保护制度，营造公平竞争环境

现代产权制度是社会主义市场经济体制的基石。产权清晰是市场交易和市场机制得以有效运转的基本前提。完善产权制度可以有效激发市场主体活力和创造力，稳定社会预期，增强经济发展的持久动力。有恒产者有恒心。更加有

① 刘仁伍. 浙江市场经济发展报告 (2011)[M]. 北京：社会科学文献出版社，2012：28.

效地保护产权，就是保护人们诚实劳动，保护人民对美好生活的向往，营造公平稳定的社会环境。改革开放以来，浙江各级政府为了促进资源要素的合理流动和优化配置，在明晰企业产权边界和保护知识产权上做了大量卓有成效的工作，在明确强调公有产权和私有产权不可侵犯的同时，制定并出台了一系列保护产权的制度性规定，尤其是加大了对私有产权的保护力度。譬如，1987年，温州颁发了《关于农村股份合作企业若干问题的暂行规定》，这是全国最早的关于股份合作的文件，清晰地界定了企业的产权边界，为市场健康繁荣发展奠定了良好的基础。2009—2010年，浙江颁布了多个保护知识产权文件，从制度上加强了对知识产权的保护。[①]浙江各级文化市场行政执法机构都加大了日常监管力度。2010年，省政府下发《关于开展打击侵犯知识产权和制售假冒伪劣商品专项行动及进一步做好使用正版软件工作的通知》，开展软件正版化专项检查和整改工作，使得企业软件正版化不断推进。可以说，浙江经济的发展不是主要依赖于政府大规模投资、国家优惠政策，或外国直接投资，而是源自由民间资本主导的自主型、创业型、市场导向型发展。全国首家个体私营企业、首家股份合作制企业、首家实行利率改革的信用社、首家股份合作制城市信用社、首部股份合作制企业的地方性法规，都发端于浙江。早在2001年，浙江乡镇集体企业改制面就达到了97%，国有外经贸企业改制面达到了96%，率先于全国全面实现了现代企业制度的根本转换。众多的"全国第一"清楚地表明产权制度创新对浙江经济的发展贡献了巨大能量。根据现代制度经济学理论，除了资本、劳动、土地、技术等生产要素外，制度是一个更为根本的促进生产力发展的要素。适合市场运作的产权制度的率先确立，使浙江优先分享到了我国市场经济体系发展的巨大利益。省第十四次党代会强调指出：民营经济是浙江经济的最大特色和优势所在，要完善产权保护制度，激发民间投资活力，着力构建"亲""清"新型政商关系，创造民营经济发展的更好氛围，推动民营经济实现新飞跃。[②]

（三）优化要素市场化配置，保障公共产品供给

市场经济条件下，政府在资源配置中的作用如何定位？浙江的做法是，在市场化初期，政府要以强大的行政力量为市场发育扫清制度障碍，培育基于市场的多元化利益主体。当市场主体自主化力量足够强大时，政府行政力量作为市场化进程保护者的角色要淡化，而要着力凸显其公共服务功能。在推进要素

---

① 刘仁伍.浙江市场经济发展报告(2011)[M].北京：社会科学文献出版社，2012：28-29.

② 车俊.坚定不移沿着"八八战略"指引的路子走下去 高水平谱写实现"两个一百年"奋斗目标的浙江篇章——在中国共产党浙江省第十四次代表大会上的报告[R].浙江日报，2017-06-19(2).

市场化配置的同时，加强公共服务设施建设，保障公共产品供给，为市场经济发展提供全方位服务。换言之，在社会主义市场经济条件下，政府应让公众享有充分的公共产品，从而实现社会公众福利的最大化。可以说，从法治浙江到信用浙江，从建设科技支撑体系到社会保障体系，从全省千里标准海塘建设到各类突发事件应急体系建设，浙江各级政府在保障公共产品供给、完善公共服务设施建设等方面，努力做到主动有为、积极作为，始终坚持能由市场做的交给市场、能由企业做的交给企业、能由社会完成的交给社会的原则，使政府从一个无所不包的全能政府，转变为有效地提供公共产品和公共服务的有限有为政府。

当今中国几乎无人不知浙江是中国民营经济发展大省和市场经济发展强省。但是，浙江从经济落后、规模弱小的省份成长为民营经济大省和市场经济强省的深层次原因与逻辑线索到底是什么，却鲜为人知。追根溯源，浙江经济的快速发展得益于浙江活跃的市场，而浙江市场的活跃又得益于各级政府努力营造的市场环境。实践充分证明，浙江各级政府准确把握职能边界是浙江市场经济蓬勃发展的重要原因。浙江各级政府秉持不干预市场主体具体经济活动，做到"有所为，有所不为"，政府管理"不越位、不缺位、不错位，要到位"的理念，充分发挥市场配置资源的决定性作用。同时，在市场经济的外部环境建设方面，"有所作为，科学作为"。正是政府为市场经济的发展提供了良好的外部发展环境，才使得浙江的市场经济能够健康快速发展。

二维码 3-3

第二节 转变政府经济职能，健全宏观调控体系

一、适应市场经济要求，转变政府服管方式

党的十八届三中全会指出："科学的宏观调控，有效的政府治理，是发挥社会主义市场经济体制优势的内在要求。必须切实转变政府职能，深化行政体制改革，创新行政管理方式，增强政府公信力和执行力，建设法治政府和服务型政府。"[①]党的十九大强调："转变政府职能，深化简政放权，创新监管方式，增强政府公信力和执行力，建设人民满意的服务型政府。"[②]改革开放以来，浙江各级政府从实际出发，创造性地不断调适自身的角色定位和职能定位，不断健全惠及全民的基本公共服务体系，创新政府管理机制，经历了从"无为而治"到"积

---

① 中国共产党第十八届中央委员会第三次全体会议文件汇编 [G]. 北京：人民出版社，2013：32.

② 习近平. 决胜全面建成小康社会 夺取新时代中国特色社会主义伟大胜利——在中国共产党第十九次全国代表大会上的报告 [R]. 北京：人民出版社，2017：39.

极有为"再到服务型政府的转变，实现了"有为政府"与"有效市场"的相互协调和良性互动。

（一）优化经济调控功能，打造服务型有为政府

改革开放以来，浙江各级政府注重转变观念，改进工作方法，规范自身行为，尊重人民群众的创造精神，少干预多引导，少限制多服务，少宣传多实干，着力转变企业的经营体制，完善民营企业的经营环境，营造公正、透明和法制化的区域发展环境，为经济增长提供更加充分的社会公共产品和更高效率的政府服务，将很多管理职能下放给行业协会、同业商会等民间组织，通过建立民间行业性自律组织来弥补"市场缺陷"。对修桥、铺路等城乡社会事业建设，政府抓规划，民间抓投资和运作，形成了一种政府与民间平等合作、群众广泛参与的局面。在区域经济发展中，政府主要发挥四方面职能：一是加强区域公共基础设施的规划、建设与管理，如交通运输、邮电通信、能源供给、文化教育、医疗保健等的规划、建设与管理；二是提供政府公共供给品，如产业政策、税收政策、劳动就业政策、社会保障制度、质量检测等的适应度及效能；三是推进中介性公共服务产品，如金融、广告、法律、审计、会计等的多样化和系列化；四是抓好区域公共资源保护，如土地资源、水资源、生物资源保护。在浙江，企业、政府和社会的作用领域往往相对独立，互不依赖。一旦企业对其所处的社会环境不负责任，政府和社会比较容易对其施加压力，及时纠正其行为。显而易见，浙江各级政府对市场经济的推动不仅体现在"放"上，还体现在从各个方面进行扶持和提供全方位的服务上。在"硬环境"方面，加强能源、交通等基础设施和基础产业建设。如较早地实行集资办电、以电养电；采取"四自"的办法（即自己筹资、自己修路、自己收费、自己还贷）加速公路建设；实施以通信养通信的措施等。在"软环境"方面，积极树立为企业和纳税人服务的意识，增强服务水平，如改革投资体制、保护民间投资者的利益、扩大民间投资；成立温州商会、职业介绍所等中介组织服务于企业等。浙江在积极推进经济体制改革，明确政府在基本公共服务方面的主体地位和主导作用的同时，通过还权于民、还权于社会、还权于企业等方式简政放权，更好发挥社会公众和企业在公共事务治理中的作用，逐步形成与市场经济相适应的政府治理方式及其运行机制。

（二）深化行政审批制度改革，提高政府效能和服务意识

任何一个有效政府都有必要的行政审批制度。实践证明，好的行政审批制度能够有效激发市场主体活力，让市场在资源配置中发挥决定性作用。通过政府对市场主体不合理行为的有效规制，能最大限度地消除市场经济的负面效应。改革开放以来，针对长期存在的重审批、轻监管、弱服务问题，浙江持续深化"放管服"改革，加快转变政府职能，减少微观管理、直接干预，注重加强宏观调控、

市场监管和公共服务等工作，行政审批制度改革一直走在全国前列。截至2012年，浙江先后进行了三轮行政审批制度改革，削减了2/3以上的审批项目。2013年，围绕打造"审批事项最少、办事效率最高、投资环境最优省份"的目标，浙江又启动了新一轮行政审批制度改革，加快政府自身职能转变。特别是推进"四张清单一张网"建设，以政府权力的减法换取市场活力的乘法。随着改革的推进，审批事项大幅度减少。截至2014年10月底，浙江省级部门行政权力由1.23万项减少到4236项，其中审批事项从1266项减少到492项。从改革进程来看，浙江自1999年在全国省级政府中率先全面推进政府部门审批制度改革以来，主要经历了局部试点、全面推行、二轮改革、深化改革等四个阶段，逐步推动被动审批向主动提供全方位服务的转变，审批事项也随之大幅度减少。以2017年省第十四次党代会的召开为标志，浙江又启动了以"最多跑一次"改革撬动各方面各领域改革的实践，持续深化行政审批制度改革，"加快打造'审批事项最少、办事效率最高、政务环境最优、群众和企业获得感最强'的省份"[1]，并取得明显的阶段性成效。2017年年底的调查显示，"最多跑一次"的实现率和满意率分别达到了87.9%和94.7%。通过行政审批制度改革等多项举措，进一步提升了政府自身的自律和约束能力，改善了政府形象，对有效遏制腐败现象的发生起了重要作用。各级政府办事大厅或便民服务中心的建立，不仅方便了企业和群众办事，而且增强了政府工作人员的服务意识，提高了政府的工作效率和服务水平，赢得了企业和群众的赞赏和认同。

二维码 3-4

二、遵循市场经济规律，优化政府宏观调控功能

党的十九大指出："创新和完善宏观调控，发挥国家发展规划的战略导向作用，健全财政、货币、产业、区域等经济政策协调机制。""健全货币政策和宏观审慎政策双支柱调控框架，深化利率和汇率市场化改革。"[2]改革开放以来的实践表明，浙江成功的真正奥秘在于：正确处理政府与市场的关系，把社会的自发力量与自觉力量有机结合起来，把市场的活力与政府的科学规划、有效调控结合起来，既充分发挥市场经济的活力，也保证了经济沿着科学规划的方向发展。

① 车俊.坚定不移沿着"八八战略"指引的路子走下去 高水平谱写实现"两个一百年"奋斗目标的浙江篇章——在中国共产党浙江省第十四次代表大会上的报告[R].浙江日报，2017-06-19(2).

② 习近平.决胜全面建成小康社会 夺取新时代中国特色社会主义伟大胜利——在中国共产党第十九次全国代表大会上的报告[R].北京：人民出版社，2017：34.

（一）科学规划区域经济布局，引导和调控资源优化配置

一个地区经济的发展离不开地方政府科学合理的发展规划。英国学者刘易斯指出："经济增长的巨大绩效不仅是个人活动的结果，而且也是政府行动的结果。"① 改革开放以来，特别是进入 21 世纪以来，浙江各级政府越来越自觉地根据本省发展的特点和实际需要，制定科学发展规划，起到了统筹发展的良好作用。改革开放初期，浙江抓住当时一般日用工业品短缺，人们对产品质量和档次要求不是太高的机遇，适时地实行允许鼓励小商品生产和交换的政策，使适合于浙江省情的民营经济尤其是劳动密集型产业大发展，在全国脱颖而出，获得了"先发性利益"。其中最为典型的是义乌市。全国闻名的义乌小商品市场建设，曾经过八度搬迁、五次新建，不同时期的市场建设都带有鲜明的政府规划烙印。20 世纪 80 年代中后期，浙江抓住世界上发达国家制造业转移的机遇，大力发展外向型经济，拓展发展空间；90 年代中期之后，在工业化取得初步成果的基础上，浙江又适时地提出促进城乡一体化战略，在全国率先推出购房落户政策，率先取消了进城控制指标和"农转非"计划指标，有力地促进了工业化和城市化的加速发展。21 世纪以来，浙江推出了"八八战略"，并在"八八战略"指引下，实施了"平安浙江""文化大省""法治浙江""两创""两富""两个高水平建设"等一系列战略决策，进一步统筹规划，全面推进浙江的现代化进程。特别是党的十八大以来，在习近平新时代中国特色社会主义思想的指导下，浙江坚定不移统筹推进"五位一体"总体布局、协调推进"四个全面"战略目标，秉持浙江精神，干在实处、走在前列、勇立潮头，高水平谱写实现"两个一百年"奋斗目标的浙江篇章。

（二）政府保障公共产品供给，推进经济社会均衡发展

市场在资源配置中起决定性作用，并不意味着市场是万能的，完全摒弃政府干预的市场调节会使其缺陷大于优势，导致"市场失灵"。浙江各级政府在统筹规划和充分论证的基础上，通过公共财政、转移支付等一系列方式，为各个社会群体提供必要的公共产品和公共服务，努力实现经济社会的全面均衡发展。如扩大对农村、农民社会公共产品供给；积极实施就业优先政策；在全国率先实行城乡最低生活保障线制度；对被征地农民实现"即征即保"；快速推进下山移民、异地脱贫致富；等等。② 可以说，改革开放以来，浙江除创造了许多"全国第一"

① ［英］刘易斯．经济增长理论 [M]．周师铭，沈丙杰，沈伯根，译．北京：商务印书馆，1996：153.

② 何建华，马国海．繁荣公正和谐——基于浙江发展实践的思考 [M]．北京：人民出版社，2009：215-218.

与"率先"之外，在推进乡镇企业转制、推进粮食购销市场化改革、制定城市化发展纲要、对企业技术改造和技术进步实行财政贴息政策、实现城乡免费义务教育、普及高中阶段教育、全面推行城乡统筹就业、建立覆盖城乡的最低生活保障制度、实施政策性农村住房保险等方面都走在全国前列。党的十八大以来，浙江加大了城乡交通、水利、邮电、通信、机场等基础设施建设力度，建立了覆盖城乡的大社保体系，积极改善社会治安环境，加大了政府各部门提供公共服务的力度。这些措施保证了浙江在改革开放的条件下，在社会利益关系处于重大调整时期社会的安全稳定，将改革、发展、稳定有机地统一起来，为促进浙江经济快速健康发展打下了坚实的基础，为社会主义市场经济的发展创造了良好的硬件环境。经过40年的改革开放，浙江成功地走过了发达国家几十年乃至上百年才完成的发展历程，创造了令人瞩目的"浙江现象"。

三、遵循现代治理规律，提高政府治理能力

党的十八届三中全会明确指出："必须积极稳妥从广度和深度上推进市场化改革，大幅度减少政府对资源的直接配置，推动资源配置依据市场规则、市场价格、市场竞争实现效益最大化和效率最优化。政府的职责和作用主要是保持宏观经济稳定，加强和优化公共服务，保障公平竞争，加强市场监管，维护市场秩序，推动可持续发展，促进共同富裕，弥补市场失灵。"① 改革开放以来，浙江适应现代化市场化发展的需要，顺势而进，积极探索，明确政府功能定位，切实转变政府职能，着力解决政府干预过多和监管不到位问题，努力提高政府治理能力和水平。

（一）精简机构转变职能，提升政府宏观调控能力

党的十九大报告指出："统筹考虑各类机构设置，科学配置党政部门及内设机构权力、明确职责。"② 改革开放以来，为了克服政府机构臃肿、职能模糊的弊端，浙江按照政企分开、政事分开、政资分开的要求，稳步推进政府机构调整改革。一是政府规模逐渐缩小。经过多年努力，浙江不断解决政企政事不分、职责交叉、机构人员臃肿、结构不合理等问题，进一步优化了组织结构，而且财政支出占 GDP 比重下降，政府工作人员占人口比重较低，政府机构数量减少。从政府机构规模看，浙江自 1983 年以来总共实行了五轮改革，裁并了一批业务相近的部门，撤销了部分中间层次机构，有效解决了职责交叉、机构人员臃肿等问题。政府"瘦身"既是政府职能转变的产物，也为进一步转变政府职能和政府行为方式，打造有限政府、高效政府创造了较好的条件。二是政府行为渐趋合理。

① 中共中央关于全面深化改革若干重大问题的决定 [M]. 北京：人民出版社，2013：7.

② 习近平.决胜全面建成小康社会　夺取新时代中国特色社会主义伟大胜利———在中国共产党第十九次全国代表大会上的报告 [R]. 北京：人民出版社，2017：39.

政府积极推进自身改革，使财政支出逐渐趋向合理，大包大揽管理方式得到有效遏制。随着经济体制改革的深入发展，浙江不断调整政府机构，通过实践"大部制体制""省管县"等制度，进一步转变政府职能，理顺职责关系，优化政府组织机构，逐步形成权责一致、分工合理、执行顺畅、监督有力的行政管理体制。通过长期的努力，各级政府加强了对经济社会秩序的管理，强化了规划工作的职能，减少了临时性机构的设置，使自身职能由管理具体经济社会事务，转为更多地关注经济社会秩序、经济社会发展规划、自身建设等事项，反映了政府经济职能缩减、社会职能增强、自身改革加快的重大变化，政府与企业和市场的关系逐渐理顺。

（二）加强法律法规建设，提高运用法律手段能力

市场经济是法治经济，市场经济的健康发展离不开良好的法律制度环境。浙江高度重视与市场经济发展要求相适应的法律制度环境建设。改革开放初期，根据温州、台州、金华等地个体私营经济自发发展的需要，省委省政府鼓励和默认地方政府为自发发展的个体私营经济积极寻找相关法律和制度依据，为其创造宽松的发展环境，如给个私企业披"集体企业"外衣、"戴红帽子"等。早在1978年，温州市政府就颁发了全国第一个私营企业地方性法规——《温州市私营企业管理暂行条例》，为私营企业提供地方性的法律保护，该条例后来成为国家《私营企业暂行条例》的蓝本。近年来，浙江的多项立法均走在了全国的前列。《浙江省实施〈中华人民共和国消费者权益保护法〉办法》率先以地方立法的形式，对精神损害赔偿、垄断行业的责任等热点问题做出符合实际的创新性规定，被称为"中国最保护消费者的法律"。我国第一部规范农民专业合作社的地方性法规——《浙江省农民专业合作社条例》在浙江诞生，提高了农民的生产积极性和经济效益。此外，浙江许多法规中还有不少创新性规范与内容，例如职工基本养老保险立法中的省内养老保险关系转移制度、城市房屋拆迁管理立法中的拆迁房屋评估制度、村经济合作社组织立法中的合作社证明书制度等，都为浙江市场经济的发展提供了有力的法律制度支撑。

第三节 完善收入分配制度，健全社会保障体系

一、改革完善分配方式，提高城乡居民收入

我国社会主义初级阶段实行按劳分配为主体、多种分配方式并存的分配制度。这一分配制度是随着我国经济体制改革的不断推进而确立的，与社会主义初级阶段的所有制结构相适应。收入分配问题对于经济社会发展关系重大，关系人

民群众的切身利益，关系改革发展和社会稳定。改革开放以来，浙江同全国一样，以改革收入分配、强化对经济主体的激励为突破口，破除传统计划经济体制下平均主义的分配方式，在坚持按劳分配为主体的基础上，允许和鼓励资本、技术、管理等生产要素按贡献参与分配，形成了多种分配方式并存的格局。新的分配格局，打破了"干与不干一个样、干好干坏一个样、干多干少一个样"的平均主义，激活了劳动、资本、技术和管理等各种生产要素的活力，推动了全省经济社会的快速发展和城乡居民收入水平的提高。改革开放初的1979—1991年，浙江城乡居民收入随着经济形势的好转逐步过渡到恢复性增长阶段，1991年与1980年相比，城乡居民人均收入年均实际增长分别为5.9%和10.8%。1985年，浙江农村居民人均纯收入首次居全国各省区第一。以邓小平南方谈话和党的十四大为标志，中国改革进入全面向社会主义市场经济体制转轨的时期。1992—2000年，浙江城乡居民人均收入名义增幅分别为17.7%和15.0%，由于遇到了新一轮通货膨胀，年均实际增幅分别为7.5%和6.2%。进入21世纪后，浙江居民收入进入稳定较快增长阶段。2001年，浙江城镇居民人均可支配收入首次居全国省区第一位。2017年，浙江城镇常住居民人均可支配收入首次突破5万元大关，为51261元，农村常住居民人均可支配收入24956元，城乡居民人均可支配收入比为2.054∶1，城乡差距进一步缩小。在居民收入方面，浙江拿下了不少全国第一。比如，2017年浙江居民人均可支配收入是全国25974元的1.62倍，位居全国各省区第一；浙江城镇常住居民人均可支配收入是全国36396元的1.41倍，连续17年位居全国各省区第一；农村常住居民人均可支配收入是全国13432元的1.86倍，连续33年位居全国各省区第一。

改革开放以来，浙江通过持续不断的改革和制度创新，逐步改变了生产关系和生产力不相适应的状况，社会生产力得到极大解放，社会财富快速增长，全面建成小康社会进展顺利，共同富裕目标稳步推进。根据国家统计局《全面建成小康社会统计监测指标体系》测算，2012年浙江全面小康指数达到95.82%，居全国第三位，各省区第一位；2013年与2014年，全面小康实现度分别为96.8%、97.2%，始终位居全国各省（区、市）前列。省委十三届八次全会明确提出，"十三五"时期浙江要高水平全面建成小康社会。省第十四次党代会再次强调："确保到2020年高水平全面建成小康社会，并在此基础上，高水平推进社会主义现代化建设，以'两个高水平'的优异成绩，谱写实现'两个一百年'奋斗目标在浙江的崭新篇章。"[①]奋力推进"两个高水平"建设，是贯彻落实习近平新时代中国

---

① 车俊.坚定不移沿着"八八战略"指引的路子走下去　高水平谱写实现"两个一百年"奋斗目标的浙江篇章——在中国共产党浙江省第十四次代表大会上的报告[R].浙江日报，2017-06-19(1).

特色社会主义思想的实际行动，是满足全省人民日益增长的美好生活需要的目标追求，是浙江在"强起来"历史进程中继续走在前列的责任担当。

二、鼓励全民创业，推进"富民强省"

改革开放以来，浙江创造性地贯彻落实邓小平"鼓励一部分人先富起来"思想，以"富民强省"为战略目标，带领全省人民走全民创业、共同富裕之路，不仅推动了浙江经济的快速发展，而且城乡居民收入水平持续提高，生活条件和生活品质显著改善，基本实现了全面建成惠及全省人民的小康社会目标。

（一）鼓励大众创业，做大财富"蛋糕"

改革开放以来，历届省委省政府长期坚持鼓励和支持全民创业，身先士卒引导全省各级党委政府尊重创业、保护创业、引导创业，以创业论英雄、以创业促发展、以创业促富民，极大地激发和调动了全省人民的创业激情和热情。当一些地方还在留恋计划经济体制和"大锅饭"时，浙江人率先走上了"不等不靠不要"，白手起家创业之路。截至 2017 年年底，浙江全省各类市场主体总量达到 593.4 万户，全省在册市场主体总量位居全国第四，每万人市场主体拥有量为 1049 户，相当于 10 个浙江人里就有一个在创业。全省每千人拥有企业 34.7 户，比全国每千人拥有企业数量 21.9 户多出 12.8 户，该项指标已超过中等发达经济体水平。[①]数以百万计的浙商，在为浙江经济发展做出重大贡献的同时，也成就了浙江数量庞大的先富群体，使浙江变成了"千家万户办企业、千方百计创新业"的"创业者社会"。

（二）支持民营经济发展，藏富于民增活力

长期以来，浙江坚持经济发展以民为本、立足全民创业、着眼民众富裕，实行"藏富于民"的积累模式。通过创新体制机制、加大政策扶持力度等手段，有力推动了民营经济的发展，民营经济规模不断壮大，实力明显增强，所占比重大幅提高，富民效应尤为显著。据有关资料统计，浙江民营经济贡献了全省 60% 以上的税收、70% 以上的生产总值、80% 以上的外贸出口以及 90% 以上的就业岗位，"六七八九"现象充分说明了民营经济在浙江经济体系中的基础性地位。2012 年省第十三次党代会以来，浙江民营经济继续保持较快发展势头。在 2014 年中国民营企业 500 强榜单中，宁波占据 21 家，台州占据 11 家，金华地区也有 9 家民营企业入围，入选榜单的企业在规模和效益上同比均有明显的提高。全国工商联发布的"2018 中国民营企业 500 强"中，浙江共有 93 家企业上榜，连续

---

① 浙江省工商局. 10 个浙江人里就有一个老板 [EB/OL]. (2018-01-31) [2018-05-15] .http:// gsj.zj.gov.cn/art/ 2018/1/31/art_1236110_15434213.html.

20 年蝉联全国第一。2016 年在全国出口同比下降 1.9% 的背景之下，浙江出口额为 17666 亿元，同比增长 3%。其中民营企业出口额为 13380 亿元，占总量的 75.7%，起到了关键作用。浙江民营经济的活力还体现在资本市场上。截至 2017 年 6 月 13 日，浙江上市公司总数已经达到 379 家，排名全国第二。在这些上市公司中，民营企业占 90% 以上。[①] 要高水平谱写实现"两个一百年"奋斗目标的浙江篇章，就要充分发挥民营经济这一最大的特色和优势。常言道"小河有水大河满"，民营经济的发展，调动民间民众发展经济的积极性，使创造社会财富的源泉充分涌流，形成了政府财政收入、企业收入和个人所得共同提高、各得其所的收入分配格局，真正做到了富民强省、藏富于民、共享共富。

二维码 3-5

（三）统筹兼顾谋发展，推进"两富""两美""两个高水平"建设

浙江作为全国先富起来的沿海省份，如何率先实现全面小康？ 2012 年以来，省委省政府带领全省人民坚定不移沿着"八八战略"指引的路子，奋力推进"两富""两美""两个高水平"建设，书写了为浙江人民实现美好生活的新篇章。

2012 年 6 月，省第十三次党代会从省情、国情和世情出发，提出了建设"物质富裕、精神富有的社会主义现代化浙江"新目标。新目标要求"始终坚持把富民放在首位，始终坚持促进人的全面发展，核心是实现全省人民物质富裕精神富有"[②]，这标志着浙江"富民强省"战略进入从推进"两创"到实现"两富"阶段。

实现全省人民物质富裕、精神富有，涵盖经济、政治、文化、社会建设以及生态文明建设各领域，贯穿生产、分配、交换、消费和社会再生产各环节，体现在人民群众物质文化生活各个方面。实现物质富裕，就是要使城乡居民就业比较充分，收入普遍提高，家庭财产普遍增加，中等收入者占多数，绝对贫困现象完全消除，社会保障、基础设施和公共服务日臻完善，人人享有良好的生活环境和生态环境。实现精神富有，就是要使全体社会成员普遍受到良好的教育，具有较高的科学文化素养、民主法治素养、思想道德素养和生态文明素养，其经济、政治、社会、文化等各项权益得到切实保障，过上丰富的精神文化生活，拥有共同的精神家园。建设物质富裕、精神富有的现代化浙江，是贯彻中央"三步走"战略部署和东部地区率先发展要求的需要，是对"八八战略"战略目标认识的深化，顺应了全省人民过上更加美好生活新期待的内在要求，是推动浙江科学发展、共享发展的必然趋势。

在实施"两富"战略的基础上，2014 年 5 月，省委十三届五次全会做出"建

---

① 郑明治.发挥特色优势　重视宝贵财富 [N].浙江日报，2017-06-27(5).

② 赵洪祝.坚持科学发展　深化创业创新　为建设物质富裕精神富有的现代化浙江而奋斗 [N].浙江日报，2012-06-12(1).

设美丽浙江、创造美好生活"的决策部署。建设美丽浙江、创造美好生活的主要目标是：到 2015 年，美丽浙江建设各项基础性工作扎实开展；到 2017 年，美丽浙江建设取得明显进展；到 2020 年，初步形成比较完善的生态文明制度体系，争取建成全国生态文明示范区和美丽中国先行区。在此基础上，再经过较长时间努力，实现"天蓝、水清、山绿、地净"，建成"富饶秀美、和谐安康、人文昌盛、宜业宜居"的美丽浙江。建设美丽浙江、创造美好生活，基础是从工业文明走向生态文明，走人与自然和谐相处的绿色发展之路；实质是追求物质文明与精神文明相统一，切实增强人民群众的发展自豪感、生活幸福感、心灵归属感、社会认同感；核心是实现人的现代化、人的文明，促进人的全面发展。

在"两个一百年"奋斗目标进程中承前启后的重要节点上，省第十四次党代会全面把握浙江发展大趋势、大变革、大逻辑，明确提出"两个高水平"和"六个浙江"建设的奋斗目标。党的十九大对新时代中国特色社会主义事业发展做出了战略部署，要求决胜全面建成小康社会、实现第一个百年奋斗目标，并乘势而上开启全面建设社会主义现代化国家新征程，向第二个百年奋斗目标进军。

浙江认真学习贯彻十九大精神，对"两个高水平"建设做出战略安排：从现在到 2020 年，是高水平全面建成小康社会决胜期。要高标准完成党中央提出的全面建成小康社会各项目标任务，努力在解决发展不平衡不充分问题、满足人民日益增长的美好生活需要上取得新成效，使高水平全面建成小康社会得到人民认可、经得起历史检验。浙江在高水平全面建成小康社会之后，要乘势而上、砥砺奋进，分两个阶段高水平全面建设社会主义现代化。第一个阶段，从 2020 年到 2035 年，高水平完成基本实现社会主义现代化的目标。第二个阶段，从 2035 年到 21 世纪中叶，在我国建成富强民主文明和谐美丽的社会主义现代化强国的新征程中继续走在前列、勇立潮头。奋力推进新时代"两个高水平"建设，要高举习近平新时代中国特色社会主义思想伟大旗帜，万众一心，群策群力，在新时代伟大征程上谱写走在前列的浙江新篇章。

二维码 3-6

三、兼顾效率公平，实现和谐发展

改革开放以来，浙江积极探索正确处理公平与效率的关系，既重视提高效率，又重视促进公平，努力实现公平与效率的统一。改革开放伊始，浙江从改革分配机制，激发活力，提高效率入手，率先放宽对农民从事非农经营的限制，允许和鼓励小商品交易和个体私营经济以挂靠集体经济的形式发展，放手让农民自主创业。深受传统商业文化熏陶和具有较强应变能力的农民率先投身到市场经济的大潮中，乡镇企业、专业市场和小城镇如雨后春笋般涌现，社会生产力从计划经济体制的束缚中被解放出来，经济迅速发展，财政收入增加，各行各业群众也都得到了实惠。这个阶段的改革既提高了效率，也为增进公平打下了物质基础。

党的十四大以后，浙江顺应社会主义市场经济发展的要求，坚持中央提出的"效率优先，兼顾公平"的分配原则，鼓励和支持一部分人依靠诚实劳动和合法经营先富起来，有力地推动了经济社会发展。与此同时，也产生了收入差距扩大问题。特别是 20 世纪 90 年代中后期以来，由于部分城镇居民失业、下岗，农民增收放缓，城乡居民用于医疗和教育费用负担加重，社会成员收入差距拉大，并且出现了一部分人看不起病、子女读不起书的现象。这既影响社会公平，又制约社会有效需求增长，妨碍经济持续发展。针对出现的这些问题，浙江在制定经济社会政策时，坚持以人为本，更加注重实现公平与效率的统一，努力做到让经济发展成果惠及全省人民。1996 年率先提出建立城乡联动低保制度；2001 年率先出台《浙江省卫生现代化建设纲要（2001—2020 年）》；2002 年实施"山海协作工程"，鼓励沿海发达地区与欠发达地区合作开发建设和产业转移，促进全省区域协调发展，共建民富省强新浙江。

2003 年，时任省委书记习近平同志提出"八八战略"，要求强省与富民相结合，效率和公平相结合，支持和鼓励群众创业创新，千方百计促民富裕，让人民群众共享改革发展成果；强调群众利益无小事，尽心尽职解民忧，把为民办实事纳入制度化轨道；强调走共同富裕道路，建立健全社会保障体系，切实解决困难群众的生产生活问题。2003 年，启动"千村示范、万村整治"新农村建设工程，出台《浙江省统筹城乡发展推进城乡一体化纲要》《关于全面推进社会主义新农村建设的决定》等政策文件；2004 年率先实际免除农民的农业税负担；从 2005 年开始，按照每人每年 10 元的标准，设立农民健康体检专项经费，每四年为参保农民进行一次健康体检，建立动态健康档案，努力做到让农民"有病早治，无病早防"；2006 年在全国首次提出"走资源节约、环境友好、经济高效、社会和谐、大中小城市和小城镇协调发展、城乡互促共进的新型城市化道路"，力促"富民"目标在城乡两个层面上均得以实现。这些重大决策和举措的推出和落实，对于正确处理公平与效率的关系发挥了十分重要的作用。

这些年来，浙江几届省委坚持一张蓝图绘到底，把"干在实处、走在前列"的要求一贯到底，认真续写"八八战略"这篇大文章，推动浙江各项事业发展不断跃上新台阶。十二届省委在深入实施"八八战略"基础上，扎实推进"创业富民、创新强省"决策部署，加快形成效率与公平兼顾、促进共同富裕的收入分配格局。省第十三次党代会以来，省委先后召开了十一次全会，做出了一系列更有效的制度安排，着力解决收入分配差距较大问题，使发展成果更多更公平惠及全体人民，加快推进全面小康社会建成的步伐，确保在全面建成小康社会的历史征程中始终走在全国前列，朝着共同富裕方向稳步前进。比如，坚持发达地区与欠发达地区联动发展，编制实施《浙江省山区经济发展规划（2012—2017年）》；进一步加大财政转移支付力度，完善精准扶贫机制，2012年开始实施新一轮扶贫开发计划，扶贫标准提高至4600元，比国家新扶贫标准高出一倍；2014年，全面实施低收入农户倍增计划，启动实施新一轮"重点欠发达县特别扶持计划"。2014年，省政府出台《关于促进城乡居民收入持续普遍较快增长的若干意见》，强调要把富民放在更加突出的位置，一系列改善民生、促进增收的战略部署和政策举措，让百姓的收入稳步提高。2015年，出台关于加快推进残疾人全面小康进程的文件，将所有重度残疾人都纳入低保，一级重度残疾人每月的护理补贴提高到500元，在全国领先。2016年，试点"支出型贫困"家庭救助工作，探索将"支出型贫困"对象纳入低保、医疗救助和临时救助等范畴。目前，浦江等地已出台"支出型贫困"家庭救助政策。同年，还出台了《浙江省困难残疾人生活补贴实施办法》和《浙江省重度残疾人护理补贴实施办法》，覆盖近80%的持证残疾人，164万人次残疾人因此受益。这些政策举措始终贯穿"八八战略"这根红线，不断推进"八八战略"深化细化具体化，不断以共享发展的新成效彰显出"八八战略"的生命力。

二维码 3-7

四、立足民生谋发展，完善社会保障体系

"社会保障是保障人民生活、调节社会分配的一项基本制度。"社会保障体系是市场经济运行的"安全阀"和"缓冲带"，主要功能是为"民生"提供托底保障，属于政府必须规划、引导并合理介入的再分配。改革开放以来，浙江社会保障制度建设取得了巨大成就，目前已初步建立起与社会经济发展水平相适应的新型社会保障体系。

（一）率先建立覆盖城乡居民的社会保障体系

改革开放以来，浙江率先建立了基本养老、基本医疗、工伤、失业和生育等社会保险制度。截至2017年6月底，浙江省基本养老、基本医疗、工伤、生育等四项保险参保人数分别为3799万、5196万、1916万、1332万。全省户籍人员基本医保参保率为97.3%，其中杭州、绍兴超过98%，机关事业单位养老保险参保人数达190万，已基本实现人员全覆盖，参保进度位居全国前列。

农村社会保障体系建设步伐加快，率先在全国建立起城乡一体化的最低生活保障制度、被征地农民基本生活保障制度，并依次建立了新型农村合作医疗制度、城镇居民医疗保险制度以及城乡居民社会养老保险制度；农村"五保"人员和城镇"三无"人员基本实现了集中供养。早在2003年，浙江颁布实施了《关于建立新型农村合作医疗制度的实施意见（试行）》，并在全国率先建立了以县为单

位的大病统筹等农村新型合作医疗制度；2014 年年底，浙江实现了大病医保制度全覆盖，比国家提出的要求提前一年；2016 年，省政府出台了《关于深入推进城乡居民基本医疗保险制度建设的若干意见》，提出统一参保范围、资金筹集、保障待遇、经办服务、基金管理和医保监管，推动保障更加公平、管理服务更加规范、医疗资源利用更加有效的明确目标。从 2017 年 1 月 1 日开始，浙江正式实施统一的城乡统筹医疗保险政策，实现城乡居民医疗保险的率先并轨。目前，浙江已经迈入"全民社保""全民医保"时代。

（二）稳步提高城乡居民社会保障水平

为了让城乡居民共享经济发展成果，浙江适时调整和提高城乡居民的社会保障待遇和水平。一是建立了养老金待遇调整机制。在确保离退休养老金按时足额发放的基础上，不断提高企业离退休人员养老金水平。从 2016 年 1 月 1 日起，浙江对企业退休人员又一次增发基本养老金，这是自 2004 年以来连续第 13 年调整提高。2016 年，浙江企业退休人员基本养老金月均水平超过 2910 元。二是建立了低保标准动态调整和分档补助机制。2001 年率先出台实施《浙江省最低生活保障办法》。2010 年，全省城镇和农村低保平均标准分别为每人每月 376.7 元和 245.2 元，分别比 2000 年增长了 213% 和 241%。"十二五"期间，全省共有 320.7 万人次获得最低生活保障救助，支出低保资金 85.4 亿元。2015 年年底，浙江城乡低保平均标准分别达到每人每月 653 元和 570 元。"十三五"期间，浙江将在缩小低保线与扶贫线的"两线合一"、城乡低保标准并轨上动脑筋、找路子，探索将"支出型"贫困家庭纳入最低生活保障，进一步扩大低保对象的覆盖面。预计到 2020 年城乡低保平均标准分别达到 1022 元和 869 元以上。2017 年 12 月 1 日起，修订后的《浙江省最低生活保障办法》开始施行。新的保障办法，聚焦低保申请、资格审核、救助标准、动态管理等内容，推动低保救助工作更加公平、精准、人性化。三是稳步提高城乡居民医疗保障水平。城乡居民基本医疗保险人均筹资标准从 2012 年的 489 元提高到 2015 年的 785 元，县域内政策范围内门诊费用报销比例从 2012 年的 35% 提高到 50% 左右，县域内政策范围内住院费用报销比例从 2012 年的 62% 提高到 75% 左右。在城乡医保制度整合的基础上，进一步提高政策含金量，通过公开公平竞争方式，将 15 种大病治疗必需、疗效明确的高值药品纳入大病保险支付范围，明确大病保险阶段报销比例不低于 50%。2017 年城乡居民基本医疗保险筹资标准为每人 1200 元，其中个人出资 400 元，比去年多缴 50 元，各级政府补助 800 元，也比去年多缴 50 元。低保及低保边缘人员、60 岁以上孤寡老人，个人出资部分由市、镇（街道）各承担 50%；持有第二代残疾人证的，个人出资部分由市残疾人就业保障基金列支；计划生育特殊家庭特扶对象个人出资部分也是由市政府承担。同时，还在积极探索新型农村合作医疗制度与城镇居民基本医疗保险制度整合，实现城乡统筹。

（三）加大政府财政对社会保障等民生领域的投入

浙江在经济获得快速发展的基础上，不断加大政府财政对社会保障的投入力度。"十一五"期间，浙江财政用于民生的支出累计达 7595 亿元，年均增长 21.1%，连续五年财政支出增量的 2/3 以上用于民生。"十二五"期间，政府在民生上的投入继续增加，2015 年浙江新增财政收入的 7 成以上都花在了民生方面，这也是浙江自 2006 年来连续第 10 年将 2/3 以上新增财力用于民生。2016年，浙江一般公共预算支出 6976 亿元，比上年增长 4.8%；其中，一般公共服务、公共安全、教育、科技、社保就业、卫生计生等八项民生支出 4873 亿元，比上年增长 14.4%。2017 年，财政支出中的八项民生支出合计 5533 亿元，占 73.5%。

习近平总书记指出："保障和改善民生是一项长期工作，没有终点站，只有连续不断的新起点，要实现经济发展和民生改善良性循环。"①浙江虽然在完善社会保障体系、改善民生方面取得了巨大成就，但现行社会保障体系依然存在问题和不足。浙江将按照党的十九大提出的"按照兜底线、织密网、建机制的要求，全面建成覆盖全民、城乡统筹、权责清晰、保障适度、可持续的多层次社会保障体系"，继续推进社会保障体系建设，大胆探索、先行先试、积极改革，率先全面建成覆盖城乡居民的社会保障体系。

 **案例 3-1**

马云与阿里巴巴

马云曾经是杭州电子工业学院（现名杭州电子科技大学）的英语教师，1995年 3 月从学校辞职，在亲人的帮助下，筹资 2 万元开始创业。1995 年 4 月，马云、马云夫人张瑛和何一兵在杭州市成立了中国第一家互联网商业公司——海博电脑服务有限公司。

1995 年 5 月，中国黄页正式上线，马云开始做身边朋友的生意。此时，离中国能上 Internet 还有 3 个月。1995 年 7 月，中国黄页为浙江省外宣办做了一个网站，宣传浙江的经济文化，名曰"金鸽工程"。1996 年 3 月，由于杭州电信也做了一个中国黄页，分食市场，马云决定和杭州电信合并。中国黄页作价 60 万元，占 30% 股份，杭州电信投现金 140 万元，占 70% 股份。1997 年，马云

---

① 习近平.稳中求进推动经济发展　持续努力保障改善民生 [N]. 人民日报，2013–05–16(1).

转让中国黄页的股份后，进京加盟外经贸部成立了中国国际电子商务中心（EDI），与其团队开发了外经贸部官方网站、网上中国商品交易市场、网上中国技术出口交易会、中国招商、网上交广会和中国外经贸等一系列网站。

1999 年 3 月，马云正式辞去公职，带领后来被称为 18 罗汉的团队回到杭州，开始了新一轮创业，开发阿里巴巴网站。之后 Invest AB 副总裁蔡崇信加盟阿里巴巴，并帮助阿里巴巴从软银等国际投资机构获得了两轮融资（共获得 2500 万美元的风险投资）。

2003 年 5 月，马云创立淘宝网，开始进入 C2C 市场的竞争。由于当时"非典"肆虐，给电子商务的发展带来了一定的商机，淘宝网发展迅速。2004 年 12 月，马云创立第三方网上支付平台支付宝，开始进入互联网金融领域。

2013 年 5 月 28 日，阿里巴巴集团联合银泰集团、复星集团、富春集团、顺丰、中通、圆通、申通、韵达等多家民营快递企业联合成立菜鸟网络科技有限公司，并同时启动中国智能骨干网（CSN）项目建设。

2014 年 9 月 19 日，阿里巴巴集团于美国纽约证券交易所正式挂牌上市。

马云与阿里巴巴深刻地改变了中国的零售业。目前，阿里巴巴市值 2051 亿美元，是全球最大的网络零售商，年交易额超过 1 万亿元。阿里巴巴的主要业务在中国，但已迅速向全球扩张，已成为网上及移动商务的全球领导者。

资料来源：中共浙江省委党校，浙江行政学院.道路自信与浙江实践 [M].杭州：浙江人民出版社，2017：77-78.

 案例 3-2

让城乡居民共同富裕、共享现代文明

小康不小康，关键看老乡。建设小康社会，重点在农村，关键在农民，推进城乡一体化，薄弱点和工作的难点也在农业、农村和农民。在浙江工作期间，习近平为"三农"发展倾注了大量心血。

连续好几年，习近平新年调研的首站就是农村，新年度省委召开的第一次全省性重要会议就是农村工作会议，省委下发的一号文件也是加大统筹城乡力度、促进"三农"发展的政策文件。

2006 年 1 月 4 日，习近平就"建设社会主义新农村"向海盐县 160 多位村支书和县、乡镇负责人做专题宣讲。

省委书记给村支书开会讲新农村建设，时任于城镇党委书记金爱明当时的第一反应是"这可不得了了，新农村建设已经是重中之重"。

当时在推进新农村建设中，乡镇缺乏资金，农民认识一时还没到位，上面工

作考核压力大，尤其是乡镇和村干部，思想包袱重、畏难情绪大，"推进这项工作确实需要魄力和定力，习书记的宣讲，相当于给我们乡镇、村干部吃了一颗定心丸。"金爱明说。

在海盐宣讲后不久，习近平当月主持召开全省农村工作会议，3月召开省委建设社会主义新农村专题学习会，并在7月主持召开省新农村建设领导小组会议，强调要以历史使命感、时代责任感和发展的紧迫感，下更大的决心、拿出更多的投入、进行更扎实的努力，不断推进我省社会主义新农村建设。

在与海盐毗邻的嘉善，人们对习近平的关怀同样记忆深刻。2005年，习近平到嘉善调研。2005年年底，嘉善就成为浙江首批村村通公路的县，并在浙江县一级率先实现城乡饮用水"同源同价同质同网"。习近平一直没有忘记这个浙北小县，2008年，在全党开展深入学习实践科学发展观活动中，习近平将嘉善作为深入学习实践科学发展观活动的基层联系点，并于当年10月再次来到嘉善县，到大云镇缪家村调研农民增收。

2013年2月，嘉善获批全国县域科学发展示范点，先行先试的步子更大了。2014年，嘉善在全国率先进行了"三权三抵押"尝试：承包土地经营权、住房财产权和集体经济股权都可以用来抵押贷款。如今，嘉善县正全力建设城乡统筹先行区，形成了体制基本接轨、产业相互融合、社会协调发展、差距明显缩小的城乡协调发展新格局，城乡居民人均收入之比缩小到1.69∶1。

2015年5月，习近平总书记来到浙江考察，他依然对"三农"发展念兹在兹，强调要提高城乡发展一体化水平，把解放和发展农村社会生产力、改善和提高广大农民群众生活水平作为根本的政策取向，加快形成以工促农、以城带乡、工农互惠、城乡一体的工农城乡关系。

经过多年发展，浙江成为城乡发展差距最小、城乡居民收入最高的省份，率先成为新型城市化和新农村建设双轮驱动推进城乡一体化的成功范例。2016年，浙江城乡居民收入之比缩小到2.07∶1。牢记嘱托，赓续前行。今天的浙江，正沿着习近平总书记指明的方向，朝着更高的目标进发。

资料来源：张燕，应建勇，裘一佼，等.全面小康一个也不能少——习近平总书记在浙江的探索与实践·协调篇[N].浙江日报,2017-10-07.

 阅读书目

1.中共浙江省委理论学习中心组.浙江如何实现全面建成小康社会.求是,2015(9).

2.刘仁伍.浙江市场经济发展报告(2011).北京：社会科学文献出版社,

2012.

3.刘宗让.先行与特色：浙江经验对中国特色社会主义理论体系的贡献.杭州：浙江大学出版社，2012.

4.之江平.改革潮头看浙江.浙江日报，2018-01-27(1-2).

5.金波，刘乐平，陈宁，等.以人民为中心——习近平总书记在浙江的探索与实践·共享篇.浙江日报，2017-10-10(1-4).

 **思考讨论题**

1.何谓市场体系？浙江培育和完善市场体系有哪些基本经验？

2.什么是宏观调控？谈谈你对浙江健全和完善宏观调控体系的认识。

3.浙江人民走上"先富带共富"之路的成功经验有哪些？

4.浙江的社会保障制度建设取得了哪些成就？今后应如何完善这一制度？

5.浙江在实行按劳分配为主体，多种分配方式并存上有何经验和特色？

第四章 改革创新抓先机，创造发展新模式

中国的改革开放，不仅给世界创造了难得的发展机遇，也给国内各省区提供了实现自身跨越式发展的广阔空间。改革开放以来，浙江人民践行红船精神和浙江精神，敢为人先，真抓实干，积极投身中国特色社会主义建设的伟大实践，使陆域资源贫乏、发展空间狭小的浙江强势崛起，稳居中国经济社会发展的第一方阵，这是中国特色社会主义理论在浙江的成功实践和生动写照。

第一节 探索新型工业化道路，推动工业跨越式发展

一、浙江新型工业化道路的鲜明特色

工业化是一个国家和地区国民经济中工业生产活动逐步取得主导地位的发展过程。就其本质规定性而言，工业化是实现从农业国向工业国转变的过程。为了跨越从近代化到现代化必须经历的这道门槛，世界各国都会依据时代和国情的不同，选择不同的工业化道路。浙江由于原有工业基础差，用于发展传统重化工业的资源匮乏，再加上地处海防前线，工业发展相对落后。改革开放以来，浙江走出了一条符合实际、富有特色的新型工业化道路，形成了产业特色鲜明、经营机制灵活、多种经济成分竞相发展的工业化新格局。

（一）工业化启动具有自发性和自主性

浙江新型工业化道路，是在基本上没有外来投资和外部引进的情况下，由浙江人自主创业开始的，是浙江人民自谋发展自我探索的产物，具有鲜明的自发性和自主性特征。在20世纪80年代工业化早期，由于浙江原有的工业基础薄弱，缺乏资金、技术和资源，工业产业层次较低，以劳动密集型的小商品、纺织品、日用工业品生产为主，主要满足国内市场的需要。面对这一现实，浙江人不依赖国家投资和外资，以民间创业为主体，群众自发参与，全民一齐上阵，出现了"村村点火，户户冒烟，家家办厂"发展工业的局面，乡镇企业异军突起。浙江对工业化的自主探索，充分体现了浙江人不等不靠不要、敢于拼搏的创新创业精神。

　　党的十六大提出新型工业化道路之后，浙江率先实行体制创新，引入面向市场需求的发展机制，率先发展商品交易市场，较快地形成适应市场经济的工业发展机制，率先放手发展多种经济成分，国家、集体、个体私营一起上，多轮驱动、多轨运行，形成充满生机和活力的微观经济基础。从发展农村工业起步实现经济崛起，较成功地形成了具有浙江特点的工业化道路。

　　（二）工业化发展具有内生裂变性和渐进外拓性

　　改革开放以来，浙江在探索和推进工业化进程中，最大限度地激发人民群众的创业创新热情，支持人民群众办实业、创大业，在工业化实践中坚持以人为本，充分尊重人民群众的首创精神，努力让一切创造社会财富的源泉充分涌流，让人民群众成为浙江工业奇迹的真正创造者。

　　浙江工业化从农村改革起步，依靠民间力量和充分发挥广大农民的积极性、创造力。发展劳动密集型产业，是基于当时浙江自身实际的当然选择。这不仅迅速吸纳了大量的农村剩余劳动力和城市待业人员，而且为工业进一步发展打下了基础。在工业总量达到相当规模、加工工业取得相对优势后，又及时将发展的立足点由"内"向"外"转，并对原有的产业结构和产品结构进行调整，推动产业结构的升级换代。20世纪90年代中后期，随着市场格局的变化，浙江明确提出把电子、医药、化工、机械培育为主导产业，调整和改造纺织、建材、丝绸等传统行业，加快浙江产业结构的战略提升。进入21世纪后，随着国际国内环境的变化，浙江又做出改造和控制"高投入、高消耗、高排放"行业，加快发展高新技术产业和现代装备制造业的战略抉择，推动产业结构转型升级。不难看出，浙江工业化前期走的基本上是传统工业化发展之路。之所以如此，是因为浙江工业化的起点比较低，既无技术优势，也没有国家特殊优惠政策，原有的工业主要是轻纺工业和加工工业。1978年轻工业比重为60.2%，比全国平均水平高17.1个百分点，原材料工业和采掘工业合计仅占10%，重工业大多是为农业和轻工业提供配套服务和设备维修。受制于当时的具体环境条件，浙江的工业化只好因陋就简，从轻纺工业、加工工业开始，依托农村和廉价的劳动力来推进，形成"轻、小、集、加"的特色，然后再逐步向重工业、第三产业扩展。这样的起步方式和推进路径，充分体现了浙江工业化道路内生裂变性和渐进外拓性特点。一方面大大缩短工业化探索的时间，另一方面也给随后的转型升级增加了难度和困难。

二、以创新优势推动工业化跨越式发展

　　改革开放以来，浙江积极探索新型工业化道路，实现了从工业小省向工业大省的历史性发展。1978年，浙江工业增加值仅为46.97亿元，到1983年突破百亿元，1994年突破千亿元，2008年突破万亿元大关，2017年跃上2万亿元新台阶。起

步基础并不是很好的浙江，凭借什么在新型工业化进程中后来居上，走在全国前列？究其原因，主要是打造了四个方面的创新优势。

（一）发展战略与思想观念创新

在事关新型工业化道路的战略选择上，浙江根据其在较长时期是轻型工业结构典型省份的实际，紧紧抓住信息化带动工业化的历史机遇，把大力发展高附加值的加工制造业作为新型工业化的战略重点，进而形成了独具浙江特色的新型工业化发展战略，充分显示了在推进新型工业化上"敢为人先"的勇气和魄力。

工业化发展战略，是最终采取什么样的政策措施以实现工业化发展目标的一种制度设计和政策安排。浙江新型工业化战略的创新选择，主要依据是：（1）基于浙江现有产业特色优势的科学选择。工业化发展战略的创新选择必须从本地区经济结构的实际出发。轻型主导一直是浙江工业结构的鲜明特色。改革开放以来，轻工业对浙江全部工业总产值增长的贡献率超过60%。因此，浙江的新型工业化如果不从已有的产业优势出发，将难以培育出更大经济增长点。（2）科学总结浙江以往片面强调重工业优先发展历史教训的理性选择。在改革开放前的近30年里，浙江和全国一样，实施重工业优先发展战略。由于起步之初重工业基础相当薄弱，其后又受计划配置和资源禀赋的限制，浙江经济优势全无，1953—1978年工业总产值年均增长率列各省（区、市）第22位。改革开放以后，浙江确立发挥优势、扬长避短的工业发展方针，扭转长期以来"重重工业、轻轻工业"的战略偏向，工业由此获得快速发展，步入全国工业快速增长省份行列。（3）遵循区域经济协调发展规律的正确选择。浙江工业迅速崛起的最基本经验，就是走出一条符合省情、富有特色的发展路子。其基本做法是，率先冲破大而全、小而全，自成体系、自我完善的窠臼，突出地域分工，发挥比较优势，不过于追求地方工业体系的自我完善；立足要素禀赋，重在发展特色优势产业，在较大程度参与国内外分工和竞争中，形成了一批特色优势产业。

正是由于注重从省情出发，突破传统工业化的一般模式，按照新型工业化道路的基本要求，合理确立了大力发展先进加工制造业的战略定位，从而使浙江新型工业化道路的推进很好地结合了原有产业优势、地区要素禀赋和产业结构升级的基本规律，最大限度地发挥了战略创新的统筹引领作用，进而使新型工业化走上了健康快速发展轨道。

（二）产权制度与组织结构创新

浙江在新型工业化道路探索过程中的结构优势，主要表现为，在经济组织结构上，大力发展民营经济，造就了数量众多、充满生机活力的民营企业；在企业规模结构上，没有盲目贪大求洋，而是从民营经济大省的实际出发，抓大与放小并举，大的强健，小的灵活，从而使整个新型工业化进程的推进做到了优势互补、相得益彰。

企业组织结构和组织制度创新，对新型工业化的探索具有重大意义。以经济组织结构创新为例，至 1978 年年底，全省非公有制企业几乎为零，个体工商户仅 2000 多户。经过改革开放以来的发展，浙江已成为名副其实的民营经济大省。在 2017 年发布的中国民营企业制造业 500 强和中国民营企业服务业 100 强中，浙江省分别有 111 家企业和 12 家企业入围。正由于民营经济担当起了新型工业化道路探索的主角，明晰的产权制度、超前的市场意识和强烈的赢利冲动，使得浙江民营企业在新型工业化推进中表现得异常积极和主动。他们对技术进步表现出超乎寻常的追求，对产业升级表现出不同一般的渴望，对转型升级表现得更为主动。在浙江新型工业化道路推进过程中，这种经济组织结构创新优势，有利于充分发掘和动员民间庞大的生产资源，用于新型工业化的探索；有利于拓宽就业门路，吸纳大量劳动力就业；有利于增加劳动者的收入和国家财政收入；有利于满足人民群众多样化的物质文化需求，方便人民生活；有利于高新技术产业和文化产业发展，更有效地推动知识创新。

（三）管理体制与运行机制创新

有效的制度安排是经济增长的基础。新型工业化道路能否有效推进，关键是能否建立其所依存的制度基础——管理体制与运行机制。浙江新型工业化进程之所以后来居上、成绩斐然，管理体制与运行机制创新无疑在其中发挥了重要作用。正是这种制度创新优势，充分释放了浙江人民创业创新的无限潜能，形成千万群众竞相创业的喜人局面；正是制度创新优势，优化了浙江新型工业化的发展战略，使得浙江原有的优势产业更上一层楼，新兴高技术产业竞相发展；还是这种制度创新优势，科学优化了浙江的组织结构、产业结构和企业规模结构，呼唤出浙江新型工业化结构创新的裂变效应，推动浙江经济硬是"无中生有""有中求好""好中求精""精中求快"地发展起来。

二维码 4-1

在管理体制的创新上，浙江解放思想，敢闯敢试。改革开放之初，浙江最早允许农民务工经商、长途贩运、开放城乡市场，从而为千万农民闯市场、办企业打开了窗口。当其他地方还在犹疑不决时，浙江先后出台了一系列鼓励、扶持和引导各种所有制经济快速发展的政策，放手发动，放水养鱼，放权松绑，放宽政策，让新型工业化探索的主体尽情投入到创富致富的行列。正是制度创新的先发优势，全国首家个体私营企业、首家股份合作制企业、首家实行利率改革的信用社、首家股份合作制城市信用社、首部股份合作制企业的地方性法规等，才能发端于浙江，为新型工业化注入巨大动力。在运行机制的搞活上，浙江本着"发展才是硬道理"的理念，不重形式重实惠，只要有利于调动新型工业化主体的干劲和热情，有利于推动浙江新型工业化发展进程，有利于浙江经济社会发展和人民福祉的改善提高，就大胆地试，勇敢地闯，坚决地干。正是这种管理体制和运行机制的创新，使浙江新型工业化推进的主体像变魔法一样从潜在变为显现，生发出无穷无尽的智慧与力量，极大地推进了浙江新型工业化发展的进程。

（四）产业提升与科技开发创新

新型工业化，说到底，就是用现代信息技术改造传统产业，在推动产业转型升级的基础上，使经济社会发展走上一个依靠科技进步和劳动者素质提高的轨道。浙江工业化起步的技术层次较低，产业分布落后，之所以能够在较短的时期内，实现由传统工业化到新型工业化再到某些产业行业跃入后工业化的跨越，最重要的一条经验就是坚持创新驱动战略，不断加大科技创新的力度，不断提升产业结构的层级，从而较好地推进了浙江经济社会发展方式的转变。

从 20 世纪 80 年代工业化之初，浙江立足自身优势大力发展加工制造业，在"短缺经济"时代赚得工业化发展的第一桶金；到 20 世纪 90 年代大力发展外向型经济，通过内引外联争得浙江工业化的跨越式发展；再到世纪之交，粗放式增长方式已经透支了这个资源小省的环境健康，高成本时代的来临已经挤压了产业低端束缚的经济大省的发展空间。省委省政府审时度势，以"浴火重生"的勇气提出"八八战略"，推动经济发展从量的扩张向质的提高转变；之后，又提出"创业富民，创新强省"总战略，确定建设物质富裕、精神富有现代化浙江的奋斗目标，形成了加快转型升级的新局面。在这一过程中，一座座冒着黑烟的烟囱轰然倒塌，一条条落后的生产线被义无反顾地拆除，更先进更高效更环保更智能的新技术新工厂拔地而起，浙江已经又好又快地前进在新型工业化的大路上。

为了提升浙江新型工业化的产业档次，包括宁波杭州湾新区在内的 14 个省级产业集聚区——布局落子，800 万亩粮食生产功能区和 400 万亩现代农业园区开始规划和启动建设，浙江正在积极搭建产业转型升级的大平台。同时，40 个现代服务业集聚示范区正加紧产业结构调整，42 个块状经济试点正向现代产业集群转型升级，汽车、船舶、装备制造等 11 个传统优势产业重新规划改造提升，生物、物联网、新能源等九大战略性新兴产业蓬勃生长，浙江正在积极打造新型工业化发展的大产业，积极推进能够影响全省经济社会发展走向的大项目。继浙江物产、吉利成为世界 500 强后，销售收入上千亿元的企业航母、跨国公司不断冒出。大平台是载体，大产业是核心，大项目是带动，大企业是龙头。浙江的新型工业化就是在这种如排山倒海式的产业层次升级、科技创新驱动中不断推进、发展和跃升的。

三、以"八八战略"为总纲，打好转型升级组合拳

党的十九大指出："我国经济已由高速增长阶段转向高质量发展阶段，正处

在转变发展方式、优化经济结构、转换增长动力的攻关期，建设现代化经济体系是跨越关口的迫切要求和我国发展的战略目标。"经过改革开放以来的高速发展，浙江的经济格局已经发生深刻变化。高新技术产业发展加快，现代服务业迅速崛起，现代产业集群技术突破明显，先进装备制造业基地进一步夯实。面对汹涌澎湃的全球经济一体化浪潮和竞争激烈的国际产业分工，如何用现代信息技术改造传统产业，实现浙江经济和社会发展的转型升级，走好新型工业化之路，浙江又一次站在了战略选择与创新发展的风口浪尖。

（一）以结构调整和科技创新推动工业提质升级

"创新是引领发展的第一动力，是建设现代化经济体系的战略支撑。"浙江在推进工业化发展的过程中，率先形成了以加工制造业为重心的"轻、小、民、加"工业发展模式。这一模式，虽然较好地发挥了产业优势、区域优势，有力地支撑了浙江经济20多年的快速发展，但其自身存在的弊端和累积起来的矛盾也日益暴露，直接导致了经济发展空间小、资源消耗大、环境污染重以及增长后劲乏力、市场竞争力弱化等问题。

走新型工业化道路，建设现代化经济体系，要求浙江实现由加工制造大省向先进创造大省转变，由外贸需求拉动为主向外贸内需联动转变，由要素推动为主向创新驱动为主转变。为此，浙江必须加快淘汰落后产能、改造提升传统产业，全面实施创新驱动发展战略，培育发展八大万亿产业，使发展环境不断优化、发展空间不断拓展、发展动能不断增强。依照省政府《关于切实打好工业和信息化发展组合拳的若干意见》，到2022年，全省工业经济实现质量变革、效率变革、动力变革，传统产业改造提升取得明显成效，战略性新兴产业布局基本形成，"浙江制造"在国际产业分工和价值链中地位显著提升，建设具有全球影响力和竞争力的智能制造基地。全省工业和信息化发展力争实现"79126"目标：工业增加值年均增长7%以上，生产性服务业增加值年均增长9%以上，信息化发展指数保持全国各省区第1位，企业技术创新能力达到全国第2位，培育形成信息经济核心制造业、高端装备制造业、时尚产业、环保制造业、新材料产业、软件及信息服务业6个万亿级产业。

（二）优化产业区域布局，推动块状经济向现代产业集群转型升级

在新型工业化推进过程中，浙江形成了以块状经济推动区域经济快速发展的成功模式。截至2012年，全省年销售收入10亿元以上的块状经济达312个，年销售收入100亿元以上块状经济共有72个。2012年，42个省级产业集群示范区销售收入18489.7亿元，占全省的36.3%，利润1045.4亿元，占全省的34.8%，块状经济已经占据全省经济总量的半壁江山。但是，块状经济在缔造了浙江传奇般的发展经历、如魔法般做大浙江经济总量的同时，却也不得不面对"一卡车的

泡沫塑料不如一粒施华洛世奇水晶""三千双袜子不如一个 iPhone"的尴尬现实。因为支撑块状经济的大多是劳动密集型、低附加值的传统产业，正所谓"小商品、大市场"。所以，层次低、结构散、创新弱、品牌小的"低、散、弱、小"在某种程度上也就成了浙江块状经济的代名词。这充分表明，浙江的块状经济大多数并不是建立在基于科技创新的竞争优势上，而是来自低成本的比较优势，还不是现代意义上的产业集群。

世界产业发展的总体趋势是走向产业集群化。因此，加快块状经济向现代产业集群转型升级，是浙江新型工业化发展的必由之路，是提升产业区域竞争力和推进经济转型升级的重要途径。加快块状经济向现代产业集群转变，是省委省政府促进工业转型升级所做的重要决策。加快现代产业集群建设，要坚持技术创新，要提升"四换三名"的推进速度，加大有效投资力度，着力优化产业结构，重点引进一批符合产业导向、市场前景好、带动性强的优势企业和重大项目，淘汰一批"低、散、弱、小"和高消耗高污染企业，扎实推进先进制造业与生产性服务业融合发展，支持关联配套企业整合重组，不断拓展产业链、提升价值链，到 2022 年形成 10 个以上具有国际竞争力的千亿级产业集群。

（三）"强优、挖潜、转劣"三措并举，做大做强现代工业

在浙江经济社会发展已经取得巨大成就基础上开始新型工业化的转型升级，不同于改革开放之初"一穷二白"的蹒跚起步，也不同于工业化快速推进时的"风驰电掣"，这是经济社会发展新常态下的"转型升级"，是转危为机，弯道超越。因此，必须深刻领会和贯彻落实"八八战略"中的优势论思想，充分发挥现有优势，深入挖掘潜在优势，努力创造新优势，奔着问题去解决，向着优势去努力，保持和提高浙江经济社会发展的核心竞争力。

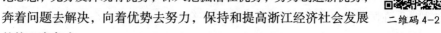

二维码 4-2

"强优"，就是强化浙江人善于创业创新的传统优势，以敢为人先的勇气、魄力，率先同传统工业告别，率先寻求突破转型升级。省委省政府在 2011 年发出了"创业创新闯天下、合心合力强浙江"的总动员令，把浙商回归作为经济工作的一号工程来抓。仅 2017 年 1 月至 10 月，浙商回归就到位资金 3849 亿元，投向八大万亿产业的到位资金为 2109.54 亿元，占产业项目到位资金的 76.1%。这些举措有力地推动着浙江工业在做大做强做优上迈上新台阶。

"挖潜"，就是挖掘优化浙江资源要素配置的潜在优势，突破浙江发展的要素瓶颈制约，实现浙江新型工业化的可持续发展。2013 年，省委省政府审时度势，做出加快推进"四换三名"重大决策部署，通过"腾笼换鸟"，实现产业选择创新；通过"机器换人"，实现产业技术创新；通过"空间换地"，实现要素配置创新；通过"电商换市"，实现商业模式创新，加快培育知名企业、知名品牌和

知名企业家，用优势龙头企业支撑浙江制造。

"转劣"，就是把过去浙江经济"低小散"的劣势转化为"高大上"的优势。省委省政府在2013年明确提出要大力推进以"个转企、小升规、规改股、股上市"为主要内容的市场主体升级，强调推进经济转型升级，优化市场主体结构，提升市场主体层次。2016年，全省高新技术、装备制造和战略性新兴产业增加值占规模以上工业比重分别达到38.8%、40.1%和22.9%。在现代服务业中，信息传输、软件和信息技术等行业发展势头强劲，营业收入比2015年增长35%以上，浙江经济社会发展的新旧动能已经开始逐步转换。仅2017年，全省整治"低小散""脏乱差"问题企业（作坊）4.7万家，淘汰落后产能涉及企业2690家，处置"僵尸企业"404家，分别完成年初目标任务的470%、269%和135%，全省使用的工业机器人总量约占全国的15%，居各省（区、市）第1位。

党的十八大以来，面对中国经济呈现出的新常态特征和浙江现代化发展的新形势，省委省政府坚定不移地以"八八战略"为总纲，针对制约浙江经济社会发展的一系列突出矛盾和问题，打出了一套以"五水共治"、浙商回归、"四换三名"、"三改一拆"、特色小镇、八大万亿产业为主要内容的转型升级组合拳，形成了以改革引领、创新驱动和环境倒逼为核心的转型升级新格局，推动浙江经济社会发展站上新的历史起点。

第二节　统筹城乡发展，推进城镇化和新农村建设

由于传统体制机制的影响，我国长期存在着城乡分割的二元经济结构。城乡分割的发展模式严重制约了我国经济社会的健康发展。改革开放以来，浙江努力探索城乡统筹协调发展之路，在以农补工、以城带乡的过程中不失时机地推进城镇化和新农村建设，实施乡村振兴战略，使浙江成为全国城乡差距最小的地区之一。

一、在加速农村工业化进程中因地制宜推进城镇化

城镇化是农村经济社会有了一定发展后，特别是工业化发展到一定程度后，农村经济社会发展通过要素聚集以实现发展规模化最大化的一种内在需求。工业化是城镇化的动力，城镇化是工业化的依托。在改革开放的过程中，浙江农村的工业化起步比较早，发展速度比较快，因而也率先遇到了农村城镇化的难题。在破解人类城市化发展史上这道最复杂的难题面前，浙江人民在省委省政府的正确领导下，一切从浙江农村经济社会发展的实际出发，走出了一条"就地城镇化"的新型城镇化道路，极大地推动了浙江经济社会的跨越式发展。

所谓"就地城镇化"，就是农村人口不是只向大中城市迁移，而是以中小城镇为依托，通过发展生产和增加收入，发展社会事业，提高自身素质，改变生活

方式，过上和城市人一样的生活。农村城镇化的实质是农民职业非农化、生活方式城市化和思想观念现代化，而非农民进城这样一种表象。在推进浙江农村城镇化过程中，浙江不是盲目地以城带乡，让大批农民进城，而是反弹琵琶，以乡促城，城乡互动，着力推动大中城市优质资源向中小城镇乃至中心村延伸，鼓励农民向中小城镇集聚，积极推进小城镇建设，走出了一条适合国情和省情的"就地城镇化"发展道路。

首先，家庭联产承包责任制的实行，加快了农村非农化的步伐，为就地城镇化提供了前提。浙江地少人多，家庭联产承包责任制在农村推行后，大量农村劳动力从第一产业向第二、三产业转移，农业户所占比重下降，非农业户所占比重提高；在农业户中，纯农业户所占比重下降，兼业户所占比重提高。早在2009年，浙江农民收入构成中，农业以外的收入就超过了80%，农村劳动力中从事非农产业逾七成。由于农村非农化步伐加快，大量农村劳动力向非农产业转移，既提出了农村城镇化的要求，也为农村城镇化提供了条件。

其次，乡镇企业的兴起和迅猛发展，推进了农村工业化的进程，为就地城镇化奠定了基础。乡镇企业是继家庭联产承包责任制后农村经济发展的又一次变革。浙江的乡镇企业在全国起步早，以私有民营为主，生命力旺盛。乡镇企业的发展壮大，打破了农村单一经济格局，缩小了城乡差别、工农差别，增加了农民收入，加快了农村工业化步伐，带动了农村城镇化发展进程。

再次，块状经济的发展，促进了农村第三产业的繁荣，为就地城镇化创造了载体。改革开放以来，浙江形成了一镇一品、一乡一业的特色块状经济。由于产业要素的高度聚集，富有浙江经济发展特色的专业市场极其繁荣，浙江经济逐步形成了"小商品、大市场"的发展格局。块状经济的多元要素组合聚集，极大地放大了专业市场的经济社会效应，带动了第三产业的兴起和繁荣，全省60%以上的新兴城镇都是因块状经济带来的市场发展而建设起来的。

应该说，"就地城镇化"是基于省情和农村工业化发展实际探索出来的一种新型城镇化发展模式，它有效拦阻了农村人口向城市的过度流动，促进了农村经济发展方式的转变，提升了农村经济社会发展的质量和档次，对推动城乡融合和加速城乡一体化进程，实现农村现代化，都具有积极而重大的作用。

此外，在推动"就地城镇化"发展的过程中，浙江一方面遵循城镇化发展的一般规律，另一方面大胆解放思想，不搞整齐划一、千篇一律，鼓励各地多路径探索和创新农村新型城镇化建设思路，进而在全省农村新型城镇化发展的实践中，主要形成了工业依托型城镇化、市场依托型城镇化、资源依托型城镇化和综合发展型城镇化等四种发展类型，较好地体现了浙江特色、中国风格，使浙江新型城镇化建设走上了一条人口集中、产业集聚、功能集成、要素集约的良性发展轨道，一个个功能定位清晰、空间布局合理、服务设施完备、生态环境优美的现代化小城市正散布在浙江的广大城乡，焕发出蓬勃的生机和力量。

二、以"千村示范、万村整治"工程推进社会主义新农村建设

建设社会主义新农村是中国特色社会主义理论的重要内容，也是改革开放以来党和政府致力改变农村经济社会发展面貌的创新举措。在推进浙江社会主义新农村建设的实践中，省委省政府从浙江具体的实际出发，立足于统筹城乡协调发展，选择外美于形、内美于心的村庄整治作为抓手，通过开展"千村示范、万村整治"工程，开启了浙江社会主义新农村的美丽乡村建设。

二维码 4-3

在推进全省社会主义新农村建设中，浙江清醒地看到，农民的收入提高了，有了一定的经济基础，对生活、生产条件有了新的要求。农民没钱的时候想赚钱，有了钱，就想住得更好，活得更自在。不仅房子要大，还要环境整洁，马路平坦，路灯亮堂，还要喝自来水、烧煤气、看有线电视、用无线网络……但是，改革开放后，快速富裕起来的浙江农村出现了一系列奇怪的现象，"只见新房，不见新村；只见新村，不见新貌"。走了一村又一村，村村像城镇；看了一镇又一镇，镇镇像农村。"晴天尘土飞扬、雨天污水横流、夏天蚊蝇成群、晚上黑灯瞎火""室内现代化、室外脏乱差""垃圾无处去、污水到处流"等现象十分突出。农村经济兴旺了，生活环境却恶化了；农民收入提高了，生活质量却下降了；浙江经济社会发展了，但城乡差距却不断扩大。在科学调研和理性分析的基础上，顺应农民富裕起来后迫切需要改善生活质量的强烈愿望，自 2003 年开始，在时任浙江省委书记习近平的倡导和主持下，浙江开始了一场以村庄整治为主要内容的声势浩大的"千村示范、万村整治"工程，由此拉开了社会主义新农村建设的大幕。

"千村示范、万村整治"工程以改善农村生态环境、提高农民生活质量为核心，按照统筹城乡经济社会发展的总要求，围绕加快全面建设小康社会、提前基本实现现代化目标，以体制机制创新为动力，以科学规划为先导，以多元化投入为保障，以加大村庄环境整治力度为重点，健全工作机制，形成工作合力，力争用 5 年（2003—2007 年）时间，从近 4 万个村庄中，选择 10000 个行政村进行全面整治，并把其中 1000 个中心村建设成全面小康示范村，使全省 2300 多万农民尽早过上全面小康生活，共享现代城市文明。

自 2003 年以来，省委省政府每年都召开一次由省委书记副书记、省长副省长参加的"千村示范、万村整治"工程现场会。为了将好事做好、实事做实，还把"十五"期间规划实施的"五大百亿"工程项目，如"乡村康庄""万里清水河道""千万农民饮用水""万里绿色通道""生态家园""土地整理"等工程，统一纳入"千万工程"中，统筹村庄整治的规划、水利、供水、交通、绿化、污水治理，整体推进农业和农村基础设施建设。据统计，2003—2007 年，全省共

投入村庄整治建设资金707.36亿元，其中村级集体和农户投入463.14亿元，占65.47%；其他社会资金投入83.93亿元，占11.87%；各级财政投入160.29亿元，占22.66%。已累计完成全面小康示范村1181个，环境整治村10303个，提前半年完成5年阶段性目标任务。5年的实践表明，"千村示范、万村整治"工程的实施得到了农民群众的广泛支持和社会各界的热烈响应，呈现出工程建设内涵不断扩展、内容不断丰富、力度不断加大、成效不断显现的良好态势。

2008年，全省实施新一轮"千村示范、万村整治"工程，要求通过5年的努力，力争使绝大部分村庄环境得到基本整治，在人居环境、基础设施、公共服务、社会事业等方面的城乡差距明显缩小，加快形成城乡经济社会发展一体化的新格局，把浙江建设成为村容村貌洁净、人居环境优美、基础设施配套、公共服务完备、农民生活幸福的省份之一。由于村庄整治符合农民的切身利益，居住在农村的农民获利最大，农民对"千村示范、万村整治"工程交口称赞，认为这是共产党自土改、包产到户后，办的又一件让老百姓称心如意的事。"千村示范、万村整治"工程也因此被誉为"德政工程""民心工程"，很大程度上提高了党和政府的威信，改变了干部在老百姓心目中的形象。截至2017年年底，全省累计已有2.7万个建制村完成村庄整治建设，占全省建制村总数的97%。74%的农户厕所污水、厨房污水、洗涤污水得到有效治理。生活垃圾集中收集、有效处理的建制村全覆盖，41%的建制村实施生活垃圾分类处理。

实践证明，"千村示范、万村整治"工程体现了因地制宜的原则、统筹推进的思路、科学发展的理念，是推进新农村建设的龙头工程、统筹城乡兴"三农"的有效抓手，是全面建成小康社会的攻坚工程，推进城乡一体化的"样板工程"，在浙江城乡大地上产生了广泛影响。它是习近平新时代中国特色社会主义思想在浙江新农村建设最生动的实践，在浙江的大地上深深地播下了城乡统筹发展的理念和社会主义新农村建设希望的种子。

浙江15年扎实推进"千村示范、万村整治"工程的生动实践和成功经验，对当前我国建设美丽中国、实施乡村振兴战略具有参考意义。浙江的实践表明，实施乡村振兴战略，必须以规划引领建设，以美丽乡村建设规划为龙头统领建设实践；必须稳扎稳打，从农村实际出发，把握好整治力度、建设深度、推进速度、财力承受度以及农民接受度的关系，不搞一刀切、大拆大建；必须坚持群众视角，宣传群众、发动群众、依靠群众，夯实美丽乡村建设的群众基础和社会基础，激发农民参与美丽乡村建设的内生动力。

三、在推进乡村振兴战略的伟大实践中实现浙江农村现代化

党的十九大做出"乡村振兴战略"的科学决策，乡村振兴战略由此成为解决中国"三农"问题的新旗帜和总抓手。浙江必须举全省全社会之力，以更大的决

心、更高的目标、更强的力度，推动农业全面升级、农村全面进步、农民全面发展，充分发扬浙江人民敢为人先的创新精神，干在实处、走在前列、勇立潮头，为全国推进乡村振兴战略积累宝贵经验，为中国特色社会主义新农村现代化提供浙江样本，高水平谱写新时代浙江"三农"工作新篇章。

根据省委省政府《全面实施乡村振兴战略高水平推进农业农村现代化行动计划（2018—2022）》（下称《行动计划》）规划，浙江乡村振兴战略以高水平推进农业农村现代化为总目标，按照"654"的框架排篇布局，初步形成浙江乡村振兴战略的"四梁八柱"。所谓"654"的框架排篇布局，其中"6"，即坚持农业农村优先发展、坚持乡村高质量发展、坚持乡村全面振兴、坚持城乡融合发展、坚持因地制宜特质发展、坚持底线思维和红线意识等六大原则；"5"，即以实施万家新型农业主体提升、万个景区村庄创建、万家文化礼堂引领、万村善治示范、万元农民收入新增"五万工程"为基础，全面推动乡村产业振兴、新时代美丽乡村建设、乡村文化兴盛、自治法治德治"三治结合"提升、富民惠民等五大行动；"4"，即全面加强农村改革、科技创新与人才培育、农村党建引领、组织领导等四大保障支撑措施，体系化、系统化推进全省乡村振兴。

浙江乡村振兴战略紧密围绕"以人民为中心"和"现代化"两个关键词，力争到2020年，乡村振兴制度框架和政策体系基本形成，乡村振兴取得实质性进展，广大农村与全省同步高水平全面建成小康社会；到2022年，乡村振兴取得重大进展，以人为核心的现代化高水平推进；到2035年，乡村振兴目标基本实现，全体农民共同富裕走在全国前列，农业农村现代化率先实现；到2050年，乡村全面振兴，全体农民共同富裕高标准实现，农业农村现代化高水平实现。

浙江全面实施乡村振兴战略的《行动计划》，是以党的十九大精神为指导，全面贯彻落实习近平关于"三农"问题的重要论述的创新举措。《行动计划》系统总结并深化了习近平总书记在浙江工作期间的成功探索与创新实践，是新时代谋划浙江高起点高质量推进乡村全面振兴的顶层设计和行动指南。

第三节 把握发展新机遇，建设海洋经济强省

一、实施海洋经济强省战略，再创经济社会发展优势

进入21世纪以来，当蓝色经济已成为世界经济发展的重要主题时，陆上资源素来贫乏的浙江，在建设"两创""两富""两美""两个高水平"浙江的进程中，适时抓住机遇，瞄准了海洋。浙江，这个拥有漫长海岸线的海洋大省，又一次把握住了历史发展新机遇，不失时机地开始海洋经济强省建设的新征程。

（一）以发展海洋经济为契机，推进经济发展方式转变和产业转型升级

海洋产业的每一次发展总是伴随着现代科学技术的进步，海洋经济的每一次跃动都会极大推进全球经济的发展。当今世界各国已越来越将发展海洋经济作为转变经济发展方式的牵引力，实现产业转型升级的角斗场。

浙江陆域空间狭小，随着经济规模的不断扩大，依靠拼资源、拼劳动力和污染环境来赢得经济增长的发展模式已经难以为继。资源稀缺的先天不足，已成为浙江传统经济社会发展模式的制约瓶颈。能否抓住新机遇，充分发挥优势，通过大力发展海洋经济，建设海洋经济强省，已经成为浙江寻求新的经济增长点、解决发展空间问题、促进经济持续稳定发展、推进经济发展方式转变的重大课题。浙江要在新一轮竞争中保持领先地位，必须进一步拓宽思路，开阔视野，在海陆联动中发展海洋经济，让海洋经济成为浙江新的经济增长点。只有这样，浙江转变经济发展方式的努力才有了依托，实现产业转型升级的希望也有了保障。因此，浙江必须充分挖掘自身丰富的"海洋生产力"，把海洋经济作为经济转型升级的突破口，通过加快发展海洋经济，在全面提升海洋渔业等传统产业的同时，大力发展高附加值的新型临港型重化工业和高新技术产业，构建大宗商品交易平台、海陆联动集疏运网络、金融和信息支撑系统"三位一体"的港航物流服务体系，这不仅可以为浙江经济的进一步发展提供新的资源和新的发展空间，而且可以有效缓解全省经济发展面临的陆域资源、环境、人口压力，突破煤、电、油、运和土地、水资源等紧缺要素的制约，推动浙江经济结构的战略性调整，形成浙江经济社会发展的新优势。

（二）加快海洋经济强省建设，打造经济持续发展新平台

浙江拥有其他地区无法相比的海洋资源优势，是名副其实的海洋资源大省。海域面积是陆域面积的 2.6 倍，拥有 6696 千米的海岸线，占全国总长度的20.9%，居全国第 1 位。其中深水岸线 506 千米，占全国的 30.7%。能建万吨级以上深水泊位的岸线 471 千米，是我国建设世界级深水港群的最佳选址。拥有面积 500 平方米以上的海岛 2878 个，约占全国海岛总数的 2/5，在东海海域星罗棋布，是维护国家海洋权益和实施生态系统保护的重要载体。拥有近 400 万亩滩涂资源，约占全国的 13%，是沿海经济带建设的新空间。拥有丰富的港口、渔业、旅游、油气、滩涂、海岛、海洋能等资源，组合优势明显，发展海洋经济的潜力巨大。抓住机遇发展海洋经济，建设海洋经济强省，可以进一步拓展浙江经济社会发展新空间，为经济可持续发展提供新的平台和载体。

二、浙江海洋经济发展的重要地位和战略布局

（一）浙江要在建设海洋强国中发挥先行示范作用

进入 21 世纪以来，国家把发展海洋经济上升到新的战略高度。"十二五"

发展规划中明确提出，要"大力发展海洋经济""坚持海陆统筹，制定并实施海洋发展战略，提高海洋开发控制综合管理能力"，这标志着我国"海洋强国战略"的全面实施。2011 年，国务院先后批准了《山东半岛蓝色经济区发展规划》《浙江海洋经济发展示范区规划》，这是我国区域发展从陆域经济延伸到海洋经济、积极推进陆海统筹的重大战略举措，是我国海洋经济发展由试点工作进入全面实施阶段的标志。在此先行先试的探索实践中，浙江之所以拔得头筹，依靠的就是浙江人抢抓机遇的先人一步，倚仗的就是浙江海洋经济大省良好的发展基础，凭借的就是浙江得天独厚的发展海洋经济的资源优势。因此，在《浙江海洋经济发展示范区规划》的批复中，国务院明确提出要浙江"建设综合实力较强、核心竞争力突出、空间配置合理、生态环境良好、体制机制灵活的海洋经济发展示范区，形成我国东部沿海地区重要的经济增长极"。浙江再次走上了中国发展海洋经济的前台，成为国家实施"海洋强国战略"和"东部地区率先发展战略"的先行者，承担起积极探索海洋经济发展新思路、新模式、新方法、新举措的重任，成为我国建设海洋强国发挥先行示范作用的排头兵之一。

（二）浙江海洋经济发展的战略定位和空间布局

经国务院批准的《浙江海洋经济发展示范区规划》，明确规划了浙江海洋经济强省的战略定位和空间布局，即从世界海洋经济发展的大趋势着眼，从我国实施海洋强国战略的全局入手，立足浙江的省情和实际，按照"一个中心、四个示范"的战略定位、"一核两翼三圈九区多岛"的空间布局建设海洋经济大省。

所谓"一个中心、四个示范"，就是把浙江海洋经济示范区建设成为我国重要的大宗商品国际物流中心，海洋海岛开发开放改革示范区、现代海洋产业发展示范区、海陆协调发展示范区、海洋生态文明和清洁能源示范区。这一战略定位，既有国家总体战略所要求的发展海洋产业、生态环保、海陆统筹等方面的目标，又突出了港航物流、利用和保护海岛、清洁能源等具有浙江特色的发展需求，充分体现了兼顾国家与省区二者利益，同时又凸显浙江特色的战略定位原则。

所谓"一核两翼三圈九区多岛"，"一核"即宁波—舟山港海域、海岛及其依托城市。港域南部重点发展集装箱现代物流；港域北部区域重点完善海进江系统。"两翼"即以环杭州湾产业带及其近岸海域为北翼，以温台沿海产业带及其近带海域为南翼。根据各海域的自然条件和海洋经济发展需要，合理确定海域的基本功能。环杭州湾产业带，充分发挥环杭州湾地区接轨上海、扩大开放的先导作用，使之成为浙江省先进制造业基地的聚集区，成为长江三角洲极具活力的现代化城市群，成为"城市的新区和重要功能区""外资民资的集聚区""先进制造业基地的核心区""体制、机制创新的试验区"。温台沿海产业带则形成"一轴两群三带"的格局。"三圈"即杭州、宁波、温州三大沿海都市圈，作为海洋经济转型升级的主依托，加强海洋基础研究、科技研发、成果转化，加强海洋高技术产业和现代服务业发展。"九区"即重点建设杭州大江东、杭州城西科创、宁波杭州湾、宁波梅山物流、嘉兴现代服务业、绍兴滨海、舟山海洋、台州湾循环经济、温州瓯江口等九大产业集聚区。"多岛"即重点开发梅山、六横、金塘、普陀山（朱家尖、桃花岛）、洋山、南田、头门、大陈、大小门、南麂等重要海岛。这一空间布局，充分考虑了浙江海洋资源的现有优势和基础，是结合浙江海洋经济发展现实和未来做出的科学选择，为浙江进一步实施海洋经济强省战略提供了一个广阔的发展平台。

（三）浙江海洋经济示范区建设的基本任务

浙江海洋经济示范区建设的基本任务是构筑"三位一体"港航物流服务体系，规划建设舟山群岛新区和发展海洋新兴产业。

海洋经济发展示范区建设是一项浩大的系统工程，涉及空间布局、产业体系、科技创新、基础设施、生态文明、体制创新等方方面面，但重中之重是要着力推进"三大核心任务"。一是着力构建大宗商品交易平台、海陆联动集疏运网络、金融和信息支撑系统"三位一体"港航物流服务体系，这是培育浙江海洋经济发展核心竞争力的"关键点"。二是着力建设浙江舟山群岛新区，这是开创浙江海洋经济发展新局面的"制高点"。舟山群岛新区是继上海浦东、天津滨海、重庆两江新区之后的第四个国家级新区，也是我国唯一的群岛型新区。舟山群岛新区作为浙江海洋经济发展的先导区、海洋经合开发试验区和长江三角洲地区经济发展的重要增长极，加强体制机制创新，扩大对外开放，逐步建成我国大宗商品储运中转加工交易中心、东部地区重要的海上开放门户、海洋海岛综合保护开发示范区、重要的现代海洋产业基地、陆海统筹发展先行区，在推动浙江经济社会发展、推进东部地区发展方式转变、促进全国区域协调发展中发挥更大作用。三是着力打造现代海洋产业体系，这是再造21世纪浙江经济发展新优势的"着力点"。以海洋装备制造业、清洁能源产业、海洋生物医药产业、海水利用业、海洋勘探开发业等为重点，扶持发展海洋新兴产业。以涉海金融服务业、航运服务业、滨海旅游业、涉海商贸服务业、海洋信息与科技服务业等为重点，培育发展海洋服务业。

三、浙江建设海洋经济强省的战略目标和发展前景

根据《浙江海洋经济发展示范区规划》，到2015年，浙江海洋经济示范区地区生产总值已突破2.6万亿元，占全省3/4。海洋生产总值接近7000亿元，占全国海洋经济比重提高到15%，三次产业结构为6∶41∶53，海洋新兴产业增加值比重提高到30%以上，科技贡献率达到70%以上，清洁海域面积达15%以上，

沿海港口货物吞吐量达9.2亿吨，形成较为完善的"三位一体"港航物流服务体系，港航服务水平大幅提高，海洋经济转型升级成效显著，海洋科教文化全国领先，海洋生态环境明显改善，海洋经济综合实力明显增强，基本实现海洋经济强省目标。到2020年，全省海洋经济生产总值力争突破1.2万亿元，三次产业结构比为5：40：55，科技贡献率达80%左右，海洋新兴产业增加值占海洋生产总值的比重达35%左右，海洋经济综合实力、辐射带动力和可持续发展能力位居全国前列，全面建成海洋经济强省，使浙江成为我国海洋经济科学发展示范区。

（一）核心区"宁波—舟山港"迈向国际大港

宁波—舟山港是当今全球最大的大宗商品（油品、煤炭等）枢纽港和第八大集装箱干线港，在全球航运体系中具有重要地位。港口的功能首先在于发挥货物集疏运作用以及提供物流等增值服务。随着海洋经济强省战略的推进，浙江要充分发挥宁波—舟山港深水岸线长的优势，建设好功能各异的辅助港口，形成一个世界级的港口群。其次，充分发挥宁波—舟山港背依长江三角洲腹地的区位优势和产业依托，加快建设一批国家级战略物资储运基地和一批企业重要物质商业储备基地，以平衡国际物质供应价格大幅波动乃至无法供给带来的负面冲击。同时，还要充分利用国务院正式批准宁波推行区港联动试点的有利时机，重点发展国际中转、国际配送、国际采购、保税加工和保税物流等业务，为建设自由贸易区打下较好基础。

（二）环杭州湾产业带和温台沿海产业带"两翼"齐飞

为了推进和实施发展海洋经济示范区规划整体战略，浙江制定并出台了《宁波杭州湾产业集聚区发展规划》。该规划以加快发展方式转变、推进产业转型升级为主线，以高端化、高新化、低碳化为方向，大力发展高新技术产业，有重点地开拓临港重化产业。选择基础条件好、成长空间大、带动作用强、市场占有率高、赢利能力佳的产业，着力集成优势、重组产业与整合园区，强化创新、人才、流通功能平台建设，重点培育电子信息、现代医药、石化、纺织、服装五大标志性产业集群。力争经过20年左右努力，成为科学发展的示范区、转型升级的先行区、国际化发展的先导区，成为浙江参与国际经济竞争的支柱力量。

温州沿海产业带则以温州民营经济科技产业基地、乐清湾临港产业基地、大小门岛石化产业基地和苍南临港产业基地等"四大基地"为纽带，形成一个基于资源和产业优势协调互补基础上的新型海洋经济发展带。其中，位于龙湾东南沿海的温州民营经济科技产业基地，优先发展电子信息、生物医药、新材料、新能源与节能环保等高新技术产业。乐清湾临港产业基地，将依托浙能乐清电厂和乐清湾港区，重点培育和发展钢材、煤炭、建材等大宗散杂货储运业和集装箱运输业，培育壮大船舶制造、电力能源及设备、新材料、石化产品加工等临港产业。大小门岛石化产业基地集中发展石化产业、钢铁产业、船舶制造、港口物流。苍南临港产业基地位于该县东部滨海地段，是浙江对接海西的先行示范区。

建设和发展宁波杭州湾产业集聚区和温州沿海产业带两大产业带的基本思路是基于资源和产业优势，旨在让两大产业带在发展海洋经济、建设海洋经济强省中两翼齐飞、优势互补，充分发挥各自的优势和作用。

（三）9个产业集聚区为海洋经济强省战略奠定坚实基础

《浙江省产业集聚区发展总体规划》指出，未来10年，浙江将集中力量推进14个产业集聚区的建设和发展。这14个省级产业集聚区有9个就涵盖在海洋经济强省战略的规划中。其中，杭州大江东产业集聚区、杭州城西科创产业集聚区、宁波杭州湾产业集聚区、宁波梅山物流产业集聚区、温州瓯江口产业集聚区、嘉兴现代服务业集聚区、绍兴滨海产业集聚区、舟山海洋产业集聚区、台州循环经济产业集聚区等9个产业集聚区，特色鲜明，优势互补，规划科学，前景广阔。只要各个产业集聚区立足主业，发挥优势，统筹规划，协调发展，就一定能够通过技术外溢提高各集聚区的竞争力，极大完善浙江产业的供应链，推动浙江中小企业发展，为海洋经济强省战略目标的实现奠定坚实基础。

四、在搞好浙江自贸区试点基础上推进海洋经济强省建设

党的十九大指出："中国开放的大门不会关闭，只会越开越大。"当中国特色社会主义进入新时代，将以"一带一路"建设为重点，坚持引进来和走出去并重，遵循共商共建共享原则，加强创新能力开放合作，形成陆海内外联动、东西双向互济的开放格局，在搞好浙江自贸区试点的基础上，不断推进海洋经济强省建设。

二维码 4-4

2017年4月，中国（浙江）自由贸易试验区正式挂牌。建立浙江自由贸易试验区，是党中央国务院做出的重大决策，是新形势下全面深化改革和扩大开放的一项战略举措，对加快政府职能转变、积极探索管理模式创新、促进贸易投资便利化、深化金融开放创新，为全面深化改革和扩大开放探索新途径、积累新经验，具有重要意义，标志着我国自贸试验区建设进入试点探索的新阶段。

根据国务院印发的《中国（浙江）自由贸易试验区总体方案》，浙江自贸试验区建设主要是落实中央关于"探索建设舟山自由贸易港区"的要求，就推动大宗商品贸易自由化，提升大宗商品全球配置能力进行探索。浙江自贸试验区所在地——舟山是首个以海洋经济为主题的国家级新区。作为我国唯一的群岛型设区市，舟山区位、资源、产业等综合优势明显，是浙江海洋经济发展的先导区和长江三角洲地区海洋经济发展的重要增长极。舟山建立自由贸易港区的目标定位，

主要是立足国内、面向国际，在投资开放性、贸易便利性、金融要素流动性和功能集成化等方面，形成开放度最高的自由贸易园区的基本框架。

　　为此，加快舟山自由贸易港区建设，首先，要在特定领域和特色产业上对标国际最高水准，建立一系列流动性、便利性制度平台，打造一批具有国际影响力的标杆性功能平台，形成开放型经济的品牌效应。其次，要打造自贸区国际大宗商品交易市场。在有效监管的前提下，逐步将产能预售、长期合约等交易形式纳入交易范围，准予试点保税仓单融资、多币种结算、非保税货物交易等业务，推出自贸大宗价格指数，支持国际知名期交所在自贸区内设立保税交割仓库，构成完整的大宗商品交易体系，力争成为全球主要大宗商品的交易中心、物流中心、信息中心和定价中心。再次，要培育跨境电子商务平台。探索建立相适应的海关监管、检验检疫、退税、跨境支付、物流等支撑系统，支持跨境电商在保税备货、直邮中国等模式基础上发展保税集货、出口方向等模式，支持引进跨境零售网商直接开展国际市场在线销售和采购，实现规模化、多元化发展。最后，要打造融资租赁资产交易平台。依托央行、商务部融资租赁征信系统和交易系统，完善平台运作模式，探究境内外融资租赁资产的物权、债权和股权的交易，带动融资租赁上下游产业的拓展和延伸，力争建设成为具有全球影响力的交易中心。所有上述发展目标和发展战略，都充分契合并体现党的十九大报告"赋予自由贸易试验区更大改革自主权，探索建设自由贸易港"的原则和精神。

　　建设中国（浙江）自贸试验区、打造舟山自由贸易港，这不仅是我国深化对外开放的重大举措，更是浙江加快海洋经济强省建设的重要机遇。浙江以自贸区试点建设为契机，当好改革开放排头兵、创新发展先行者，以制度创新为核心，以可复制可推广为基本要求，在构建开放型经济新体制、建设法治化国际化便利化营商环境等方面，率先做出探索、积累经验、形成模式。

　　发展海洋经济，浙江始终紧跟国家战略、布局全球市场，正积极贯彻落实国家"一带一路"倡议和长江经济带战略，加快推进海洋经济发展。尽管浙江海洋经济发展的现状与其海洋资源大省的地位还不相称，离海洋经济强省还有一定距离，但是只要坚持陆海统筹原则，科学规划海洋经济发展全局；坚持结构优化原则，着力构建现代海洋产业体系；坚持科技兴海原则，完善创新人才培养机制；坚持加大投入原则，制定科学完善的扶持政策；坚持保护生态原则，保障海洋资源永续利用，那么一个综合实力强、核心竞争力突出、空间配置合理、生态环境良好、体制机制灵活的海洋经济发展示范区一定能够呈现在浙江人民面前。浙江新时代中国特色社会主义现代化建设也必将在海洋经济强省战略的引领下在更高层次上实现新发展、新跨越。

 **案例 4-1**

自主技术创新铺就杭州湾跨海大桥

2008 年 5 月 1 日,目前世界上最长的跨海大桥——杭州湾跨海大桥正式通车。大桥是由我国自行设计、自行投资、自行建造、自行管理的具有世界先进水平的特大型交通工程。大桥工程取得了多项拥有自主知识产权的技术创新成果,是我国跨海桥梁建设最新技术成果的标志性工程。大桥的建成,提升了我国在国际土木工程领域的地位,是我国海湾桥梁建设上的一座里程碑。

大桥北起嘉兴市海盐郑家埭,南至宁波市慈溪水路湾,全长 36 千米。由于杭州湾风大浪急,属于世界强海潮海湾,水文地质条件十分复杂,被许多世界著名桥梁专家定为不适宜建造桥梁。但中国的建设者们克服重重困难,依据施工决定于设备的理念,开展了一系列的技术改造和技术创新,最终形成了 250 多项技术革新,这其中就有包括九大核心技术为代表的自主创新成果。如,大直径超长钢管桩设计、制造、防腐和施工成套技术;大吨位 70 米预应力箱梁整体预制和强潮海域海上运输、架设技术;大吨位 50 米预应力箱梁整体预制和梁上运输架设技术;海洋环境下混凝土结构耐久性研究;跨海长桥全天候运行测量控制关键技术研究;杭州湾跨海大桥河工模型与桥墩局部冲刷研究;跨海长桥建设信息化管理技术。这其中 6 项关键技术达到国际先进水平。

正是凭借这些自主创新的关键技术,杭州湾跨海大桥不仅缩短了建设工期,而且确保了桥梁质量,成为浙江坚持技术创新、实现转型升级的一个典型样本。

资料来源:根据 2008 年 5 月 1 日中央电视台"焦点访谈"栏目相关内容整理.

 **阅读书目**

1.徐竹青,徐明华,王祖强,等.转型升级——浙江发展的战略抉择.北京:中国经济出版社,2010.

2.王杰.数字变化看浙江.杭州:浙江人民出版社,2008.

3.顾益康.乡村巨变看浙江.杭州:浙江人民出版社,2008.

4.刘亭,傅金龙,朱李鸣,等.实力浙江——打造产业新优势.杭州:浙江人民出版社,2006.

5.国家发展和改革委员会.国家发展改革委关于印发浙江海洋经济发展示范区规划的通知:发改地区〔2011〕500 号.http://wenku.baidu.com/view/2a937fe09b89680203d82514.html.

思考讨论题

1.浙江经济社会发展如何实现转型升级？

2.浙江新型工业化道路具有哪些特点和经验？

3.浙江"千村示范、万村整治"的新农村建设有哪些典型、特色及经验？

4.如何推进浙江乡村振兴战略的实施和创新？

5.如何认识理解海洋经济强省战略对于浙江经济社会发展的意义和作用？

第五章　创新政府治理体制，推进民主法治建设

发展社会主义民主政治，建设社会主义政治文明是社会主义的本质要求。改革开放以来，浙江坚持依法治省，稳步推进民主法治建设，自觉转变政府职能，积极创新政府管理体制，逐步形成了"尊重群众、注重实践、转变职能、党政有为、持之以恒、不断创新"的政府治理模式，提高了政府治理效率，创造了良好的民主法治环境，推动了全省经济社会的发展。

第一节　创新行政管理体制，建设服务型政府

一、改革行政管理体制，推动政府职能转变

推进行政管理体制改革、创新政府社会治理方式是社会转型发展的内在要求。党的十三大第一次提出"转变政府职能"后，浙江各级政府较早意识到，市场经济的发展需要政府从对企业大包大揽转到引导和服务上来，凡是由企业做的、市场能办到的，政府不要越位代劳。到 20 世纪 90 年代初，各级政府已经逐步从"全能政府"角色中解脱出来，转为创造良好的市场环境和提供公共产品与公共服务，引导企业按市场规则运作，经济管理职能逐步弱化。

进入 21 世纪以来，浙江根据中央关于"加快行政体制改革，建设服务型政府"的要求，主动转变政府职能，从片面注重经济快速增长转到注重经济社会全面协调发展上来；加强宏观调控、市场监督、社会管理和公共服务职能，努力打造服务型政府。

（一）改革行政审批制度，促进政府职能转变

浙江深化行政审批制度改革，重在全面清理行政审批前置环节，全面取消非行政许可审批事项，加强行政许可事项动态管理，加强事中事后监管。一是全面清理行政许可事项。2004 年国家颁布的行政许可法实施后，浙江在全省范围内两次对行政许可项目进行了全面清理，同时对市县级的行政许可事项进行统一规范。至 2016 年年初，浙江省级部门公告执行的行政许可项目从 2013 年年初的

1617 项减少到 573 项，削减 64.6%，对非行政许可审批事项全面清理。省发改委对符合省级及以上综合规划、专项规划的政府投资项目不再审批项目建议书，直接批可行性研究报告。二是全面清理和规范非行政许可审批事项。《浙江省人民政府关于严格控制新设行政许可的通知》规定，原则上不允许新增行政许可，若需新增行政许可，审查程序异常严格。至 2016 年年初，浙江省法制办已清理省政府规章 152 件、规范性文件 1389 件，市县部门也废止、修正了一批涉及行政审批事项规章和规范性文件。三是创新行政审批方式，包括建立网上审批系统，实行并联审批、联合审批、全程代理制，建立部门间和省市县联动机制。搭建联合审批网络平台，集并联审批、效能监察、信息服务三大功能于一体，涵盖 4 个省级部门、500 多个市县级部门。建立"一号通"联合审批制度，其特点是跨层级、跨部门、一个项目编号全程网上审批。四是推进行政服务中心建设，创建省级示范行政服务中心。全省 101 个市、县（市、区）都设立了行政服务中心，做到凡涉及经济发展、公共管理以及与公众利益密切相关的行政审批事项，都由行政服务中心统一办理，行政服务中心的整体水平大幅度提高。五是推进行政机关内部行政审批职能整合和集中改革，使部门的工作重心从审批转到加强服务和批后监管上来。浙江已出台加强审批事项事中事后监管的意见，33 个省级部门制定了行政审批事项监管办法，建立了日常监管和重点抽查相结合的事中事后监管体系和纠错机制，确保全程服务、有效监管。六是充分运用"互联网＋政务服务"，大力开展行政审批制度改革和四级权力清单行政改革举措。2013 年年初，制定出台《浙江省深化行政审批制度改革实施方案》，围绕"审批事项最少、办事效率最高、投资环境最优"的改革目标，全面启动了新一轮审批制度改革。2013 年 11 月，浙江启动以"权力清单"为基础的"三张清单一张网"建设试点。2014 年 7 月，在全国率先部署"责任清单"工作，逐步形成"四张清单一张网"的总抓手，在全国率先形成科学完善的权力清单制度。浙江政务服务网的两个权力库（省级权力目录库、市县和部门权力运行库）、三个平台（业务应用平台、数据共享平台、政务云基础实施平台）基本建成。全省 3300 多个部门的审批事项，各级政府 9000 多项在线服务，省市县政府及相关社会机构的 2.4 万项服务资源纳入政务服务网，实现了权力事项集中进驻、网上服务集中提供、数据资源集中共享的"三集中"。[①]

（二）扩大基层自治权利，推进强县强镇建设

推进强县扩权改革旨在推动县域经济发展。浙江经过 1992 年、1997 年、

---

① 贾存斗，潘治宏，秦均华. 浙江深化行政审批制度改革的做法 [J]. 改革内参，2015(28).

2002 年、2006 年和 2008 年五次经济强县扩权改革,将原来属于市级政府的行政管理权力下放,让县级政府在经济、管理和公共服务等方面拥有更大自主权,以提高行政效率和县级政府的积极性。强县扩权改革的实施,激发了县级政府的活力,增添了动力,增强了实力,改善了县域经济发展环境。

在强县扩权取得重大成果的基础上,浙江将行政改革向纵深推进,按照"能放就放"的总体原则,在一部分实力雄厚、经济发展较快的中心镇保持镇级建制不变、符合法律法规的前提下,赋予 27 个试点镇[①]与县级政府基本相同的经济社会管理权限(主要是财政、规费、土地、投资项目核准等经济社会管理权),为这些镇下放扩权事项 191 项、下放综合执法权 455 项。这充分发挥了乡镇政府的积极性、主动性和创造性,提高了政府办事效率,加速了乡镇政府角色职能的转变,强化了地方政府的管理责任,有效防止了"上面管到看不到、下面看到管不到"现象的发生,培育了一批闻名全省的中心城镇,如全国最大的袜子生产、销售、出口基地诸暨市大唐镇,"中国水泵之乡"温岭市大溪镇,"中国家纺布第一镇"海宁市许村镇等。2012 年,浙江省人民政府办公厅印发《2012 年全省小城市培育试点和中心镇发展改革工作要点》,明确提出了重点任务是加大有效投入,加快推进产业发展,强化土地、资金、人才等要素保障,加强规划编制管理,规范完善公共服务和管理,深化体制机制创新。放权之后,27 个试点镇投资实现 30% 以上的增长,GDP 增速达 12% 以上,财政收入增长超过 18%。[②]

为适应小城市和中心镇加快发展的现实要求,浙江还加快了"强镇扩权"改革步伐。2014 年颁布的《浙江省强镇扩权改革指导意见》,明确了扩权对象为省级中心镇,重点是小城市培育试点镇,赋予强镇与人口和经济规模相适应的经济发展、便民服务、综合执法等管理权限。此次"强镇扩权"新政包括 77 项经济管理事项、60 项社会管理事项,其中包括居民身份证受理和发放、计划生育证明、房产证等证照的办理权,以及社会救助、民政优抚以及农民建房审批等权限。

"强镇扩权"的实质是行政管理体制改革,旨在建立适应强镇发展需求的"小政府、大服务"行政管理体制和运行机制,推进小城镇和大中小城市协调发展;

---

① 浙江省首批 27 个小城市培育试点镇具体包括:杭州:萧山区瓜沥镇、余杭区塘栖镇、桐庐县分水镇、富阳市新登镇;宁波:象山县石浦镇、慈溪市周巷镇、奉化市溪口镇、余姚市泗门镇;温州:苍南县龙港镇、瑞安市塘下镇、乐清市柳市镇、平阳县鳌江镇;湖州:吴兴区织里镇、德清县新市镇;嘉兴:桐乡市崇福镇、嘉善县姚庄镇、秀洲区王江泾镇;绍兴:诸暨市店口镇、绍兴县钱清镇;金华:东阳市横店镇、义乌市佛堂镇;台州:温岭市泽国镇、玉环县楚门镇、临海市杜桥镇;衢州:江山市贺村镇;舟山:普陀区六横镇;丽水:缙云县壶镇镇。

② 曹伟. 浙江培育小城市　赋予试点镇与县政府基本相同的管理权 [EB/OL]. (2013-06-03) [2018-05-15]. http://news.ifeng.com/shendu/xk/detail_2013_06/03/26023238_0.shtml.

从而有利于进一步调整理顺市、县、镇三级政府的权责关系，提高镇级政府的行政管理水平。

（三）创新政府治理方式，提高社会管理水平

创新政府治理方式，提高政府社会治理水平是基于社会治理模式变迁的需要。地方政府既是决策主体，又是行政管理主体。作为地方决策主体，促进社会经济发展、维护社会稳定是政府的首要责任；而作为行政管理主体，地方政府在促进经济社会发展进步的同时，必须通过创新治理方式，提高政府社会治理水平，统筹兼顾，积极协调各种社会关系，促进经济、政治、文化、社会、生态的协调发展，推动社会和谐进步。

浙江各级政府从区域发展的实际出发，大胆改革，积极创新政府治理方式，逐步形成了"尊重群众、注重实践、转变职能、党政有为、持之以恒、不断创新"的政府管理模式。从全省涌现出的众多典型案例看，地方政府的创新涵盖政府运作层面的各个环节。如龙游县加强政府自身建设、服务地方发展和积极打造区域经济社会发展特色；永康市"公开听证"制度的构建和"三清四改"①村庄整治工程的创建；嵊州市的"工业强市"战略和"十大惠民工程"②的新举措；玉环县"为民服务中心"的有效运营和流动人口管理新思路的探索；安吉县建设"中国美丽乡村"，探索全国新农村建设的"安吉模式"；富阳市创新乡镇分类考核制度和嘉善县"两分两换"③姚庄模式的新农村建设探索；诸暨市首个省级生态市的建设和企业互助基金的建立运营；宁波市海曙区"81890"政府服务热线④的开通运营以及宁海县农业循环经济的发展和农地流转制度的构建……这些鲜活多样的形式，展现了浙江地方政府管理创新的丰硕成果，呈现出政府管理的创新意识和服务意识。⑤以乡镇（街道）政府权力清单为基础，浙江已开始在全省推广乡镇（街道）综治工作、综合执法、市场监管、便民服务"四个平台"建设，进一步提升基层治理能力水平。各县（市、区）还依法根据辖区内乡镇（街道）具体工作的开展进行权力下放或调整，特别是在中心工作推进中，提升乡镇（街道）依法决策、依法管理、依法行政水平。全省通过富有特色的行政管理创新，不仅提高了政府行政运作效率，而且增强了政府行为的服务性、公开性和规范性，在创新政

---

① 三清即清理柴草堆、清理粪堆、清理垃圾堆；四改即改水、改灶、改厕、改圈。

② "十大惠民工程"包括实施就业促进、社保扩面、百姓安居、教育公平、全民健康、文化惠民、扶贫济困、农村水电、交通路网、市场提升。

③ "两分两换"即"以土地承包经营权置换社会保障"和"以宅基地置换城镇住房"。

④ 81890是宁波海曙区政府投资组建的面向市民的公共服务平台。

⑤ 姚先国，金雪军，蓝蔚青.浙江地方政府管理创新蓝皮书[M].北京：知识产权出版社，2010：前言.

府治理方式、提高政府社会管理水平上积累了丰富的经验。

二、加强政府自身建设，创建高效清廉政府

建设高效清廉政府是一项持久而又紧迫的任务，是人民的殷切期望。开明、务实、高效、清廉的地方政府及其与民间市场主体所形成的良性互动关系，是浙江经济社会发展走在前列的重要原因，也是认识和理解"浙江经验"的钥匙。浙江各级党政部门重视加强自身建设，努力实现廉洁自律，较好地行使了政府职责。

（一）加强机关效能建设，提供优质公共服务

2005 年开始，浙江机关效能建设转入规范化、制度化的阶段。在推进政府管理职能改革进程中，浙江高度重视机关效能建设，涌现了一大批典型。如衢州的"机关效能 110"服务平台。2005 年 6 月，衢州市纪委、市监察局创立了"机关效能 110"服务平台。该平台依托网络优势，将反腐倡廉与服务发展、优化环境、保障民生融为一体，致力于"让群众办事更便捷、诉求渠道更畅通、办事结果更满意"，为加强政府机关与企业和群众的沟通架设了一座新桥梁，为提供优质高效的公共服务创设了一个新载体，为加强机关效能监察开辟了一个新途径。

（二）创建行政服务中心，提高公共行政效率

为了做好行政服务工作，浙江制定出台政策，进一步规范省政府部门行政审批工作。全省各地普遍创建了行政服务中心，市、县行政服务中心全面实现规范化建设，行政服务中心把原来分散在各部门的权力通过整合、规避和梳理，实行集中规范办理；普遍建立了首问负责制、限时办结制、服务承诺制等规范化的管理制度和"一门受理、抄告相关、同步办理、限时办结"的并联审批制度。乡、村级服务网点实现了全覆盖，与基层群众生产生活密切相关的社会保障、医疗卫生、就业服务、计划生育、金融、邮政通信、供水供电、农资补助等 100 余个事项全部纳入村级（社区）便民服务范围，并提供全程免费代办服务，让群众办事不出村（社区）。既方便了群众，也提高了政府的公共行政效率。

2014 年上半年，全省对行政审批进行专项检查，检查显示省级部门行政审批提前办结率超过 96%。如省海洋渔业局提前办结率 99.96%，平均办理时间 3.69 天，较平均承诺办理时限提速 8.52 天。省司法厅将律师执业证办理时间从 20 天缩短到 3 天。11 个设区市行政审批提前办结率达到 94%。其中，宁波市提前办结率 98.61%，丽水市平均承诺时限较法定时限提速 95%。[①]如开化县行政服务中心，针对群众反映强烈的在行政服务过程中存在的审批不快、服务不优、素质不高等"三不"问题，深化改革创新，打造"便民方舟"。其主要做法：一是开展"模

---

① 贾存斗，潘治宏，秦均华.浙江深化行政审批制度改革的做法 [J]改革内参，2015(28).

拟审批"，实现项目审批"零等待"；二是推行"四证联办"，营业执照办理大
提速；三是项目审批代办，"一站式"全服务；四是建立中介服务中心，规范、
方便中介服务。2017年，开化县行政服务中心办事大厅共受理审批事项126105件，
办结125983件，按时办结率达100%。窗口服务质量测评总票数67971张，满
意率达100%。其中"最多跑一次"事项办件量91984件，占总办件量的87%，
办事窗口共收到锦旗72面、表扬信38封。①

　　浙江的实践经验表明，提高政府公共行政效率必须深化行政体制改革，加强
政府自身建设。建设高效廉洁的政府既要态度坚定，还要充分运用"互联网+"
思维和手段。2016年出台的《浙江省人民政府办公厅关于优化行政流程推进网
上审批的通知》强调，按照推进简政放权、放管结合、优化服务改革的总体要求，
坚持问题导向、创新服务，运用"互联网+"思维和手段，以数据资源共享互通
为支撑，进一步简化优化行政审批流程，强化部门业务协同联动，大力推行网上
审批，不断提升审批服务水平，方便群众办事创业。到2016年年底，各地、各
部门行政审批承诺办理时间缩短20%以上，可上网办理的审批事项全面开展网
上申报（预审）。

　　（三）推行"最多跑一次"改革，激发政府和社会活力

　　"最多跑一次"改革，是政府自身的机关效能建设的再推进再深化，是推进
供给侧结构性改革、"放管服"改革、优化发展环境、加强党风廉政建设的重大
举措。截至2017年年底，省、市、县三级梳理公布的"最多跑一次"事项已分
别占同级总事项数的95.68%、95.33%和93.85%；"最多跑一次"的实现率和满
意率分别达到87.9%和94.7%。随着覆盖事项越来越广，办事耗时越来越少，"最
多跑一次"改革也改变着寻常百姓的日常生活。

　　"最多跑一次"提出了深化改革的新要求。

　　第一，尽可能减少政府审批权力。要求科学界定政府权力边界，大幅度减少
政府对资源的直接配置，充分发挥市场对资源配置的决定性作用，让许多事不需
要跑；减少企业和群众办事的制度性交易成本，激发市场主体的创业激情与创新
活力，增强群众和企业的获得感。

　　第二，尽可能厘清政府部门权力。对于政府应该管的事，要合理调整政府系
统内部纵向、横向的权力结构，优化政府运行程序，解决重事前审批、轻事中事
后监管，严进宽管、未批不管、批后不管的问题，更好发挥政府作用；促使政府
各部门真正做到法无授权不可为、法定职责必须为。

---

① 佚名.不忘初心　牢记使命——开化县行政服务中心2017回望[EB/OL]. (2018-02-13)
[2018-07-15]. http://www.sohu.com/a/222546928_663683.

第三，尽可能共享政府部门信息。打破政府部门间信息壁垒，推进电子政务协调发展，打通部门间数据交换共享渠道，实现电子政务网全覆盖，增强信息的可获得性，实现信息资源政府部门全共享，让数据共享代替服务管理对象跑路。浙江"最多跑一次"得到了党中央、国务院充分肯定，中央深改办建议向全国复制推广。2018年2月，浙江省委召开全省全面深化改革大会，对这项改革又做了新部署。全省力争在2018年年底前实现80%以上民生事项和企业事项开通网上办理，50%以上的民生事项实现"一证通办"①。

三、推进政务公开，建设"阳光政府"

政务公开是指行政机关、法律法规授权或行政机关委托行使行政权力的机构，将其掌握的信息和履行职责的情况向社会公众公开。它既包括政府信息公开，也包括行政权力及其运行过程的公开。政务公开的本质，是让权力在阳光下运作。推行政务公开是深化行政管理体制改革、建设服务型政府的重要内容，也是加强对行政权力的监督制约、从源头上预防腐败的重要举措。

（一）健全法律法规，推进政务公开

浙江在政务公开的推进过程中，不断拓宽公开内容、丰富公开形式、规范运行模式，积极打造阳光政府，从本地实际出发，出台了一系列地方性法规。2001年以来，浙江先后制定和出台了《关于进一步推行政务公开的实施意见》《关于深入推进"阳光工程"建设的意见》《2012年浙江省政务公开和政务服务工作要点》等文件。要求各地各部门进一步推行政务公开，打造"阳光政府"，努力使政府工作透明度不断提高，政府与群众沟通的渠道更加畅通，人民群众的知情权、参与权和监督权等民主权利得到切实保障。一是"以公开为原则、以不公开为例外"，将理念化为现实，群众的知情权和监督权得到有效保障；二是全方位推行行政决策公开，决策过程和结果公开；三是强化监督保障措施，通过问责机制的建立，提高政务公开质量；四是建立党务公开、政务公开、司法公开、厂务公开、村务公开和公共企事业单位办事公开有机结合的制度。

深化政务公开，重点推进财政预算、公共资源配置、重大建设项目批准和实施、社会公益事业建设、行政执法等领域的信息公开。通过多年努力，全省较早较好实现了党务、立法、行政、执法以及其他涉及公权力的社会公共事务的公开。如浙江政务服务网专设"阳光政务"板块，向社会公示行政许可、行政处罚办理过程和结果信息，公开"三公"经费、项目招投标等重点信息。建设财政专项资

① 所谓"一证通办"，是指群众凭一张身份证或其他有效证件、企业凭一张社会信用代码证就可以办理民生事项，其他各类证明材料都由政府部门通过数据共享获取、核对。

金管理系统，对每笔资金流向从源头至末端予以监控，在网上推出城乡居民财政补助资金查询服务。以在线互动促公众参与，连续3年开展省政府十方面民生实事网络意见征集和项目投票活动，就交通治堵、污水治理等工作进行在线民意调查。依托政务服务网和"12345"电话，探索构建全省统一的政务咨询投诉举报平台，整合了除110、119、120之外的各类政务服务热线以及网上信箱等在线渠道，提高公共管理、公共服务的响应速度和处理能力。①

（二）规范政务公开内容，努力建设"阳光政府"

1.政务信息全公开

2016年出台了《浙江省人民政府办公厅关于在政务公开工作中进一步做好政务舆情回应的通知》《浙江省人民政府办公厅关于印发省政府行政规范性文件征求意见工作规定的通知》《浙江省人民政府办公厅关于进一步加强和改进政务公开工作的通知》等工作制度，进一步明确政务公开工作要求，落实工作职责，健全工作机制，增强公开实效。政务信息全公开主要包括将群众普遍关心的、涉及群众切身利益的社会公共利益、社会关注度高的重大决策和信息主动向社会公开，如政府规章和其他各类规范性文件、政策性文件；各类规划和计划及其执行情况；劳动就业、社会保障、文化教育、扶贫救灾等方面的政策措施及实施情况；土地征用、房屋拆迁、土地出让等情况；财政预决算、转移支付资金使用及审计、政府采购、国有企业重组改制等情况；行政许可的事项、依据、程序等情况；行政机关的基本情况等。

2.服务网络全覆盖

以方便企业和群众办事为出发点，全力推进省、市、县、乡、村五级公共服务体系建设。建成省政府网上办事大厅，将分散在省级部门办理的可公开办理事项全部集中到网上服务窗口办理，为企业和群众提供全透明的政务服务。推进市、县、乡行政服务中心规范化建设。一是在11个市、90个县（市、区）、1309个乡镇（街道）普遍建立"政务超市"式的行政服务中心。二是出台《浙江省行政审批服务管理办法》，制定涵盖18个子项目的42项软硬件建设标准，明确管理机构全部使用行政编制，大力推进行政服务中心规范化建设。三是开展"示范行政服务中心"创建活动，优化服务程序，提高服务质量。全面建成村级（社区）便民服务中心；高标准建设村级（社区）便民服务中心，通过全程免费代办，做到"村民不出村、便能办成事"。

---

① 陈广胜.以"互联网+"撬动政府治理现代化——以浙江政务服务网为例[EB/OL].
(2017–11–10) [2018–05–15]. http://www.cbdio.com/BigData/2017–11/10/content_5632175.htm.

3. 行政审批全集中

以 1999 年全国首家行政服务中心在上虞市成立为起点，此后全省完成了五轮行政审批制度改革。省政府强调，要理顺政府与市场、社会的关系，凡是市场能有效调节的就交给市场，凡是社会能有效治理的就交给社会，凡是政府的服务监管职能要确保到位；要把握好改革探索与依法行政的关系，做到于法周全，于事简便；要处理好"减法"与"加法"的关系，审批权力做"减法"，管理服务做"加法"，增承诺、减负担，有效提升政府服务效能；明确提出，以减少审批部门、审批事项、审批环节、审批时间的"四减少"为核心，努力把浙江打造成为审批事项最少、办事效率最高、投资环境最优的省份之一。如嘉兴市，从 2013 年 10 月开始将市级行政审批事项下放集中到县（市、区），优化审批流程，实施市、县（市、区）两级扁平化、一体化的新型审批制度。省级部门直接委托嘉兴市所辖县（市、区）实施 20 项行政审批（管理）事项。嘉兴市 594 项市级行政审批事项中保留 52 项，其余全部下放集中到县（市、区），审批效率提速 65%。绍兴、金华、舟山等地现在也已开展市县行政审批层级一体化改革试点。①

4. 简政放权全推进

浙江按照党的十八大以来党中央和国务院"放管服"改革的要求，充分运用"互联网＋政务服务"，大力开展行政审批制度改革和"四张清单一张网"改革，累计取消和下放 1300 多项行政审批事项，省级行政许可审批事项减少到 516 项，非行政许可事项全面取消。各级政府办事效率明显提升，发展环境明显改善，市场主体活力明显增强。

5. 资源配置全透明

在省、市、县、乡四级全面建立公共资源统一交易平台，实现公共资源配置的市场化、公开化。做到凡是政府出资的项目，都必须进入统一的公共资源交易平台，办事程序、信息、运作"三公开"。据统计，2009 年至 2011 年 6 月，省公共资源交易中心完成重点工程招投标总价 1182 多亿元，节约投资 235 亿元，节约率达 19.88%；全省政府实际采购 1039 多亿元，比预算节约资金 169.5 亿元，节约率达 14.2%。②

6. 监督管理全过程

通过建立集行政审批、招标投标、协同办公、效能监察及绩效考核、统计分析于一体的上下联动的政务服务管理系统，实行软件和信息资源共享，做到业务

---

① 贾存斗，潘治宏，秦均华. 浙江深化行政审批制度改革的做法 [J]. 改革内参，2015(28).

② 颜新文，端木义生，朱良华. 群众最需要什么服务，我们就提供什么服务 [EB/OL]. (2011-11-22) [2015-07-01]. http://dangjian.people.com.cn/GB/16340066.html.

对接、沟通顺畅。全面建成省、市、县三级联网的电子监察系统，省级具有行政审批职能的50个部门（涉密部门除外）的721项行政许可事项全部纳入电子监察；101个市、县（市、区）的29122项行政许可事项也全部纳入电子监察，并实现与省电子监察系统联网。通过建立电子监察系统，实现了全方位监察和全过程监管，确保了权力的阳光运行和高效运行。截至2016年12月，全省从最初确定的14个部门21个权力事项公开，逐步扩展为42个省级部门权力清单上的4236项行政权力、县级部门权力清单上平均4100余项行政权力、乡（镇、街道）权力清单上平均128项行政权力向全社会公开承诺，接受群众监督评判。各地、各部门将公开透明贯穿于"阳光工程"建设的各个环节，实行项目、内容、范围、申报、形式全方位公开。

四、推行"省管县"财政体制，简政放权激发地方活力

"省管县"财政体制是指市（地）级财政和县（市）级财政处于平等地位，都直接同省级财政在体制上挂钩，市（地）一级不与所辖县（市）产生财政结算关系的一种地方财政管理体制。早在2006年，中央一号文件明确提出，有条件的地方可加快推进"省直管县"财政管理体制；国家"十一五"规划也明确提出，要"理顺省级以下财政管理体制，有条件的地方可实行省级直接对县的管理体制"。党的十八届三中全会提出，优化行政区划设置，有条件的地方探索推进省直接管理县（市）体制改革。可见，"省管县"财政体制在今后一段时期，将作为我国一种新的体制改革方向来加以推进。

（一）浙江"省管县"财政体制历史沿革

浙江从1953年开始到目前，除"文化大革命"后期的一段时期以外，一直实行"省管县"财政体制。"省管县"财政体制虽不是浙江的独创，但像浙江这样从1953年以来一直坚持"省管县"财政体制的省（区、市）全国几乎没有。"省管县"财政体制作为行政体制改革的重要内容，是其从自身实际出发，在财政管理方面进行的一次重要的制度探索，而且通过不断完善和发展，对经济社会发展产生了直接的推动作用。从实际效果看，浙江"省管县"财政体制，不仅减少了管理环节，提高了行政效率，而且对于促进县域经济繁荣，加快社会主义新农村建设，统筹城乡之间、地区之间协调发展，提高财政运行效率，都发挥了至关重要的推动作用。其实践意义已经超越了财政领域，延伸至经济、社会和行政管理体制改革等各个方面，特别是对于推进我国行政层级体制改革，做出了积极的探索和有益的尝试。

改革开放以来，"省管县"财政体制是贯彻中央精神与坚持地方实际相结合的制度创新。1982年中共中央51号文件提出实行市管县的要求，浙江结合省情

实际，创造性地推行行政市管县与财政省管县并举的制度，既贯彻了中央精神，又搞活了县域经济。行政市管县与财政省管县"两条腿走路"的制度尝试，既坚持了中央精神，又保护了县域经济的活力。浙江率先推行省管县财政体制，不仅在调动省与市县的积极性、缩小地区差距、促进区域协调发展方面取得显著成效，而且也为全国推行省管县财政和行政体制改革积累了经验。

（二）"省管县"财政体制的基本要求与独特优势

根据省管县财政管理体制要求，省级政府直接管理市级和县级两级财政，管理范围包括：地方政府间在事权和支出责任、收入划分，以及省对下转移支付补助、专项拨款补助、各项结算补助、预算资金调度等；市不直接与县发生财政关系，也无管理县的职能。

从 20 世纪 90 年代开始，浙江县域经济发展势头良好，县（市）的财政收入占全省财政收入总量的 70%，经济实力相对于市级单位来说优势较为明显。省委省政府从浙江实际出发，在全国率先将省管县财政体制与"强县扩权"的改革配套进行，实现财政上省管县，行政上市管县。这种省管县的财政体制改革减少了行政管理体制存在的冲突和矛盾，大大提高了运行效率。财政省管县体制在浙江经济发展中发挥了不可替代的作用。省管县财政管理体制具有独特优势：其一，增强省域经济社会发展的整体协调性和布局特色性。其二，增强省级政府对省域城乡统筹协调的自觉性和主动性。其三，便于实行城乡分治，妥善解决"三农"问题。其四，增强政府政策信息传递的准确性、有效性和管理绩效。

（三）"省管县"财政体制有利于合理分权和统筹兼顾

省管县财政体制，依法明晰地方各级政府的职责权限，逐步建立起了一整套财政转移支付制度，将省、市、县各级政府应承担的职责权限落到实处，使各级政府的财力和事权相统一，在实现地方政府间的财政均衡，以及推进公共服务均等化方面发挥了重要作用，为县域经济发展创造了宽松的外部环境。省管县财政体制减少了行政管理层次，简化了审批程序，减少了审批环节，有利于提高财政管理和财政资金运行效率，增强省级财政根据实际情况直接调控各项社会事业发展的能力，促进城乡之间、地区之间的均衡发展。

省管县财政体制有利于增强县域经济实力。省管县财政体制是浙江"强县经济"发展战略的重要内容。"省管县"财政体制充分体现了还财于县。还财于县，有利于县域经济的充分发展，并为县域的城市化进程提供雄厚的物质基础和持续的动力源泉，从而为实现城乡一体的统筹发展目标创造条件。浙江省直管县财政体制因其效率、效益、公平，催生了块状经济、孕育了商品市场、发展了民营经济，领跑全国的县域经济，诞生了众多全国百强县。不断缩小的城乡差距以及城乡一体化，构成了世人所津津乐道的"浙江奇迹"。

省管县财政体制有利于藏富于民，有利于促进基本公共服务均等化。省管县财政体制有利于强化县域居民的致富热情，并为农村居民的市民化理想开启机遇之窗，进而在根本上解决长期困扰的"三农"问题。省管县财政不仅为浙江县域经济的发展壮大准备了坚实的制度基础，也为浙江城乡的统筹发展提供了可靠的制度保障。2017年，浙江省农村常住居民人均可支配收入24956元，连续33年位居全国省区第一。实行省管县财政体制，还可在全省范围内进行转移支付的制度安排，可确保分属不同地区的县能享受到全省统一的、相对公平的转移支付补助，避免由于地区间财力状况的差异，造成好的地区更好、差的地区更差问题，对促进区域、城乡统筹协调发展、稳定财政状况起到了重要作用。通过激励与约束相结合的规范性财政转移支付制度，较好地克服了地方政府向省政府"等、靠、要"现象，实现了省级公平分配和促进地方提高自身能力的双赢。

二维码5-1

第二节　创新基层民主形式，推进民主政治建设

一、探索民主实现形式，创新群众自治制度

在探索民主政治建设过程中，浙江各级领导清醒地认识到，尊重群众的首创精神，并不等于领导者无所作为，相反，领导者的历史责任就在于支持群众的创造，参与到人民群众实践活动中去，虚心向人民群众学习，及时发现、总结人民群众创造出来的新鲜经验，使之上升为理论和政策，反过来动员、指导人民群众从事新的实践，从而推动历史向前发展。[①]在各级党委政府的科学领导和正确引导下，浙江涌现出了从温岭民主恳谈会到各地的听证制度以及人民建议征集制度等一批独树一帜的基层群众民主自治典型，为中国特色社会主义基层民主建设进行了有益探索，创造和积累了丰富经验。

（一）推行"自荐海选"等多形式直选村委会

在探索基层民主实现形式中，"自荐海选"村委会这一形式在浙江得到了普遍推广。通过"自荐海选"，可以使村民充分行使选举权，选举自己满意的"当家人"。"自荐海选"这一选举模式，是一场实现村民当家做主的重大变革，标志着基层民主选举进入了全新阶段。2011年，在村民委员会换届选举中全省有88.6%的村采用"自荐直选"方式，另有11.4%的村采用"海推直选"方式直接选举村委会。

① 何显明.顺势而为——浙江地方政府创新实践的演进逻辑[M].杭州：浙江大学出版社，2008：349.

如杭州余杭区唐家埭村，早在2005年就举行了开全国先河的村委会选举——"自荐海选"。整个选举工作包括推选村民代表、推选村民小组长、村民会议授权、推选村选委会、讨论选举办法、选民登记、自荐报名、办理委托、竞职演讲、投票选举等十个环节。

（二）率先推行"村务监督委员会"制度

浙江在基层民主政治建设中，推行村务公开、民主恳谈、村务监督、村干部辞职承诺等制度，积极开展基层协商民主，实现村务监督委员会和村级便民服务中心全覆盖。经过长期探索并在全省普遍推行的"村务监督委员会"制度，较好地发挥了村民当家做主和加强村务监督作用，受到村民普遍欢迎。"村务监督委员会"制度的基本构架是"一个机构、两项制度"。一个机构，即村务监督委员会，由村民代表会议民主选举产生，受村民代表会议委托独立行使村务监督权，对村民代表会议负责并报告工作。两项制度，即《村务管理制度》《村务监督制度》。两项制度是规范村务管理行为，开展有效监督的依据。村务监督委员会制度较好地弥补了以往村务决策、监督、管理上的结构性缺陷，保障了村民的知情权、决策权、参与权、监督权，为推进村务民主管理提供了制度保证，完善了村民自治制度体系，构建了村民自治权力制衡机制，开辟了推进村民自治新途径。武义县是全省探索"村务监督委员会"制度中最早涌现出来的先进典型。早在2004年，武义县就在后陈村设立了全国第一个村务监督委员会，在村一级建立起村支部、村委会和村监委三委并立的治理组织架构。2005年，武义"村务监督委员会"入围"中国地方政府创新奖"。2007年，武义又获得全国村务公开民主管理协调小组授予的"全国村务公开民主管理制度创新奖"。新华社播发了《以民主监督促民主管理的创新举措——"村监委"强力助推浙江农村基层社会管理水平》的长篇通讯。目前，全省30032个行政村，村村建立了村务监督委员会，实现了村级监督组织全覆盖，以村务监督委员会为监督机构的村民自治组织体系已经基本建成。"村务监督委员会"在浙江的全面推行，有效加强了村级民主监督，为新形势下提高农村基层民主管理水平，推进农村社会和谐稳定发挥了重要作用。

（三）积极探索"县级行政区直选"

浙江在普遍开展"自荐海选"村委会这一基层民主实现形式基础上，于2003年在宁波市海曙区59个社区开始推行居委会直接选举，同年11月，诞生了浙江首批直选产生的居委会主任。这是全国首例县级行政区成功实行全部社区直选。新华社、《人民日报》、中央电视台等中央媒体作了跟踪报道。海曙社区直选历时8个多月，参选率高达88.5%。现场观摩专家的结论是：海曙社区的直选，程序规范、制度创新。

浙江在探索社区居委会直选的同时，建立和推行社区居民代表会议、居务公开等制度，完善了社区自治能力。通过制度创新，全省基本形成了以社区党组织为核心，社区居委会、居民代表会议、议事协商会议等社区自治组织有效运转的社区组织体系和工作机制，较好地建立健全了社区民主选举、政务公开、民主管理、民主决策、民主监督等制度。

（四）创建联系群众的"民情沟通日"

在加强基层民主政治建设中，浙江各级党委政府积极探索和构建了解民意、倾听群众呼声的民情沟通管道，创造性地建立了"民情沟通日"这一受到基层民众普遍欢迎的民主制度。如常山县在 2005 年，率先推出"听民声、察民意、知民情、解民忧、帮民富"为主题的"民情沟通日"制度。"民情沟通日"制度的推行，畅通了信息渠道，确保群众以理性、合法的形式和正当途径来表达利益诉求；前移了信访关口，使大量矛盾解决在基层、解决在萌芽状态。"民情沟通日"活动开展至 2017 年 5 月，常山县共有 87 万余人次参加了"民情沟通日"相关活动，累计收集各类民生问题 5.8 万余个，解决落实 5.7 万余个，群众满意率达 98.6%，受理信访案件年均下降 18%，上访人次年均下降 15.2%。[①]2008 年 5 月，省委组织部下发了《关于印发台州等地推进基层党内民主建设经验材料的通知》，要求推广"民情沟通日"制度。中纪委、中宣部、新华社以内部信息、参阅的形式刊登常山县的做法，并呈送中央领导阅。中央电视台、《人民日报》、新华社等中央主流媒体多次报道"民情沟通日"制度实施情况。人民网、新华网等国内知名网站介绍了常山县经验。"民情沟通日"制度被省内外专家学者誉为"和谐社会在浙江农村的生动实践"。[②]"民情沟通日"是常山县的首创。10 多年来，常山县以"民情沟通日"为基础，探索"三民工程""民情茶馆""民情通 APP"等新载体，乡村治理的方式不断创新，演化出乡村治理升级版，使基层组织常葆活力。这一做法入选《浙江蓝皮书：2017 年浙江发展报告》，成为基层治理的模板案例。这正是积极面对当代农村和农民的新需求，所展现出来的基层自治大智慧。

二、因地制宜创新民主形式，积极有为推进民主建设

（一）因地制宜创新基层民主形式

任何一种民主形式都需要有其存在和发展的社会经济条件，并随着其赖以生存的社会经济状况的变化而不断改革和完善。浙江基层民主的多元模式，既离不开广大群众形式多样的民主创新实践，也离不开经济社会发展丰富多彩的实践创

---

① 钱祎．和美乡村　从沟通开始 [N]. 浙江日报，2017-05-09(10).

② 中共浙江省委宣传部．潮起东方看浙江——浙江改革开放三十年典型事例 100 例 [M]. 杭州：浙江大学出版社，2008：123.

新。因地制宜的制度创新，富有个性的地方民主实践探索，造就了浙江基层民主发展的多元模式，呈现出"百花齐放"的景象。如温岭的"民主恳谈会"，起初只是思想政治工作的一种新形式，但随着部分地区的实践效果的显现，其他地区纷纷仿效，民情恳谈、便民服务台等纷纷出台，其形式也从最初"民主恳谈会"到村民监督管理委员会的成立，再到党内民主恳谈，最后形成民主制度。"民主恳谈会"这一形式本身在实践中不断完善，通过实践检验，最终形成了独具地方特色的基层民主模式。又如绍兴的村务公约制度①、衢州的"五步工作法"②等。此外，在浙江基层工会直选方面，还推出了由企业党政干部组成的选举筹备组提名产生工会委员候选人的"余杭模式"，也有采用不确定工会委员会主席及委员候选人员"海选"方式的"余姚模式"。这些模式的出现，体现了浙江在基层民主制度方面的创新，也推动了基层民主制度的发展。

（二）循序渐进推进民主规范化制度化建设

浙江在推进基层民主政治建设过程中，积极推进民主的制度化、规范化和程序化建设。作为民主恳谈的发源地，温岭市松门镇的做法最为典型。其特点主要是：程序化、规范化程度比较高，与实际工作结合紧密，为各界人民群众参与公共事务管理提供了比较广阔的空间，运行成本比较低，操作比较简便，与党的传统和现有的各种制度之间的融合程度比较高。从实践的结果来看，民主恳谈会优化了村民自治组织的决策程序，提升了决策质量，促进了农民的政治参与，密切了党群、干群关系，推动了信息交流、思想沟通和各种社会矛盾的消解，也提高了村委会决策的执行效率。2004年，"民主恳谈"获得在国内外都有一定影响的"中国地方政府创新奖"。温岭及时总结与推广松门镇的做法和经验，将这一做法规范化、程序化，使民主恳谈发展成为一种基层民主制度，并在全市逐步推行。2005年，温岭把民主恳谈引入镇人大工作，按照不同模式开展参与式公共预算改革，让民众和代表切实参与到政府预算的审核和监督过程中来。这种参与式预算民主恳谈被评为"2007年十大地方公共决策实验"。

---

① 绍兴新昌县开展的制定"村务公约"活动，是村党支部与村委会组织广大村民依据党的方针政策和国家的法律法规，从本村的实际情况出发，就村民在自治活动中的权利和义务，各村级组织的职责、关系和工作程序以及经济社会事务的管理等问题做出规定，经全体村民公决获得多数人同意后生效，成为村民在开展自治活动时必须加以遵循的权威性章程。"村务公约"规范和细化了村党组织在村民自治中的领导职能，强化了村民在自治中的主体地位，进一步明确了村务管理的内容和各种村级组织的权限。

② 衢州市衢江区的"五步工作法"，是在开展民主法治村建设的过程中，衢江区根据相关法律和政策的规定，从农村工作的特点和农民的要求出发，在如何组织农民就重大村务进行决策方面，创立了"动议、审议、报审、民决和告知"的五步工作法。

统筹兼顾全方位推进民主建设，积极推进基层民主决策、民主管理和民主监督，保证了基层民主的全面协调发展。如武义县的村务监督委员会制度，保障了人民群众的知情权、参与权和监督权；杭州余杭区以"双述双评"①为主的村级民主制度等。在注重立体互动监督的同时，确保了民众的监督权与参与权，从而保证了权力运行与监督的有机结合。

为了推进企业民主建设，浙江先后出台了《浙江省企业民主管理条例》《集体合同条例》等地方性法规，规定企业应建立职工代表大会、厂务公开、职工董事、职工监事、平等协商等制度，采取民主恳谈会、劳资协调会、职工议事会、区域（行业）职工代表大会等民主管理形式。从"工资协商"到"工会维权"，创建了社会（企业）民主的新形式，有效地维护了职工的利益。到2013年，浙江国有集体及控股企业职代会和厂务公开建制率达到98.9%，已建工会的非公有制企业职代会和厂务公开建制率达93.2%和87.6%。②

（三）破除"政府本位"思想，提升群众民主政治素养

群众的民主政治素质直接关系到基层民主建设的成败兴衰。浙江在基层民主实践中深刻地感受到，尊重群众首创精神，发展和创新基层民主，一方面，要从思想观念上破除"政府本位"的错误思想，真正树立"人民群众是基层民主创新实践的主体"的意识。另一方面，必须提高基层群众的民主政治素养。发挥群众的首创精神，发展和创新基层民主，政府必须重视基层民众民主政治素养的提高，通过各种途径营造学习氛围，为推进基层民主的创新与发展提供素质过硬的实践主体，进而促进基层民主建设的发展与完善。

二维码5-2

第三节 坚持依法治国方略，推进"法治浙江"建设

一、提高立法质量，健全法规体系

建设"法治浙江"，首要的是要按照全面依法治国的总要求，加强地方性法

---

① "双述双评"的主要内容包括两个方面：一是村述民评。村两委班子成员分别向村组干部、全村党员、村民代表进行述职，与会人员采用无记名投票方式对述职人员进行评议，评议后，由村民代表计票、监票，当场公布评议结果。二是村述镇评。各村两委班子及成员分别向乡镇班子成员、中层干部、联系村脱产干部述职，与会人员对述职村及人员进行无记名投票评议，评议后，在"双述双评"领导小组的监督下，当场计票，公布结果。

② 佚名. 服务职工暖人心 助推发展立新功——浙江省工会五年工作创新发展纪实 [N]. 浙江日报，2013-04-24(8).

规和规章建设，完善立法机制，提高立法质量，形成与国家法律法规相配套的完备的地方性法规和规章。省委先后于 2006 年和 2014 年发布了《关于建设"法治浙江"的决定》和《关于全面深化法治浙江建设的决定》。建设法治浙江既是深入贯彻全面依法治国基本方略的根本要求，也是结合浙江实际，推进依法治省的重大举措。为了适应形势发展对法治工作的需要，浙江既注重适时清理不适应时代发展的法规规章，又顺应时代要求不断制定新的法规规章，为依法治省提供法律支撑。

（一）全面清理不适应时代发展的法规规章

为适应经济体制转换和社会转型的需要，建设"法治浙江"，需要对已经过时的法规和章程进行全面清理，使浙江地方性法规与国家宪法、法律保持一致，维护法治的统一。为了做好法规规章清理工作，省人大常委会先后于 1997 年、2001 年、2005 年、2009 年四次对法规规章进行了清理，至 2011 年年底，已经集中修改地方性法规 20 件。省政府分别于 2007 年和 2010 年开展了政府规章清理，对社会关注的土地征收、收费公路等行政规范性文件进行了专项清理，2007年废止过时的省政府规章 59 件，2010 年废止 8 件，全面修订政府规章 3 件，部分修改 19 件。2014 年，省政府继续加强清理地方性法规规章和行政规范性文件，行政许可事项进一步减少至 574 项，其中省本级实际执行事项减少至 322 项。2014 年 12 月，省级非行政许可审批事项全面取消，多个设区市也已完成取消任务。2018 年 2 月，省政府审议通过的《浙江省人民政府地方性法规案和规章制定办法》规定，省政府每 5 年组织一次对规章的全面清理，并根据需要适时组织专项清理，清理结果向社会公布。法规规章清理是立法工作的重要组成部分。清理法规规章，较好地保证了法治的权威。

（二）健全具有浙江地方特色的法规规章

浙江始终坚持"经济立法和社会立法并重"的方针，在市场监管、经济调节、生态文明、公共服务和社会管理等立法领域均取得了较好的效果。一是制定了旨在推动经济转型升级的《浙江省高新技术促进条例》等地方性法规和《浙江省著作权管理办法》等政府规章。二是制定了旨在推动生态文明建设和可持续发展的《浙江省固体废物污染环境防治条例》《浙江省温瑞塘河保护管理条例》《中国（浙江）自由贸易试验区条例》等地方性法规，以及《浙江省节约用水办法》《浙江省野生植物保护办法》《浙江省城镇生活垃圾分类管理办法》等政府规章。三是制定了旨在全面改善民生、加强社会管理的《浙江省全民健身条例》《浙江省残疾人保障条例》《浙江省公共信用信息管理条例》《浙江省工伤保险条例》等地方性法规，制定了《浙江省医疗纠纷预防与处理办法》《浙江省城镇廉租住房保障办法》等政府规章。四是制定了旨在统筹城乡发展的《浙江省实施〈中华人民共和国农村土地承包法〉办法》等地方性法规，以及《浙江省实施〈农村五保供养工作条例〉办法》《浙江省农业机械化促进与农业机械安全管理办法》等政府规章。五是制定了旨在促进民主政治建设的《浙江省各级人民代表大会常务委员会规范性文件备案审查规定》《浙江省各级人民代表大会常务委员会监督条例》等地方性法规，以及《浙江省加强县级人民政府行政管理职能若干规定》《浙江省行政规范性文件管理办法》等政府规章。六是通过了旨在全面履行检察机关法律监督职能的《关于加强检察机关法律监督工作的决定》。

浙江从经济社会发展实际出发，不断完善具有浙江特色的地方性法规规章体系，基本形成了与国家法律法规相配套，与浙江经济社会发展相适应的比较完备的地方性法规规章体系，有力推动了省域层面社会治理的有法可依、有法必依。

（三）多举措提高立法质量

为了提高立法质量，省人大、省政府积极推进地方立法民主化、科学化进程，逐步完善立法程序，积极创新工作机制。一是建立立法项目公开征集制度、法规草案征求意见制度和举行立法听证会制度。二是建立立法计划预安排制度，在法规起草程序中规范部门参与立法工作，委托第三方起草行政程序立法草案；完善审议程序和机制。三是完善专家参与机制，立法前广泛听取专家的意见和建议，所有地方性法规项目、90% 的政府规章项目召开专家论证会；立法后进行专家评估，以提升立法质量，促进立法科学化。四是开门立法，广开言路，广纳民意。如法规草案通过省政府门户网站和省政府法制办公室网站等途径，公开向社会征求意见，法规规章草案全部上网公开征求意见，公开向社会各界征集立法建议；让民情和民智在立法过程中得到最大限度的尊重。

2006 年以来，省人大及其常委会共制定（修订）地方性法规 110 件，修改和废止 73 件，批准杭州市、宁波市和景宁畲族自治县报批法规 114 件，省政府共制定、修改政府规章 100 件，全省 11 个设区市均有本地制定的地方性法规，基本形成了与国家法律相配套，与浙江经济社会发展相适应的比较完备的法规规章体系。

二、提高公民法律意识，推进"民主法治村（社区）"建设

（一）健全普法工作格局，增强公民法律意识

为了提高公民法律意识和法制观念，浙江高度重视对公民的普法教育。健全普法宣传教育机制，充分发挥宣传、文化、教育部门和人民团体在普法教育中的职能作用，推动落实"谁执法谁普法"的普法责任制，加强普法讲师团、普法志愿者队伍建设；建立社会"大普法"工作格局。在全社会形成办事依法、遇事找法、解决问题用法、化解矛盾靠法的良好氛围。

　　普法宣传重点是加强国家工作人员、企业经营管理人员、青少年和外来务工人员的法治教育。把法治教育纳入国民教育体系，全面落实学校法治教育计划、教材、课时与师资。在普法教育内容上，突出与基层经济社会发展、农村（社区）管理、村（居）民自治和与群众生产生活关系密切的农业生产、市场经济、婚姻家庭、资源环保、社会保障等方面的法律法规教育。在普法教育载体和阵地建设上，整合各类农村普法的阵地资源，构建立体化、全覆盖的农村普法网络，主要通过创办村民法制学校（辅导站）、法制宣传栏、法律图书角、村级党员远程教育网络、文化示范户、农民信箱、村报等阵地进行。据统计，全省60%的乡镇（街道）建有法制辅导站、70%的行政村建有法制宣传栏和法律图书室（柜）。在普法教育方法与形式上，主要采取法规宣讲、文艺演出、电影、漫画等生动活泼、通俗形象的方式，运用电视、广播、报纸、网络等大众传媒，运用贴近农民生产生活的典型案例开展法制宣传教育。随着网络媒体的发展，开通"浙江普法"微博，拥有全国首家整合78家普法网站的网群，形成以门户网站、网群、微博、手机报等多种载体共同发展的"法制宣传全媒体"格局。①

　　浙江推行"谁执法谁普法"普法责任制，使普法教育由"软任务"变成"硬指标"。一是加强普法教育领导小组建设。由省委副书记任组长，常务副省长、省人大常委会副主任、省政协副主席任副组长，50余个省直单位负责人组成的省普法教育领导小组，坚持每年召开会议专题研究部署年度普法工作。二是明确任务责任。省普法办先后制定了《浙江省普法教育领导小组成员单位职责》等文件，并根据年度工作要点进行任务分解，明确各部门单位在普法教育工作中的责任。三是强化督促检查。建立完善督查机制，各单位年初报送普法工作计划，年终报送工作总结。四是抓好重点对象学法。把领导干部学法守法用法和依法履职情况纳入领导干部年度述职考核范畴，在全国率先统一组织实施了省管领导干部年度述法工作，90%以上地区实行了领导干部任前法律考试制度。五是实行量化考核。健全完善法治宣传教育与"法治浙江""平安浙江""法治政府"及新农村建设考核的衔接机制。六是夯实基础。加强经费保障、队伍建设及社会化普法阵地建设。在深入普法教育中浙江全民法治观念和法律意识进一步增强。全省建有普法志愿者队伍2083支，普法讲师团300个，法治副校长6900余人，普法联络员11000余人。全省有乡镇（街道）法治辅导站2700余个，法律图书室（角）15200个，法治宣传栏34800余个。

　　（二）创新基层民主建设载体，深化"民主法治村（社区）"建设

　　浙江于2003年在全国率先开展"民主法治村（社区）"创建工作。推动市

---

　　① 佚名.网络普法 [N].浙江日报，2012-06-06(F12).

民公约、村规民约、行业规章、团体章程等社会规范的广泛运用，发挥其在社会治理中的积极作用。围绕实施乡村振兴战略、助推美丽乡村建设，2017年司法厅制定《浙江省省级民主法治村（社区）建设指导标准》，推进民主法治村（社区）建设。全省共有县级以上"民主法治村（社区）"26894个，其中国家级民主法治村（社区）109个，省级民主法治村（社区）1196个。全省97.5%的村（社区）开展了"民主法治村（社区）"创建活动，95%的村（社区）达到民主管理规范化建设标准。实践表明，建设"民主法治村（社区）"是基层民主法治建设的重要基础，是"法治浙江"建设的有效载体，是增强基层政权和自治组织凝聚力、战斗力的重要手段，是维护基层社会稳定的重要举措，对于扩大基层民主、维护社会稳定、提高基层法治化水平、增强干部群众法律意识和法律素质具有重要作用。

（三）加强法律援助制度建设，维护社会公平和正义

法律援助制度是社会保障体系的重要组成部分，是维护社会公平和正义的重要法律制度，其根本目的是"保障经济困难的公民获得必要的法律服务"。1994年，国家司法部第一次正式提出建立法律援助制度的设想；1997年，司法部正式出台了《关于开展法律援助工作的通知》。浙江法律援助事业起步于1996年，自1999年浙江省法律援助中心成立、2000年浙江省人大常委会颁布《浙江省法律援助条例》后，浙江法律援助事业进入了全面发展新时期。以国务院颁布《法律援助条例》为契机，2004年省政府办公厅下发了《关于切实做好法律援助工作的通知》，2005年省人大常委会对《浙江省法律援助条例》进行了修订，2015年年底出台了《关于进一步完善法律援助制度的实施意见》，就进一步落实政府责任、扩大法律援助范围、完善法律援助便民措施、提高法律援助质量等做出了具体规定。浙江省自2004年启动了法治浙江、平安浙江建设以来，切实维护和实现社会公平正义；通过协同治理补强社会"自治之手"，守牢社会平安底线，确保社会安定有序，近几年来全省群众安全感、满意率都在95.9%以上。

二维码5-3

案例 5-1

浙江马长林创新基层治理方式   借群众之力打造平安高地

他是一名普通的社区民警，却能发动数以千计的百姓；他身处治安最复杂的社区，却将这里打造成平安高地，他是浙江省湖州市经济技术开发区罗师庄村的社区民警马长林。十多年来，马长林扎根基层一线，把群众当靠山，借群众的力量进行基层社会治理，使当地的治安状况发生翻天覆地的变化。

罗师庄,曾是湖州市最复杂的社区之一,1.6平方公里的村子里住着近2万人,外来务工人员就有1.8万,偷盗案件多、打架斗殴多、矛盾纠纷多,被公安部门认定为"治安乱点",在老百姓口中是一个"管不好的地方"。

"罗师庄情况复杂,民警、党员全部加起来只有十几人,如果不发动、依靠群众,工作根本开展不起来。"马长林介绍,罗师庄之所以能发生巨大的转变,在于他用上了"枫桥经验"。

小黑(化名)是来自四川农村的一名小伙,在罗师庄好吃懒做,游手好闲,经常惹是生非,常以"罗师庄庄主"自居。马长林在了解情况之后,一方面主动上门,帮助解决其家人生活上的困难,另一方面和当地的工厂积极联系,为小黑争取了一份合适的工作。

感动之下,小黑决定痛改前非,好好工作。2009年,小黑报名参加了罗师庄"平安志愿者",协助马长林开展群众工作,守护当地社区的平安。

而这只是马长林群众工作的一个缩影,多年来,他联系当地医院,在社区建立诊所,为外来务工人员提供简单的医疗服务;他找来知名律师,为外来务工人员提供法律帮助;他建立起"阳光假日小屋",照顾外来务工人员的孩子,请来老师给孩子们上课……

默默的付出,换来的是当地居民的信任。"现在我在社区里搞什么活动,都会有大量的居民支持,甚至主动要求帮忙,工作马上就好做了。"马长林说。

在获得坚实的群众基础后,马长林又发动社区的党员、辅警、居民等参与网格化治理。此外,马长林还发起成立"平安志愿者"团队,目前,该团队已有2000多名成员,形成了"街面劝架团""老乡帮帮团""免费租房中介服务"等12支志愿服务团队,为罗师庄外来务工人员提供解决纠纷、治病、找工作、维权等服务。

"大家虽然来自全国各地,但他们都爱这个社区,所以都主动承担起了义务。"如今,罗师庄以和谐共处、亲如一家成为模范社区、典范社区,这背后与马长林的付出分不开。"'天下无贼'是我的梦想,罗师庄真正成为一个'无贼社区',就是对我这么多年工作最好的肯定!"马长林如是说。

资料来源:王刚,沈娟娟,范彦蔚.浙江马长林创新基层治理方式 借群众之力打造平安高地[EB/OL].(2017-10-27)[2018-05-15]. http://www.chinanews.com/sh/2017/10-27/8362176.shtml.

阅读书目

1. 胡锦涛. 坚定不移沿着中国特色社会主义道路前进　为全面建成小康社会而奋斗——在中国共产党第十八次全国代表大会上的报告. 北京：人民出版社，2012.

2. 习近平. 决胜全面建成小康社会　夺取新时代中国特色社会主义伟大胜利——在中国共产党第十九次全国代表大会上的报告. 北京：人民出版社，2017.

3. 习近平. 基层民主越健全，社会越和谐. 人民日报，2006-09-25(10).

4. 中共浙江省委. 中共浙江省委关于全面深化法治浙江建设的决定. 浙江日报，2014-12-15(1).

5. 车俊. 坚定不移沿着"八八战略"指引的路子走下去　高水平谱写实现"两个一百年"奋斗目标的浙江篇章——在中国共产党浙江省第十四次代表大会上的报告. 浙江日报，2017-06-19(1).

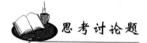

思考讨论题

1. 浙江是如何推进政府行政管理体制改革的？

2. 浙江在建设高效廉洁服务型政府上有哪些经验与特色？

3. 浙江在探索基层民主建设上创造了哪些典型形式和经验？

4. 浙江是如何推进"法治浙江"建设的？

第六章 建设文化强省，提升文化软实力

文化是民族的血脉，是人民的精神家园，也是政党的精神旗帜。没有高度的文化自信，没有文化的繁荣兴盛，就没有中华民族的伟大复兴。浙江较早提出了建设文化大省文化强省战略，2017年更是提出建设"文化浙江"的目标，以文化体制机制改革创新为抓手，释放文化发展活力，增强文化凝聚力，提高公共文化惠民力，发展文化生产力，逐渐形成了文化与经济、政治、社会、生态建设"五位一体"协调发展的格局。

第一节 建设文化浙江，提升文化影响力

一、重视文化建设，建设文化浙江

浙江是中华文脉的发祥地之一，文渊悠久、文脉深广、文气充沛，素有"文化之邦"之称。几千年来，浙江文化从孕育、发展、成熟到转型，历经沉浮、兼收并蓄、传承创新，形成了具有鲜明浙江特色的地域文化。其特征是：富于冒险，开拓创新；自强不息，坚韧不拔；义利并举，求真务实；大气开放，兼容并蓄。这种地域文化通过纵向传承和横向传递，生生不息地引领着人们的生存和发展，构成了浙江提升文化软实力的重要历史文化资源。

改革开放以后的一个较长时期内，我国在强调发展经济重要性时忽视了文化建设的重要性，经济发展虽然取得了瞩目成就，但文化建设相对滞后。为了改变这一状态，党的十四大明确提出要坚持物质文明与精神文明"两手抓、两手都要硬"；党的十五大报告专题论述建设中国特色社会主义文化；党的十六大强调党要始终成为"中国先进文化的前进方向"的忠实代表，之后提出建设文化强国，我们党对文化建设重要性的认识不断提高。浙江紧跟党中央的战略部署，在加快经济建设的同时，高度重视文化建设，于1996年较早制定了省级文化发展规划，即《浙江省文化发展规划（1996—2010）》。该规划指出："经济建设和文化建设是社会全面发展的两翼，经济是文化发展的基础，文化是经济腾飞的重要条件。"

该规划把"文化建设"作为一项战略性任务、全局性工作摆到了重要位置，使"文化"建设从文化部门的"小文化"拓展为各级党委和政府的"大文化"，为后来制定建设文化大省战略奠定了基础。

1999年，省委十届三次全会从浙江经济社会发展的新阶段、新形势出发，出台了《发展文化产业建设文化大省的决定》，在全国省（区、市）中率先提出"发展文化产业，建设文化大省"的战略目标。在此后的10多年里，为了建设文化大省，浙江先后在文化建设方面出台了多个文件。2000年出台的《浙江省建设文化大省纲要（2001—2020年）》，是全国第一个省级文化建设纲要。该纲要提出："到2020年，努力建立适应社会主义市场经济发展的思想道德体系，完善与经济社会发展要求相适应的文化发展格局，形成符合社会主义文化发展规律的文化运行机制，构筑与人民群众日益增长的文化需求相适应的文化生产服务体系，营造有利于出人才、出精品、出效益的文化发展环境，努力把浙江建设成为全民素质优良、社会文明进步、科技教育发达、文化发展主要指标全国领先、文化事业整体水平和文化产业发展实力走在全国前列的文化大省。"

党的十六大以来，浙江经济社会发展进入新的历史阶段。2003年，浙江被中央确定为文化体制改革综合试点省，全省文化建设进入快车道。当浙江在2005年成为全国第一个人均GDP超过3000美元的省份时，省委省政府根据国内外大环境的深刻变化，按照与时俱进的要求，对建设文化大省的内容进行了新的设计和战略布局，出台了《关于加快文化大省建设的决定》，把文化大省建设目标定位为从增强先进文化凝聚力、解放和发展文化生产力、提高社会公共服务能力"三个力"入手，重点实施文明素质工程、文化精品工程、文化研究工程、文化保护工程、文化产业促进工程、文化阵地工程、文化传播工程、文化人才工程等"八项工程"，加快建设教育强省、科技强省、卫生强省、体育强省等"四个强省"，提出到2020年"争取使浙江成为全民素质优良、社会文明进步、文化事业繁荣、文化产业发达、教育科技文化卫生体育事业主要发展指标全国领先的文化大省"。

党的十七大对兴起文化建设新高潮、推动文化大发展大繁荣做出全面部署。浙江为了贯彻落实党的十七大精神，于2008年出台了《浙江省推动文化大发展大繁荣纲要（2008—2012）》，对文化建设做出了新的布局和部署。提出要继续加快建设教育、科技、卫生、体育"四个强省"，深入实施"八项工程"，着力建设社会主义核心价值体系、公共文化服务体系、文化产业发展体系等"三大体系"，努力使浙江文化发展水平与经济社会发展水平相适应。2011年，省委又制定了《关于认真贯彻党的十七届六中全会精神大力推进文化强省建设的决定》，提出了由文化大省向文化强省迈进的宏伟目标。该决定开启了浙江文化强省建设的新征程。

2012年省第十三次代表大会提出了浙江经济和社会发展的新目标——"物质富裕、精神富有"。党的十八大后，2014年省委十三届五次（扩大）会议又做出了"建设美丽浙江、创造美好生活"的决定。建设"两富""两美"现代化浙江，要求发挥文化的先导性和引领性作用，既关注群众衣食住行等物质条件的提高，也关心群众心理满足、价值实现等精神生活，从而达成经济、政治、文化、社会和环境生活品质的协调提升，"经济硬实力"和"文化软实力"的同步增强。

2017年省第十四次代表大会着眼于浙江发展新方位，提出了"在提升文化软实力上更进一步、更快一步，努力建设文化浙江"的新目标。"建设文化浙江"是新时代浙江"高水平全面建成小康社会，高水平推进社会主义现代化建设"奋斗目标的重要内容。"建设文化浙江"就是要在实现"两个高水平"奋斗目标的新历史方位下，谋划浙江文化发展新篇章，全面提高人民群众物质、文化上的获得感。

为深入贯彻党的十九大精神、全面落实省第十四次党代会决策部署，扎实推进文化浙江建设，2017年，省委省政府发布了《关于推进文化浙江建设的意见》，指出今后五年，浙江将通过实施马克思主义理论研究和建设、社会主义核心价值观引领和公民文明素质提升、优秀传统文化传承发展、媒体融合发展、文艺繁荣发展和高峰攀登、万亿级文化产业推进、网络内容建设、基本公共文化服务提升、文化走出去、文化人才和文化名家培育等"十大工程"，从加强组织领导、完善政策保障、强化管理考核和形成工作合力四个方面为建设文化浙江提供有力支撑，把浙江建设成为公民素质优良、社会文明进步的示范区，文化事业繁荣、文化产业发达、文化名家荟萃、文化氛围浓郁、文化印记鲜明的文化发展先行区，成为在全国具有重要影响的文化高地、文明高地。

从建设"文化大省"到建设"文化强省"，再到建设"文化浙江"，同条共贯，是对文化地位、功能与作用的提升，是从更高层次、更宽视野、更大力度上谋划和布局文化发展，凸显了浙江对文化功能作用的深刻认识和对文化工作规律的准确把握。

二、改革创新文化体制机制，全面推进文化浙江建设

改革开放以来，浙江之所以在文化建设方面取得了"先行一步"的成就，重要原因是较早较好地注重改革创新文化体制机制。一是转变政府职能，从"办文化"转为"管文化"；二是创新公益文化事业运行机制；三是实行经营性文化单位转企改制，引导民营文化产业发展，推动形成以国有资本为主导、多种所有制共同发展的文化产业格局；四是实施新闻媒体宣传业务和经营业务"两分开"；五是推进艺术院团的改革；六是全面推行市场综合执法改革试点工作等。这些改革措

施打破了长期以来束缚文化发展活力的体制性障碍，极大地促进了浙江文化的发展。"十二五"时期，浙江省实现了从文化大省迈向文化强省的跨越，文化产业成为国民经济支柱性产业，文化建设取得显著成绩。"十三五"时期，浙江经济发展进入了新常态，呈现出速度变化、结构优化、动力转化的特点，不仅对经济建设提出了新要求，也赋予了文化体制机制改革和文化产业发展新使命。浙江乘势而上，进一步全面深化文化体制机制改革，激发新时代文化改革发展新活力。

（一）着力推进文化管理体制改革创新

抓住重点领域和关键环节，加快文化体制改革，构建新型文化管理体制，努力实现文化治理体系和治理能力现代化。

一是加快完善文化宏观管理体制。进一步推进政府职能转变，真正实现政府由办文化向管文化、由管微观向管宏观的转变。继续推进文化领域审批制度改革，创新文化市场综合执法方式和监管模式。健全管人管事管资产管导向相统一的国有文化资产管理体制。

二是深化国有经营性文化单位改革。继续推进国有经营性文化单位的公司制、股份制改造，建立有文化特色的现代企业制度。培育文化产业的中坚力量和文化领域的战略投资者。实施一批重点文化产业园区的建设和改造、重点文化科技项目的创新。

三是推进文化事业单位内部机制改革。按照国家对事业单位分类改革的总体部署，明确不同事业单位功能定位，建立法人治理结构，完善绩效考核机制。推动图书馆、博物馆、文化馆、科技馆等公共文化机构组建理事会，吸纳有关方面代表、专业人士、各界群众参与管理。

（二）全方位提高文化产业发展水平

贯彻创新、协调、绿色、开放、共享的新发展理念，推动文化产业规模化、集约化、专业化发展，助推经济转型升级。

一是把文化创新放在核心位置，切实提升发展的质量效益。牢固树立"四个+"①的理念，大力打造"三大平台"②，努力构建文化产业发展"一圈三区三带"③，

---

①　"四个+"："文化+、科技+、互联网+、时尚+"。

②　"三大平台"：产业发展平台、产业服务平台和产业交易平台。

③　"一圈三区三带"：空间布局，构建以杭州为发展中枢，联动绍兴、嘉兴、湖州的文化产业核心圈，以宁波为增长极的甬舟文化产业集聚区，以温州为增长极的温台文化集聚区，以金华为增长极的金衢丽文化产业集聚区，以及钱塘江—运河文化产业带、瓯江文化产业带、沿海文化产业带。

巩固发展"双五大产业"①。推动文化与农业、科技、金融、旅游、信息、教育、制造、体育、设计等实现深度融合,形成文化产业发展新优势。

二是积极鼓励民营资本发展文化产业。充分发挥浙江省民营资本发达的优势,降低社会资本准入门槛,允许参与对外出版、网络出版,允许以控股形式参与国有影视制作机构、文艺院团改制经营。积极鼓励社会资本参与设立省级文化产业投资基金。重点推进电影产业基金的设立工作,通过整合行业资源、内外联动,投向产业链核心环节,力争成为国内第一阵营的电影产业战略投资者。培育孵化一批"专、精、特、新"中小微文化企业或文化工作室。

三是加快发展对外文化贸易。努力推动那些承载中华文化内涵、体现浙江特色的优秀文化产品走向世界。坚持"造船出海"与"借船出海"相结合,积极拓展搭建一批有国际影响力的对外文化贸易平台。探索浙江优秀文化产品和服务走出去新路径,支持中国(浙江)影视产业国际合作实验区建设,实施浙江当代文学和文化作品译介工程。

(三)全面推动传统媒体和新兴媒体融合发展

有计划、有重点地打造一批新型主流媒体和新型媒体集团,形成导向正确、立体多样、传播高效的现代传播体系。

一是推进新型主流媒体建设工程。省委省政府支持浙江日报报业集团打造形态多样、手段先进、具有强大传播力竞争力的新媒体矩阵,建设融"媒体智能化传播服务平台""智慧服务平台""数字娱乐产业平台""文化金融和文化产业投资平台"于一体的新型传媒集团。支持浙江广播电视集团实施"一云、两网、三集群、四平台、五化"建设项目②。支持浙江出版联合集团建设传统出版与新兴出版业务融合发展的出版集团。组建博库文化传媒集团,将其培育成为一家具有行业影响力和品牌知名度、贯通数字出版、按需印刷、电子商务全产业链、销售额超过 20 亿元的互联网企业。

二是推进广电网络融合发展工程。立足于融合创新、融合发展,以节目制作播出向多格式发展,有线网络业务向无线延伸,无线和卫星网络实现双向化,以

---

① "双五大产业":巩固提升电影电视、新闻出版、文化演艺、动漫游戏、文化制造等已有的五大优势产业,大力发展数字内容、创意设计、文化交易、文化旅游、文化会展五大新兴优势产业。

② "一云、两网、三集群、四平台、五化"建设项目:"一云"指集团大型云媒资库;"两网"指新蓝网和蓝天视频;"三集群"指电视媒体集群、广播媒体集群、新兴媒体集群;"四平台"指 4G 等新型信源平台、市县云媒体联动平台、跨媒体宣传协作平台和 IPTV 及 OTT 传播平台;"五化"指用 3~5 年时间,构建"一云""两网""三集群""四平台",推进集团广播电视与新兴媒体在内容、渠道、平台、终端、管理等方面深度融合。

及广大受众对广播电视服务的泛在、移动、交互需求为重点，研究构建传统媒体与新兴媒体融合的内容制播平台、集成播控服务平台，研究构建台网联动流程、接口和架构，研究构建有线无线卫星智能协同覆盖技术，提高浙江省广播影视立体化传播能力和智能化服务水平。

三是推进以资本为纽带的新媒体融合工程。大力推动新闻出版与广播影视融合发展，充分发挥新闻出版广播影视之载体优势、内容优势。同时，积极推动传统新闻出版广电媒体控股、参股互联网企业和科技企业，探索开展对互联网企业有关特许经营业务实行特殊管理股制度试点，促进传统媒体多元发展。

（四）全领域构建现代公共文化服务体系

大力实施文化惠民，创新服务形式，切实保障人民群众基本文化权益。

一是进一步完善基础设施网络。形成以中心城市标志性公共文化设施为龙头、城镇群的特色性公共文化设施为纽带、乡村（社区）的普及型公共文化设施为基础的公共文化设施网络，深化农村电影发行放映体制改革，构建"县城为中心、乡镇为基础、惠及广大农村群众"的城乡一体化电影公共服务体系。

二是进一步提升公共文化服务供给能力。建立健全公共文化服务体系建设协调机制，推动基本公共文化服务标准化、均等化。制定基层宣传文化工作"四张清单"①，实现公共文化标准化和个性化服务的统一。抓住农村、城市、学校、网络等基础重点环节，建设农村文化礼堂、城市文化公园、高校文化校园、特色文化平台、网上文化家园，丰富群众文化生活。

三是进一步创新公共文化服务机制。设立公共文化服务政府采购和资助目录，探索适度竞争、择优扶持新机制，鼓励社会力量、社会资本参与公共文化服务体系建设，培育文化非营利组织。创新财政对公共文化服务的绩效管理体制，提高财政资金使用效益。落实把农民工纳入城市公共文化服务体系的措施办法。推动建设"网络图书馆""网络博物馆""网络剧场""群众文化活动远程指导网"等覆盖全省的数字文化服务网络。

三、加强精神文明建设，全面提升思想道德素质

一切文化发展、文化建设，最终都见诸"人"的自身发展与素质提升。当今世界，公民素质已经日益成为综合国力和国际竞争力的重要组成部分。浙江在实现经济现代化的同时，努力实现人的现代化，不仅在经济社会发展上创造了诸多全国第一，而且在公民素质培育和提升方面也走在前列。

---

① "四张清单"：基层公共文化服务重点项目清单、基层宣传文化机构和队伍建设清单、基层宣传文化阵地建设重点项目清单、基层宣传文化重点政策保障清单。

（一）重视理论学习引导，注重核心价值观建设

只有坚持社会主义核心价值体系这个根本，才能形成全社会的共同理想，增强全社会的凝聚力。浙江积极探索推动社会主义核心价值体系大众化的有效形式和途径，最大限度地扩大社会认同、形成思想共识。

一是加强对领导干部的理论武装。浙江从省委常委会到各级党组织，从省委领导到基层党员，都始终注重马克思主义理论学习，党的十九大之后更是将学习习近平新时代中国特色社会主义思想作为思想建设的重中之重，常态化地组织开展了培训班、研讨会、读书班等多种形式的理论学习。二是实施马克思主义理论研究和建设工程。推进"浙江马克思主义理论研究和建设工程精品文库"建设，设立省级"马克思主义理论和思想政治教育研究"专项课题，做强浙江省中国特色社会主义理论体系研究中心，培育打造20家左右重点研究基地。实施马克思主义学院建设质量提升计划，扶持11所高校马克思主义学院建设，加快实现省属本科高校马克思主义学院建设全覆盖。三是充分运用各类理论载体和阵地，开展面向全社会的理论宣传。主流媒体普遍创办了深受群众喜爱的理论专版或专栏，如"浙江社科普及周""浙江人文大讲堂""浙江艺术讲堂"，以及浙江之声的"浙江经济成长力"等，营造了浓厚的舆论氛围。四是加强互联网内容建设，营造清朗的网络空间。顺应互联网移动化、社交化、视频化、互动化趋势，积极开展网上形势政策宣传、主题宣传、成就宣传、典型宣传，唱响网上主旋律，使党的主张成为网络空间最强音。

为了推进社会主义核心价值体系的大众化，2012年省委决定在全省开展"我们的价值观"大讨论活动，要求按照"物质上共同富裕、精神上共同富有"的部署要求层层发动，通过学习、讨论、提炼、普及和践行，全面理解、深入总结社会主义核心价值体系在浙江的发展运用经验，为公民素质提升和社会全面进步提供强大精神动力和深厚思想文化根基。在历时4个多月的大讨论中，经过全省人民群众的精心提炼，省十三次党代会将"务实、守信、崇学、向善"确定为当代浙江人共同价值观。

党的十八大首次提出倡导24个字的社会主义核心价值观后，浙江明确提出推动核心价值观内化于心、外化于行，把培育和弘扬核心价值观作为凝魂聚气、强基固本的基础工程，以核心价值观引领文化建设改革，推动文化发展繁荣。

（二）弘扬红船精神和浙江精神，凝聚全省人民的精神力量

浙江是中国革命红船的起航地。2005年6月，时任中共浙江省委书记的习近平同志在《光明日报》发表了题为"弘扬'红船精神'，走在时代前列"的署名文章。他把红船精神的内涵高度提炼为"开天辟地、敢为人先的首创精神，坚定理想、百折不挠的奋斗精神，立党为公、忠诚为民的奉献精神"。强调红船精神同井冈山精神、长征精神、延安精神、西柏坡精神一道，共同构成我们党在前

进道路上战胜各种困难和风险、不断夺取新胜利的强大精神力量和宝贵精神财富；号召全省广大党员干部在新的实践中继承和弘扬红船精神，走在时代前列。2017年10月31日，党的十九大胜利闭幕仅一周，习近平总书记带领中共中央政治局常委李克强、栗战书、汪洋、王沪宁、赵乐际、韩正专程从北京前往上海和浙江嘉兴，瞻仰上海中共一大会址和浙江嘉兴南湖红船。回顾建党历史，重温入党誓词，宣示新一届党中央领导集体的坚定政治信念。强调要结合时代特点大力弘扬"红船精神"。

红船精神凝结着中国共产党的初心，体现着中国共产党人的价值追求，是中国革命精神之源，是党的先进性之源，在革命、建设、改革的不同历史时期发挥着精神动力的重要作用。红船精神激励着浙江人民励精图治、改革开放、创业创新，显示出了强大的生命力和创造力。步入新时代，浙江要实现"两个高水平"奋斗目标，必须付出更为艰巨、更为艰苦的努力，需要继续从红船精神中汲取前进的动力。

在浙江人民创造的灿烂文明背后，始终有着魅力无穷的浙江精神引领和支撑。经过近20年的改革开放，20世纪末期，浙江已从一个资源小省一跃成为经济大省，经济总量、人均收入和社会发展水平都居全国前列，创造了引起全国广泛关注的"浙江现象"。造就"浙江现象"的背后，有一种巨大的精神力量在起作用。为了发掘这一宝贵的精神财富，省委在1999年召开专门会议，号召全省社会科学工作者"提炼浙江精神，总结浙江经验，开拓浙江未来"。2000年省委十届四次全会提炼出"自强不息、坚韧不拔、勇于创新、讲求实效"十六个字的浙江精神。

党的十六大以来，根据全面建设小康社会和现代化建设面临的新形势、新任务，按照科学发展观和构建社会主义和谐社会的要求，2005年省委十一届八次全会明确提出："要坚持和发展'自强不息、坚韧不拔、勇于创新、讲求实效'的浙江精神，与时俱进地倡导和弘扬'求真务实、诚信和谐、开放图强'的精神，以此激励全省人民'干在实处，走在前列'。"

2007年，省委十二届二次全会把浙江精神的核心归纳为"创业创新"，强调浙江精神是民族精神和时代精神在浙江的生动体现，是浙江人民在创业创新伟大实践中创造的宝贵精神财富。要坚持用以创业创新为核心的浙江精神凝聚力量、激发活力、鼓舞斗志，不断实现浙江新的发展。

伟大时代需要伟大精神。创新和实干是红船精神、浙江精神的要义。坚持弘扬红船精神、浙江精神，就是要唱响创新和实干的最强音。我们要进一步解放思想、与时俱进，保持敢为天下先的精神，干出勇立潮头的新气势，开拓改革发展的新境界。

（三）探索创新德育形式，提升公民思想道德素质

公民的道德水平体现一个民族的基本素质，反映一个社会的文明程度。多年来，为了加强社会公德、职业道德、家庭美德、个人品德建设，浙江积极探索和创新德育形式和活动载体。

一是精心设计和组织形式多样的道德实践活动。如组织"爱国歌曲大家唱"活动，开展"我们的节日"主题活动，评选"好家风"家庭，培育发展区域道德文化品牌，比如上虞"乡贤文化"、嘉善"善文化"、仙居"慈孝文化"、义乌"信义文化"、长兴"和文化"等，连点成面、蔚然成林。二是大力开展志愿服务活动。有关部门出台相关鼓励措施，健全志愿者组织协调机构，扩大志愿者队伍，完善志愿服务系统，以形式多样的志愿者活动弘扬"奉献、友爱、互助、进步"为主要内容的志愿精神。三是加强未成年人思想道德建设。提出了未成年人思想道德建设"3510"工作思路：着力构建学校、家庭、社会"三结合"教育网络，深入实施阵地、精品、绿网、净化、帮护"五大工程"，每年认真抓好十件实事。深入实施加强农村未成年人思想道德建设工作的"春泥计划"，受到了农民的普遍赞誉。四是注重发挥群众身边先进典型的引导和激励作用。2012年，浙江率先在全国开展"发现最美浙江人、争做最美浙江人"主题活动。先后推出了千里兼程献热血的毛陈冰、用双手接住坠楼女童的吴菊萍、用生命履行职责的"英雄司机"吴斌、燃尽了生命最后一缕烛光的90后乐清乡村女教师陈莹丽等一大批先进典型和先进事迹，使社会主义核心价值观变得具体生动。为了推动"最美现象"从"盆景"变"风景"，从"风景"变"风尚"，浙江一方面用推荐机制培育"最美"、激励机制褒奖"最美"、关爱机制关心"最美"，另一方面又出台实施道德模范待遇保障若干规定，给予道德模范在政治、经济、社会、文化等方面诸多礼遇。另外，浙江也充分发挥浙江爱国主义教育基地的教育作用。

（四）创新思想道德教育载体，推进城乡精神文明建设

开展群众性精神文明创建活动是构建社会主义核心价值体系的重要载体，也是广大民众实现自我教育、自我提高的有效途径。在农村，围绕社会主义新农村建设，开展了以提高农村文明程度和农民文明素质为目标的形式多样的精神文明建设活动。一是以农村乡风评议活动为载体，以"知荣辱，树新风"为主题，以革除陈规陋习、抵制消极现象、倡导文明新风为目标，大力推进农村社会风尚建设；二是针对农村文化建设相对薄弱、农村文明程度相对落后的实际，开展以万个文明单位与万个行政村结对共建文明为内容的"双万结对共建文明"活动，充分发挥城市对农村的辐射带动作用；三是以文明村镇创建活动为载体，结合"千村示范、万村整治"工程，大力提升农村文明程度。

在城市组织开展争创全国文明城市、省（示范）文明城市的创建活动，以提

高市民文明素质、社会文明程度和群众生活质量。浙江自1991年开展文明城市创建活动以来，致力于探索文明城市创建的远景目标，以目标推动创建工作不断提高水平。在全国还没有开始文明城市评选之前，浙江就较早提出开展"浙江文明城市"创建活动；当全省有70%以上的县（市、区）实现"浙江文明城市"目标后，又及时规划创建浙江示范文明城市的活动，以不断提升创建水平。目前，全省正在实施的文明县（市、区）的创建活动，就是示范文明城市建设的升级版，把创建的触角延伸到农村，把城市文明向农村有效辐射和延伸，将城市基本公共服务向农村有效拓展和普及。

优化新闻出版公共服务，积极推进"书香浙江"建设。以城乡公共阅报屏（栏）工程、服务"三农"重点出版工程、出版物发行小连锁工程、农家书屋工程为载体，不断改善基层农村阅读条件。积极推动全民阅读重点活动开展，发布《百种推荐书目》，倡导新媒体阅读和数字阅读，开展"书香之家"评选，39个家庭被评为首届全国"书香之家"，杭州西湖读书节、"智慧舟山，全城悦读季"、衢州全民读书周等一批品牌阅读活动的社会影响力不断提升。浙江计划于2018年年底前，在全省建成100家二十四小时不打烊、无人值守、免费借阅的"城市书房"，以惠及更多群众。

（五）打造文化精品力作，丰富群众精神文化生活

推进哲学社会科学强省建设，实施文化精品战略。一大批思想精深、学术精深、艺术精湛、制作精良，有筋骨、有道德、有温度的优秀作品迭现，提升群众的精神追求。

传统文化，巨制钩沉。2015年7月，超重量级的古籍文献——文澜阁《四库全书》由杭州出版社影印出版。文澜阁与其所藏的《四库全书》是浙江省超重量级的文化标志，它的影印出版，无论在学术层面还是文化层面都意义深远。作为全国人文社科领域首个省级大型学术研究工程，"浙江文化研究工程"财政专项投入已超过1亿元，全省哲学社会科学界1000多位专家学者参与课题攻关，出版学术专著千余部。2017年3月又启动了第二期工程。《中国历代绘画大系》编纂工程入列"文化精品创作生产"的国家重大出版工程，入编画作超过万余件，规模达160册；800册《浙江文丛》是浙江人文历史的第一部百科全书，系统收录1911年以前数百位浙江文化史上文化名家的著作以及研究浙江的经典著作。

翰墨丹青，气象万千。2017年年初，"百年追梦"浙江美术创作工程在浙江展览馆与公众见面。41位艺术家历时两年多，以中国画、油画、雕塑等形式创作出30幅精品巨制，反映浙江人民百年奋斗、百年追梦的时代风云；年末，"百年追梦"二期项目启动。这一年，潘天寿诞辰120周年纪念大展、兰亭书法双年展等一个个优秀艺术展见证着浙江的文化自信。

舞台艺术，推陈出新。原创民族歌剧《青春之歌》、越剧《游子吟》、话剧《凤凰》、婺剧《宫锦袍》、昆曲《钟楼记》，音乐组曲《东海之歌》，舞剧《王羲之》《遇见大运河》等创作守正出新，较好地实现了社会效益和经济效益的双丰收。

银幕荧屏，流光溢彩。进入"十三五"后，浙江制作的电影、电视剧呈现井喷式增长。仅2016年，浙江共制作电影60部、电视剧57部，其中包括《芈月传》《亲爱的翻译官》《解密》等大量爆款作品。2017年，浙产电影产量超过百部，位列全国第二。《嘉年华》《大世界》《芳华》等浙产电影频频获奖，《女儿红》《鸡毛飞上天》等电视剧在央视一套黄金时段播出，反响热烈。

2017年9月，浙江省有11部戏剧、8部电影、14部电视剧、6部动画片、8部广播剧、11首歌曲、12部图书获奖，另有两部作品获特别奖。电视剧《鸡毛飞上天》、电影《西游记之大圣归来》、广播剧《呦呦青蒿》等3部作品入选全国第十四届精神文明建设"五个一"工程奖（2014—2017）。

第二节　完善公共文化服务体系，提高文化惠民力

一、推进公共文化服务设施网络化

浙江高度重视公共文化设施建设，按照科学规划、合理布局、适度超前的要求，兼顾城乡之间、地区之间协调发展的需要，初步建成了覆盖城乡的公共文化设施网络，较好地满足了群众多层次、多样化的精神文化需求。省委省政府支持鼓励各地加快建设重点文化设施和基本公共文化服务设施，实现市有五馆（文化馆、图书馆、博物馆、非遗馆、美术馆）、县有四馆（文化馆、图书馆、博物馆、非遗馆或展示场所），乡镇（街道）建有综合性文化服务中心，推进以县级图书馆、文化馆为中心的总分馆制。为了提升农民在精神层面的获得感、幸福感，让农民"身有所栖、心有所寄"，2013年浙江在全国率先建设作为新型基层文化综合体的农村文化礼堂。省政府连续六年将文化礼堂建设工作纳入全省十大民生实事项目，以每年规划新增1000个的速度推进。截至2017年8月，全省已建成7477个农村文化礼堂，覆盖全省26.4%的行政村。① 到"十三五"末，全省要建成1万个文化礼堂，覆盖80%的农村人口。2017年10月，《农村文化礼堂建设标准》正式施行。农村文化礼堂正成为传播现代文明，弘扬主流价值的新平台。截至2016年上半年，浙江省建成县级以上文化馆102家、公共图书馆100家、博物馆105家，图书馆乡镇分馆557个，乡镇综合文化站、村级文化活动室基本

---

① 吴蓓.2018年浙江发展报告（文化卷）[M].杭州：浙江人民出版社，2018：6.

实现全覆盖。① 省、市、县、乡、村五级文化基础设施网络体系进一步完善。

为了实现公共文化服务城乡一体化，浙江较早推出了"文化信息资源共享工程"。大力推进数字图书馆、数字文化馆、数字博物馆和数字美术馆建设。全省共建成 1 个文化共享工程省分中心、11 个市支中心、83 个县级支中心、44886 个基层服务点，基本实现"村村通"，建成 1764 个公共电子阅览室。基本建成覆盖全省各级公共图书馆分布式虚拟专网。全省可共享数字资源总量达 795TB。②

在全省各地大力推进文化基础设施和基本公共文化服务设施建设的同时，重大文化设施建设也得到了长足发展。继 2009 年浙江美术馆正式开馆之后，2016年浙江音乐学院也建成投入使用。作为浙江文化地标的这一馆一院，遥相眺望，为广大群众提供一流的高水平公共文化服务环境。中国丝绸博物馆、浙江话剧艺术剧院、浙江音乐厅等"老"场馆，陆陆续续旧貌换新颜；浙江小百花艺术中心、浙江自然博物园核心馆区、浙江省之江文化中心等"新"场馆，正拔地而起。

二维码 6-1

二、推进公共文化服务供给多样化

浙江以农村和基层为重点，加强精神文化产品的创作生产和传播服务，积极开展群众乐于参与、便于参与的文化活动，不断丰富公共文化服务供给。

浙江是最早实行博物馆免费开放的省份。早在 2012 年，全省的公共博物馆、美术馆、图书馆、文化馆（站）就全面实现了免费开放，之后又努力推广公共图书馆分馆、文化馆分馆建设，推动优质文化资源向基层延伸。常态化开展"创文化""送文化""种文化"活动，丰富群众性文化活动。

所谓"创文化"，是指引导文化工作者坚持正确创作方向，积极投身到讴歌时代和人民的文化创造活动之中，在社会生活实践中汲取素材、提炼主题，创作出文化精品。近年来，全省加大了对文化创作的扶持力度，强化了文艺创作激励措施。如实施文化精品工程，开展青年艺术人才培养的"新松计划"，每两年召开一次全省文化工作表彰大会。持续推出了一批群众喜闻乐见的优秀精神文化产品。注重把农村题材纳入各类艺术作品中，充分发挥城市文艺创作队伍的优势，创作出了诸如《小村故事》《乡里新韵》《九斤姑娘》等一批反映当代农村生活、广受群众欢迎的文艺精品。

所谓"送文化"，也称送文化下乡活动，其目的是针对农村文化活动相对比较缺乏、农民文化生活比较单调，而农村基层暂时又无力改变这种局面的情况，以政府为主组织相对优质的文化资源，改善和丰富农村基层群众的文化生活，带

① 吴蓓.2017 年浙江发展报告（文化卷）[M]. 杭州：浙江人民出版社，2017：8.
② 吴蓓.2017 年浙江发展报告（文化卷）[M]. 杭州：浙江人民出版社，2017：7.

动新农村文化活动。为了大力推进农村精神文明建设，满足广大农民的精神文化生活需求，1996年12月中央宣传部、国家科委、农业部、文化部等十部委联合下发了《关于开展文化科技卫生"三下乡"活动的通知》，并从1997年开始正式实施。浙江每年都组织大规模的送文化活动。以2016年为例，全省组织送文艺演出下乡1.95万场，送书下乡258万册，送讲座、送展览4560场，开展"文化走亲"活动1380场。①同时，整合全省公共文化资源，每年编制内含2100多项服务内容的"浙江省文化礼堂供给服务菜单"供基层群众按需"点单"。

所谓"种文化"，旨在通过培训、辅导、指导基层文化工作者和文艺爱好者，提高他们组织、开展、参与文化活动的能力和技艺，使基层能够立足本土、凭借自身条件开展经常性、多样化的文化活动。多年来，浙江实施农村文化队伍素质提升工程，精心指导各地农村挖掘特色文化资源，积极扶持培育农村文化队伍，推动农村文化活动蓬勃开展。群众积蓄已久的文化创造热情被激活了。利用文化馆、文化广场、农村文化礼堂等场所，形式多样、丰富多彩的群众性文化活动如火如荼开始了。"我们的村晚""我们的村歌""我们的家训""我们的讲堂"等系列活动，激发出文化内在活力，广大农民群众走上舞台当起了主角。

三、推进公共文化服务载体品牌化

推进公共文化服务载体品牌化，旨在拓展公共文化服务领域，提高公共文化服务质量，扩大公共文化服务影响。

浙江立足自身优势文化资源，成功打造了一批深受群众欢迎的公共文化服务品牌。如钱江浪花艺术团文化直通车巡演、"赏心乐事"系列音乐演出、"雏鹰计划"优秀儿童剧巡演、"新年演出季"、民族艺术和高雅艺术进校园、衢州"文化加油站"、嘉兴"公共图书馆乡镇分馆"、舟山"淘文化"、"温州城市书房"、"丽水乡村春晚"等一大批在全国有影响的文化品牌。浙江图书馆联合全省98家公共图书馆举办全民阅读节系列活动，提升全民文化素质。成立于2005年的钱江浪花艺术团，采用政府采购的方式，通过文化直通车下基层巡回演出、重点组织省级专业院团的优秀演员优秀剧目、常年开展深入农村基层的免费演出等，现已形成了服务农民的文化品牌，得到中宣部、文化部的肯定和表彰。从2006年开始实施的高雅艺术进校园活动，较好地实现了让学生"走近大师、聆听经典、陶冶情操、提高素养"的目的，不但受到了学校师生的热烈欢迎，也得到了社会的广泛关注和好评。《钱江晚报》人文中心与浙江社科联共同推出的"浙江人文大讲堂"系列公益讲座，坚持"大学、大师、大众"的宗旨，通过贴切的选题、深刻的观点和透彻的说理，形成了高端人文特色品牌，深受广大群众喜爱。

---

① 吴蓓.2018年浙江发展报告（文化卷）[M].杭州：浙江人民出版社，2018：6.

在全省各地努力培育和打造深受群众欢迎的公共文化服务品牌的过程中，逐步形成了覆盖全省、辐射城乡、特色鲜明的公共文化服务品牌群。主要有浙江文化艺术节、中国越剧艺术节、浙江戏剧节、浙江音乐舞蹈节、浙江曲艺杂技节、群星奖系列活动、浙江农民文化艺术节、浙江社区文化艺术节、浙江民俗民间艺术展示活动等，还有为农服务优秀作品"八个一百"评选活动①。

四、推进基本公共文化服务供给均等化

浙江坚持把保障人民群众基本文化权益作为文化改革发展的出发点和落脚点，以基层特别是农村为重点，加快构建城乡一体、区域均衡、人群均等的现代公共文化服务体系，努力实现城乡居民共享文化发展成果。

实施"文化低保"工程。为了切实保障低收入群体和特殊群体的基本文化权益，浙江从 2008 年开始实施"文化低保"工程。所谓"文化低保"，是指对受经济条件限制或由于个人主观原因或受社会生活环境限制，缺少基本文化读物、文化生活贫乏、精神生活单调的群体及个人实施扶助的行为。省财政每年安排"文化低保"工程专项资金，改善弱势群体的文化生活状况。市、县政府从本地实际出发，也安排财政专项资金支持扩大"文化低保"覆盖面。"十二五"期间，每年安排 500 万元专项资金用于全省"文化低保"项目的补助。

推进广播电视"村村通"工程。当今社会广播电视已成为群众文化生活的重要载体。为了适应人民群众对收听和收看广播电视的需要，浙江实施了广播电视"村村通"工程。广电系统推出了有线广播"村村响"，"广电低保（为低保户家庭免费安装电视机和免收视听维护费）"，广电对农业节目、农村电影放映等惠民系列服务工程。2008 年开始实施"彩虹行动"，组织社会各界向超过 15 万户困难群众捐赠电视机，有效解决了农村困难家庭没有电视机的问题。至 2016 年年底，全省广播、电视人口综合覆盖率分别为 99.6% 和 99.7%。②

发展公共图书馆事业。为了使公共图书馆更好地服务公众，浙江成立了全省公共图书馆联盟，开通网络图书馆。杭州市实施公共图书服务"一证通"工程，建立以杭州图书馆为中心，区、县（市）图书馆为分中心，街道、乡镇图书馆（文化站）为基层中心，社区、村图书室为基层服务点的四级图书信息网络体系，实现了全市城乡图书信息机构间文献资源的共建共享，读者在任何一地都能借阅网络内所有图书馆（室）的文献，享受点菜式图书预约快递服务，48 小时内可以

---

① "八个一百"评选活动，即在全省评选贴近农村生活、适合农村演出、受到农民赞赏的"一百首好歌曲，一百个好舞蹈，一百出好戏剧（小戏、小品），一百段好说唱（曲艺）以及各一百件书法、美术、摄影、文学优秀作品"。

② 吴蓓.2018 年浙江发展报告（文化卷）[M].杭州：浙江人民出版社，2018：6.

在最近的服务点上获取预约的图书，实现了"通借、通还、通阅"。同时，大力推行数字图书馆建设，基本建成覆盖全省各级公共图书馆的分布式虚拟专网。

以更准的路径"补短板"。近年来，浙江抓重点、补短板、强弱项，坚持公共文化产品供给向基层、偏远地区、弱势群体倾斜，实施公共文化服务重点市县及薄弱乡村文化建设"十百千"工程。① 为了提升乡镇综合文化站服务效能，制定了《浙江省乡镇综合文化站服务规范》，推广乡镇文化管理员下派制度。特殊人群，诸如老年人、残疾人和进城务工人员等群体的文化发展也越来越得到高度重视，外来务工人员的文化供给将纳入常住地公共文化服务体系。

五、推进公共文化服务参与多元化

浙江坚持政府主体保障与社会参与双轮驱动，积极拓展文化建设融资渠道，加大投入力度，为公共文化事业发展提供支撑。

为了保障公共文化服务事业的发展，浙江强调发挥各级人民政府的主体责任。在政策方面，将公共文化服务体系纳入当地经济和社会发展规划、年度工作计划、本级财政预算和政府目标责任制中。在人员方面，乡镇（街道）综合文化站配备了专职文化员，文化礼堂（社区文化家园）和文化活动中心配备了文化管理员，做到既有章办事，又有人干事。在经费方面，各级人民政府根据公共文化服务的事权和支出责任，建立了与公共文化服务发展相适应的财政投入增长机制，逐步增强对公共文化服务的投入。全面清理、整合、归并省级文化专项资金，设立浙江农村公共文化服务建设专项资金、省级文物保护与征集专项资金、非物质文化遗产保护专项资金、舞台艺术繁荣发展专项资金和省文化交流专项资金等五大专项资金。进一步完善文化投入专项资金制度，建立健全财政投入稳定增长机制。"十二五"时期，浙江的文化事业投入占财政支出比重高于"十一五"时期。

在充分发挥政府保障主体作用的同时，浙江也充分利用民营经济发达、社会资本丰厚的优势，积极引导、鼓励社会力量广泛参与公共文化服务建设，建立多元化的投入机制。在设施建设方面，鼓励和支持公民、法人和其他组织兴建、捐建或者与政府部门合作建设公共文化设施。在文化人才队伍方面，广泛开展文化志愿服务，建立健全省、市、县、乡、村五级文化志愿服务网络体系，逐步建立全民参与公共文化服务的建设格局。对民营文化企业、民间文化团体的文化人才，在评定职称、参与培训、申报项目、表彰奖励等方面实行同一标准。在公共文化服务评价方面，建立了反映公众文化需求的征询反馈机制和考核评价机制，提高服务的有效性和针对性。全省社会力量参与公共文化服务的范围日益扩大，涉及公共文化设施建设、

---

① "十百千"工程：提升 10 个重点市县、100 个薄弱乡镇（街道）、1000 个薄弱村（社区）的文化建设。

设施运维、项目冠名、活动开展、后勤服务等各个领域，取得了良好的效果。

六、推进非物质文化遗产保护常态化

浙江非物质文化遗产丰富，政府一直高度重视非物质文化遗产的保护和利用。经过多年的努力和积淀，全省非物质文化遗产保护已走向常态化。

"十二五"以来，浙江非物质文化遗产保护工作在实践中探索，在探索中前进，以敢于担当、勇争一流的精神，创造了非遗普查"浙江模式"、非遗申报"浙江现象"、非遗保护"浙江经验"，取得了令人瞩目的成绩。浙江迄今已拥有地市以上非遗项目 7000 多项、省级非遗项目 788 项、国家级非遗项目 217 项，[①]在国家非遗项目申报中实现了四连冠。进入"十三五"后，全省总结经验，寻找短板，研究制定并实施《浙江省非物质文化遗产保护发展"十三五"规划》，探索建立全省非遗工作绩效评估机制。2016 年《浙江省非物质文化遗产保护发展指数评估指标数据（试行）》出台，这是全国首份非遗保护指标数据，开创了非遗精细化保护的先河。这也意味着浙江非遗保护工作由追求数量、强调广度向讲究质量、追求深度转型。浙江在非遗保护和传承，在名录建设、政策制定、非遗传承人培育等各项工作上，继续走在全国前列。2017 年 6 月，全国首家非遗文献馆在杭州市拱墅区开馆。

浙江省传统戏曲保护与传承也迈出重要步伐。率先制定实施了《浙江省传统戏剧保护振兴计划》，每年安排专项资金用于全省 56 个传统戏剧非遗项目的保护传承和越剧艺术的振兴发展。2016 年，印发了《关于支持戏曲传承发展的实施意见》，提出要加强越剧、婺剧、绍剧等代表性地方戏曲剧种发展规划，提高全省戏曲非遗项目整体保护发展水平。在长三角地区形成以浙江为核心的中国越剧文化中心，到 2020 年，率先建成国家级戏曲传承发展示范区。2016 年，省文化厅开展面向社会力量购买戏曲剧本工作，出资 100 万元扶持原创戏曲剧本创作。

第三节　引导文化产业健康发展，提高文化产业综合竞争力

一、政府推动促发展，改革创新注活力

文化产业科技含量高，是兼顾经济效益和社会效益的新型产业，体现着新的经济发展方式。浙江文化产业的发展虽时间不长，但成效显著，增长势头强劲，这得益于省委省政府的高度重视、扶植和前瞻战略思维，也成于浙江文化产业注重集聚发展、开放发展和融合发展，为文化产业健康快速发展注入了强大推动力。

---

① 吴蓓.2017 年浙江发展报告（文化卷）[M]. 杭州：浙江人民出版社，2017：9.

（一）政府高度重视和支持，为文化产业发展添动力

为了加快文化产业发展，把文化产业培育和发展成支柱性产业，浙江出台了一系列鼓励措施和政策。"政府导向对产业发展起着至关重要的作用。浙江如今在文化产业发展上的优势明显，其根本原因离不开当年习总书记在浙江工作时的谋划推进与总体部署，离不开他为建设文化浙江指明的方向。"① 近年来，浙江省政府出台了《关于加快把文化产业打造成为万亿级产业的意见》《关于推进文化浙江建设的意见》《关于加快促进影视产业繁荣发展的若干意见》等一系列政策文件，提出了强化文化产业发展的八大重点产业计划：实施影视演艺产业发展计划，打造中国影视产业副中心；实施数字内容产业打造计划，打造全国数字文化产业新高地；实施文化创意设计产业提升计划，把"文化＋"理念融入各行业领域；实施文化新兴业态促进计划，积极打造基于互联网的文化产业发展生态；实施工艺美术产业升级计划，促其向特色化、集群化、品牌化发展；实施文化制造业转型计划，以培育高端文化设备制造基地；实施文化旅游融合发展计划，打造一批文化旅游项目和品牌路线；实施文化体育产业推进计划，争创国家级运动休闲特色小镇。浙江提出并实施的文化产业发展战略和相关政策扶持，有力地促进了浙江文化产业的可持续发展，推动着浙江文化产业转型升级。

浙江的文化产业已经迈入全国第一方阵，文化产业发展指数位居省域首位。在"全国文化企业 30 强"中，浙江占 5 席，分别是浙报传媒控股集团有限公司、浙江出版联合集团有限公司、浙江华策影视股份有限公司、宋城演艺发展股份有限公司、华谊兄弟传媒股份有限公司，文化产业已成为浙江省支柱产业。《浙江省文化产业发展"十三五"规划》指出，到 2020 年，全省文化产业增加值占生产总值的比重达到 8% 以上，文化产业总产出达 1.6 万亿元，文化产业的蓬勃发展为"文化浙江"奠定坚实的基础。

二维码 6-2

（二）政府力推体制机制创新，增强文化产业发展创造力

创新是文化产业发展的第一推动力。文化强省要以"创新强省"为导向，文化产业要以"创意为先"，注重内容创新、技术创新、品牌创新，以提高文化产业的创造力和竞争力。为了加快文化产业发展，释放文化产业生产力，需要全面深化文化产业管理体制和文化产品生产经营机制改革，加快文化产业结构调整、培育现代文化市场体系、形成以公有制为主体多种所有制共同发展的文化产业格局。在文化资源配置上，既充分发挥市场调节的重要作用，又积极发挥政府宏观调控作用，从微观和宏观两个层面优化文化资源配置，提升文化产业整体效益。

---

① 严粒粒，董小易. 华策：遵循文化浙江建设方向　始终将社会效益放在首位 [EB/OL].
(2017–10–12)[2018–08–15]. http://mz.mop.com/a/171012115917905.html.

浙江文化产业坚持集聚发展，形成了以杭州、宁波、金华等城市为主要聚集区的各种类型的文化产业集聚区 70 多个，"形成影视动漫、文化创意、工艺美术品生产、文化产品制造等一批有较强影响力的特色文化产业集群，示范和带动效应不断扩大"①。形成了湖州的扇文化创意街区、衢州儒学文化产业园等创意园区，还有配套 15 亿元电竞产业基金的杭州电竞数娱小镇、宁波梁祝文化小镇、金华东阳木雕小镇、丽水古堰画乡小镇、龙泉青瓷小镇等具有示范和带动作用及带动效应的特色小镇。② 以阿里巴巴为代表的高科技巨型企业在各领域融合发展、跨界运行，对浙江经济发展和文化产业发展都发挥了重要的作用。截至 2017 年，浙江已有 38 家上市文化企业，100 多家挂牌新三板融资文化企业，拥有浙数文化、长城影视、顺网科技、思美传媒、海伦钢琴、大丰实业等著名的上市文化企业。全省设立了东方星空、杭州文投等一批文化产业投资基金，杭州市、宁波市、温州市、嘉兴市、绍兴市、台州市设立一批文创银行，浙江已成为全国文化产业新高地。

在科学技术日新月异的当今世界，文化产业的发展越来越同现代科学技术紧密结合在一起，在文化产业中不断产生出以高科技为依托、以数字内容为主体、以自主知识产权为核心的新兴文化业态。依托"文化+"，如以"文化+制造业""文化+科技""文化+旅游"等为重点，在全省形成了文化与其他产业深度融合、跨界发展的态势，突出了文化产业的带动作用。2015 年，全省文化及相关特色产业实现增加值达 2490 亿元，占 GDP 的比重为 5.81%，浙江文化产业影响力指数跻身全国第三位，综合指数和生产力指数位列全国第四位。

浙江坚持走科技带动、自主创新之路，大大提高了文化产业的科技水平，数字动漫、数字电视、数字出版、网络广播影视等新兴文化业态快速发展。以中国城市排名，杭州市电视动画片产量位居全国第一；以动画产业基地排名，杭州高新技术开发区动画产业园位居全国第一；以全国原创动漫企业排名，杭州漫奇妙动漫制作有限公司位居全国第一。③ 浙江的漫奇妙、水木动画和中南卡通等三家动漫企业入选全国原创动画片制作生产机构。在国家新闻出版广电总局 2017 年"原动力"中国原创动漫出版扶持计划中，"漫画图书类项目"浙江入选作品数量名列前茅。

浙江已成为中国影视产业副中心，创造了全国四个第一：列入国家重点文化企业的影视机构数量第一，影视重点项目数量第一，浙江长城影视的纪录片出口

①　中共浙江省委宣传部."四个全面"战略布局和"八八战略"研究 [M].杭州：浙江人民出版社，2017：239.

②　李月红.文化浙江，大美立新篇——浙江着力提升文化软实力 [N].浙江日报，2017-08-12(3).

③　柏定国，何蔚萍.浙江文化品牌报告 (2010)[M].杭州：浙江工商大学出版社，2011：5.

数量第一，浙江华策影视产品出口销售额居全国民营影视文化企业第一。浙江如今每年产出电影 60 至 70 部，约占全国的 1/12；电视剧 3000 集左右，约占全国的 1/4；动画片 2.5 万分钟，约占全国的 22%。①

二、政府引导文化产业健康发展，正确处理社会效益和经济效益关系

文化产业具有双重功能，即产业（经济）功能和育人（意识形态）功能。从产业功能看，文化产业要面向市场，充分发挥市场在文化资源配置中的重要作用，通过市场交换获取经济利益，为企业和政府创造利润和税收。从育人功能看，文化产品或文化服务是"人化"的成果，有着"化人"的社会功能，承载着弘扬民族精神、引领社会风尚的重要使命和陶冶人们的道德情操、提升人们的素质水平的任务目标。文化产业必须坚持社会主义先进文化的前进方向，把社会效益摆在首位，树立以人民为中心的创作导向，积极实施文化精品战略，创作生产出无愧于时代的文艺精品，重视文化产品深层次本质性的思想观念、审美价值和影响深远的社会核心价值。在此前提下，文化产业要争取更大的经济效益，实现社会效益和经济效益的有机统一。

文化产业的发展，在创造经济价值、成为扩大消费新的着力点的同时，更为重要的是为人民群众带来丰富的精神文化产品，是社会主义市场经济条件下满足人民多样化精神文化需求的重要途径。文化产业同时也是提升国家文化竞争力的重要因素和维护国家文化安全的战略手段。浙江在发展文化产业中始终要求文化产业坚持社会主义先进文化前进方向，正确处理弘扬主旋律与提倡多样化的关系，多创作贴近实际、贴近生活、贴近群众的优秀文化作品，不断增强文化产品的思想震撼力和艺术感染力，注重结合传统元素与时尚元素，把握民族特色与世界潮流，兼顾时代发展要求和群众情感需求。为了正确处理文化产业社会效益和经济效益的关系，各级党委政府在发展文化产业过程中，不是听任市场对文化产业的自发调节，而是加强政府对文化产业的正确引导和市场监管。一方面，坚守社会责任，通过政策引导，抑制文化企业片面追逐经济利益最大化；另一方面，注重对文化产品创作、生产和传播的引导，使文化产品的创作、生产和传播始终坚持为人民服务、为社会主义服务的方向，把群众喜欢不喜欢、满意不满意、接受不接受和认可不认可作为检验文化产品的根本标准，使文化产业成为发展社会主义先进文化，传播社会主义核心价值观，弘扬和传承传统优秀文化的重要载体。近年来，浙江推出了一批思想性、艺术性、观赏性俱佳的、深受群众喜爱的精品力作，如《五星红旗迎风飘扬》《集结号》

---

① 董小易. 谱写影视传奇 讲述中国故事——华策打造影视产业创新生态 [EB/OL]. (2017-08-12)[2018-08-15]. http://zjnews.zjol.com.cn/zjnews/hznews/201708/t20170812_4786135.shtml.

《潜伏》《我的 1997》《历史转折中的邓小平》《国家命运》《热血军旗》《全家福》《雪豹》《中国往事》等浙产主旋律电视剧都引起了极大关注，产生了良好的社会效益，在全国形成业内引人注目的"浙江现象"。

浙江涌现出一批社会效益和经济效益双赢的优秀文化企业，这些企业大力倡导文化企业产业报国，回馈社会，积极参与社会公益事业。如杭州宋城旅游发展股份有限公司，以"演艺＋旅游"的经营模式，精准把握艺术与市场的契合点，取得良好的社会效益与经济回报。同时宋城集团积极宣传红色文化，弘扬时代主旋律，公司投资 3000 多万元打造大篷车歌舞团，推出《寻之旅——重走长征路》大型全国公益巡回演出纪念活动，行程 1 万多千米，途经 13 个省、自治区、直辖市，为老区和边远穷困地区的 10 余万群众送去了艺术盛宴，成为中国民营文化企业公益演出的一次成功尝试。浙江中南集团卡通影视有限公司是浙江中南集团投资的新型文化企业，企业积极参与社会公益事业，参加抗震救灾、援教支教、无偿献血、春风行动等活动，赞助"中国国际动漫节"，支持举办"中国国际少儿漫画大赛"，提升少年儿童漫画素养等。

三、充分发挥国有文化企业主导作用，大力扶持发展民营文化产业

由于文化产业具有不同于纯经济产业的特殊意识形态功能，文化产业的生产与消费不仅直接影响国家的产业结构和 GDP 增长，而且直接或间接引导和影响国民价值观念与社会风尚，体现社会根本制度的性质和要求，具有维护和巩固社会根本制度的特殊意识形态功能。浙江在文化产业发展中始终坚持党的"两个毫不动摇"方针，既充分发挥国有文化企业的主导作用，又大力扶持发展民营文化产业。

（一）充分发挥国有文化企业的主导作用

在文化产业中，新闻服务、出版发行和版权服务、广播电视电影服务、文化艺术服务四大类属于文化产业的核心，直接决定着文化产业发展的规模、方向及整体实力，是衡量一个国家文化综合国力的重要指标，对社会影响巨大。浙江作为全国文化体制改革综合试点省份，积极推进经营性国有文化单位的转企改制，增强国有文化企业参与市场竞争的意识和动力，激活国有文化资产，使国有文化企业在全省文化产业发展中较好地发挥了主导作用。

浙江相继涌现了一批具有较强经济实力和竞争力的国有或国有控股文化企业，如浙江新华发行集团、浙江日报报业集团、浙江出版联合集团、浙江广电集团、杭州文化广播电视集团、宁波广播电视集团等文化企业。通过组建产业集团，浙江的文化资源配置进一步得到优化，竞争实力大大增强。2011 年上市的浙报传媒是首家实现经营性资产整体上市的省级报业集团。浙江新远文化产业集团是经省人民政府批准并出资，委托省文化厅管理的省属国有独资文化产业集团，是

浙江省文化产业发展"122"工程①首批示范文化企业,拥有以演艺娱乐、影视网络和文化科技产品制造及文化设施综合开发为核心的主导产业和优势资源。浙江出版联合集团对外输出版权及合作出版项目首次突破100项,并在法国成立了东方书局,在纽约布鲁克林和曼哈顿开出了博库书城连锁店。担负全省广电网络数字化、信息化、规模化和产业化创新发展重任的浙江华数广电网络股份有限公司,是以华数集团为基础,省、市、县广播电视播出机构共同参与组建的大型国有股份文化骨干企业,在全省范围打造全国领先的"跨代网",实施"云服务",从而推动全省有线网络实现跨越式发展,并为"智慧浙江""智慧家庭"的建设提供有力支撑,目前已经拥有3000万有线数字电视用户、1亿互联网电视覆盖用户和5600万手机端产品用户。②

(二)鼓励支持民营资本发展文化产业

《浙江省文化产业发展"十三五"规划》提出,要落实鼓励民间资本进入文化领域的政策,引导社会资本投资、兴办文化企业。非公有制经济参与文化产业有助于形成以国有文化企业为主导,多种所有制经济共同参与,投资主体多元化、融资渠道社会化、投资方式多样化、项目建设市场化的文化产业新格局。浙江鼓励社会资本以多种形式投资文化产业,参与国有经营性文化单位转企改制,参与重大文化产业项目实施和文化产业园区建设,并且在信用贷款、土地使用、税收优惠、上市融资等方面给予支持,营造公平参与市场竞争、同等受到法律保护的体制和法制环境,使民营文化企业借助资本市场做大做强。近年来,浙江民营文化产业发展迅速,涌现了横店集团、宋城集团等一批在全国具有较大影响力的民营文化龙头企业,宋城集团、华宝斋、中南卡通、海伦钢琴、神采飞扬、大丰实业、乐富创意、台州绣都、金宏瓷厂等成为国家文化产业示范基地。全省规模以上民营文化企业达到4万余家,吸纳就业人员100万人,投资总规模2000亿元,极大地推动了文化产业的发展。

浙江民营文化企业初步形成了具有一定产业集聚性和规模效应的文化产业区块,有力地提升了浙江文化产业的竞争力。如浙江横店影视产业实验区、杭州滨江区国家动漫产业基地、杭州西湖区数字娱乐园、杭州宋城集团、宁波文具产业区、嵊州民间职业剧团、仙居工艺品加工区、青田石雕产业园区、德清钢琴生产基地、龙泉宝剑瓷器产业基地、东阳木雕产业园区等。全省影视节目制作机构

---

① 浙江省文化产业"122"工程战略设想包括三个方面:一是培育100家以上文化企业做优做强的"百强振兴计划";二是培育20个以上重点文化产业园区的"重点园区拓展计划";三是促成20家左右发展潜力大的文化企业上市或进入上市辅导期的"上市助推计划"。

② 白力民.浙江省重点文化企业巡礼(上)[EB/OL].(2017-11-19)[2018-08-15].http://wemedia.ifeng.com/37630061/wemedia.shtml.

中，民营企业占 90% 以上；印刷企业中，民营企业占 99%。民间资本在浙江文化产业各个门类中都有所突破，一批民营文化龙头企业已成为全省文化产业发展的生力军和领跑者，尤其在影视和动漫产业领域，已居全国前列。如横店集团，先后参股杭州星光、广东珠江等 6 条院线，横店影视成为国内首家正式登陆上交所 A 股主板市场的民营院线公司，拥有加盟影城 112 家，在南京、长沙等地发展了多家五星级影城，还与中国电影集团公司、美国华纳兄弟影业公司成立了首家中外合资的中影华纳横店影视有限公司。浙江横店影视产业实验区是国家首个影视实验区，成立以来，依靠集聚优势，吸引全国 300 多家影视机构落户，经营项目涵盖了影视制作、租赁、音像、广告等多个行业。目前横店已是亚洲最大的影视拍摄基地，被誉为"中国的好莱坞"。

浙江民营文化产业发展，不仅规模大，而且品质高；不仅经济效益好，而且注重社会效益；不仅充分调动了民间文化资本的主体活力以及社会办文化的积极性和创造力，也必将继续推动浙江文化的创新发展，促进浙江文化产业的大发展大繁荣。

二维码 6-3

 **案例 6-1**

2011 年度十大最具影响力国家文化产业示范基地
——浙江省杭州宋城集团

宋城集团是中国最大的民营旅游投资集团之一，长期致力于打造"主题公园＋旅游演艺"核心模式的大型文化旅游综合体，涵盖文化演艺、旅游景区、娱乐综艺、主题酒店、休闲地产等领域，曾承办杭州世界休闲博览会、中国国际动漫节。

作为"中国文化演艺第一股""中国文化企业 30 强"的宋城集团是第一个将文化演艺做成一个产业的企业；第一个提出景观房产、旅游休闲地产和文化旅游综合体的概念并成功实践的企业；第一个在杭州、三亚、丽江、泰山、武夷山、石林等十余个中国一线旅游目的地完成文化演艺全国布局的企业；第一个以文化为主业成长起来又以文化产业投资基金为平台反哺文化产业的企业。宋城集团坚持以先进文化促进经济发展，以经济发展反哺先进文化，走出一条文化与经济相生相荣的良性循环路子。

宋城集团的顶尖作品《宋城千古情》，演职人员总数超过 300 人，是原创全景式大型歌舞演出，通过恢宏的叙事和抒情风格，再现了"人间天堂"七千年的美丽、繁华、悲壮与梦想，已成为杭州夜游市场和演出市场的亮点与著名的文化旅游品牌，每年 300 万游客争相观看，被海外媒体誉为与拉斯维加斯欧秀、法国"红磨坊"比肩的"世界三大名秀"之一。《宋城千古情》2009年获得由中宣部评选的中国旅游演艺第一个国家"五个一工程"奖作品、中国舞蹈最高奖荷花奖。

资料来源：顾春.《宋城千古情》长演不衰　成杭州新文化名片 [N]. 人民日报，2009-06-29.

 **案例 6-2**

华策打造影视精品，向世界讲好中国故事
——杭州华策影视集团

华策影视集团作为中国内容生产和海外发行规模最大的民营影视企业，以"打造华人文化传媒旗舰，传播优秀中华文化"为宗旨，涵盖影视、VR、电商、旅游、文化小镇、游戏、教育等众领域，其影视剧产量、全国卫视电视剧播出量和网络视频点击量都居全国第一。近年成立了国内首个以文化出口为导向的国家级影视产业园区——中国（浙江）影视产业国际合作实验区，成立浙江省首个混合制电影学院——浙江传媒学院华策电影学院，依托"文化＋"，助推"影视＋"，使华策文化产业与其他产业深度融合，跨界发展。华策影视集团秉持文化自觉积极实践，成功将1万多小时的作品推向全球180多个国家和地区，覆盖G20所有成员国家和金砖国家以及20余个"一带一路"沿线的国家和地区。

华策影视集团与英国独立电视台（ITV）达成战略合作，与俄罗斯独立广播公司 CTC 传媒及国家传媒集团（NMG）达成战略合作。自主搭建了全球华语影视联播媒体，在 Netflix、Summil、Now TV 等10余家海外媒体上建立了华策专区或华策频道，打造"华剧场"，受众覆盖五大洲30多个国家和地区。

作为国家影视行业龙头文化企业，华策影视集团始终将社会效益放在首位，坚持"内容为王"的初心、坚持产业平台化的重心、坚定二次创业的信心、坚守"华流"出海的恒心，打造浙产影视精品，创新主旋律作品如《国家命运》《听风者》《全家福》《解密》《子夜》等。

资料来源：

1. 董小易. 谱写影视传奇讲好中国故事　华策打造影视产业创新生态 [EB/OL]. (2017-08-12)[2018-08-15].https://zj.zjol.com.cn/news/723600.html.

2. 严粒粒，董小易. 华策：遵循文化浙江建设方向始终将社会效益放在首位 [EB/OL]. (2017-10-12)[2018-08-15].http://ent.zjol.com.cn/zixun/201710/t20171012_5333942.shtml.

3. 董小易. 华策牵手俄罗斯两大传媒公司布局"一带一路" [EB/OL].(2017-07-05) [2018-08-15].http://ent.zjol.com.cn/zixun/201707/t20170705_4497525.shtml.

 案例 6-3

千年古村的精神摇篮
——义乌华溪村文化礼堂

为了全面展示我省农村文化礼堂的建设成果，2017 年 5 月，在浙江省农村文化礼堂建设工作领导小组办公室的指导下，浙江日报、浙江在线、浙江新闻客户端启动了"中国人保·全省文化新地标推选展示"活动，经过层层筛选，于 11 月 18 日在全省评选出了 50 个示范文化新地标和 100 个优秀文化新地标。其中，义乌华溪村文化礼堂得票数全省排名第一，被评为全省示范文化新地标。

华溪村位于义乌市东北部，地处义乌、东阳、诸暨三市交界，常住人口超过 3500 人，已有 1000 余年历史。华溪村文化礼堂于 2014 年 12 月落成，占地面积 600 多平方米，2014 年被评为义乌市三星级文化礼堂，2016 年被评为义乌市示范性文化礼堂。

华溪村是个千年古村，自古有崇文尚武的传统，勤耕好学之风远近闻名，历史上共出了进士 30 人，举人 22 人，贡元 22 人，千总、把总、守备等武职 34 人，仅明清时期，在外地当七品以上官职的就有 160 多人。除了朝廷官员多、历史名人多，华溪村的牌坊也特别多，据称古时曾竖起 22 座象征繁华与荣耀的牌坊。自文化礼堂建成以来，华溪村始终坚持以"文化"为核心，以"堂"为立足点，围绕华溪村历史文化的展现和传承不断深耕细作，努力打造"一堂一品"。

华溪村文化礼堂承载着悠久厚重的历史故事。民俗馆展厅中，旧时村民使用的生活用具、农具等老物件，令人大开眼界。华溪虞氏家训馆内，一根根书写着烫金楹联的立柱与"兄弟进士""父子大夫"等红底金字牌匾交相辉映，散发着独特的文化底蕴。

华溪村勤耕苦读的民风远近闻名，民间至今流传着"十八进士"的传说。如今，华溪村更立有村规民约，年年重奖优秀学子，而大学生成才礼也成了华溪村的品牌活动，2016 年被评为金华市农村文化礼堂优秀活动。华溪村大学生成才礼已成功举行了两届，在成才仪式上，准大学生们在全体村民的见证下，参加了集体念村训活动。村干部和家长向准大学生们赠送文房四宝、家乡泥土，并授予圆梦基金。

在华溪人看来，文化礼堂是集教育、娱乐、礼仪、民俗传承于一体的农村公共空间，农村文化礼堂建设重在凝聚村庄的精气神。围绕历史文化的展现和传承，华溪村文化礼堂不断深耕细作，有大学生成才礼、新兵壮行礼等别具特色的礼仪活动，也有乡音宣讲、运动会、"村晚"等丰富多彩的文体活动，已成为丰富村民精神文化生活的主场所、凝聚村民力量的主阵地。

资料来源:

1.佚名.金华市义乌市廿三里街道华溪村文化礼堂 [EB/OL].(2017-10-18)[2018-08-15].http://wxzx.zjol.com.cn/11wxzx/system/2017/08/15/021576286.shtml.

2.佚名.华溪:千年古村的精神摇篮 [EB/OL].(2017-06-08)[2018-08-15].http://zjyw.wenming.cn/zthd/whlt/201706/t20170608_2755196.html.

3.佚名.华溪村文化礼堂得票数全省第一 [EB/OL].(2017-10-11)[2018-08-15].http://www.yw.gov.cn/zfzx/zjhd/201710/t20171011_1234595.shtml.

阅读书目

1.李德顺,等.家园:文化建设论纲.哈尔滨:黑龙江教育出版社,2000.

2.高福安.公共文化服务体系建设创新研究.北京:中国传媒大学出版社,2018.

3.王志邦,何蔚萍.浙江文化品牌发展报告(2014).杭州:浙江工商大学出版社,2015.

4.中共浙江省委宣传部."四个全面"战略布局和"八八战略"研究.杭州:浙江人民出版社,2017.

5.李思屈,等.中国文化产业政策研究.杭州:浙江大学出版社,2012.

思考讨论题

1.浙江是怎样创新文化体制机制的?

2.浙江在培育公民素质方面采取了哪些举措?

3.浙江文化的惠民力主要体现在哪些方面?

4.为什么发展文化产业要坚持社会效益和经济效益的统一?

5.联系实际谈谈鼓励和支持民营资本发展文化产业的重要意义。

第七章　坚持教育优先发展战略，持续推进教育强省建设

百年大计、教育为本。改革开放以来，浙江始终把教育摆在优先发展的位置，加大教育投入，深化教育改革，完善教育发展体制机制，构建了有鲜明浙江元素、浙江特色的教育体系，为经济社会发展提供了强大的智力支持和人才支撑。

第一节　浙江教育事业的改革与探索

改革开放以来，浙江坚持社会主义办学方向，开展了中国特色社会主义教育改革的探索与实践，努力办人民满意的教育。

一、拨乱反正，恢复与确立教育正常秩序

（一）落实教育"优先发展"地位

"文化大革命"结束后，浙江根据中央统一部署，拨乱反正，恢复中小学基本学制和课程，恢复和新建一批高等院校，恢复停办的技校和中专，全面落实知识分子政策，确立了教师的社会地位，教育秩序迅速得到了恢复。十一届三中全会以后，浙江积极开展多种形式办学，实施省内和省际协作委托代培大学生，在全日制高校招收自费走读班，加强与社会联系，使教育在经济建设中的作用越来越重要。1982 年，党的十二大把教育列为国民经济发展的战略重点之一，浙江提出"经济要发展，教育须先行"口号，要求各级政府像抓经济建设一样抓教育，推动浙江教育进入了新的历史变革时期，在改革探索中确立了教育优先发展的地位。

（二）确立"科教兴省"发展战略

1985 年颁布的《中共中央关于教育体制改革的决定》，明确了"教育为社会主义建设服务，社会主义建设必须依靠教育"，指出"必须从教育体制入手，有系统地进行改革"，推动浙江教育进入全面改革开放的新时期。1992 年，浙江确立"科教兴省"战略，把教育摆在优先发展的战略地位。1996 年，《关于深入实施科教兴省战略加速科技进步的若干意见》正式发布，巩固和推进"科教

兴省"战略。2003年，时任浙江省委书记习近平提出了"八八战略"，进一步确立了"科教兴省、人才强省"的战略目标，在全国率先召开全省人才工作会议，提出实施人才强省战略。2007年，浙江确立创新发展理念，强化创新引领，通过加快推进区域创新体系建设，积极引进"大院名校"共建创新载体，培育一批国内一流的科研机构和公共创新平台，为深入推进"科教兴省"战略提供了强大驱动力。2017年，浙江制定《高水平建设人才强省行动纲要》，形成更积极、更开放、更有效的人才制度体系，"科教兴省、人才强省"战略层层推进。

（三）实施"教育现代化"发展目标

1998年，浙江启动创建教育强县、教育强镇活动。2002年，35个县经省政府命名为教育强县，552个镇被核准为教育强镇。2006年，制定了教育强省建设纲要。2010年，实施《浙江省中长期教育改革和发展规划纲要（2010—2020年）》，以"公平、均衡、素质、质量、协调"为主题，全面推进浙江教育现代化建设。2011年，全面启动教育现代化县（市、区）督导评估，以"优先发展、育人为本、促进公平、提高质量、改革创新"为一级评价指标，力争通过十年创建，使全省85%以上的县（市、区）实现教育现代化，其余达到基本现代化的要求。2015年，13个县（市、区）被评为首批"浙江省基本实现教育现代化县（市、区）"。2016年发布的《浙江省教育事业发展"十三五"规划》，确立了2020年在全国率先实现教育现代化的战略目标，建成教育强省，教育主要发展指标达到发达国家平均水平。2017年，浙江首次提出全面实施高等教育强省战略，在全省各县（市、区）开展教育现代化发展水平监测，加快实施教育现代化战略。

二、多元办学，探索与改革创新教育体制机制

（一）改革基础教育办学体制

1985年，浙江教育在义务教育管理体制上，实施"分级办学，分级管理"的办学体制，将基础教育的管理和负责权限下放到县、乡一级政府，实施多渠道筹措教育经费的机制。2002年，加快基础教育改革与发展，全面实施"地方政府负责、分级管理、以县为主"的教育管理体制，全面实行教师工资由县级财政统一发放制度。2007年，实施义务教育经费保障机制改革，免除义务教育阶段学杂费，对不同类型的困难学生实行不同的资助政策，建立义务教育阶段中小学校舍维修改造长效机制，不断巩固和提升义务教育水平。2013年，探索建立由"学校人"向"系统人"转变的教师管理新模式，不断推进义务教育高水平均衡发展。2016年，浙江启动试点教育管办评分离综合改革，构建学校、政府、社会多方参与、有序高效的治理模式。同年，省内部分地区试点教师"县管校聘"改革，教师由"校管"

二维码 7-1

变成"县管"，打破了"铁饭碗"，探索义务教育教师"按岗聘用、竞争择优、强化考核"新机制，加速了县域内教师的交流轮岗。完善城乡义务教育经费保障机制，同步规划实施"交钥匙"工程①、基础教育重点县建设工程，完善"两免一补"政策②，实现"教育经费可携带"，开启城乡义务教育发展一体化的新里程。

（二）优化高等教育发展机制

20世纪90年代，浙江探索高等教育管理体制改革，优化教育资源配置。1998年，浙江大学、杭州大学、浙江农业大学、浙江医科大学等四校合并组建新浙江大学，形成当时国内规模最大、学科门类最齐全的高水平、高层次的综合性大学，为建设世界一流大学打下基础。1999年，办学条件较差的公办高校探索改制，浙江农村技术师范专科学校由万里教育集团接管，成为全国第一家普通高校改制，改制后保留公办性质，但发展经费不再是政府财政拨款，而由万里教育集团投入。1999年，浙江决定建设高教园区，通过政府投入、土地置换、社会参与、银行贷款、入驻学校自筹等办法多渠道筹措资金，在杭州、宁波和温州建成了六大高教园区，促进了高教园区资源共享。2002年，23所高校11.5万名学生进入高教园区学习。2007年年底，六大高教园区基本建成，共有36所高校入驻，全面改善了浙江高校的办学环境和条件。③浙江不断扩大高校办学自主权，坚持和完善公办高校党委领导下的校长负责制，完善党委领导、校长负责、教授治学、民主管理制度，实施校、院系两级权力清单和责任清单，优化管理层次、结构和职能。2016年，浙江启动普通本科高校分类评价管理改革，实行"不同类型的高校，不同的建设任务、不同的政策支持、不同的考核要求"，构建和完善现代高等教育体系。

（三）鼓励发展民办教育

1984年，依靠社会力量，浙江创办了浙江树人大学和安吉上墅私立高级中学，其是全国最早成立的民办大学和民办高中，也是浙江民办教育的起步。1993年，《浙江省民办中小学管理办法（试行）》实施，成为全国首个支持民办中小

---

① "交钥匙"工程，根据《浙江省人民政府关于统筹推进县域内城乡义务教育一体化改革发展的实施意见》（浙政发〔2017〕25号），即"确保配套学校建设与住宅建设首期项目同步规划、同步建设、同步交付使用，确保足够的学位供给，满足学生就近入学需要"。

② "两免一补"政策，是指国家全面免除义务教育阶段（小学和初中）学生的学杂费，对农村义务教育阶段学生免费提供教科书，对农村家庭经济困难寄宿生补助生活费的一项资助政策。

③ 佚名. 浙江高等教育发展情况简介 [EB/OL]. (2010-09-25)[2018-08-15]. http://edu.zjol. com.cn/05edu/system/2010/09/25/016956080.shtml.

学发展的政策文件。1994 年，浙江省民办中小学协会成立，成为浙江民办教育对外合作交流的重要窗口。1998 年，浙江又出台了《关于鼓励社会力量参与办学的若干规定》，对社会力量办学实行"积极鼓励、大力支持、正确引导、加强管理"的方针，一大批民营企业家参与办学，一批非财政性投资的民办学校相继问世，快速扩大了基础教育与高等教育的规模，使浙江办学体制发生了很大变化。20 世纪 90 年代末，浙江各类民办学校占全国总数的五分之一。自 2011 年被确立为全国唯一民办教育综合改革试点省份以来，浙江不断突破体制机制障碍，探索"学校自愿选择，政府分类管理"新模式，鼓励和大力支持社会力量举办非营利性民办学校，办学规模不断扩大，对满足人民群众日益增长的多元教育需求有深刻意义。2017 年，全省共有独立设置的民办普通高校 14 所，民办中等职业学校（不含技工学校）43 所，民办普通高中 201 所，民办普通初中 253 所，民办普通小学 163 所，民办幼儿园 6272 所。[①] 2017 年 12 月，《浙江省人民政府关于鼓励社会力量兴办教育促进民办教育健康发展的实施意见》正式发布，推动构建新的民办教育发展政策体系。

（四）探索独立学院发展道路

在高校全面扩招的背景下，为扩大招生规模，增加学生入学机会，浙江探索通过普通本科高校与国企、校企、民企合作的形式创建独立学院。1999 年 4 月，浙江首家进行高校体制改革试点的国有民办二级学院宁波大学科学技术学院成立。经过十几年的建设发展，浙江独立院校办学规模不断扩大，规范设置不断推进，学校布局不断优化，内涵发展不断强化，逐步形成了品牌、师资、机制、专业等优势，使浙江找到了一条破解"经济发展与高教发展倒挂"困境的捷径，实现了政府、高校、社会多方共赢。2016 年，浙江出台《关于支持独立学院发展的若干意见》，确立独立学院主体地位，理顺独立学院体制机制，完善内部运行管理机制。启动独立学院规范设置的省级验收工作，成熟一家，验收一家，成为国内首个重新整体推进独立学院规范验收的省份。2016 年，浙江大学城市学院、浙江大学宁波理工学院、浙江工业大学之江学院、浙江农林大学暨阳学院通过独立学院规范设置省级验收。通过验收的独立学院，享受同级政府对民办教育的财政补助政策，获得的省级学科专业等竞争性项目享受与公办高校一样的省财政补助政策，同时享受国家有关税收优惠政策。2017 年，独立设置的独立学院共有 21 所，共招生 4.15 万人，在校生 16.39 万人，本科招生数和在校生数分别占全省普通本

① 浙江教育厅 .2017 年浙江教育事业发展统计公报 [R/OL]. (2018-04-03)[2018-08-15]. http://www.zjedu.gov.cn/news/152271964989363833.html.

科招生数和在校生数的 26.3%、26.6%。[①]

三、整合资源，改革与优化教育结合

（一）高标准普及义务教育

1985 年，《浙江省实行九年制义务教育条例》发布，在宏观层面，实行依法治教和政府监督结合；在实际层面，按照经济、教育情况实行地区分类指导、分步实施。1989 年，基本实现普及初等教育。1994 年，浙江进一步提出全省基本普及九年制义务教育、基本扫除青壮年文盲（简称"两基"）目标，依照分区规划、分类指导的原则，规划和组织实施。1997 年，浙江成为全国第三个通过国家"两基"验收的省份。进入 21 世纪，浙江教育发展重点逐步由普及为主转向提质为主，2002 年，制定《关于加快基础教育改革与发展的决定》及有关政策措施，明确高标准、高质量普及九年义务教育和基本普及从学前三年教育到高中阶段教育的十五年教育奋斗目标。通过实施推广名校集团化、建设城乡学校共同体等成果经验，扩大优质资源覆盖面，不断促进义务教育均衡发展。2007 年，省政府全面启动义务教育经费保障机制改革，全部免除义务教育阶段学生学杂费，浙江成为全部免除城乡义务教育中小学学杂费的省份。2009 年浙江省通过《浙江省义务教育条例》。2015 年，浙江 90 个县（市、区）全部通过国家义务教育基本均衡县评估，超过全国义务教育平均水平。2016 年，浙江出台教育系统查补短板行动方案，全面推进高标准、高质量普及十五年教育目标的实现。

（二）调优中等教育结构

1983 年，浙江确立要在短时期内推进职业技术教育快速发展的目标。1985 年起，发布了《关于大力发展中等职业技术教育的实施意见》《关于实行先培训后就业问题的暂行办法》，要求全省各类职业学校达到或超过普通高中招生数，加快提高中职学校办学水平。1991 年，《浙江省中等职业技术教育条例》正式出台。1994 年，启动实施建好 100 所示范职业中学和 50 所重点中专工程。2001 年，发布《关于加快中等职业教育发展的意见》，集中力量建设 100 个省级示范专业，逐步形成"国家级—省级—市（地）级"三级示范专业体系。2005 年，发布《浙江省人民政府关于加快发展现代职业教育的实施意见》，全面实行职业学校"双证书"制度，毕业生必须具有职业资格证书和毕业证书，为浙江经济建设培养了

---

①　浙江教育厅 .2017 年浙江教育事业发展统计公报 [R/OL]. (2018-04-03)[2018-08-15]. http://www.zjedu.gov.cn/news/152271964989363833.html.

一大批高素质职业人才。2008 年起，全省实施"六项行动计划"①，扩大中职教育招生范围，控制普通高中招生规模，中等职业教育与普通高等教育招生数基本稳定在 1：1，改变了长期以来中等教育结构单一的局面。2012 年，推出中职教育现代化七大工程②，不断提升中等职业教育质量。2016 年，实施"中等职业教育质量提升行动计划"和"高等职业教育创新发展行动计划"，提升服务经济社会发展的水平。

（三）做大做强高等教育

1978 年恢复高考后，浙江高等教育不断调整设置与优化资源配置，毛入学率稳步提升，尤其是 1999 年高校扩招后，取得了跨越式发展，初步形成了多种层次、多种形式、学科门类比较齐全的高等教育体系。2002 年，浙江启动高等教育教学改革与质量提高工程，加强高校学科专业设置与结构调整，扶持 7 个重点学科、100 个省级重点专业。2004 年，全省高等教育步入大众化阶段，基本满足了人民群众接受更高层次、更好教育的愿望，培养的人才在数量上基本满足经济和社会发展的需求，为浙江提前基本实现现代化奠定了人才基础和智力保障。2012 年，浙江开展普通本科高校教学工作及业绩考核，落实高校教学工作中心地位，健全教育质量评估制度，加强分类评估、分类指导，强化评估的导向性。2014 年，启动"浙江省重点高校建设计划"，全省遴选、总量控制、动态调整，建设一批高水平大学。中国美术学院、浙江工业大学等 5 所高校入选第一批省重点建设高校；浙江理工大学、浙江工商大学等 7 所高校入选第二批省重点建设高校。2016 年，制定实施省一流学科建设计划，筛选出 330 个省一流学科建设项目；高校有 40 个学科（其中浙江大学 18 个）进入全球 ESI 前 1%，列全国第 6 位。2017 年，遴选建设省重点暨优质高职院校 20 所，其中重点建设校 5 所；积极对接国家"双一流"建设决策部署，浙江大学、中国美术学院、宁波大学等 3 所高校、20 个学科入选国家"双一流"建设范围，数量居全国第 5 位。第四轮学科评估中，浙江大学 A+ 学科数量位居全国第三，A 类学科数量位居全国首位；省属高校 5 个学科进入全国绝对排名前五。

---

① 根据《浙江省教育厅　浙江省财政厅关于实施新一轮"浙江省职业教育六项行动计划（2008—2010）"的通知》（浙教计〔2008〕137 号），"六项行动计划"即指职业院校助学奖学行动计划、中等职业学校实训基地建设行动计划、中等职业学校师资队伍建设行动计划、县级骨干职业学校建设行动计划、职业教育校企合作行动计划、提升劳动力素质行动计划。

② 根据《浙江省教育厅关于印发浙江省中等职业教育现代化建设工程实施方案的通知》（浙教职成〔2012〕116 号），七大工程即指中等职业教育专业结构调整推进工程、中等职业教育教师队伍素质提升工程、中等职业教育课程改革工程、中等职业学校学生综合素质提升工程、中等职业教育服务产业发展工程、成人继续教育推进工程、中等职业教育现代化示范学校建设工程。

（四）发展学前教育和特殊教育

改革开放后，特别是 20 世纪 90 年代以来，浙江学前教育和特殊教育事业迅速发展。2008 年，浙江出台了《关于进一步加快学前教育发展，全面提升学前教育质量的意见》，全省各地学前教育事业呈现良好的发展势头。2014 年起，实施"学前教育三年行动计划"，建立健全学前教育政策体系。实施普惠性幼儿园扩容工程和薄弱幼儿园改造工程，推进以游戏教学为主体的学前教育课程改革，推动各级各类幼儿园等级建设。提升全省幼儿园持教师资格证的专任教师比例，完善学前教育布局规划。2017 年，《浙江省学前教育条例》正式实行，标志着浙江学前教育工作迈上了规范化、法治化的轨道。

2009 年，浙江全面推进残疾人事业，普及残疾儿童九年义务教育，加快发展学前康复教育和高中阶段特殊教育，保障适龄残疾儿童享有十五年教育，大力发展残疾人职业教育和高等教育。2014 年，全省免除残疾人大学生学费、住宿费，并实行《浙江省特殊教育提升计划（2014—2016 年）》。2015 年，发布《关于加快推进残疾人全面小康进程的实施意见》，力争到 2020 年基本普及残疾少年儿童十五年教育。2016 年，颁布《浙江省特殊教育"十三五"发展规划》，提出了"极重度残疾儿童送教上门，中重度残疾儿童在特殊教育学校就读，部分中度残疾儿童在普通学校'卫星班'就读，轻度残疾儿童随班就读"的特殊教育安置模式。实施"特殊教育学校建设""残疾学生安学"等工程，完善盲教以省级为主、聋教以市级为主、培智教育以县级为主的特殊教育布局。推进特殊教育由义务教育向学前和以职业教育为重点的高中段教育两头延伸，加快特殊教育学校教材和教学资源建设，提升特殊教育与普通教育融合水平，整体提升特殊教育质量。

（五）推动成人教育和社区教育

1987 年，《国家教育委员会关于改革和发展成人教育的决定》发布后，浙江成人教育进入一个新的发展阶段。2003 年，《浙江省专业技术人员继续教育规定》发布，教育任务从单一的学历教育向非学历教育延伸；办学形式在电大、夜大、函授的基础上，远程教育得到发展。成人教育进社区、进乡村，向多元化方向发展，逐步向岗位培训、继续教育为主转变，基本覆盖全省的县（市、区）、乡镇（街道）、村（居委会）三级社区继续教育网络。实施开放大学建设计划、终身学习数字化公共服务平台建设计划、城乡居民"双证制"和"预备劳动力培训计划"，不断规范成人教育招生和办学秩序，改善成人教育教学保障条件，提升成人教育质量。

浙江社区教育兴起于 20 世纪 80 年代，从最初以青少年德育为主要内容，到不断丰富内容形式、引入民间力量参与社区教育、健全制度体系，社区教育逐渐从自发走向自觉，从无序步入有序，并打出一张又一张有浙江特色的金名片。

1998 年起，杭州市下城区、宁波市鄞州区试点社区教育，营造高品质教育生态环境，探索社区教育与学校教育协同发展的理念，学校开放率达到 100%，推动教育服务学生的同时惠及社区，推进社区教育朝着优质、均衡发展。2003 年 1 月，浙江第一所社区大学——杭州社区大学，依托杭州广播电视大学正式挂牌成立。2005 年，浙江召开全省构建学习型社会、推进学习型社区建设工作会议，同年制定《关于开展构建学习型社会推进学习型社区建设工作的若干意见》；2016 年，发布《关于推进学习型城市建设的实施意见》。通过政府推动、资源整合、机制创新、政策支持、加强指导、丰富学习资源、完善服务平台，努力满足人们日益增长的多元化、品质化的学习需求，提升人们的获得感和满足感。目前，全省已建有 25 个全国社区教育实验区，其中 14 个为全国社区教育示范区；创建 8 所联合国教科文组织农村社区学习中心项目点学校；建有省级社区教育示范区 7 个、省级社区教育实验区 27 个、省级社区教育示范学校 137 所。每年全省社区教育系统开展各级各类培训达 1200 万人次，终身学习正在成为浙江居民的一种习惯、一种修养、一种生活。

四、深化改革，加强与推进素质教育

（一）探索区域性教育实践

1987 年，浙江决定在绍兴柯桥组建农村区域教育改革实验区，以积极适应、服务和促进社会主义新农村的经济社会发展为主题，以探索社会主义新农村教育的典型经验和模式为目的，开展为期八年的"柯桥实验"。1997 年，确立 15 个县市为省级素质教育实验县，1999 年扩大到 31 个。2007 年，浙江发布《关于推进实施素质教育的意见》，建立和推广"轻负担高质量"的学生培养模式，深入研究课堂教学，提高课堂教学效率和质量。2009 年起，推进建设中小学素质教育实践基地，各地根据当地经济建设实际，选择多元投资运行机制或自我发展运行机制展开建设。到 2013 年年底，共有各类中小学素质教育实践基地近 1000 个。2018 年起，浙江启动德育综合示范区建设，统筹开展综合实践、生产劳动、心理健康、国防军训、研学旅行等教育活动，不断深化素质教育。

（二）推进中小学教育课程改革

1998 年，浙江开始实施义务教育课程改革，组织编写浙江义务教育课程教材，1999 年在全省推广使用。为改变"难、繁、偏、旧"的状况，2002 年，浙江在余杭、北仑、义乌启动基础教育课程改革的国家试验，2004 年在全省铺开，落实小升初不进行文化课考试和就近入学工作。深化中考制度改革，提高命题水平，规范特长生招生，确保优质高中招生计划比例不低于 50%。推广北仑、龙游等地的经验。2006 年浙江省试点高中新课改，2009 年推出新课改高考方案，2012 年全面深化

高中新课改，2014年出台新的高考改革方案，高考改革与高中课改"互相促进、有效对接"，新高考改革促进普通高中教育价值观、基础教育课程观、学校管理架构、学生评价方式等发生根本性的转变，也促使各高校越来越重视修炼好"内功"，明晰人才培养目标，加强专业内涵建设。2015年，实施普通高中课程改革，普通高中"走班选课"由选修课程扩大到必修课程。在总结中职专业课程改革经验和借鉴普通高中课程改革做法的基础上，全面启动中职教育课程改革试点。

（三）实行高校考试招生制度改革

1988年，浙江率先建立省级高中会考制度，首次规定报考普通高校本科和专科的考生，其外语成绩均按100%计入总分，以适应外向型经济对教育的要求。1994年，作为全国20余所教育部直属高等院校招生制度改革试点之一的浙江大学，率先实行招生"并轨制"。1999年，浙江决定将填报志愿时间安排在高考阅卷结束、考生成绩与各批次录取分数线正式公布后进行。2000年，首次实行"3+综合"高考科目改革，以取代"3+2"模式。2011年，高考率先打破"一考定终身"，启动"三位一体"招生试点。2014年，成为全国两个高校考试招生制度综合改革试点省市之一，出台《浙江省深化高校考试招生制度综合改革试点方案》。2017年，全面实施高校考试招生制度综合改革。实施普通高考招生改革，将统一高考和高中学业水平考试相结合择优录取；实施高职提前招考改革，普通高中招考以高中学考成绩为基本依据择优录取，中职学生以全省统一组织的职业技能考试成绩为基本依据择优录取；探索高职院校单独招生改革，将文化素质和职业技能结合进行综合评价和录取。浙江在课程深化改革和高考制度改革方面，走在全国教育改革前沿。

（四）创新高校人才培养方式

浙江注重创新创业文化培育，引导高校努力营造"敢为人先、敢冒风险、宽容失败"的校园氛围。2008年，杭州师范大学阿里巴巴商学院成立，学院变传统的学历式教育为创业式教育，旨在兴办一所以互联网商务见长的"创新创业者学院"。2015年，浙江出台《关于积极推进高校建设创业学院的意见》，通过开展创新创业课程教学、创新创业培训、建立校内大学生创业园、支持大学生电子商务产业等方式，进行创业人才培养。全省101所高校建立了创业学院，其中10所被评为"深化创新创业教育改革示范高校"。各高校积极探索开展专科"2+1"、本科"3+1"或专业硕士"4+2"新型创新创业骨干人才培养试点，实施"创业导师培育工程"和"浙江省大学生创业能力提升行动计划"等。为推动普通本科院校加强应用型建设，培养应用型和技术技能型人才，增强学生创新创业能力，浙江师范大学、湖州师范学院求真学院等41所普通本科院校（独立学院），申请成为应用型建设试点高校。根据浙江省教育评估院的跟踪调查，全省高校 2011—2015 届毕业生毕业 1 年后的创业率，分别为 3.80%、4.42%、4.63%、5.02% 和 4.82%，远高于全国平均水平。

五、合作交流，推动与深化开放办学

（一）推动教育国际化，激发教育新动力

1987 年，浙江成立教育国际交流协会，打造开展民间教育国际合作与交流的平台，推动浙江教育界与世界各国（地区）教育界的交流与合作。2011 年，发布《浙江省高等教育国际化发展规划（2010—2020 年）》，要求通过提升人才培养、科研实力、课程建设的国际化水平，推进高等教育国际交流与合作，建立与浙江经济社会发展水平相适应的高等教育国际化体系和运行机制。2016 年，实施"浙江省国际化特色高校建设工程"，浙江大学、浙江工商大学、温州大学等 10 所本科院校和金华职业技术学院、宁波职业技术学院等 6 所高职院校成为"浙江省国际化特色高校"建设单位。

（二）探索中外合作办学，打造教育新模式

2004 年，由万里教育集团与英国诺丁汉大学合作建立的宁波诺丁汉大学正式成立。在创办不到半年时间内，宁波诺丁汉大学就得到了时任英国首相布莱尔的充分赞许。时任浙江省委书记习近平评价："宁波诺丁汉大学的创建和成立，开创了中国高等教育与国外优质高等教育资源相结合的先河，为中国教育走向世界创造了一种全新的模式。" 2011 年起，浙江统筹谋划对外合作办学，如引进美国肯恩大学优质教学资源，创办温州肯恩大学；引进德国吕贝克应用科技大学人才培养模式和教学管理模式，创办浙江科技学院中德工程师学院；探索与世界一流大学开展教育、科研和成果转化的合作，创办浙江大学国际联合学院。全省已建成 16 个合作办学机构和 146 个教育合作办学项目。2016 年起，浙江积极推动应用型本科和职业院校引进国外先进的职业培养标准、职业技术专业课程，发挥高职院校专业优势，有针对性地开展跨境技术技能培训和学历职业教育。2016 年，启动浙江国际化特色高校和示范性中外合作办学项目建设，通过增加开放一批全外语、双语教学专业和课程群，力争到 2020 年建成 20 个示范性中外合作办学项目。

（三）加强文化交流传播，呈现教育新姿态

2006 年起，浙江开始在国外设立孔子学院、孔子课堂及多个中外合作办学机构或办学项目，将高校自身教育国际化发展与传承中华文化的目标紧密结合。2014 年起，每年为浙江每所孔子学院提供 2 个"浙江省政府奖学金"名额。截至 2017 年，浙江 15 所高校共承办 24 所孔子学院、1 个独立孔子课堂，分布于

五大洲 21 个国家，是国内共建孔子学院最多的省区之一。^① 2011 年，出台《留学浙江行动计划》，设立、完善来浙留学生奖学金体系，加强课程体系、教学内容、教材教法的创新，落实留学生在浙就业创业政策，吸引高质量海外留学生来浙学习，提升浙江高等教育国际知名度和影响力，打造"留学浙江"品牌。

（四）推进人才国际交流，拓展教育新渠道

2010 年，启动实施"千校结好"行动，各类中小学通过不断拓展校际交流领域和范围，积极开展交流，从一般性往来向实质性合作迈进，建立中小学校际国际交流合作体系。2015 年，浙江中小学在世界五大洲近 30 个国家及港澳台地区共建了 1232 对友好学校关系。2016 年，发布《关于做好新时期教育对外开放工作的实施意见》，鼓励浙江学校结合"一带一路"倡议，主动发展沿线国家教育交流，与沿线国家相关学校建立友好合作关系，为沿线国家培养培训教师和各类技能人才。

六、均衡发展，促进与保障教育公平

浙江一直重视城乡教育统筹，加大农村教育投入，注重资源配置均衡，不断抬高农村教育水平的"底线"，缩小农村与城市教育差距；采取多种措施，促进与保障教育公平。

（一）维护招生考试公平，注重入学机会均衡

自恢复高考制度以来，浙江不断深化招生与考试制度，敢于改革，勇于承担，多项改革措施走在全国前列，不断加强维护考试招生公平，确保教育均衡发展。在全国率先宣布义务教育公办中小学招生实行"零择校"，率先启动高校试点"三位一体"综合评价招生制度，率先成为全国首批高考改革制度综合试点地区。实施普通高中学校招生名额按比例分配到区域内初中方案，逐步取消中、高考各类鼓励类加分项目，实施部分专业向农村基层定向招生。

（二）建立健全资助体系，注重教育质量均衡

积极建设各阶段学生资助体系，从资金上切实解决学生困难，杜绝贫困代际传递。2007 年起，全面建立高校经济困难家庭学生和中职学校学生资助体系，为 51 万名大中专学生提供了国家奖助学金资助。2014 年，将资助政策扩大到学前教育和普通高中学生。2016 年，建立健全困难家庭学生排查资助制度，不让一个孩子因贫困而辍学。2017 年，建立与完善对家庭经济困难学生的"应助尽助"资助体系，建立农村义务教育阶段贫困家庭寄宿学生生活费补助制度。

---

①　浙江省孔子学院师资选拔培训中心. 浙江省孔子学院工作座谈会在浙江理工大学举行[EB/OL].(2017−12−18)[2018−08−15]. http://ci.zjnu.edu.cn/2017/1226/c9921a226462/page.htm.

（三）延伸帮扶特殊群体，注重入学权利均衡

改革开放以来，浙江不断加强对各类困难学生的帮扶，解决弱势群体的教育问题。关注随迁子女入学问题，推行以流入地为主、公办学校为主吸收外来务工人员学龄子女，免除在公办学校就读的符合条件的外来务工人员子女的借读费，全面打开外省来浙务工人员子女升读中职教育的通道。2009 年，启动农民工子女学校建设改造项目，建设改造农民工子女学校 22 所。2017 年，在全国率先实行随迁子女就地参加高考升学的政策。完善留守儿童关爱体系，改善农村留守儿童办学条件，建立健全留守儿童档案，开展师生结对，引入社会力量做好留守儿童教育问题。实施特殊教育建设工程，推进特殊教育学校标准化、教学和康复训练仪器设备配置标准化建设，扩大特殊教育学校招生类别和招生数量。2017 年，全省 40 万人口以上的县（市、区）全部建成特殊学校。

第二节　教育事业跨越式发展

一、全域提高教育入学率

改革开放以来，浙江认真落实《中共中央关于教育体制改革的决定》。2017年，全省十五年教育入学率达 98.71%；在园幼儿 191.82 万人，学前三年入园率 97.5%；小学在校生 355.02 万人，小学入学率 99.99%；初中在校生 150.31 万人，初中入学率 99.99%；普通高中在校生 76.56 万人，初中毕业生升高中段学校比例达 98.74%；中等职业教育体系由弱变强，中等职业学校已达 328 所。教育各项主要指标保持全国领先水平。

基础教育优质高效，行稳致远。1989 年，普及初等教育。1997 年，成为全国第三个通过"两基"验收的省份。2004 年，率先在全国基本普及学前三年到高中段的十五年教育。此后，持续推进高标准、高质量"普九"。2015 年，成为最早实现所辖县（市、区）全部通过国家义务教育均衡发展评估认定的五个省区之一。

高等教育跨越式发展，实现了由精英教育到大众化教育的转变。1978 年，全省普通高校 20 所，普通本、专科在校生 2.4 万人，研究生 321 人，高考录取率不到 7%，高等教育毛入学率不足 1%。2017 年，普通高等学校达到 108 所（含独立学院及筹建院校）。其中，大学 17 所、学院 21 所、独立学院 21 所、高等专科学校 1 所、高等职业学校 48 所。普通本、专科生 100.23 万人，研究生 7.4 万人，高考录取率为 89.7%，高等教育毛入学率为 58.2%（高于全国平均值 15.7 个百分点）。综上所述，经过改革开放以来的发展，浙江各阶段教育的数据均高

于全国平均水平及中高收入国家水平。

二、营造教育优先发展环境

改革开放以来，浙江大力整合教育资源，不断优化教育布局，提高整体教育效益。曾经，在基础教育领域，有限的教育资源过度集中于杭州等城市，广大农村中小学资源匮乏，导致学校规模小、效益差。通过撤扩并等措施，小学从改革开放初4.45万所减少至2017年3286所，校均规模达到1077人；初中从2341所调整到1735所，校均规模达到898人；普通高中从1756所调减为580所，校均规模达到1333人，办学效益明显提高。在高等教育领域，杭、甬、温三市形成六大高教园区，其他设区市都实现了"本科院校+高职院校"的布局。

学习型社会教育体系不断完善。实现各类型、各层次教育全覆盖，推进了学习型社会发展。独立设置成人高校9所，另有72所普通高校举办成人学历教育，成人高等教育在校生由改革开放初1639人升至2017年22万余人。此外，社区教育、老年教育也得到了蓬勃发展。

中小学校舍成为各地一道亮丽的风景线。改革开放前，浙江各类教育设施陈旧落后。1985年，全省中小学危房面积高达130万平方米，占校舍总面积的6.15%。农村学校大多是旧祠堂、破烂庙宇，大量的危房严重威胁着师生的安全。浙江各级政府按照"两条腿走路"的办学方针，大力筹措办学经费，不断改善办学条件。通过加大教育投入、扶贫建校、农村中小学"四项工程"①、新建迁建扩建等举措，危房和破旧的校舍基本被消除，校园面貌焕然一新。

2017年，各级各类学校校舍建筑面积达1.5亿平方米。生均校舍面积，小学9.1平方米、普通中学19.3平方米，分别比1986年增加了5.5平方米、15.1平方米；高校生均校舍面积32.3平方米，比1981年增加了2.4平方米。公寓配套设施不断完善，高校公寓的空调覆盖率接近100%。通过"书香校园""文明校园"等建设，中小学校园已经成为各地美丽的风景线。

三、全面提升师资队伍素质

教育要办好，教师是关键。改革开放之初，浙江支撑中小学教育的主要力量是民办教师、代课教师；40年后，中小学教师的学历合格率和高学历率远超全国平均水平，成为教师队伍建设全国最好的省份之一。为解决师资数量不足的问题，浙江大力发展师范教育，建立中师、高师培养体系，扩大面向农村和紧缺

---

① 根据《全省农村中小学"四项工程"实施办法的通知》（浙政办发〔2005〕39号），这里的"四项工程"即农村中小学家庭经济困难学生资助扩面工程、农村中小学爱心营养餐工程、农村中小学食宿改造工程、农村中小学教师素质提升工程。

学科定向培养师范生规模，培养院校增加到 7 所。目前，从数量上，全省幼儿园、小学、初中、普通高中、中等职业学校、普通高校专任教师数分别达到 12 万人、20 万人、12.19 万人、6.8 万人、4.2 万人、6.24 万人。从学历合格率上，幼儿园到普通高中的教师的学历合格率达到 99% 以上，小学专科及以上、初中本科及以上学历的教师比例分别达到 98.6%，普通高中专任教师学历合格率达到 99.5%；职业高中专任教师学历合格率达到了 97.1%，其中"双师型"教师和专业课教师的比例分别达到了 44.2% 和 81.7%。

提高农村中小学教师队伍素质，一直是教育工作的重中之重。习近平总书记曾说："对农村教师队伍建设要有更加有力的措施。要从总体上研究解决这个问题。" 2008 年起，浙江开展农村中小学教师培训的"领雁工程"，在全国率先建立中小学教师专业发展培训的长效机制。2010 年，累计培训农村中小学骨干教师 39092 人、省级中职骨干教师与校长 2340 人。同时探索推广县域范围内的义务教育学校校长教师交流制度，实行教师培训学分制管理，探索中小学教师"县管校聘"等改革。建立了农村教师任教津贴制度，设立"农村教师突出贡献奖"，推出农村教师特岗津贴制度，制定了《浙江省乡村教师支持计划（2015—2020 年）实施办法》，增加了农村中小学教师的吸引力。

高校师资素质不断提升。坚持引育并重，引进和培育两院院士、教育部长江学者、国家杰出青年科学基金获得者、国家百千万人才、国家教学名师、省特级专家、省千人计划等高层次人才。2017 年，高校共有 6.24 万名专任教师；专任教师中副高职称及以上教师所占比例达到 45.6%，具有硕士及以上学位教师比例为 82.2%。拥有了一大批高层次人才，共有两院院士 42 人，国家千人计划人才 274 人，教育部长江学者 166 人，国家百千万人才 117 人，浙江省特级专家 68 人，浙江省钱江学者 131 人。

浙江坚持开放，深化合作，培养国际化师资队伍。2010 年国家留学基金委与浙江省共同设立了地方合作项目——"浙江省高校优秀中青年骨干教师出国研修项目"，仅 2010 年至 2017 年间，就录取 1024 名[①]高校教师出国研修。通过师资队伍的加强，高校办学层次不断提升。2017 年，全省拥有博士学位授予权的高校 12 所、硕士学位授予权的高校 21 所，拥有博士学位授予一级学科点 114 个，6 个国家大学科技园区、14 个国家重点实验室和 21 个教育部重点实验室（含省部共建实验室）。

---

① 浙江省教育厅. 2017 年浙江省高校优秀中青年骨干教师出国研修项目专栏 [EB/OL]. (2017-03-17)[2018-08-15]. http://www.zjedu.gov.cn/news/1489739933642838814.html.

四、开放办学推进教育国际化

改革开放前，浙江还很少了解国外的教育文化，学校几乎没有外籍教师，很少有学生出国留学，处于"无合作院校""无对外无交流项目""无外籍人员往来"的状况。40 年来，浙江教育积极对外开放，逐步从最初的毫无教育开放经历，到学习国外优秀教育经验、引入国外优秀教育人才的单向开放，最后转变为既有输入又有教育资源和人才输出的双向开放。

浙江中外合作办学从寥若晨星到如今的蓬勃发展，一个转折是 1995 年，浙江工业大学与北墨尔本大学就相关国际合作确立了意向，开启了浙江高校对外办学的篇章。2005 年，浙江创办了国内第一所中外合作的高校——宁波诺丁汉大学，这也是中国第一所具有独立法人资格的中外合作大学。该校引进一系列具有国际一流水准的学位课程，实行与英国诺丁汉大学完全一致的教学评估体系，全英文授课，学生毕业后获得英国诺丁汉大学学位。宁波诺丁汉大学开创了国内全新的教育合作模式，是浙江中外教育合作的亮丽一笔，为浙江发展国际合作办学提供了有效经验。

继宁波诺丁汉大学成立之后，浙江先后成功举办了 6 所中外合作办学机构。2014 年 3 月，教育部正式批准温州大学与美国肯恩大学合作创办温州肯恩大学，标志着浙江第一所中美合作大学的正式设立。温州肯恩大学秉承中美两所母体学校的优良办学传统，按照既依托办学母体，又超越办学母体的办学要求，打造一流的校园、师资、教学科研以及服务与管理体系。2015 年 9 月，习近平主席在第三届中美省州长论坛上，给予温州肯恩大学"目前运转良好"的肯定。

2017 年，全省实施中外合作办学的项目和机构 163 个，在校学生达 3 万人，15 所高校在 20 个国家建立了 24 所孔子学院、1 个孔子课堂，6 所中学在美国举办了 8 个孔子课堂，6 所学校在国外设立了 7 个中外合作办学机构或办学项目；共有来自 175 个国家和地区的 30419 名海外留学生在浙江高校就读，中小学外籍学生达 7799 人。3288 名外国专家和教师在高校和中小学工作，每年有超过 1.5 万名学生通过学生交流项目赴国外学习。从 2011 年开始，在全省中小学校范围内实施"千校结好"行动计划，已有 2125 所中小学校与国外学校结成了姐妹学校。

五、统筹兼顾城乡教育发展

"七山一水二分田"，是对浙江地貌的形象概括。特殊的地形地貌，使城乡教育资源均衡化更为重要。改革开放以来，尤其是"十一五"规划之后，浙江着眼农村教育，将城乡教育作为系统整体，促进城乡间教育资源流动，互相支持补充，推动城乡教育的统筹发展。

为缩小城乡教育资源配置差异，改善农村和欠发达地区的办学条件，浙江先后组织实施了农村中小学标准化建设工程、现代远程教育工程、小规模学校调整改造工程、农村学校教师破旧宿舍改造工程、书香校园工程、三轮教育对口支援工程等"扶弱"工程；推行乡镇中心幼儿园建设工程，如期完成中小学校舍安全工程，累计完成投资 230.7 亿元，加固和重建校舍 1348 万平方米。完善了义务教育"两免一补"政策和城乡义务教育经费保障机制。从 2002 年开始，总结并推广乡村中心校带动等办学模式，实行名校带弱校、带新校，城镇学校带动帮助农村学校，有效地扩大优质教育资源的覆盖面。2004 年，浙江召开全省农村教育工作会，明确提出要让所有农村孩子念上书、念好书。同年，省政府颁布《关于进一步加强农村教育工作的决定》，全面提升农村学校办学水平和城乡学校硬件均衡化程度，努力缩小区域、城乡和校际教育差距。2014 年开始，遴选 11 个基础教育相对薄弱的重点县，加强指导和督促，抬高基础教育的"底部"，城乡教育一体化建设惠及省内各农村。

积极探索本土化、特色化的小班化教育实践。随着浙江省人口出生率下降与城镇化推进，在丽水、衢州、温州、舟山等地交通不便的山区、海岛，出现了大量班额在 30 人以下的自然小班学校，大部分地区的农村中小学生源明显减少。为保证每位学生都能享受小班化带来的个性化发展，浙江从 2010 年开始启动教育改革试点项目，将小班化教育研究列入改革日程。2014 年，出台《关于推进农村中小学小班化教育工作的指导意见》，从指导思想、工作目标、工作要求、保障措施等方面，提出了实施"小班化教育"的明确要求。2017 年，成立了小班化教育学校联盟，基本形成常规化、本土化的小班化教育管理制度，同时开发了多元的、自主的学校小班化教育课程，使农村学生也有课程选择权。

积极引导学校结合当地特色，创新小班化教育课堂教学模式。湖州市菱湖镇第五小学形成了"预习、探究、展示、练延"的四步自主课堂教学模式；景宁县以课题为导向，抱团发展，构建了教师分层多元教、学生小组互动学、学校环境活动引领的三步模式，形成了包括目标、环境、备课、教学、作业、辅导和课堂评价在内的"小班化教学常规 20 条"，走出了一条从农村自然小班到小班化内涵发展的教育转型之路。[①]

积极发展老年教育事业，提升"美丽乡村"内涵。2017 年，颁布了《关于扶持发展老年教育事业的若干意见》。依托浙江老年开放大学，推进"第三学龄学堂"学习平台建设，加快推进老年教育系统化，在全省确定 49 家电大、社区学院开展老年教育工作试点，开设学制 1 年以上的专业（课程）100 多类，新增学制 1 年以上的老年学员 2 万多人（次）。开展各类老年教育短期培训和活动近

---

① 佚名.浙江省：因地制宜探索农村小班化教育改 [EB/OL].(2016-12-20)[2018-05-15].
http://www.sohu.com/a/122051551_100974.

200万人次。桐庐县把美丽乡村建设与村民的自我发展和完善相结合，大部分行政村设置了村级老年大学，为老年人免费提供教学课程，满足农村老年人多层次、多样化的精神文化需求。许多村庄打造出了"一村一特色"的第二课堂教育精品，以本土特色的文化培育优良的乡风、促进与城市教育资源的互通互补，为美丽乡村建设注入了文化内涵。

六、促进教育与经济深度融合

浙江坚持"以服务发展为宗旨、以促进就业为导向"，走出一条具有浙江特色的职业教育内涵发展道路。1999年，浙江只有1所高职院校。2003年9月，时任浙江省委书记的习近平指出了职业教育发展的方向："职业教育要以就业为导向。英雄不问出处，只要掌握了一技之长，就能在社会上立足发展。"[①]2017年，浙江省拥有职业高中185所、中专（含中专部）46所，各类中等职业学校合计招生人数为49.12万。省级以上重点中等职业学校154所，包括国家级重点中职学校37所、省一级重点55所。另外，浙江有独立设置的高职（高专）院校48所、国家示范院校6所、国家骨干建设院校5所、省级示范院校22所，在校生34万人。浙江职业院校专业基本覆盖了现代制造类、服务类和农业类等所对应的产业。仅2012年至2017年间，就有200多万名中职、高职毕业生走上工作岗位，毕业生的社会认可度不断提高，已成为推进产业转型升级、建设现代化"两富浙江"和"两美浙江"的一支重要生力军[②]。

浙江树立"以人为本、多元选择、全面发展、人人出彩"的现代职业教育理念，促进形成"崇尚一技之长、不唯学历凭能力"的社会氛围，努力打造"宽口径、厚基础、强技能、多出路"的成长成才格局，切实满足社会的多样发展需求和学生的多元成长需求，结合区域特色，积极稳妥地推进职业教育重点领域的综合改革。例如温州职业教育以中职学生终身可持续发展为主题，融合温州地域文化，大力推行"校企双主体"办学模式和混合所有制办学体制改革，深化校企协同育人。宁波、温州两市开展地方政府促进高等职业教育发展综合改革试点，强化了地方政府统筹发展职业教育的职责，"服务型职业教育区域"架构基本形成；慈溪等市（县）通过政策保障、经费投入、专业调整等手段，探索县域职业教育的集聚化和集约化发展；衢州市衢江区采取将"升学链""'两创'链"与"培训链"三链叠加，打造浙江职业教育质量升级版。随着《浙江省中等职业教育"十三五"发展规划》发布，职业教育现代化建设步伐加快，职业教育进一步融入浙江现代

①　金波，刘乐平，陈宁，等.以人民为中心——习近平总书记在浙江的探索与实践·共享篇[N].浙江日报，2017-10-10(3).

②　浙江省职业教育改革发展情况(2017年5月)[EB/OL].(2017-05-05)[2018-05-15].http://zj.qq.com/a/20170505/027202.htm.

化建设大局，职业院校的学生成长为支撑"浙江制造"走向"浙江智造""精品制造"的重要生力军。

第三节　浙江教育发展的主要经验

改革开放以来，浙江不断深化对解放思想、改革开放的认识，浙江教育在与时俱进中积累宝贵经验，用40年发展历程，书写了一部宏大且厚重的教育新篇章。

一、坚持党对教育的全面领导，立足浙江实际发展教育事业

贯彻党的教育方针，严格执行国家教育政策，坚持教育为人民服务，为中国共产党治国理政服务，为巩固和发展中国特色社会主义制度服务，为改革开放和社会主义现代化建设服务。这是改革开放以来浙江教育始终坚持的一条基本原则。这一基本原则，保证了浙江教育改革开放正确的前进方向。

二维码 7-2

（一）坚持党对教育工作全面的领导

这是浙江教育快速发展的根本原因。"党政军民学，东西南北中，党是领导一切的。"这从根本上决定了我们的教育事业是党领导下的教育事业，是中国特色社会主义教育事业。党的领导是引领中国特色社会主义教育事业不断前进的最大政治优势，是办好中国特色、世界水平现代教育的根本政治保证。改革开放以来，浙江教育发展的经验表明，只有坚持好党的领导这个根本，才能保持教育系统的稳定，才能保证育人的正确方向，才能推动浙江教育取得令世人瞩目的成就。浙江作为习近平新时代中国特色社会主义思想的重要萌发地，对此有着深刻的体悟。习近平总书记在浙江工作期间，始终对浙江教育倾注深情厚望。坚持党对教育工作的领导，高度重视教育事业发展，坚持把教育放在优先发展的战略地位，谱写浙江教育发展的重要篇章，习近平总书记留给浙江教育许多宝贵的精神财富。浙江教育的快速发展，得益于加强和完善党对教育工作的领导，得益于习近平总书记主政浙江时对教育的关注，得益于坚持从党和国家发展全局高度谋划和推动教育改革发展，从而成为中国教育改革发展40年的重要典型和生动缩影。

（二）坚持优先发展教育事业

全面加强党对教育工作的领导，必须坚持把教育放在优先发展的战略位置。改革开放以来，特别是进入21世纪和党的十八大以来，浙江落实教育优先发展的战略地位，把发展教育作为经济建设和社会发展的基础和前提来抓，并强调教育优先发展的政府行为。除了适时做出教育优先发展的战略决策之外，还通过推广开化经验、温岭经验、磐安经验，出台开展"扶贫建校"活动、"创建教育强

县"、开展标准化学校建设、开展农村教育四项工程、开展职业教育六项行动计划、开展"省重点高校建设"计划，通过这些有力的抓手和载体，把"教育强省"和优先发展教育的战略地位落到实处。"教育是对中华民族伟大复兴具有决定性意义的事业"。浙江坚持一切从实际出发，加强顶层设计，谋划各级各类教育发展战略；优先发展教育事业，加快推进教育现代化，发展更加公平、更高质量的教育；以"浙江精神"加快建设教育强省，为全省经济社会发展提供了重要基础支撑，向全国输出了行之有效并具有借鉴意义的"浙江经验"。

（三）坚持立足浙江实际办教育

这是浙江教育快速发展的现实要求。改革开放以来，浙江紧紧围绕办好让党放心、让人民满意的教育总目标，坚持教育为浙江的经济社会发展服务，强化统筹协调，不断辐射教育功效，推动各级各类教育持续健康发展，全力保障"学有所教"，努力实现"学有优教"。在普及初等教育过程中，浙江提出了"压缩普通高中、稳定初中规模、确保小学重点"的方针，保证了初等教育的快速普及。在普及十五年基础教育过程中，浙江采取了"活两头（学前教育、高中教育）、保中间（义务教育）、促全局（整个基础教育）"的策略，既确保了义务教育这个重点，又为学前教育和高中教育的发展带来了勃勃生机。在财政无法全面保障教育快速发展的情况下，浙江充分调动社会力量办学积极性，大力发展民办教育；在教育的外延扩张任务基本完成以后，积极推进内涵发展；在高等教育不能满足需求的情况下，大力推进高教园区建设和独立学院、高职院校发展，全面实施高教强省和教育现代化战略；等等。

二、坚持尊重群众的创造精神，着力推进教育事业改革开放

教育发展必须坚持以人为本，本质在"人"，核心在"为"，需要勇气和激情，更需要胆识和智慧。改革开放以来的实践证明，每一轮新的发展都以解放思想为先导，每一轮大发展都以体制机制创新为动力，每一轮发展都以充分尊重基层和群众的首创精神与调动社会各个方面的积极因素为前提。坚持以人为本，坚持教育改革开放，这是促进浙江教育改革发展的决定性因素。

（一）尊重基层和群众的首创精神

浙江教育发展的实践证明，民心无价，民智无限。基层是教育改革最活跃、最具创新能力的地方，一线教师是教育先进经验方法最积极、最主动的创造者，要在实践的基础上重视理性思考，善于总结提炼基层的探索和创新，特别是成功的新鲜经验，用于指导工作，推动创新。没有基层和教师的首创精神，不会有浙江教育的大好局面，没有尊重基层首创精神的氛围，也不会有浙江教育的大好局面。浙江在全国创造了许多的"率先"和"领先"：首创面向经济困难家庭学生提供"爱心营养餐";首创在全省范围内小学施行早上推迟上学;首创特殊教育学校到普通学校开办"卫星班";等等。还有,湖州的德育导师制,课外文体活动的"东阳模式",绍兴实验中学的"轻负担、高质量",堂头中学的生活德育,教育均衡发展的"北仑经验",温岭重点中学招生指标均衡分配到初中,宁海的预防未成年人违法犯罪预警机制,长兴的"教育券",新昌中学的"创新教育",等等。这些教育创新无不充分体现了经验来自基层,创造来自一线教师。

(二)强化体制机制改革

坚持解放思想、实事求是、与时俱进,必须根据实践要求适时推进体制机制改革。把深化改革作为教育发展的强大动力,积极推进关键环节的教育改革,成为改革开放以来浙江教育的显著特色和优势。在办学体制改革上,浙江积极鼓励社会力量办学,在全国比较早地创办民办大学,兴办民办独立学院,并采取划拨土地、税收优惠、公派教师等措施扶持各类民办学校。在教育教学改革上,把基础教育课程改革作为素质教育的主要载体和抓手。在课程改革上,首先在负担最重的高中阶段开展课程改革,继而延伸到职业教育,后又启动义务教育课程改革,通过"减少必修、增加选修",进一步扩大了学生学习的选择权。在考试制度改革上,深化了招生考试和评价制度改革,认真制定试点方案,周密实施高考招生制度改革,在全国率先启动高校"三位一体"综合评价招生试点。在教育管理模式改革上,突出"简政放权",分别向地方、向高校下放了一批教育管理权限。通过取消、下放、合并等,将权力清单项目从230多项减少到40项,并取消、停止了一批检查、评估、表彰、认定项目。同时着力加强现代学校制度建设,在公办学校全面建设章程,推动学校"依章办学"。2010年以来,浙江先后实施了13项国家教育改革试点和31项省级教育改革试点项目。

(三)大力推进教育开放

教育国际化,是改革开放的应有之义。伴随着教育国际化进程的深入,"请进来、走出去"正在成为中国教育国际化的大势所趋。教育国际化,作为推进浙江教育现代化的重要途径,保持着良好的发展势头。浙江在全国率先制定了《浙江省高等教育国际化发展规划(2010—2020年)》。此外,浙江出台了《留学浙江行动计划》,设立留学生奖学金,2010年,在浙高校外国留学生占全省在校生总数的2.86%。继宁波诺丁汉大学之后,浙江又建成了独立设置的温州肯恩大学,以及浙江科技学院中德工程师学院、浙江大学国际联合学院等非独立法人中外合作办学机构。同时高校积极"走出去"办学,在海外建立了孔子学院、孔子课堂,设立中外合作办学机构或办学项目。尤其是近年来,浙江教育主管部门和高校响应"一带一路"倡议,拓展与"一带一路"沿线国家的教育合作,扩大沿线国家的留学生招生规模。浙江还通过"千校结好"等方式,把教育国际化向中小学延伸，吸收和借鉴国际上先进教育思想和理念，推动跨文化交流，扩展学生的国际视野，培养学生多元文化的理解能力和国际竞争意识。

三、坚持敢于争先精神，力创浙江教育发展特色

大力弘扬"浙江精神"，不断解放思想、改革创新，以改革促发展、以创新求发展，是浙江教育快速发展的力量源泉。

（一）勇立教育发展的时代潮头

习近平总书记在2016年的G20杭州峰会期间，对浙江提出了"秉持浙江精神，干在实处、走在前列、勇立潮头"的要求和期望，而这也正是改革开放以来，浙江面貌发生巨变的真正动因。改革开放之初，浙江教育并非处于全国前列，尤其是人均受教育年限和高等教育，大大落后于先进省份。但浙江敢于想别人没有想到的问题，敢于做别人没有做的事业，开创了敢于争先的浙江教育发展局面。2004年，根据时任省委书记习近平提出的"八八战略"，浙江加大实施科教兴省、人才强省战略，相继创造基本普及十五年基础教育全国第一，高等教育大众化全国第一，高教园区建设全国第一，民办大学创建全国第一，兴办独立学院全国第一，创办中外合作型大学全国第一，中等职业教育招生与普通高中招生一比一全国第一，等等，最终成就了浙江教育在全国的领先地位。

二维码 7-3

浙江民办教育的蓬勃发展，是最有说服力的例证。作为民营经济发达的大省，浙江始终把发展民办教育放在重要位置，制定出台了促进民办高校和民办中小学校健康发展的政策，扩大了民办学校招生、收费和专业设置等方面的自主权，并采取划拨土地、税收优惠、公派教师等措施扶持各类民办学校。如今，民办教育已成为浙江教育发展的重要力量。

（二）勇挑教育发展的时代重担

习近平总书记在《之江新语》一书中写到，改革开放走过的道路，就是一条在不断克服困难中前进的改革创新之路，就是一段"发展出题目，改革做文章"的历程。从某种意义上来说，浙江教育的发展，既是贯彻习近平新时代中国特色社会主义思想最生动的课堂，也是践行习近平新时代中国特色社会主义思想最真实的考场，是习近平新时代中国特色社会主义思想最好的诠释和注解。

敢于争先是浙江人重要的品质和特征。对浙江教育发展来说，这不仅是一句口号，更是一份责任和担当：一是敢于探索和突破的勇气。敢想敢干、敢为人先，敢于打破一切影响和制约教育发展的思想观念束缚和体制机制障碍。二是咬定青山不放松的韧劲。对认准的走鲜明特色的教育发展之路，不迟疑、不动摇，坚定不移走下去。三是牺牲奉献、公而忘私的品格。唯有保持对教育事业的无

私热爱，把教育视为生命中最有价值的追求，才会激发敢于争先的热情和干劲。四是尊重科学、大胆探索的求实态度。既求真务实、按规律办事，又不拘陈规、敢于走前人没有走过的路。五是胸怀大局、敢于担当的使命意识。站在历史、现实和未来的高度发展教育，自觉为国家富强、民族振兴、人民幸福拼搏奋斗、改革创新。

（三）勇奏教育发展的时代强音

浙江教育发展与浙江经济社会快速发展密不可分，是"敢于争先"的浙江精神的集中体现。例如，为推动高等教育上水平，浙江提出超常规发展高等教育，支持"双一流"建设高校、重点建设高校和优势特色学科发展。鼓励高校大胆创新、各显神通，多渠道筹措发展资金，集中资源、聚焦重点，推动重点高校建设早见成效、多出成果。敢于争先进位，打造更多"浙江样板"，形成更多"浙江经验"，是新时代中国特色社会主义赋予浙江教育新的历史使命。推动教育改革发展进入新时代，浙江必须以新的使命谋划教育，以新的方位审视教育，以新的理论指导教育，以新的姿态推进教育，把这一国家战略放在中华民族伟大复兴的进程中寻找着眼点，办现代化的教育；放在经济社会发展的大势中寻找支撑点，办公平而有质量的教育；放在新时代中国特色社会主义伟大事业中寻找立足点，办好人民满意的教育。

四、坚持为人民办教育立场，促进教育高质量公平均衡发展

群众路线是党的根本路线，坚持以人民为中心、办人民满意的教育是社会主义教育的本质要求。必须在政治思想和价值导向上始终坚持为人民办教育、为人民培养人才，依靠人民办教育、依靠人民发展教育，是中国特色社会主义教育的根本方向。改革开放以来，浙江以人民对教育的期待为宗旨，扎实推进"教育强省"建设，把教育视为经济建设和社会各项事业发展的"基石"，使教育在改善民生、提升民力中发挥的作用越来越大。坚持为人民办教育的理念，促进教育科学和谐发展，把维护教育公平作为工作导向，促进教育的均衡发展，让人民群众享受优质公平的教育，是浙江教育得以稳步协调发展的重要原因。

（一）稳步推进教育公平

促进教育公平始终是浙江教育改革的重点内容。浙江加大教育统筹力度，努力促进基本教育公共服务均等化。通过取消优秀学生干部和"省级优秀学生"高考加分项目、清理规范高考体育加分项目、规范高校转学行为等措施，取消了一系列"教育特权"。研究制定了一系列保障外来务工人员子女、农村留守儿童、学习"后20%学生"等弱势群体的教育帮扶政策和工作措施，把省少管所内的未成年人纳入国民教育工作体系，并在全国率先实行随迁子女在浙江省

就地参加高考升学政策。积极回应并解决教育的热点难点问题。采取严厉措施治理中小学择校乱收费现象，在全国率先向社会公开宣布公办义务教育学校开始实施"零择校"。在全省中小学取消任何形式的与"小升初"招生相挂钩的学科知识笔试和面试。推动实行示范性普通高中招生名额按一定比例分配到区域内初中的制度。

（二）促进教育高质量均衡发展

提高基础教育发展的均衡性，持续把政策资源向薄弱地区和薄弱环节倾斜，让人民群众享受优质公平的教育，是必须始终抓在手上的一项重要工作。改革开放以来，浙江实行教育资源配置向经济欠发达地区、农村学校和薄弱学校倾斜，先后实施了中小学校标准化建设等一系列重大教育项目，还通过教师支教制度和教师流动制度等方式，扶持农村和薄弱学校提升水平，县域范围内的义务教育基本实现了均衡发展。针对薄弱环节，连续实施两轮"学前教育三年行动计划""中职教育现代化七项工程"，努力补上教育短板，保持了教育协调发展。深入实施教育信息化工程，使信息技术逐步成为扩大和共享优质教育资源的有效工具。

（三）深入开展为教育办实事工作

教育是最大的民生工程。努力为教育办实事，是推动教育进步的有效载体。浙江在全国最早喊出了决不让一个孩子因家庭贫困而不能接受义务教育、决不让一个大学生因家庭贫困而失学的口号，把建立和完善扶困助学制度作为践行人民办教育、为教育办实事的重要举措。每年为教育办实事，是这些年浙江的一项制度性安排，也是为人民服务的具体体现。为了让不同地区、不同人群享有接受高等教育的机会，浙江探索开展了农村社区医生、农业技术人员、退役士兵、小学全科教师、粮油储检人才、老年护理人员以及面向12个偏远薄弱县的定向招生。截至2017年，浙江教育主管部门连续9年设计并实施一系列为师生办实事项目，具体到建设教师租赁房、配置学生直饮水、为偏远山区学校安装热水淋浴房、为高校配备图书馆空调、为农村学校装备可调式桌椅等大事小事，提高师生满意度和幸福感。特别是针对农村教师队伍相对薄弱的现状，先后建立了农村教师任教津贴制度等，制定了《浙江省乡村教师支持计划（2015—2020年）实施办法》，增加了农村中小学教师的吸引力，也提升了农村教育的质量。

强国必先强教，强省亦先强教。中国特色社会主义进入新时代，浙江要干在实处，走在前列，争当践行习近平新时代中国特色社会主义思想的领头羊和排头兵。站在新的历史起点上，浙江要正确认识教育所处的新方位、面临的新使命，坚持把教育放在优先发展战略地位不动摇，进一步加大教育改革力度，全面提升教育质量水平，早日建成高教强省，实现教育现代化。

 **案例 7-1**

改变乡村教育现状　为乡村留住人

10年2亿元、"乡村教育家社区"、20名乡村校长……7月4日，"马云乡村校长计划"正式发布，这些关键词立即成为媒体关注的焦点。一边是最知名、最前沿的互联网"巨头"，一边是最落后、最艰苦的乡村学校，两者巧妙的组合，将乡村教育的这块"短板"又一次摆在了聚光灯下。

诚然，马云公益基金会此举是在为改变乡村教育现状贡献一己之力，也是企业回馈社会的良好样本。"马云乡村校长计划"旨在寻找和支持优秀乡村校长，培养一代具有优秀领导力的"乡村教育家"。然而，在当前城乡二元结构之下，这些并不是马云一人一时的目标，而是全社会共同的长期目标。对于一座座散落在乡野的乡村学校和一个个渴望求知的农村儿童而言，资金与硬件的投入不可缺失，政策体制的完善更加不可缺席。

随着城市化进程的加快，城与乡之间的差距，正在教育问题上逐一显现：农村教育设施落后、教师人才匮乏；农村教师在教育理念、资源获取能力和教育创新实践能力方面存在不足；等等。正视这些问题，就是正视教育的"短板"，正视教育公平。而促进教育公平，缩小城乡教育差距，关乎农村的发展，更关乎农村家庭和个人的未来，是不得不"绷紧弦"的民生工程。

2016年全国"两会"期间，时任教育部部长袁贵仁曾说："中国农村教育是我们的短板，办好农村教育，关键在教师。"当前，我国共有300多万乡村教师奋斗在最艰苦的乡村教育第一线，这不是一个简单的数字，而是一个个期待教育公平、渴望被关注的真实个体。在当前城乡教育差距较大的背景下，统一城乡教师编制、提高乡村教师待遇、及时发放生活补助、增加培训进修机会等政策措施必须及时扶持这些在硬件上相对弱势的群体。唯有这样，"下得去""留得住""教得好"，才不会成为一句硬生生的口号，而成为每一位乡村教师自发自愿的行为。

近年来，越来越多乡村教师的典型被媒体挖掘、广为流传。这些故事之所以打动人，是因为这些乡村教师对三尺讲台的坚守源于对乡土的热爱，源于他们拥有一颗甘愿为教育奉献的心。乡村教育的质量不仅要靠硬件的提升来保障，还要靠健康的教育心态来支持。在政策体制不断完善的前提下，需要转变教育理念，去乡村任教不止于受苦受累，乡村教师和城市教师一样，也是在践行自己的教育观，在为教育大业贡献力量。我们要看到打动人心的典型，更要看到典型身后默默在岗位奋斗的群体。

在浙江，同样为了缩小城乡差距，医疗体制改革的"双下沉、两提升"经验或许值得借鉴。近年来，大医院医生"坐诊家门口"、远程看病等已经逐渐成为基层百姓生活的常态。在改变乡村教育现状的进程中，如果能让优质的城市教育资源流向农村，让城市学校和乡村学校点对点联系、点对点帮扶，或许能让乡村教育和城市教育的差距更小一点，距离更近一点。

资料来源：陈宁.改变乡村教育现状　为乡村留住人 [EB/OL]. (2016-07-06) [2018-08-15]. http://www.zjwmw.com/07zjwm/system/2016/07/06/021215312.shtml.

 阅读书目

1.王振洪，等.浙江省高职教育发展报告 (2006—2015).杭州：浙江大学出版社，2016.

2.张彬，等.浙江教育发展史——浙江历史文化专题史系列.杭州：杭州出版社，2008.

3.朱向军.名校集团化办学　基础教育均衡发展的"杭州模式".北京市：中国青年出版社，2005.

4.浙江省社区教育指导中心办公室.浙江省社区教育事业发展报告：2013—2014.北京：中国财政经济出版社，2015.

 思考讨论题

1.简述浙江教育发展最主要的特征。

2.如何看待改革开放以来浙江教育的改革之路？

3.浙江高等教育如何支撑经济社会发展？

4.浙江民办教育发展有哪些特色和经验？

第八章 提高社会治理水平，建设平安浙江

带领人民创造美好生活，是我们党始终不渝的奋斗目标。加强社会建设，是社会和谐稳定的重要保证。推进社会治理创新，建设平安浙江，既是实现浙江经济社会和谐健康发展的客观要求，也是顺应人民群众新期待的重要举措。

第一节 保障和改善民生，提升群众获得感

一、保障劳动者充分就业，提高人民医疗健康水平

改革开放以来，浙江全面践行以人民为中心的发展思想，通过不断完善公共服务体系，促进社会公平正义，使人民群众的获得感、幸福感显著增强。

（一）实施就业优先战略，保障劳动者充分就业

就业是最大的民生。改革开放以来，浙江经济增长与就业增长良性互动。从20世纪80年代中期开始，得益于浙江乡镇企业的快速发展，浙江全社会从业人员数总体呈正增长态势。2000年以前，增长率较低且呈下降态势，2000年以后，增长率明显提升，2007年增长率高达7.33%。2008年，受国际金融危机的影响，浙江就业增长率有所回落，但基本稳定，增长幅度与2006年差不多。[①] 从就业结构来看，20世纪90年代中后期以来，为推进工业化和城市化，浙江政府进行了一系列改革，为劳动力流动创造了宽松的制度环境，大量农村劳动力涌向城市和非农产业，全省就业结构发生巨大变迁。随着经济的高速增长和非农产业的快速发展，全省三次产业结构趋于合理，劳动力逐渐从第一产业向第二、三产业转移。

2003年实施"八八战略"以来，浙江全省失业率不断降低，一是因为经济持续增长创造了就业岗位，二是因为实施积极就业政策，健全了就业服务机制，优化了劳动关系，确保了城乡劳动者和外来建设者的劳动权益。全省组建了从省到县市的由工会、企业、政府代表参加的三方会议，工会在三方会议上扮演重要

---

① 浙江省统计局普查中心课题组.浙江就业结构变动态势分析 [J].浙江统计，2009(12).

角色；建立省政府与省总工会联席会议，由副省长听取工会主席的意见；赋予工会一定的行政职能，参与相关地方法规的制定；加强对企业用工的监察，平衡劳资双方的关系等。例如，杭州市制定并实施了《关于深入发展和谐劳动关系的实施意见》《关于加强企业社会责任建设的意见》《杭州市劳动关系和谐指数评价体系（试行）》。萧山区从 2011 年开始，制定出台了《企业和谐劳动关系标准（试点版）》，从劳动合同、职工工资、社会保险等 8 个方面 29 条，对企业和谐劳动关系做出了具体规定，率先开展企业和谐劳动关系标准认证工作，形成了"全方位创建、科学化认证、多层次覆盖"的创建模式，实现了"职工得实惠、企业得效益、经济得发展、社会得和谐"的共赢局面。

党的十八大以来，浙江省就业保持了稳中向好的就业态势，全省 5 年累计城镇新增就业人数超过 530 余万人，登记失业率稳定在 3% 左右。[①] 为了优化就业创业生态环境，通过创业带动就业，推动实现更加充分、更高质量的就业。2017 年，省人民政府发布了《关于做好当前和今后一段时期就业创业工作的实施意见》。一是坚持就业优先，拓展新兴业态就业渠道。促进经济发展与就业协同，大力发展信息、环保、健康、旅游、时尚、金融、高端装备制造和文化八大万亿产业，创造更多就业岗位；促进小微企业创业创新，滚动实施"小微企业三年成长计划"，更好发挥小微企业吸纳就业的主渠道作用；支持"互联网+"新就业形态发展。二是优化创业生态，促进创业带动就业。推进市场主体准入改革，支持创业平台建设，加大对创业群体的资金扶持力度和税收优惠，拓宽创业融资渠道。三是实施精准帮扶，促进各类群体稳定就业。支持高校毕业生多渠道就业，稳妥安置化解过剩产能企业职工，深入推进城乡统筹就业，统一城乡失业保险政策。四是健全服务体系，提升就业创业服务水平。主要通过完善教育培训机制，创新职业培训模式，强化公共就业创业服务，推进人力资源市场建设等手段贯彻落实。

（二）实施健康浙江战略，提高人民健康水平

人民健康是民族昌盛和国家富强的重要标志。浙江深化医疗卫生、体育健身、食品安全等各领域的改革发展，积极扩大优质医疗资源供给，加强基层医疗服务能力建设，传承发展中医药事业，为人民群众提供全方位全周期健康服务。浙江在建立覆盖城乡的社会保障安全网方面走在全国前列，农村从 1996 年开始逐步建立新型合作医疗保险，2003 年，浙江在全国率先建立了以县为单位的大病统筹农村新型合作医疗制度，颁布了《关于建立新型农村合作医疗制度的实施意见（试行）》。到 2012 年，浙江全省新型农村合作医疗参合农民 2872.9 万人，参

① 沈嘉贤. 坚持就业优先战略，深化就业与各领域融通融合——浙江省推动实现更高质量和更充分就业 [N]. 中国劳动保障报，2018-01-23.

合率97.7%，城乡居民基本医疗保险参保人数2307万人，新增186.7万人，参保居民住院补偿率达到70%以上。① 2013年，省委省政府为破解医疗卫生资源分布不均衡现状，构建合理有序的分级诊疗体系，启动了"双下沉、两提升"工程，通过"人才下沉、资源下沉"，引导城市优质医疗卫生资源流向基层，强化基层医疗卫生服务体系建设，帮助基层医疗卫生机构"服务能力提升、服务效率提升"。2017年，省政府办公厅印发《关于推进高水平医疗联合体建设的实施意见》，省医改办印发《关于开展县域医疗服务共同体建设试点工作的指导意见》。到2017年年底，全省共建成不同类型高水平医联体526个，11个试点县（市、区）率先探路县域医共体建设。全省39家市级医院和15家省级医院共与122家县级医院开展合作办医，实现对有县级医院的县（市、区）的全覆盖；15家省级三甲医院将26个"加快发展县"作为合作办医的重点，实现了省级优质医疗资源对"加快发展县"的全覆盖；县级医疗资源依次下沉乡镇卫生院（社区卫生服务中心），实现了县对乡镇全覆盖。② 加强妇幼保健工作，健全儿童医疗服务体系和医保体系，对全省0~3岁儿童开展早期识别发育风险和发育异常筛查。全面加强食品药品安全监管，保障人民群众饮食用药安全，让群众吃得放心。2011年，浙江出台全国首个食品安全地方法规——《浙江省实施〈中华人民共和国食品安全法〉办法》；2013年，围绕保障食品药品安全，在全国率先建成省级食源性疾病主动监测溯源平台，实施"千万学生饮食工程"，扎实开展食品安全"强网清源"、药品"两打两建"等专项行动。

二、健全公共安全体系，推进平安浙江建设

为了维护社会治安秩序和社会稳定，建设平安浙江和法治浙江，提高社会治理社会化、法治化、智能化、专业化水平，省委省政府高度重视公共安全和平安浙江建设，大大提高了全省人民的安全感，使浙江成为社会秩序良好、群众安全感最强的省份之一。

（一）健全公共安全体系，保障社会安定有序

为了保障社会安定有序，浙江高度重视体制机制改革与建设，重点强化平安建设工作的考评、激励、督查等制度，通过设置科学的考核指标体系，增强工作实效，健全应急机制，使各项安全生产责任落到实处，确保经济社会繁荣稳定。为维护社会公共安全，提高全社会特别是各级政府应对公共突发事件的能力，2003年，省政府出台了《浙江省处置经济社会紧急情况工作预案》，对浙江区

---

① 佚名. 浙江：住院报销比例力争达到75%以上 [EB/OL]. (2013-01-17)[2018-08-15]. http://n.cztv.com/zhejiang/2013/01/2013-01-173713860.htm.

② 佚名. 浙江：双下沉、两提升　缓解基层看病难 [N]. 浙江日报，2017-12-29.

域发生各类经济社会紧急情况的处置原则、处置分工、处置程序、新闻报道、善后处理等做了明确规定。到 2004 年，省政府制定和修订的公共突发事件应急预案达到 22 个，基本形成了较为完善的应对突发事件的事前督查机制、事中应急机制和事后问责机制。通过建立健全快速反应系统，能有效动员政府组织、非政府组织、社会力量投入应急行动；制定相关的法规和政策，使公共突发事件的应急处置走向规范化、制度化和法制化轨道；明确各级岗位责任制和行政首长负责制，各司其职，协同行动，提高应对公共突发事件和公共危机的能力，将突发事件造成的影响和损失减少到最低程度。

（二）推进社会全面发展，着力建设平安浙江

2004 年 5 月，省委第十一届六次会议通过了《关于建设"平安浙江"，促进社会和谐稳定的决定》。"平安浙江"建设，涵盖了政治、经济、文化、社会和人民生活的方方面面，包括"五个更加"即经济更加发展、政治更加稳定、文化更加繁荣、社会更加和谐、人民生活更加安康；"六个确保"即确保社会政治稳定、确保治安状况良好、确保经济运行稳健、确保安全生产状况稳定好转、确保社会公共安全、确保人民安居乐业。"平安浙江"建设突破了仅限于改善社会治安状况的"小平安"思路，是从社会协调发展的高度制定与实施的"大平安"战略。建设"平安浙江"与实施"八八战略"相结合，两翼展开，双轮驱动，加快浙江和谐社会的建设进程。继建设"平安浙江"战略后，省委于 2006 年做出了《关于建设"法治浙江"的决定》，提出通过加强法治建设推动经济、政治、社会和文化发展，实现建设平安浙江、构建和谐社会总目标。积极推进"法治浙江"建设，不断提高依法治省水平；积极推进社会管理创新，加强社会治安综合治理，努力维护社会稳定。截至 2017 年年底，浙江获平安金鼎市、县（市、区）63个，占全省市、县（市、区）总数 63%。人民群众安全感满意率达到 96.58%，连续 14 年居全国前列。14 年来平安浙江建设取得丰硕成果，全省各类生产安全事故、死亡人数同比分别下降 26.3%、19.2%；道路交通事故四项指标同比分别下降 11.61%、5.11%、13.78%、16.89%；刑事案件立案起数同比下降 26.34%，降幅居全国第二，群体性事件同比下降 42.53%；城乡居民收入差距缩小至 2.05∶1。①

（三）创新乡镇治理体制机制，提高基层政权工作效能

加强基层治理体系"四个平台"建设，是浙江省委省政府做出的重要决策部署，是推进"放管服""最多跑一次"改革在基层落地的重要载体。2015 年召开的浙江省行政体制和机构编制工作会议首次提出"四个平台"概念，即乡镇（街

①　佚名.浙江加强平安建设　人民群众安全感满意率达到 96.58%[EB/OL].(2018-04-03)[2018-08-15].http://zj.people.com.cn/n2/2018/0403/c228592-31419862.html.

道）综治工作平台、市场监管平台、综合执法平台、便民服务平台。"四个平台"建设旨在破解县乡断层、条块分割等基层治理体系存在的诸多问题，运用矩阵化管理理念，把乡镇（街道）和部门派驻机构承担的职能相近、职责交叉和协作密切的日常管理服务事务进行归类，完善机制，整合力量，形成四个工作平台，并以综合指挥、属地管理、全科网格、运行机制为支撑，形成覆盖县乡、功能集成、工作协同的基层治理体系。2017年，全省所有乡镇（街道）全面完成"四个平台"建设。从全省各地实践看，"四个平台"建设成效凸显。以绍兴为例，绍兴市纳入属地管理的派驻机构共592个，派驻人员共3003名，比"四个平台"建设前增加122%，基层调控能力明显增强。借助浙江政务服务网，通过构建县、镇、村三级联动指挥体系，依托全县一张网，运用基层治理综合信息平台，各类信息流转程序更加规范，实现了信息收集、交办、处置、督办、反馈、考核全流程闭环，打破了数据壁垒，促进了基层治理现代化，推动了基层智慧治理，实现了"让信息多跑路、让群众少跑腿"，提升了基层服务水平，增强了群众获得感。借助基层治理综合信息平台，运用大数据分析，基础信息、动态信息得到了及时的分析研判，各类苗头性、隐患性、趋势性问题得到有效控制，保障了社会和谐稳定。[①]诸暨市枫桥镇通过"四个平台"全面整合治理资源，达到了"多按钮、少跑腿，问题解决在家门口"的既定目标，实现了"矛盾不上交，平安不出事，服务不缺位"，形成了新时代"枫桥经验"。

（四）领导主动下沉接访，有效化解基层矛盾

2003年9月18日，时任省委书记习近平到浦江下访接待群众，面对面倾听群众心声，为群众排忧解难，得到了浦江群众的普遍赞誉。习近平指出"领导下访接待群众，是新时期开展群众工作的一种有效形式，也是从源头做好信访工作的一项有力措施"，并提出了"进一步规划和完善领导下访接待群众制度，努力把信访工作特别是下访工作做得更好"的工作要求。[②]浦江历届县委县政府把领导干部接访下访作为一项重要制度，形成了"下访约访日""领导信访包案"等制度，成为全省全国信访工作先进典型。2011年，浦江信访工作得到习近平的批示肯定，被中联办、国家信访局总结推广为信访工作"浦江经验"。全省以习近平下访浦江为契机，拉开了省、市、县三级党政领导干部和人大、政协主要领导联动下访的序幕。2012年，全省实施领导干部大接访活动，推动形成省、市、县、乡、村五级大接访长效机制。先后下发《关于加强领导干部定期接待群众来访和定期组织各级机关干部下访工作的实施意见》等一系列文件，并且形成了省级领

---

① 佚名.绍兴：推进"四个平台"建设 打造基层治理样本 [EB/OL].(2017-12-13)[2018-08-15]. http://zj.people.com.cn/n2/2017/1213/c186327-31025554.html.

② 王国勤.领导下访是一举多得的有益创举 [N].浙江日报，2017-05-31.

导坚持带头接访、市级领导坚持定期接访、县级领导坚持开门接访、乡镇领导坚持随时接访、村居干部坚持上门走访的五级接访机制。领导主动下访，改变了干部的作风，有助于从源头上化解基层矛盾，人民群众安全感满意率连续 10 年居全国前列。[1]

三、适应劳动力市场配置需要，创新流动人口管理机制

浙江是外来人口的流入大省，流动人口已成为浙江经济社会发展中一支不可或缺的重要力量。大量外来人口在为浙江经济社会发展做出巨大贡献的同时，也给流入地的教育、卫生、劳动、治安、住房、文化等相关工作带来很大压力。全省各级党委政府牢固树立新发展理念，不断推进经济转型升级，促进人口素质提升，优化政府公共服务，全面推进基层社会和谐平安。

（一）以制度建设为载体，健全便民服务体制

浙江 2009 年颁布实施我国首部流动人口服务管理综合性地方法规——《浙江省流动人口居住登记条例》；2016 年，省人大常委会审议通过《浙江省流动人口居住登记条例（修订草案）》。修订后的新条例自 2016 年 7 月 1 日起施行，确立了"全员登记、依规领证、凭证服务、量化管理"为主要内容的新型居住证制度；确定了《浙江省居住证》申领条件，明确了居住证持有人享有包括参与社会事务、义务教育、办理出入境证件等在内的三项权利、五项基本公共服务和六项便利；规定了建立健全与居住年限等条件挂钩的公共服务和便利提供机制，将居住证持有人的个人情况量化，按照量化情况确定相应享受的公共服务和便利内容，以解决部分稀缺性公共服务资源承载力和数量庞大的流动人口服务需求之间的矛盾。为适应电子技术运用和方便使用，居住证改为 IC 卡式，拓展了服务和社会经济保障的功能。

（二）整合网络资源，创新管理平台

从 2009 年开始，浙江依托政府信息网络资源对原有公安暂住人口管理信息系统进行全面升级、改造，建成统一的基础信息采集平台和流动人口综合信息平台，实现流动人口基础信息的统一采集、统一录入、统一维护和共享。只要登录政府网，就可进行实时查询、统计、分析。综合信息平台建设的推进，将汇集涉及流动人口的包括人口、劳动、计生、卫生、交易、组织等在内的所有信息。2017 年，浙江实施"最多跑一次"改革以来，通过"互联网＋政务服务"，全面梳理政府办事事项，服务意识不断加强。如杭州市江干区九堡街道针对辖区流动人口较多的实际情况，开设流动人口服务管理站，定时定人定岗为流动人口提

① 佚名.浙江化解信访难题有实招——让"天下第一难"不再难 [N].浙江日报，2016-05-09.

供居住登记、房屋租赁咨询、矛盾纠纷调解、法律知识咨询、综合接待等服务，以服务促管理，积极探索流动人口服务管理新途径。2017年永康市古山服务分中心办理了全省首例跨市户口网上迁移。2018年年初，永康市公安局开发"掌上微警局"APP，流动人口可以在手机上登记办证。

（三）明确分工职责，创新管理手段

浙江是人口流入最多的五个省份之一。2013年，全省共有流动人口2300万左右。浙江各地党委政府视农民工为新居民，强化服务，完善管理。流动人口基础信息是人口管理工作的基础，更是政府实施宏观调控、制定政策、提供有效管理和优质服务的基础。浙江始终突出基础信息采集与应用，把工作重点放在流动人口基础信息和居住证发放上，通过加强日常登记，开展定期、不定期的排查等工作，摸清流动人口底数，掌握现状，确保流动人口基础信息的准确、全面、有效。主要做法是通过制定政策法规，明确和规范用人单位、房屋出租人、物业服务企业、中介机构以及宾馆、学校、医院、救助站的信息登记、报送等的社会责任。深化"外警协管外口"工作，在流动人口聚集地，聘请流出地公安机关民警共同做好流动人口服务管理工作，有效促进本地人、外地人的和谐共处。

以义乌为例，作为全球最大的小商品集散中心，义乌外来人口在册数130万，境外人员年出入境多达48万人次。按规定，入境我国的外国人在旅馆以外的其他住所住宿的，应当在入住后24小时内向居住地的公安机关办理住宿登记。从2017年开始，按照"最多跑一次"工作要求，义乌依托互联网，借助大数据，开发完善了流动人口微信登记系统。外国人在义乌，不用一趟趟往公安窗口跑，在手机上点击境外人员微信登记系统，就能完成申报，之后会有民警上门，对申报信息进行核实。为了确保登记信息真实准确，义乌公安还配套上线了微信电子身份证、电子居住证申领系统。该系统采用"人脸识别""活体检测"技术，实现人员数据与全国人口库及金华流动人口库实时比对校验，多重手段确保人、证匹配，证件具有唯一性，能够为各政府部门网上办事提供实名认证。截至2018年1月，义乌流动人口（包括境外人员）微信登记申报数累计已达68.7万人次，占申报总量的53%。[①]

四、推进工会组织创新，构建和谐劳动关系

和谐劳动关系是和谐社会的重要体现，构建和谐劳动关系是加强和创新社会治理的重要内容。浙江非公经济发达，企业用工数量多，企业劳动关系问题突出。

---

① 佚名.依托互联网 用活大数据 义乌流动人口智慧管 [EB/OL].(2018-01-17)[2018-08-15]. http://zjnews.zjol.com.cn/zjnews/jhnews/201801/t20180117_6380880.shtml.

为构建和谐劳动关系，浙江从体制机制方法改革入手，从源头上解决问题，在坚持政治性、提升先进性的前提下，更加注重群众化导向。

（一）加强基层组织建设，提高基层工会覆盖率

浙江非公企业不断加强基层党组织建设，通过党建带工建，实施组织联建、活动联合、工作联动、机制联创等方式，从领导体制、工作载体、职工利益、体制机制等方面扩大党群工作的覆盖面，提升党群工作的影响力和向心力。如宁波市积极探索基层党工组织"交叉任职、多向进入"制度，倡导由党组织书记或副书记（非出资人）通过相关程序兼任工会主席；采取上级工会选派、招聘职业化工会工作者、兼挂职、购买服务、区域共建等多种途径，依法按章、多渠道增强基层工作力量。2016年，浙江重点在"两新"组织和各类园区、特色小镇等领域加大工会组建力度，继续在建筑工地等行业开展农民工入会集中行动，全省工会组建率和职工入会率均达85%左右。全省新招职业化工会工作者230多名，90%以上的乡镇配备职业化工会工作者。[①] 从2018年开始，以楼宇商圈、特色小镇、产业集聚中的中小微企业为重点，抓好"三新"[②]特色经济工会组建。加大对在外企业和工程建设项目工会组建工作力度；大力推进联合工会建设三年规划，实现中小微企业工会覆盖率和职工入会率动态保持在85%以上。

（二）推进组织创新，强化基层服务

维护职工合法权益是工会的基本职责。为了解决工会工作机关化、行政化等问题，浙江省在改善领导班子结构、优化部门设置上下功夫，强化对基层工会指导和对职工维权服务职能，加强机构和力量配置。按照"最多跑一次"的要求，将工会面向社会和职工办理的事项与工作任务转移到职工服务中心窗口平台；合理设置机构，调整机关职能，体现板块运作、精干高效，避免多头交叉、相互扯皮。探索建立"专挂兼"相结合的干部队伍和"工会干部＋积极分子＋社工＋志愿者"的工作队伍。加强社会联络工作，联系、引导、服务好社会组织工作，维护职工队伍稳定和工会组织团结统一。同时大力推进网上工会建设，制定了《浙江省工会网上工作规划(2017—2020)》，在2018年形成全省工会一张网，基本完成市级分平台和县级频道建设。

（三）完善劳动关系三方机制，构建和谐劳动关系

劳动关系三方机制是指国家（以政府劳动行政部门为代表）、职工（以工会组织为代表）和企业（以企业组织为代表）三方，就劳动关系为主的社会经济政

---

① 佚名.浙江省工会系统改革启动 [N].浙江日报，2017-01-04.

② "三新"即新产业、新业态、新模式。如高新技术产业、战略性新兴产业、高技术服务业、互联网金融、科技孵化器、众创空间、众筹、城市综合体、开发园区等。

策、法律的制定和实施等进行相互协商的组织体制、法律制度以及运作程序。全省各级工会从职工最关心的现实利益问题出发,为劳动关系的协调搭建互动平台。在浙江,工资集体协商制度已经广泛覆盖,初步形成了企业协商重点建立工资正常增长机制,行业协商重点制定统一的工时和工价标准,区域协商重点解决职工工资不低于当地最低工资标准的"企业协商谈增长、行业协商谈标准、区域协商谈底线"的工资协商模式。在此基础上,完善协调劳动关系三方机制及政府和工会联席会议制度。2018年开始开展全省集体协商五年规划(2014—2018年)成果展示活动,实现县级以上和谐企业集体协商规范化建设100%达标。推动以职代会为基本形式的企事业单位民主管理制度建设,各级工会组织从2006年开始在企业推行"劳资合作公约"。公约从规范用工制度、保障安全生产、关爱职工生活、强化企业民主管理、足额发放工资等方面对企业进行约束,在热爱企业、学赶先进、遵纪守法、钻研业务等方面对职工提出要求。从实施的效果来看,创建活动规范了劳动用工,健全了保障机制,职工的合法权益得到维护。

五、"三改一拆"整治环境,拓展经济发展新空间

为了改善城乡面貌、优化人居环境、建设美丽浙江,并通过环境整治倒逼经济转型升级,2013年省政府发出《关于在全省开展"三改一拆"三年行动的通知》,通过改造旧住宅区、旧厂区、城中村以及拆除违法建筑,实现促发展、拓空间、优环境、保稳定、惠民生的目标。

(一)依法进行"三改一拆",推进法治浙江建设

浙江把"三改一拆"纳入深化法治浙江建设的总体框架,通过研究和解决"三改一拆"中的立法、执法、司法、普法等方面问题,为法治浙江建设提供理论和实践探索。2013年,浙江省政府和省人大先后出台了《浙江省"三改一拆"行动违法建筑处理实施意见》和《浙江省违法建筑处置规定》,对违法建筑的认定、处置原则、处置主体、处置程序、处置方式、责任追究、权利保障等方面做了明确规定;2014年,浙江省高级人民法院出台《关于为"三改一拆"工作提供司法保障的若干意见》。各地出台相应的配套办法和实施细则,依法有序推进"三改一拆"。规范执法流程,采用实务辅导、案例教学和研讨交流等多种形式组织开展培训,提高基层执法人员依法行政的能力和水平。

(二)以"三改一拆"为抓手,提高干部执行力

规矩和纪律是执行力的保证。"三改一拆"是干部队伍建设的考场和赛场。考验的是党员干部的政治意识、大局意识、责任意识,锻造的是党员干部的综合素质、实际能力、优良作风。坚持"正人先正己",党员干部率先垂范、以身作则,形成一级带着一级干、一级做给一级看的工作氛围。浙江各地把"三改一拆"

作为检验干部作风建设的试金石、锤炼干部能力才干的大熔炉。工作扎实、成效显著的表彰，作风不实、执行不力的问责。强化目标责任考核，把能不能遵纪守法、依法办事作为考察干部的重要内容，引导广大党员干部牢固树立法治观念、纪律观念，处理好情与法、利与法、权与法的关系，坚决反对以权谋私、假公济私，切实做到公正用权、公平处事，自觉成为"三改一拆"法治建设的实践者、推动者。

（三）以"三改一拆"为推手，促进经济转型升级

以"三改一拆"为推手，为经济发展方式转变腾挪新空间。通过改造一大批旧厂区，以用地零增长实现空间置换，实现"腾笼换鸟"，一大批低小散企业得以改造或淘汰，促进了产业转型升级。据统计，自"三改一拆"行动开展以来，全省已累计拆除违法建筑 8.99 亿平方米，累计进行"三改"13.93 亿平方米。"三改一拆"为浙江稀缺的土地资源腾出了 100 多万亩。这些土地除了用于公园建设、道路建设等基础设施完善，还有一小部分用于安置拆迁户外，其中最重要的一部分是为很多产业项目腾挪出了空间，对浙江经济转型起到了积极作用。[①]

二维码 8-1

第二节 推进治理体系现代化，提高社会治理能力

一、发挥党组织"总揽全局，协调各方"的领导作用

党组织是党在基层的领导核心，是党的路线方针政策和决策部署贯彻落实的组织保障。党的十九大提出，要以提升组织力为重点，突出政治功能，把企业、农村、机关、学校、科研院所、街道社区、社会组织等基层党组织建设成为宣传党的主张、贯彻党的决定、领导基层治理、团结动员群众、推动改革发展的坚强战斗堡垒。

（一）加强基层组织建设，巩固党的执政基础

党的基层组织是党的全部工作和战斗力的基础。加强基层组织建设要着力解决党组织弱化、虚化、边缘化问题。针对农村村级组织多、规模小、村集体经济薄弱、党支部发展不平衡等问题，浙江推出了党建区域联盟结对联创活动，形成以强带弱、互助互学、互促共进的党建氛围。按照"抓两头促中间、就近就便、民风村风相近"三大原则，组建了区域党建联盟，通过组织活动共建、党建资源

---

① 朱凤娟.奋进新时代 扬帆启征程——浙江省住房和城乡建设厅 2017 年度工作回眸 [N].浙江日报，2018-02-01(12).

共享、党员队伍共学、发展思路共谋、环境卫生共治、困难群众共帮的形式，充分发挥五星级村支部的传帮带作用，使低星级村支部快速成长。浦江县岩头镇按党建工作水平把41个农村支部分成5个五星级支部，19个三星级、四星级村支部以及17个一星级、二星级村支部，通过五星村支部与附近低星级村支部结对，组建了5个区域党建联盟。①在城市社区，以共驻共享共治共建为要求，构建以街道党工委为核心、社区党组织为基础、辖区单位党组织和党员共同参与的城市基层党建共同体，推动城市基层党建向开放、联动、融合迈进。强化区域统领，把条块交织的重心落在街道社区，着眼完善工作体系，普遍建立党建工作联席会、共建委员会和兼职委员等制度。着眼健全组织体系，设立街道"两新"工委，依托商务楼宇、特色小镇等建立集聚区党委，推动党的组织和党的工作"两个全覆盖"；着眼构建网格体系，推动机关事业单位在职党员进网格、组团式服务分队驻网格、区域性党组织接网格、工青妇组织和社会组织联网格。

（二）强化党建引领，构建"党建＋治理"新格局

为了更好地推进社会治理，浙江各地积极探索"党建＋治理"模式，将党建贯穿社会治理，实现了支部建在社会治理网格上全覆盖、镇（街道）干部进驻网格督导全覆盖、网格内党员联户全覆盖，带动广大党员群众开展基层公共安全综合治理等工作，使任务落实在网格中，问题化解在网格中。为了更好地利用党组织的政治优势和综治队伍的专业优势，发挥党组织的战斗堡垒作用和综治中心的工作平台作用，全省在探索"党建＋治理"中创建了诸多较好模式。如杭州市余杭区将基层党建网格服务和社会综治防控网络"两网融合"，将支部建在网格上。衢州市衢江区坚持党建统领、整区布局，在原来划分的网格基础上，按照属地性、整体性、适度性原则，对网格进行优化调整，使网格布局更科学、党建引领更突出。"一个网格对应一个党小组"，把党组织覆盖基层各个"神经末梢"，形成以网格党小组为基本单元、覆盖全区所有乡镇的三级党建网络，进一步延伸了管理服务触角，推进党建和民生工作沉到网格，横向到边、纵向到底，实现网格化管理与基层党组织良性互动的基层党建新格局。中组部专门发文，要求各地参照《浙江省农村基层党建工作经验做法》（中组发〔2015〕13号），对本地农村基层党建工作进行系统梳理，重点针对存在的问题，研究提出务实管用的措施办法，明确责任主体和完成时限，以严的精神、实的作风，一项一项抓落实抓推进，把农村基层党建工作提高到一个新水平。

---

① 佚名.浦江岩头镇：区域党建联盟夯实党建基础 [EB/OL].(2017-02-04)[2018-08-15].
http://www.zjzzgz.gov.cn/system/2017/02/04/021434001.shtml.

二、发挥政府"公共服务，综合治理"的主导作用

社会治理是政府的基本职能，政府是实施社会治理的责任主体，政府主导是完善社会治理格局的关键。

（一）强化公共服务职能，提高公共服务效率

加强社会建设，提高社会治理水平，政府应强化和正确定位自身公共服务职能，切实做到"到位"而不"越位""缺位""错位"。政府在公共服务中的首要职能是制定规划，以政府规划统一、规范和协调社会公共服务。省政府于2008年下发了《基本公共服务均等化行动计划》，对全省基本公共服务均等化行动计划进行了全面部署；省委于2011年出台了《关于加强和创新社会管理的决定》，把加强和完善社会治理同建设公共服务型政府有机结合起来，探索推进基本公共服务均等化制度，制定正确的社会政策调整社会关系，构建和谐社会。

为了保证政府正确履行公共服务职能，浙江通过深化预算制度改革，进一步强化"收入一个笼子、预算一个盘子、支出一个口子"的预算管理制度，着力优化财政支出结构，完善预算支出标准体系，扩大民生领域覆盖范围，确保各级财政新增财力2/3以上用于社会事业和民生改善。加快形成统一、规范、透明的财政转移支付制度，提高一般性转移支付规模和比例，加大对欠发达地区的转移支付力度。完善各级政府的事权、财权划分，形成合理的分级保障机制。深化公共财政体制改革，努力增强基层政府提供公共服务的财政能力。着力健全资源有偿使用制度，加大生态环境补偿力度。完善财政资金绩效评价制度，进一步提高财政资金使用效率。如衢州市开化县，2015年全县可用财力444122万元，其中，上级转移支付收入246911万元，占55.6%。①

为了引导和加快服务类市场社会组织发展，全省各级政府简化登记制度，降低社会组织准入门槛，有效加强政府对于社会组织发展和服务的监管。如嘉兴市出台了《关于加强社会组织培育发展和管理监督工作的实施意见》，扶持和培育社会组织健康发展，稳妥推进社会组织登记管理体制改革。除依据国家法律法规需前置行政许可外，公益慈善类、社会服务类社会组织可直接向登记管理机关申请登记，逐步推行经济类、科技类、体育类、文化类社会组织直接登记。

（二）创新政府体制机制，推动公共服务社会化

一是率先实施政府向社会组织购买公共服务。宁波市海曙区是全省也是全国最早开展政府向社会组织购买养老服务的地区。2004年，海曙区由区政府出资，为高龄、独居的困难老人向非营利组织（星光敬老协会）购买居家养老服务。2014年，浙江出台了《关于政府向社会力量购买服务的实施意见》。目前，政

---

① 上述数据由开化县财政局提供。

府购买公共服务已遍及全省民政公共服务的各个领域。

二是建设惠及全体城乡居民的社会公共服务信息平台。2012年,浙江将社会公共服务信息平台建设,作为加强和创新社会管理的八大举措之一,确定由民政部门承担这一职责。省民政厅制定下发《社会公共服务信息平台运行规则(试行)》,提出统一使用"96345"作为热线呼叫号码,统一软件功能和硬件设施,统一服务项目和服务流程,为城乡居民提供多层次、多样化的服务。这一平台通过现代管理理念和信息技术手段,为居民和家庭提供来自政府、市场、社会组织、个人的多层次、多样化、个性化的服务。

三是探索建立专业社会工作嵌入社区服务机制。建立社会工作嵌入社区服务机制,不仅使工作方法从经验式传统帮扶模式转变为专业化社工介入模式,实现了服务资源从单一的政府资源扩展到家庭、社区、志愿资源的整合,而且使服务内容延伸到信访维稳、社区矫正、青少年工作、老年人工作、残疾人工作、社会救助、民间纠纷调解等诸多方面,从满足服务对象的物质需求发展到全面关注服务对象的精神社会需求,实现了社会服务的升级。①

三、发挥社会组织"协调利益,化解矛盾"的协同作用

发挥社会组织的协同作用,主要是发挥好工会、共青团、妇联等群众组织、基层群众性自治组织、社会组织、企事业单位的协同作用,整合社会治理资源,形成党委和政府与社会力量互联、互补、互动的社会治理和公共服务网络。浙江已经初步形成了门类齐全、层次不同、功能互补、覆盖广泛、特色明显的社会组织体系,截至2017年8月,全省各级民政部门核准登记的社会组织总数48766个,备案组织12.9万家,每万人拥有社会组织数8.5个。②

(一)积极参与社会治理,主动提供公共服务

在浙江的各类民间组织中,发育较早较好的是各类行业性组织。作为市场体系的重要环节,行业协会通过制定行业规范,在价格、质量和诚信方面促进行业自律,并为企业提供信息和技术服务。如温州烟具协会、舟山出口水产行业协会、浙江茶叶协会等一大批行业协会已积极参与到行业发展的规则中,起到了政府、企业、行业协会"铁三角"互为联动、缺一不可的作用。在农业技术推广方面,浙江农业技术推广基金会直接面向基层,资助农户进行技术推广,取得了良好的

---

① 尚清.激发社会活力 创新基层治理——基于浙江省基层社会治理主体培育的视角 [EB/OL]. (2014-11-24)[2018-08-15].http://www.zjmz.gov.cn/il.htm?a=si&id=4028e48149dbe76f0149 df86ad75000b.

② 浙江人的"互联网+慈善"模式 [EB/OL].(2017-09-04)[2018-08-15]. http://mznews.zjol. com.cn/system/2017/09/04/021588163.shtml.

社会经济效益。社区类民间组织通过扎根社区，及时反映社情民意，为居民提供灵活多样的社会服务。如宁波市万安社区，根据社区居民中医务人员和青年知识分子相对集中的特点，先后成立了社区"卫生工作者协会"和"社区文联"，建立了双休日义诊制度，为社区居民免费提供医疗服务，深受社区居民欢迎。

（二）创新工作机制，增强服务功能

一是强化社区自治。在发挥居（村）民委员会实行民主选举、民主决策、民主治理和民主监督作用的同时，注意通过民主议事、民主恳谈等形式，做好居（村）民之间协调利益、化解矛盾等工作，使之成为保障人民群众安居乐业的重要载体。积极构建"属地治理、以块为主、条块结合、职责明确、社区服务"的城乡社区治理体系，强化政府对于社区建设的公共服务，依法保障社区居民委员会、小区业主委员会的自治空间，重视家庭作为社会基本单元的基础作用。

二是创新工作机制。按照"政事分开、政社分开、权随责转、人随事转、费随事转"的要求，重心下移，理顺和明确政府部门、街道和社区居委会的关系，建立健全政府工作进社区的申报转入制度，实现社区工作的制度化、规范化、程序化。积极构建多元化的社区治理体制，加快社区组织参与社会服务。

三是增强服务功能。加快城乡社区服务中心建设，加强办理公共事务、组织居民活动和提供社区服务功能，赋予城乡社区医疗保健、文化娱乐、生活服务、法律服务、就业服务和社会保险、计划生育生殖健康等综合服务功能。

四、发挥公众在社会治理中"自我教育，自我管束"的基础作用

公众既是社会治理的对象，又是社会治理的主体。在新形势下，社会公众分化为不同的利益阶层，群体之间差异大，利益诉求多样化，维权意识很强。社会治理需要发挥公众"自我教育，自我管束"的基础作用。

（一）完善乡规民约，强化自治意识

浙江在探索乡规民约在社会治理中的作用时，推出了"两约一训"做法。所谓"两约一训"，是指村规民约、社区公约和家规家训。党的十八届四中全会强调要"发挥乡规民约在社会治理中的积极作用"，浙江率先部署，省综治委、省委组织部、省民政厅、省司法厅四部门联合发文，全面开展制订修订村规民约社区公约活动。各地均成立制订修订村社"两约"活动工作领导小组，各乡镇（街道）主要领导和分管领导亲力亲为，推动各村（社区）制订修订"两约"。省四部门从婚姻家庭、邻里关系、美丽家园、平安建设、民主参与（公共秩序）、违规处罚等6方面提供22个示范条款，鼓励各村（社区）根据自身实际制订规约。在制订修订村社"两约"过程中，以问题为导向，重点结合党委政府中心工作、本村难点工作，同时结合各村特色（如文化传统、风俗习惯、产业特色等）制订条款。

始终坚持"群众标准",动员群众参与,充分吸纳民意,把乡规民约真正做进百姓的心里。截至2015年年底,浙江所有村社全部完成"两约一训"的制定修订工作。

（二）加强人文素质教育，提高公众自我约束能力

提高公众人文素质,是增强公众自我约束能力的治本之策。长期以来,浙江高度重视公众人文素质教育,弘扬主流价值。2005年浙江开设人文大讲堂,以社会主义核心价值体系为导向,致力于人文精神、科学精神的培育,通过整合省内外名家名师资源,不间断推出紧扣时代脉动、贴近公众需求、思想内涵深刻的一系列讲座,传播人文精神,弘扬主流价值,为丰富公众精神文化生活、提高文明素养发挥了积极作用,走出了一条人文社科知识传播的新路子。全省各地政府部门、学校、社会组织广泛开展形式多样的学习竞赛活动,倡导主流价值,潜移默化地培育公众公益意识和志愿精神,建立公共道德,提高人文素质。从2005年开始,省委宣传部、省文明办等众多单位开展"浙江骄傲"评选活动。自首届评选活动举办以来,该活动已成为浙江宣传社会主义核心价值观的重要阵地,浙江各地不断深化"最美"系列主题宣传实践活动,持续开展"发现最美浙江人、争做最美浙江人"主题宣传实践活动。每年所评选出的"最美浙江人",他们都是普通人,却成就了不凡人生。他们用自己的行动温暖着这个社会,感动着身边的人。通过在广大群众中选树培育道德模范,充分发挥道德模范的示范引领作用,深入开展社会公德、职业道德、家庭美德、个人品德教育,在全社会形成知荣辱、树正气、促和谐的良好道德风尚。

二维码 8-2

第三节　创新社会治理理念，转变社会治理方式

一、民生为本，服务为先

社会建设的基础在基层,加强社会治理必须以基层为先。浙江坚持把社会治理重心落到城乡社区,健全完善城乡社区治理体制机制。近年来,为打通部门"信息孤岛",省民政厅围绕政府简政放权和职能转变,全面梳理政府办事事项。为了加强基层社会建设和社会治理,浙江充分发挥云上浙江、数据强省的优势,全力推进网上信访建设,将全省统一政务咨询投诉举报平台建设纳入"最多跑一次"改革、法治浙江建设重要内容。截至2018年3月,省本级民政事项32项中有30项实现"最多跑一次",市县实现率90%。[①]全省已基本完成省统一平台与省业务协同平台、乡镇（街道）四平台对接,实现省、市、县、乡、村五级联动。

---

① 佚名.今天,浙江的这个经验,在全国性会议上作了介绍[EB/OL].(2018-03-02)[2018-08-15].http://www.zsmzj.gov.cn/newsDetail20180302103848400111.html?type=00019.

用 12345 这一个号码倾听老百姓所有投诉请求，信访部门管分流，部门按责办理，实行统一回访、跟踪，确保百姓诉求"件件有着落、事事有回音"。从 2016 年到 2017 年，全省统一政务咨询投诉举报平台事项办结率从 96.0% 提升到 99.5%，来电事项办理平均时限 4.5 天，群众满意率从 97.8% 提升到 98.5%。[①]

二、多方参与，共同治理

社会治理是一个复杂的社会系统工程，搞好社会治理，要从传统的政府"包打天下"转到注重运用社会力量形成社会合力上来。政府要在"多方参与、共同治理"的原则下，从过去"不该管、管不了、管不好"的领域逐渐退出，把该市场做的事还给市场，把该社会做的事交给社会。在发挥好党委领导核心作用和政府主导作用的基础上，发挥好各种社会力量在社会治理中的协同、自治、自律、他律、互律作用，充分调动人民群众参与社会治理的积极性、主动性、创造性，形成推动社会和谐发展、保障社会安定有序的合力。

在探索多方参与、共同治理的社会治理模式中，浙江各地创造了诸多经验和形式，最为典型的是衢州市创立的"三民工程"模式。衢州市以完善村民自治运行机制、推进依法按章办事、转变农村干部作风为切入点，在全市农村基层推行"建立民情档案、深化民情沟通、实行为民办事全程服务制度"的"三民工程"，其核心是为民服务。这一做法有利于解决村级组织存在的党的作用弱化、服务意识淡化、村民自治虚化等问题，有利于促进农业产业转型升级、农民增收致富、农村和谐稳定。[②]

三、协商疏导，防患未然

加强社会建设，提高社会科学治理水平，重在及时发现矛盾与问题，弄清矛盾产生原因和发生规律，从源头上主动解决问题、减少矛盾，把社会治理的关口前移，不断增强工作的前瞻性、主动性、有效性，以降低社会治理的成本，不断提高党和政府在人民群众中的威望。长期以来，一些地方在社会治理中，面对社会矛盾多发和凸显问题，实行"严防严控、严打严惩"，但问题仍然较多。因此，提高社会科学治理水平，必须转换思路，化事后的惩治为事前的教育和疏导，在完善利益协调机制等社会制度体系的同时，加快建立社会矛盾的有效疏导机制，在民主法制的体系之内，运用经济、行政、司法、思想政治工作等综合手段有效

① 佚名.我省信访事项平均办理时长，提速至 6.1 天 [EB/OL].(2018-02-02)[2018-08-15]. http://zj.ifeng.com/a/20180202/6353753_0.shtml.

② 中共浙江省衢州市委组织部.浙江衢州：推进"三民工程"健全农村基层党建 [EB/OL].(2010-01-25)[2018-08-15]. http://theory.people.com.cn/GB/40537/10835635.html.

解决社会矛盾，使不利于社会稳定和谐的情绪和能量有顺畅的渠道释放和化解。

多年来，浙江在坚持和发展"枫桥经验"基础上，积极探索以"协商疏导"为主要方法的社会治理方式，先后组织开展"走进矛盾、破解难题"专项行动以及"涉奥信访和维稳百日行动""县委书记大接访""两个排查"等活动，积极构建人民调解、行政调解、司法调解相结合的"大调解"格局，有效化解了新形势下人民内部矛盾。全省涌现了不少先进典型和经验。如义乌市职工法律维权协会（后改为义乌市职工法律维权中心），以总工会为平台，联合劳动、卫生、安监及司法行政等部门，吸纳新闻、高校、法律服务机构、群众团体，以及异地工会组织等多方力量，逐渐形成了"借风、借力、借理"机制，凸现了职工维权主体的社会化、多元化、协调化。

全省在创新社会治理模式中，创造了众多模式。如杭州创造性地构建了"五链式"社会矛盾化解"和"机制：一是"和事佬"调"和"，二是人民调解促"和"，三是综治中心维"和"，四是人民法院求"和"，五是特殊举措保"和"。对因诉讼陷入困难或生活确有困难，以及不服法院裁判进行申诉或信访的当事人，依据相关政策，施行生活救助和法律援助。宁波市鄞州区紧紧抓住影响社会和谐稳定的源头性、根本性和基础性问题，通过方便群众、服务百姓实现社会和谐，创建了影响全省的鄞州基层综治工作平台，推出了一个窗口服务群众、一个平台受理反馈、一个流程承办到底、一个机制考核落实的"一站式"工作模式，由于重心下移，关口前移，多措并举，大大提高了社会科学治理水平和效率。

四、依法治理，综合施策

（一）推进法律进社区，提高群众法律意识

浙江在社区治理上开展了卓有成效的探索。省司法厅从 2009 年开始在全省100个社区进行试点启动"律师进社区"活动，到2010年在全省推开。2011年年初，杭州市已经在 6 个城区 500 多个社区成立了专门的"社区律师工作室"，每个社区都有驻点律师的"大头照"，公开律师的姓名、联系方式，居民在社区可以免费进行法律咨询。通过加强社区法律顾问制度建设，组织广大法律服务工作者深入基层，把专业的法律条文转化为通俗易懂的群众语言开展法制宣传，提供法律服务，引导群众在维护个人合法权益的同时，维护社会秩序和公共利益。依托"法律进社区"活动，整合资源，充分发挥司法行政职能，开展人民调解、法律援助、法律服务等工作，把征地拆迁、安全生产、环境保护、社会保障、食品安全、司法公正、医患纠纷、劳动争议等与公民权利义务密切相关的法律法规送到社区居民手中，提高群众依法理性维权的能力。在农村构建法律顾问工作体系。通过整合律师、公证、基层法律服务等资源，以"政府为农村买法律服务"的方式，聘

请农村法律顾问，积极为村集体经济组织和农村干部群众提供法律咨询、法制宣传、法律援助和法律服务，填补了农村法律服务空白。省普法办、省舆情研究中心联合开展的"浙江省公民法治素养"调查显示，公民法治素养指数为72.2，公民法治素养总体水平较高。

（二）主动积极做好人民调解工作

积极利用人民调解组织化解人民纠纷和矛盾。浙江在依靠法律规范人们的社会关系、解决各种矛盾纠纷的同时，积极利用人民调解制度来化解各种矛盾并积极探索人民调解工作的新模式。通过专业化、社会化、规范化的改革，提高人民调解组织的公信力，充分调动社会力量参与矛盾纠纷的化解。在工作方式上，结合城市与农村的不同地域特点以及矛盾纠纷的不同种类，对辖区工作对象进行细分，实现调解手段与方法的多样性变革。根据新形势下社会矛盾纠纷的特点，在发挥村、居（社区）等传统人民调解组织职能作用的同时，针对民营企业和专业市场较为发达、外来务工人员众多等省情实际，大力推进企业、大型集贸市场、外来人口聚居区、接边毗邻地区以及经济开发区等区域性人民调解组织建设；突出加强医患纠纷、交通事故、劳动争议、物业管理等行业性专业人民调解组织建设，不断拓展人民调解工作领域。到2011年，全省以村、居（社区）、乡镇（街道）为单位设置的区域性人民调解组织已实现全覆盖，基本实现了"小事不出村、大事不出乡镇、矛盾不上交"的工作目标。杭州、宁波等地还根据当地实际，建立了风景旅游区、高教园区等人民调解委员会，成为继民营企业调委会、海上调解船等之后浙江人民调解组织建设的又一大亮点。截至2011年，全省已建民营企业调委会、集贸市场调委会等各类新型人民调解组织近1.2万个，占调委会总数的25%，义乌等部分地区以民营企业调委会为主的特色调委会已占调委会总数的50%以上。[①]近年来，针对交通事故纠纷、医患纠纷等日益突出的情况，宁波市及其他部分地区开展了医疗纠纷人民调解委员会、交通事故纠纷人民调解委员会、劳动争议人民调解委员会等行业性专业人民调解组织的探索和实践。人民调解组织形式的不断创新和发展，使浙江的人民调解组织形成了多层次、多形式、多方位、立体化的网络体系。

二维码8-3

---

① 王立峰，吕红娟.浙江省司法厅发挥司法行政职能优势创新社会管理调研报告[R/OL].(2011-11-03)[2018-08-15].http://roll.sohu.com/20111103/n324342275.shtml.

 案例 8-1

"三治合一"的桐乡模式

"三治合一"是指以德治为基础、法治为保障、自治为目标的社会治理"三治"建设。其核心就是强调公众的参与，发挥公众的主动性与积极性，共同参与社会治理。

桐乡的"三治"模式起源于 2013 年。当年，桐乡市高桥镇组建了三支植根于民间的团队——百姓参政团、道德评判团、百事服务团。这一模式受到了村民的普遍好评，整个村子和谐团结。

"百姓参政团"，大事一起干

"百姓参政团"是指由老百姓参与公共决策，自己的事自己说了算，自己参与干，干得怎么样自己评判。在党委领导的前提下，高桥镇在镇级层面成立了"百姓参政团"，让利益相关的百姓在重大问题上拥有知情权、参与权、建议权，让百姓在了解目的和为自己争取最大权益的同时，共同推进重大事项的实施，加快经济发展、百姓致富。高桥镇"百姓参政团"成员由 12 名全镇甄选出的固定成员和 10～20 名直接利益相关村村民代表的非固定成员，以及专业律师担任法律顾问的团队组成。

"道德评判团"，好坏有人判

"道德评判团"由村党总支书记担任协调人，由 10～15 名各村模范代表组成，在村公开栏亮明身份。村委会将合理运用"道德评判团"提交的重大事项评议结果。在高桥镇越丰村举办的村级"四好家庭""五有市民"评选活动中，该村"道德评判团"对候选人进行了讨论、公示、认定，从而树立群众身边看得见、够得着、学得了的先进典型。开展群众乐于参与的文化活动，包括文化礼堂、道德讲堂、文化茶馆、文化示范户、村级广场排舞、太极拳等各种形式的活动，让村民自觉践行模范精神，弘扬社会正气。

在村里设置曝光台，不仅对村民赌博、乱扔垃圾、破坏公物、占用公共场所等行为进行曝光，就连不敬不孝等不文明行为也在曝光范围之内。如越丰村"道德评判团"通过议事、发放倡议书、上门说服、公开曝光等方式，形成约束，逐步引导村民养成良好的行为习惯。

"百事服务团"，事事有人管

高桥镇建立了村级"百事服务团"，将村里的"网格化管理、组团式服务"队伍和学雷锋志愿服务队、红色义工服务队、专业技术服务队的力量进行整合，组建一支全方位的服务队伍。

　　"百事服务团"在村委会设立了工作室，由村委会安排工作人员负责协调联络，开通并公布24小时服务热线。志愿服务一般不收取费用，专业技术服务实行低成本收费。志愿服务队以定期集中开展活动为主，也可根据群众需求，以个性化方式提供服务。

　　在高桥试点的基础上，桐乡出台了推进"三治"建设的实施意见和工作方案，对该市"三治"建设的指导思想、目标任务、工作内容做了全面规划部署。同时，成立了"三治"建设领导小组，全面推进"三治合一"建设。

阅读书目

　　1.习近平谈治国理政（第二卷）.北京：外文出版社有限责任公司，2017.

　　2.习近平谈治国理政（第一卷）.北京：外文出版社有限责任公司，2018.

　　3.陈光金，杨建华.中国梦与浙江实践（社会卷）.北京：社会科学文献出版社，2015.

　　4.吴锦良.浙江深化社会治理体制改革的思考和建议.当代社科视野，2013(12).

　　5.林吕建.浙江蓝皮书2012年浙江发展报告（社会卷）.杭州：杭州出版社，2012.

　　6.金雪军，张斌.社会管理的"浙江创造".杭州：浙江人民出版社，2011.

　　7.中共中央国务院关于构建和谐劳动关系的意见.http://paper.people.com.cn/rmrb/html/2015-04/09/nw.D110000renmrb_20150409_2-01.htm.2015-03-21.

　　8.刘迎秋.中国梦与浙江实践（总报告卷）.北京：社会科学文献出版社，2015.

思考讨论题

　　1.如何正确看待我国当前社会治理领域面临的问题？

　　2.浙江在构建城乡基本公共服务方面取得了哪些成就？

　　3.浙江在外来流动人口治理方面有哪些创新？

　　4.浙江在构建和谐劳动关系方面进行了哪些有益的探索？

　　5.浙江在基层治理方面有哪些创新？

　　6.在基层治理中，如何发挥基层党组织的核心作用？

第九章 推进生态文明建设，打造富饶秀美浙江

浙江坚持"生态省"建设方略、走生态立省之路，大力发展生态经济，不断优化生态环境，注重建设生态文化，着力完善生态体制机制，加快形成节约能源资源和保护生态环境的产业结构、增长方式和消费模式。绿色浙江、生态浙江、美丽浙江是美丽中国的有机组成部分，既体现为生产集约高效、生活宜居适度、生态山清水秀，也体现为百姓生活富足、人文精神彰显、社会和谐稳定。全力打造"富饶秀美、和谐安康、人文昌盛、宜业宜居"的美丽浙江，实现"天蓝、水清、山绿、地净"的目标，把浙江建成全国生态文明示范区和美丽中国先行区，体现了中国梦和美丽中国在浙江的生动实践。

第一节 转变发展方式，发展生态经济

一、调整优化产业结构，向生态经济转型升级

转变经济发展方式是浙江经济社会发展的重要战略任务。促进经济发展方式转变是推进生态文明建设的重要途径。浙江当前面临的资源环境问题的实质是粗放型发展方式尚未彻底转变。要破解发展难题、转变经济发展方式，就必须加快推进生态文明建设，促使发展理念由"绿水青山换取金山银山，到既要金山银山也要绿水青山，再到绿水青山本身就是金山银山"的转变，努力实现经济社会可持续发展。从浙江的经济社会发展实际和自然资源环境出发，努力建设有浙江特色的生态文明，是推进浙江经济结构战略性调整、实现发展转型升级的重要目标和再创新一轮发展优势的重要保障。浙江作为全国首个转变经济发展方式的综合试验区，应积极实施产业生态化战略，通过环境保护促进"转型升级"和产业结构优化。

（一）按照生态经济要求，优化三次产业结构

浙江调整三次产业结构的思路是：稳定优化一产、主攻调整二产、提升拓展三产，加快构建现代产业体系，形成一批具有核心竞争力和较高市场占有率的大企业、大产业思路。根据"优化一产"的要求，建设和发展生态农业，实行农业

主导产业品质提升工程。全省加快发展精品农业、设施农业和休闲观光农业，积极推进农业机械化、信息化和标准化，推动农业适度规模经营和生态化。第二产业按照发展生态经济的要求，加快战略性新兴产业规划和推进工作，大力培育新能源、新材料、生物医药、节能环保、信息网络特别是物联网等战略性新兴产业，抓好一批高新技术产业基地建设，抢占符合生态文明要求的现代工业制高点。第三产业驶入服务和推动生态文明建设的快车道，物流、金融、信息、科技、文化创意、服务外包等主要面向生产的服务业，以及现代商贸、体育健身、养老服务、社区服务等主要面向生活的服务业，将被重点打造为生态型服务业。

（二）以生态经济为目标，优化经济发展布局

浙江把加快发展壮大生态经济列入建设生态文明的中心任务；把结合省情实际，优化生态经济结构，作为建设浙江特色生态文明的重要环节。一是针对三次产业中服务业比重偏低的实际，加快发展旅游、金融、商贸、物流、创意、文化等低碳产业，大力发展低碳经济；二是针对能源资源消耗主要集中于工业经济领域的实际，加快发展环保、节能、新能源、可再生能源等产业，大力发展循环经济；三是针对国土绿化好、海域面积大的优势，加快发展生态农业、生态工业、生态型服务业和海洋产业，大力发展绿色经济和蓝色经济。通过若干年的努力，使浙江从以高能耗、高污染和高工业经济比重为主的经济结构，转向以低碳经济、循环经济、绿色经济和蓝色经济相结合的生态型经济结构，形成附加值高、资源消耗低、环境污染少的生态经济发展格局。

近年来，全省转型升级"去产能""去不良""去污染"取得显著成效。处置404家"僵尸企业"，淘汰2690家产能落后企业，整治4.7万家脏乱差小作坊；完成48座城镇污水处理厂一级A排放达标改造，新增3000公里城镇污水管网，劣V类水质断面全面消除，劣V类小微水体基本消除；完成8台大型燃煤机组、409万千瓦超低排放技术改造，淘汰改造燃煤小锅炉8686台，设区市PM2.5平均浓度下降到每立方米39微克。大力培育和发展新产业新业态新模式，"三新"经济增加值预计达到1.25万亿元，对经济增长贡献率达到37.1%。①

（三）以科技创新为动力，推动生态经济发展

科技创新是生态经济发展的重要动力。浙江围绕加快低碳经济、循环经济、绿色经济和蓝色经济相结合的生态型经济发展，优化科技资源配置，加强生态科技创新服务平台建设，培育创新主体，开展多种形式的产学研合作，构建推进生态文明建设的强大科技支撑体系。积极研发推广绿色、低碳制造技术，大力开发绿色、低碳产品，加快相关技术在绿色低碳产品开发设计、加工制造、销售服务

中的作用，不断提升生态产业的发展水平。加快研发推广适用节能环保、循环利用的先进技术，加强节能降耗技术改造。近年来，全省加强科技创新成绩显著，研发经费支出预计 1260 亿元，新增发明专利授权量 28742 件，新增高新技术企业 2010 家、科技型中小微企业 8856 家。组建之江实验室，新建西湖大学，阿里巴巴"城市大脑"入选国家新一代人工智能平台。努力提升高等教育质量，加大省内高层次科技人才培育力度。积极引进国内外成熟适用的先进技术和高层次科技人才，为生态文明建设提供强大的技术和人才支撑。浙江计划用五年的时间集聚 50 位国际顶尖的人工智能人才、500 位科技创业的人才、1000 位高端研发人才、1 万名工程技术人员和 10 万名技术人才。[①]

二、节约能源资源，发展循环经济

发展循环经济是人类解决经济发展、资源紧张、环境污染的必然选择。所谓循环经济，是以资源的高效利用和循环利用为目标，以减量化、再利用、资源化为原则，以物质闭路循环和能量梯次使用为特征，按照自然生态系统物质循环和能量流动方式运行的经济模式，本质上是一种生态经济。浙江紧紧抓住生态文明建设和全国循环经济试点省建设的机遇，以资源高效利用和循环利用为核心，以科技创新和制度创新为动力，加快形成节约能源资源和保护生态环境的产业结构、增长方式和消费模式，着力探索具有浙江特色的循环经济发展之路，加快建设资源节约型和环境友好型社会，努力实现经济社会可持续发展和人与自然和谐发展。

浙江以九大举措加快推进循环经济发展：一是着力发展循环型工业；二是加快发展生态农业；三是引导发展循环型服务业；四是积极培育支撑循环经济发展的新兴产业；五是强化资源回收与综合利用；六是推进资源节约与集约利用；七是深化污染减排和清洁生产；八是加强应对气候变化能力建设；九是努力倡导绿色消费等。2005 年，全省实施循环经济"991 行动计划"；全面实施工业循环经济"4121"工程[②]和"733"工程[③]；实施生态循环农业"2115"示范工程[④]。

全省发展循环经济成绩斐然。"十一五"期间取得显著成效：一是经济社会发展正逐步向资源节约型、环境友好型的方向转轨。二是三次产业联动，各领域

---

① 朱涵，商意盈. 浙江：未来 5 年引进十万名人工智能人才 [EB/OL].(2017-07-10) [2018-08-15]. http://www.zj.xinhuanet.com/2017-07/10/c_1121294516.htm.

② "4121"示范工程，确定的首批工业循环经济试点单位是：4 个市、10 个县（市、区）、20 余个工业园区（块状经济）和 100 余家企业。

③ "733"工程，是指在 7 个重点领域，培育 300 家工业循环经济示范企业和 30 个示范园区。

④ "2115"示范工程，即在全省创建省级生态循环农业示范县 20 个、示范区 100 个、示范企业 100 个、示范项目 500 个。

的循环经济发展工作同步跟上。三是各地结合资源环境优势和经济发展基础，因地制宜推进循环经济各显特色。四是循环经济在企业、园区、社会三个层面得到有序协调推进。全省废弃资源的回收利用能力和利用效率不断提高，年利用各类再生资源约 2000 万吨，位居全国前列。[①]"十二五"期间，全省循环经济发展更上一层楼，循环型产业形成较大规模，资源利用效率和再生资源利用水平显著提高，主要污染物排放得到有效控制，绿色消费理念深入人心，发展环境进一步优化，基本形成具有浙江特色的循环经济发展模式，全面完成循环经济试点省建设，积极争创全国循环经济发展示范区。[②]

三、培植绿色企业，推广绿色产品

绿色企业是指以可持续发展为己任，将环境利益和对环境的管理纳入企业经营管理全过程，并取得成效的企业。绿色企业采用绿色技术、进行绿色管理、生产绿色产品、实行绿色包装、通过绿色认证、获得绿色标志，是生产绿色产品的基地。我国绿色企业数量少、规模小、水平低，许多企业及产品没有达到国家规定的认证标准，离国际标准相差甚远，国际竞争力不强。

绿色产品是指生产过程及其本身节能、节水、低污染、低毒、可再生、可回收的一类产品，它也是绿色科技应用的最终体现，是清新、舒适、健康、自然、和谐、美好生活的象征。公认的绿色标准包括三条：一是产品在生产过程中少用资源和能源，并且不污染环境；二是产品在使用过程中能耗低，不会对使用者造成危害，也不会产生环境污染物；三是产品使用后可以并且易于拆卸、回收、翻新或能够安全废置并长期无虑。

全球化背景下，以占领世界绿色产品市场为目的，以争夺绿色技术制高点为中心的国际竞争日趋激烈。早在 2002 年，浙江就启动了绿色企业创建活动。创建活动坚持"企业自愿，政府组织，社会监督"的原则。一是采用和推广绿色技术。用有利于环境保护和生态平衡的绿色技术改造或取代传统技术，是培植绿色企业的关键。各级政府大力支持企业建立绿色技术研究开发机构，搞好绿色技术的研究、开发和应用。同时，积极从国外引进绿色技术，搞好消化、吸收、创新和推广。二是推行绿色管理。所谓绿色管理，就是将环境保护的思想观念融入企业的经营管理活动，把环境保护纳入企业长远发展战略和决策中，要求在企业管理中时时处处考虑环保、体现绿色，不断研究并实施本企业的环保措施；强化生

① 浙江"创业创新、科学发展"课题研究组. 从绿色浙江到生态浙江——浙江生态文明建设辉煌五年 [N]. 浙江日报，2012-05-25(4).

② 时任浙江省省长吕祖善在浙江省十一届人大四次会议上做政府工作报告，在关于 2011 年政府工作主要安排时指出，将全面推进循环经济试点省建设。

产经营全过程的绿色管理，全面推行清洁生产；控制污染策略由末端治理转向污染预防，力争零污染或污染最小化，积极参与社区内的环境整治，对全体员工进行绿色教育，树立企业的绿色形象。三是生产绿色商品，争取绿色认证。企业生产"安全、节能、无公害"的绿色商品，实行绿色包装，争取绿色认证。特别要积极争取通过 ISO 14000 国际标准认证，以获取国际市场的通行证；同时争取获得贸易对象国的绿色认证。四是组建绿色企业集团。通过政府引导，遵循市场经济规律，以资本运营为纽带，通过联合、兼并和资产重组，组建绿色企业集团，实现资源优化配置和规模效益，增强企业的市场竞争力。

在绿色企业创建、绿色产业打造和绿色产品推广的进程中，浙江加快发展绿色工业产品，逐步形成了具有自身特色的理念和经验。一是全面开展绿色经营，大力开发绿色能源。如浙江吉利控股集团开展以"绿色设计、绿色制造、绿色采购、绿色回收"为内容的企业绿色经营，把设计制造零缺陷、工艺节拍零延误、市场服务零投诉、资源消耗零浪费、废物污物零排放作为质量控制标准，提出"造最安全、最环保、最节能的好车，让吉利汽车走遍全世界"。浙江万向集团注重发展低碳产业，积极实施电动汽车、太阳能、风能为核心的绿色能源产业，其研发的磷酸铁锂电池是国内首个通过国家发改委产品公告强制检测的产品。磷酸铁锂电池具有寿命更长、使用安全、容量更大、耐高温等优势，被誉为绿色能源的先锋。二是率先推行林权出资，助推生态绿色产业。林权出资即允许投资人依法将除国有林地、林木以外的林地承包经营权以及林木所有权和使用权作为出资，投资于有限责任公司或者股份有限公司。活树变现钱，资源变资本，林权证变股权证。林权出资赋予了山区农户"靠山吃山"新的含义，盘活了林业资本，促进了林地资源的优化配置和充分利用，为生态农业的产业化发展注入新动力。2012年，《浙江省林权出资公司登记管理暂行办法》正式在全省实施。许多绿色企业加盟，通过对林地进行有效利用，创造优美景色，做好旅游景点开发建设，并以推进休闲观光旅游项目带动农产品经济的发展，同时吸引地方百姓加入生态农业开发的行列。三是推广生态循环农业创新模式，示范企业领军生态循环农业。如杭州千岛湖金溢农食用菌专业合作社，是淳安县利用"桑—菌—沼—稻"多级循环利用模式的一个示范点。宁波长泰农业发展有限公司收集牧场未完全发酵的沼液，进行沼液深度开发、利用，带动生态农业大循环。浙江康顺畜牧有限公司采取农牧结合和废物循环利用模式，有效解决了养殖排泄物和保护生态环境之间的矛盾，使农业废弃物闭路循环和零污染排放，种植业生产优质高效。

在 2017 年全国首次生态文明建设年度评价工作中，浙江取得了全国绿色发展指数排名第三的骄人成绩。①

二维码 9-1

①　陆娅楠. 我国首次公布绿色发展指数 [N]. 人民日报, 2017-12-27(14).

第二节　创新环保方式，优化生态环境

一、注重综合治理，建设良好生态环境

自然资源和自然环境是人类生存发展的基础。随着经济的高速发展和人口的不断增加，耕地锐减、森林系统质量下降、生物多样性受到破坏、湿地被侵占、水环境污染和水资源短缺、农业农村和城镇生活污染加剧、海洋赤潮濒发、酸雨的范围越来越大等，是生态环境的主要问题。以牺牲资源和环境为代价换取的经济发展是不能持久的，可持续发展正面临着严峻挑战。

改革开放以来，获得快速发展的浙江，也首当其冲遭遇"发展瓶颈"，在传统粗放的"高消耗、高污染、低效益"发展方式下，一些地方生活富裕了，生存环境恶化了。浙江清醒地认识到：生产发展、生活富裕，并不代表已实现全面建设小康目标。为人民群众提供一个山清水秀、空气清洁、食品安全的良好生态环境，为子孙后代留下可持续发展的空间、资源，同样十分重要。面对存在的问题，浙江率先提出了建设"生态浙江"的战略目标，明确提出要牢牢把握环境与经济社会协调发展的基本要求，努力把生态环境建设与优化生产力布局、产业升级结合起来，与发展循环经济、开展资源节约结合起来，与加快社会主义新农村建设结合起来，坚持以人为本，切实解决危及人民群众健康的环境问题，着力推进机制创新，举全省之力保护好"绿水青山"，来赢得"金山银山"。

2002年，浙江在全国率先提出了"生态省建设工程"，发出"既要金山银山，更要绿水青山"的强音。从2004年吹响"811"①三年环境污染整治行动的号角，到2010年"811"环境保护新三年行动完美收官。2011年，浙江又部署开展为期5年新的"811"生态文明建设推进行动。"811"被赋予了新的内容："8"是指生态经济、节能减排、环境质量、污染防治、生态保护与修复、环境安全保障能力建设、生态文明建设、生态文明制度建设；"11"既是指节能减排、循环经济、绿色城镇、美丽乡村、清洁水源、清洁空气、清洁土壤、森林浙江、蓝色屏障、防火减灾、绿色创建等11项专项行动，又是指11个方面的保障措施。其中，11个专项行动是主体，整个"811"生态文明建设推进行动开展得怎么样，最终都要靠11个专项行动的成效来体现。

第一轮"811"行动是重点突破，整治的重点为八大水系和11个省级环境保护重点监管区。第二轮"811"行动是全面推进，把土壤、辐射、噪声等方面的

①　"811"环境污染整治行动（2004—2007年）。"8"是指全省八大水系及运河、平原河网，"11"既是指11个设区市，也是指11个省级环境保护重点监管区。

污染防治摆上日程，同时加大农村和农业污染治理以及生态建设方面的力度。新一轮"811"行动则着眼整个生态文明的建设，涵盖了生态环境建设、生态经济发展、生态文化培育等各个方面。从"811"环境污染整治三年行动到"811"环境保护新三年行动，再到"811"生态文明建设推进五年行动，这三个行动实际上体现了浙江生态文明建设进程中理念的提升、思路的拓展、实践的突破，生态文明建设由此打开越来越广阔的空间。

浙江开展"811"生态文明建设总体目标是：经过2011—2015年五年努力，基本实现经济社会发展与资源、环境承载能力相适应，环境质量提高与改善民生需求相适应，生态省建设继续保持全国领先，生态文明建设走在全国前列。浙江开展"811"生态文明建设工程，取得了显著成就，大大改变了生态环境，使浙江生态文明建设走在全国前列。据《中国省域生态文明建设评价报告（2011）》，浙江生态文明指数位居全国第3位。生态修复和保护工作取得阶段性成效。浙江是全国首个出台生态保护补偿制度的省份。2014年，省委十三届五次全会集成新的发展理念和发展思路，顺应人民对美好生活的新期待，进一步做出《关于建设美丽浙江创造美好生活的决定》。

二、打造生态屏障，建设环境友好型社会

恩格斯指出："我们对自然界的全部统治力量，就在于我们比其他一切生物强，能够认识和正确运用自然规律。"[①] 2010年，《中共浙江省委关于推进生态文明建设的决定》中提出加强"山区绿色生态屏障"和"海洋蓝色生态屏障"的建设，是对生态文明建设的新定位，有利于形成从绿色城镇到美丽乡村、从森林浙江到蓝色屏障、从绿色企业到绿色家庭的全方位绿色创建体系。

（一）建设"森林浙江"，打造绿色生态屏障

浙江为加快建设"森林浙江"，促进"兴林富民"，积极推进生态文明建设，相继出台实施了《森林浙江行动方案》《浙江省绿色创建行动方案》。2012年，又出台了《浙江省"四边三化"行动方案》，在公路边、铁路边、河边、山边等区域，开展洁化、绿化、美化行动。要求通过实施城市森林、山地森林保育、沿海防护林体系建设、野生动植物与湿地保护、森林食品、竹木业、森林生态旅游、林业高技术产业、乡村绿色家园建设和生态文化传承十大工程，到2020年，使浙江的森林覆盖率稳定在60%以上，建成功能完备的山地、河流、海岛、城市、乡村为一体的绿色生态屏障。加强钱塘江、瓯江、太湖等主要流域源头地区生态保护，加大自然保护区保护力度，促进生物多样性和植物种质资源保护。加快江

---

① 马克思恩格斯选集：第4卷 [M]. 北京：人民出版社，1995：384.

河上游骨干控制性工程及配套工程建设，加强小流域治理。推进森林扩面提质，大力发展生态公益林、名贵树种经济林，重点加强中幼林抚育、低效林和林相改造，着力推进平原地区绿化建设，加快建设"森林浙江"。

浙江坚持把构建绿色家园作为推进"森林浙江"建设的着力点。推进防护林建设，全面加强由海岸基干林带、平原农区和城镇防护林网、山地丘陵防护林等构成的从沿海到内陆层层防护的沿海绿色生态屏障建设，最大限度地增强森林的防灾、减灾能力。浙江从城市到乡村，从平原到山区，以前所未有的大手笔开展退耕还林、生态公益林、废矿复绿、水土保持、公路绿化、清水河道、自然保护区、湿地保护等工程。森林覆盖率已从36.4%提高到61.04%，城市绿化覆盖面积达到8000公顷。近年来，围绕"大花园"建设，大力加强高水平国土绿化和生态保护修复，人民的绿色福利得到有效保障。一是深入实施"新植1亿株珍贵树"行动计划。省政府将"新植1亿株珍贵树"列入"十三五"重点工作，积极推广"一村万树"等珍贵彩色树木种植模式，发动全社会群众共同参与到植树行动中来。2016年、2017年两年累计种植珍贵树木4513万株。二是强势推进平原绿化。全省累计投入平原绿化资金607亿元，新增平原绿化面积258万亩，平原林木覆盖率已达20%以上，曾经的绿化洼地正变成生态福地。三是扎实开展自然保护区、森林公园、湿地公园"一区两园"建设。近5年新建省级以上自然保护区6个、森林公园11个、湿地公园29个，公布省重要湿地80个。全省已建立国家级自然保护区8个、省级9个，建立国家森林公园41个、省级82个，建立国家湿地公园11个、省级20个，生物多样性得到了有效保护。四是全域推进森林城市建设。建成国家森林城市12个、省级森林城市75个，已实现县级森林城市全覆盖；省级森林城镇375个、森林村庄7907个。[①]

浙江加速林业产业转型升级，2010年启动了现代林业园区建设，公布了3批246个省级现代林业园区创建点，建设总规模达239万亩，总投资50.7亿元，促进了各项产业的快速发展。最新浙江省森林资源与生态功能价值监测评价结果显示，浙江现有林地面积9900万亩，其中优质公益林面积3700万亩，活立木总蓄积量3.5亿立方米，森林覆盖率61%，位居全国前列。至2017年年底，全省已批建各级森林公园262个，总经营面积692万亩。全省森林生态服务总价值5342亿元。[②]城乡处处郁郁葱葱、色彩纷呈，呈现城在林中、人在景中的美丽景象。

---

① 林云举. 坚定践行"两山"理论，全力推进林业现代化建设 [N]. 中国绿色时报，2018-04-10(2).

② 孙莉. 国际森林日来临！浙江人这般爱林护林 [EB/OL]. (2018-03-17)[2018-05-15]. https://zj.zjol.com.cn/news/895728.html.

（二）加强海洋生态保护，打造海洋蓝色屏障

浙江是海洋大省，海域面积广阔，岛屿数量众多，岸线优势明显，滩涂资源丰富，在环境承载、生态平衡、要素供给等方面具有十分重要的作用。近年来，特别是"十一五"以来，浙江高度重视海洋生态环境保护工作，取得了显著成效。自 2004 年以来，浙江先后制定了《浙江省海洋环境保护条例》《浙江省海洋功能区划》《浙江省海洋生态环境保护与建设规划》《浙江省碧海生态建设行动计划》《浙江省海洋特别保护区管理暂行办法》《浙江省蓝色屏障行动方案》等政策法规，基本做到了海洋环境保护工作有法可依、有章可循；建立和推进了海洋与海岸工程建设环境影响评价制度，较大程度遏制了在海洋与海岸工程建设过程中的海洋生态环境损害行为。建设好浙江海洋经济发展示范区，关系到我国实施海洋发展战略和完善区域发展总体战略的全局。2011 年，国务院正式批复《浙江海洋经济发展示范区规划》，批准设立浙江舟山群岛新区，这是全国首个以海洋经济为主题的国家级新区。浙江及时抓住发展机遇，为建设未来海洋蓝色生态屏障提出四大举措。

1. 强化陆源污染物入海控制

一是抓好入海污染物治理和达标排放。实施六大入海水系污染防治，加强江河与小流域环境综合治理，着力改善入海水系水质。二是加强入海排污口管理。全面清理入海排污口，加强区域统筹规划，进一步规范工业企业排污口和清下水系统排放口设置，做到清污分流。三是建立入海污染物浓度控制与污染总量控制制度。抓紧编制重点海域名录，组织开展调查评估，摸清重要海湾及生态敏感海域的环境容量，加强入海污染物浓度控制与污染总量控制。

2. 做好海洋面源污染防治

一是科学控制海岸和海上作业污染风险。完善港口、码头和油库排放油类、化学品、垃圾及生活污水的防油、防污配套设施，确保安全接收和处理。二是加强涉海工程管理和引导。完善涉海重点污染行业空间准入、总量准入和项目准入机制，把好涉海项目环保入口关。鼓励和支持在沿海产业集聚区发展低污染、低排放项目，优先在海洋经济发展示范区空间布局范围内建设循环经济示范基地。三是加强滩涂和近海水产养殖污染整治。积极推广全循环养殖、海洋生态增养殖技术和模式，提高水产养殖的自洁能力，逐步改善近岸海域水质，到 2015 年建设海洋碳汇渔业①15 万亩。

3. 实施海洋生态保护修复和建设

一是加强典型海洋和海岛生态系统保护。在加强已建海洋自然保护区、海洋

---

① 所谓碳汇渔业，是指可以直接或间接降低大气二氧化碳浓度的渔业生产活动，旨在降低能耗，保护环境。

特别保护区管理的基础上，加大保护区创建力度。鼓励探索"风能产电—海水淡化—植被绿化—岛屿生态"等科技兴岛模式。二是开展滨海生态走廊建设。通过实施滩涂湿地退养还滩、沿海防护林带建设等沿海生态环境防护治理，积极打造滩林堤结合、生态缓冲功能显著的滨海生态走廊。三是加大海洋生物资源养护力度。加强近海水域渔业休养生息，优化休渔禁渔制度，适当拓展休渔禁渔覆盖面，进一步扩大增殖放流规模。

二维码9-2

4. 增强海洋环境监测和海洋污染应对能力

一是加强海洋环境监测网络建设。以入海污染源、重点港湾、重要海洋功能区和生态脆弱区为监测重点，加快建设近岸海域环境浮标在线监测系统，统筹各地、各部门的海洋环境监测设施资源，建立海洋环境监测信息共享平台。二是积极防御和应对赤潮灾害。通过监测站点和海上船舶观测、航空和卫星遥感等多种途径，加强赤潮综合观测监视，提高赤潮信息接收处理能力。三是加强海上污染事故应急处置工作。完善突发性海洋环境污染事故应急监测和处置设施设备，到2015年建成浙南、浙北两个海洋环境应急监测中心和宁波—舟山溢油应急设备库及温州、台州、嘉兴溢油应急设备点。

三、倡导低碳生活消费，建设资源节约型社会

低碳经济是以低能耗、低污染、低排放为基础的经济模式，是人类社会继农业文明、工业文明之后的又一重大进步。低碳经济实质是能源高效利用、清洁能源开发、追求绿色GDP的问题，核心是能源技术和减排技术创新、产业结构和制度创新以及人类生存发展观念的根本性转变。倡导低碳生活，是转变经济发展方式在我们日常生活中的具体表现。2009年年末，在丹麦首都召开的哥本哈根世界气候大会上，中国政府强调，气候变化是当今全球面临的重大挑战，遏制气候变暖，拯救地球家园，是全人类共同的使命。正是在这样的背景下，低碳生活不仅正在成为有品质生活的标志，更是每个人义不容辞的责任。

低碳生活是指生活作息时所耗用的能量要尽力减少，尤其是减少二氧化碳的排放量，从而减少对大气的污染，减缓生态恶化，主要是从节电、节气和回收三个环节来改变生活细节。低碳生活是一种新的生活方式，简单来说，就是减低二氧化碳等气体的排放。低碳生活节能环保，有利于减缓全球气候变暖和环境恶化的程度，减少温室气体的排放。所有人都应该倡导低碳生活方式，选择低碳生活。

浙江为了加快资源节约型、环境友好型社会建设，主要采取了四大举措：一是积极淘汰落后产能，大力推进节能减排和资源节约集约利用，扎实开展循环经济试点省工作，单位生产总值能耗和主要污染物排放总量大幅下降，耕地得到严格保护，森林生态状况明显改善。二是深入开展污染治理，积极推进生态修复，切实加强环境基础设施和以"强塘固房"为重点的防灾减灾体系建设，环境保护

和生态屏障建设成效显著。三是设立浙江生态日,广泛开展生态文明创建活动。四是生态补偿、排污权有偿使用和交易、流域环境监管等机制加快建立,生态文明建设保障体系逐步完善。"十二五"以来,浙江紧紧围绕建设资源节约型、环境友好型社会的总目标,综合运用法律、行政、经济、技术等手段,狠抓各项节能措施落实,不断提高能源利用效率,超额完成了国家下达的"十二五"节能目标任务,节能降耗工作成效显著。

"十二五"期间,全省重点监测的36项主要耗能产品中,可比的29项产品的单位能耗均下降。炼油、火电(热电)、钢铁、水泥、玻璃等一批高耗能产品单位能耗水平处于国内领先或先进水平。一是能源利用效率持续提升。至2015年,全省万元 GDP 能耗累计下降20.7%,能效水平位居全国前列。全省能源利用效率42.3%左右,累计提高2.0个百分点。全省共实现节能约4800万吨标煤以上。二是能源消费结构趋低碳化。至2015年,煤炭、石油占全省能源消费比重为74.8%,累计下降8.6个百分点;天然气和水、核、风电等清洁能源占全省能源消费比重为15.8%,累计上升4.6个百分点。三是节能管理水平持续提升。实行了单位 GDP 能耗、能源消费总量、煤炭消费总量红黄绿预警制度,对年综合能耗万吨标煤以上的重点用能单位能源消费建立了在线监测系统。四是能源要素市场化配置改革探索迈出关键一步。出台了推进用能权有偿使用和交易试点工作的指导意见,积极推进企业初始用能权确权,在全国率先开展用能权有偿使用和交易试点。重点领域节能合力作用进一步凸显。工业领域,规模以上工业增加值能耗累计下降23.8%;火电、水泥、炼油等22项耗能产品的单位综合能耗达到国际先进或国内领先水平。建筑领域,建成节能建筑5.3亿平方米,其中绿色建筑2.4亿平方米;每年新增可再生能源建筑应用面积1000万平方米以上;完成既有建筑节能改造面积1891万平方米。五是节能基础能力进一步夯实。制定了《浙江省实施〈中华人民共和国节约能源法〉办法》等一批节能法规、规章,编制发布了《浙江省产业结构调整能效指南》,颁布实施了54项节能地方标准,其中强制性节能标准41项,形成了具有该省特色的节能法规和标准体系。节能监察体系不断完善,节能执法能力进一步加强。新建县级能源监察机构25家,省、市、县三级能源监察机构总数达到88家,年综合能耗百万吨标煤以上的县(市、区)实现了全覆盖。[①]

浙江坚定不移践行"两山"理论,资源节约型、环境友好型社会建设成效显著。全省生态环境发生了优质水提升、劣质水下降,蓝天提升、PM2.5下降,绿化提升、森林火灾下降的明显变化。

二维码 9-3

---

① 丁江. 浙江全面推进资源节约型社会建设 [N]. 中国产经新闻报,2016-08-31(1).

四、坚持"五水共治"，推进生态省建设

浙江坚持和践行习近平"两山"理论，贯彻落实党中央"四个全面"战略布局和新发展理念，以治水为突破口，整体推进生态省建设。自2013年省委十三届四次全会吹响"五水共治"号角后，"全省累计消灭6500公里垃圾河，累计完成黑臭河治理验收4660多公里，浦江等9个县（区）成为全省首批'清三河'达标县"①。

（一）统筹兼顾，整体推进"五水共治"

所谓"五水共治"，就是指治污水、防洪水、排涝水、保供水、抓节水。"'五水共治'好比五个手指头，治污水是大拇指，防洪水、排涝水、保供水、抓节水分别是其他四指，分工有别、和而不同，捏起来就形成一个拳头。"②

治污水，作为首要任务，要重点突破，主要抓好"清三河""两覆盖""两转型"。"清三河"，就是治理黑河、臭河、垃圾河。"两覆盖"，就是到2016年、2017年，实现城镇截污纳管基本覆盖，农村污水处理、生活垃圾集中处理基本覆盖。"两转型"，就是抓工业转型，加快电镀、造纸、印染、制革、化工、蓄铅等高污染行业的淘汰落后和整治提升；抓农业转型，坚持生态化、集约化方向，推进种养殖业的集聚化、规模化经营和污物排放的集中化、无害化处理，控制农业面源污染。防洪水，重点推进强库、固堤、扩排等三类工程建设，强化流域统筹、疏堵并举，制服洪水之虎。排涝水，重点强库堤、疏通道、攻强排，打通断头河，开辟新河道，着力消除易淹易涝片区。保供水，重点推进开源、引调、提升等三类工程建设，保障饮水之源，提升饮水质量。抓节水，重点要改装器具、减少漏损、再生利用和雨水收集利用示范，合理利用水资源。

（二）以科学机制保障"五水共治"

为了打造天蓝地绿水清的良好生态环境，浙江倡导"全民治水""科学治水"。2016年，《浙江省水污染防治行动计划》正式发布，明确提出水污染防治工作总体要求、重点任务和目标指标，为今后一个时期内如何打造更好的浙江水环境明确了方向。全省依靠制度、依靠法治治水，注重从体制机制上化解治水矛盾，做到规划能指导、项目能跟上、资金能配套、监理能到位、考核能引导、科技能支撑、规章能约束、指挥能统一，主要推出了"八大保障"机制。

一是规划科学保障。制定全省层面"五水共治"总规划和子规划，增强科学性、

① 何玲玲，等.浙江发展生态文明，建设美丽乡村的探索和启示 [EB/OL].(2015-08-10) [2018-08-15]. http://news.xinhuanet.com/politics/2015-08/10/c_1116203217.htm.

② 夏宝龙.以"五水共治"的实际行动取信于民 [N]. 人民日报，2014-01-22(15).

突出实战性，把图纸画出来、资金算出来、时间排起来、责任明起来。二是项目落实保障。实施"十百千万治水大行动"。"十"就是"十枢"，建设十大蓄水调水排水等骨干型枢纽工程；"百"就是"百固"，每年除险加固一百座水库，加固五百公里海塘河堤；"千"就是"千治"，每年高质量高标准治理一千公里黑河、臭河、垃圾河，整治疏浚两千公里河道；"万"就是"万通"，每年清疏一万公里给排水管道。三是资金到位保障。合理确定各级政府的投入比例，争取各类金融机构更多支持，积极吸引各类社会和民间投资。四是质量监理保障。对治水工程和项目细化责任、强化监管，明确施工、监理、验收各环节责任人，登记在案，有据可依，有责可查，确保工程质量安全可靠。五是人才科技保障。大力引进、培养和用好治水高科技人才、实用型人才，以先进技术保障治水工程，以先进理念提升治水水平，以领军人才推动治水工作。六是工作考核保障。贯彻中央对政绩考核的新要求，把治水作为各地各部门重要的实绩考核内容，把治水作为领导干部年终述职的内容。七是政策法规保障。加快治水地方立法和政府规章建设，加强治水政策研究，形成有利于治水的激励机制、惩戒机制和要素保障机制。强化涉水司法保障，严厉打击涉水违法犯罪行为。八是组织领导保障。省委省政府成立"五水共治"领导小组，专门研究治水重大问题，负责治水的统筹谋划、日常协调、督查考核等工作。完善体制机制，加强统筹运筹，防止"九龙治水"，形成整体合力。人民群众是治水的主体力量，必须广泛发动和组织人民群众参与"五水共治"，发挥工会、共青团、妇联等人民团体和社会各界作用，发挥驻浙人民解放军、武警部队和民兵预备役人员在建设治水工程、参与抢险救灾中的生力军作用，以强大的凝聚力和创造力，形成"五水共治"破竹之势。

习近平在浙江工作期间，强调要用科学发展观研究用水治水节水工作，认真抓好安全饮水、科学调水、有效节水、治理污水等"四水工程"建设。浙江按照习近平总书记的要求，在2013年做出了"五水共治"决策部署。全省以治水为突破口，倒逼产业转型升级，实现经济发展治理和水环境质量双提高，推动浙江向绿色方向发展，成为贯彻"两山"理论的生动实践。"五水共治"意义深远，是促发展、惠民生、优生态的重大战略举措。

第一，从政治高度看，治水就是抓深化改革惠民生。习近平总书记明确要求，改革要从时间表倒排最急迫事项改起，从老百姓最期盼的领域改起，从制约经济社会发展最突出的问题改起，从社会各界能够达成共识的环节改起。抓治水完全符合这"四个改起"的要求，符合党的群众路线教育实践活动落实整改的要求。

第二，从经济角度看，治水就是抓有效投资促转型。治水的投资，就是有效的投资；治水的过程，就是转型的过程。治水能够为人民提供一大批优质项目，特别是水利工程项目，这对于保持经济平稳增长具有现实意义。

第三，从文化深度看，治水就是抓现代文明树新风。水，不仅是资源要素，也是文化元素，是文明之源、文化之源。治水历来是兴国安邦的大事。中华民族几千年悠久灿烂的文明史，从一定意义上也可以说是一部除水害、兴水利的治水史。水文化直接触及人们的灵魂，浸润着人们的心田，影响着人们的思想意识、道德情操、精神意志和智慧能力。水文化的价值在于它让人们懂得热爱水、珍惜水、节约水。

第四，从社会广度看，治水就是抓平安稳定促和谐。污水、洪水、涝水、供水和节水问题，直接关系平安稳定，关乎人水和谐。古往今来，听风声雨声读书声，看家事国事天下事，而治水从来都是江山社稷、国泰民安的大事、要紧事。浙江必须下定决心铁腕治水。社会政策要托底，治水工程必须要顶起，这是很重要的底线。

第五，从生态尺度看，治水就是抓绿色发展优环境。浙江"缺水""江南水乡没水喝"，根子就在过于依赖资源环境消耗的粗放增长模式。面对青山不再、绿水不再的尴尬，浙江必须牢固树立"绿水青山就是金山银山"和"山水林田湖是一个生命共同体"的理念，以"功成不必在我"的胸襟和对浙江可持续发展的担当，围绕治水目标，把水质指标作为硬约束倒逼转型，以短期阵痛换来长远的绿色发展、持续发展。

二维码9-4

第三节　加强生态文明教育，建设新型生态文化

一、重视生态文明教育，增强大众环保意识

生态文化是孕育生态文明的思想源泉。生态文明是以人与自然、人与人、人与社会和谐共生、良性循环、全面发展、持续繁荣为基本宗旨的文化伦理形态。生态文化是生态文明建设的灵魂和精神支柱，生态文明建设要靠生态文化的引领和支撑。生态文化是主导人类21世纪健康、有序、文明发展的思想源泉。在加强生态文明宣传教育方面，浙江形成了自己独特的方法和形式。

（一）加强宣传引导，传播生态文明理念

树立生态文明理念离不开宣传引导。浙江主要通过制定生态文明建设道德规范，倡导生态伦理，树立全民生态文明观、道德观、价值观。为了做好生态文明理念的传播工作，浙江注重完善生态文明宣传机制，构建宣传生态文明、普及环保知识、弘扬生态文化的立体式宣传教育格局；发挥新闻媒体作用，推动形成正确的生态文明建设舆论导向；精心组织各类生态文明系列宣传活动；加强对领导干部、企业家、城乡居民的生态文明教育，努力培育"生态优先的政绩观""科

学理性的致富观""适度消费的生活观"。牢固树立良好生态环境是生产力、竞争力的生态发展观，经济发展是政绩、保护生态环境更是长远政绩的生态政绩观，绿水青山就是金山银山的生态价值观，强化科学理念和全民共识，坚守保护生态环境的红线和底线，推动保障机制创新。

（二）加强公民教育，提高生态文明素养

提高公民生态文明素养，关键在教育。浙江将生态文明教育内容纳入大中小学教育规划设计，强化学生的生态文明教育，构建大中小学相衔接，学校、家庭、社会相结合的生态文明教育体系，增强青少年生态文明意识。加强对企业、城乡社区等基层群众的生态文明教育和科普宣传，提高全民生态文明素养，形成生态文明社会新风尚。

近年来，浙江开展了形式多样的生态文明教育：一是结合"世界环境日""中国植树节""世界地球日""浙江生态日"等环保节日和一些区域性的大型活动，组织开展环保"八进"①，保护生态实践活动、现场讲解法律知识等形式多样的宣传教育活动。二是从社会各界招募吸收环保志愿者，通过参加环保知识、技能的学习和培训活动，发挥环保志愿者的优势，引导社会公众关注环保事业，参与环保工作。三是积极与各大中小学合作，组织开展低碳课堂讲义、征文、环保运动会、知识竞赛等活动，实现保护环境从我做起、环保教育从青少年开始。四是充分利用广播、电视、报纸杂志、网站、手机短信等媒介，宣传环保法律法规，公布群众关注的热点、难点问题，曝光违法、违规现象，畅通舆论监督渠道。

（三）动员和鼓励公众积极参与，广泛开展生态文明创建活动

开展生态文明创建活动，重在动员和鼓励公众积极参与。省委省政府注重完善公众参与机制，创新公众参与方式，拓宽公众参与渠道，加强环境信息公开，切实保障公众环境知情权、参与权和监督权，提高公众参与生态文明建设的层次和水平。充分发挥共产党员、共青团员、少先队员和环保志愿者的作用，支持和鼓励各类民间环保组织健康有序发展，探索建立社会化的生态文明创建机制。广泛开展生态文明创建活动，扎实推进全国生态文明建设试点市、试点县工作，积极开展生态市县创建活动，广泛开展文明城市、卫生城市、园林城市、环保模范城市创建工作，鼓励各地创建可持续发展实验区。加快创建绿色机关，引导基层单位和城乡居民开展绿色学校、绿色社区、绿色家庭等群众性绿色系列创建活动。加强生态环保志愿者队伍建设，动员党员干部、大中学生以及社会各界积极参与各种形式的环保活动。

打造美丽浙江，把一个生产发展、生活富裕、生态良好的浙江留给子孙后代，

---

① 即城乡环境治理"进机关、进企业、进学校、进社区、进乡村、进家庭、进景区、进商场"。

是 5600 万浙江儿女的共同责任。当前和今后一个时期，要坚持走科学发展路，建生态文明省，以深化生态省建设为抓手，加快推进生态文明建设，实现人口、资源、环境与社会和谐发展，留下青山、绿水、蓝天，无愧于时代，无愧于后人。

二、普及生态环保知识，倡导文明生活方式

浙江历来重视生态民生，致力于实现"让人民喝上干净的水、呼吸清洁的空气、吃上放心的食物，在良好的环境中生产生活"①，大力宣传普及生态环保知识，营造良好的环境保护工作氛围，倡导文明健康生活方式，引导全社会共同建设绿色浙江、生态浙江、美丽浙江。

（一）普及生态文明知识

多形式宣传倡导生态文化。通过编制发放宣传手册，引导社会大众更加了解、支持生态文明建设工作。创立编制生态文明建设成果的工作专刊，广泛宣传生态文明建设的工作成效和先进典型，并以此作为生态绿色革命的重要宣传平台。组建"生态文明宣讲团"，深入农村、社区、企业、学校和机关事业单位进行宣讲，普及生态文化，解答群众关心的生态环境问题，提升全民生态文明认知度。以生态科普教育基地为阵地，向社会公众传播生态文化，弘扬生态文明，倡导人与自然和谐相处，增强社会公众生态文明观念。

为了充分发挥社会科普教育场所的作用，广泛传播和普及生态科学知识，切实提高全民科学文化素质，增强市民热爱森林、保护森林意识，促进生态文明建设，浙江以森林公园、湿地公园、自然保护区、自然博物馆等为重点，建设生态道德教育基地，组织开展各种形式的生态教育活动。充分发挥图书馆、博物馆、科技馆、文化馆、美术馆、体育中心、青少年活动中心、妇女儿童活动中心、老年活动中心等在传播生态文化方面的作用，使其成为弘扬生态文化的重要阵地。

（二）倡导绿色文明新风尚

绿色文明就是能够持续满足人们幸福感的文明。任何文明都是为了满足人们的幸福感，而绿色文明的最大特征是能够持续满足人们的幸福感，持续提升人们的幸福指数。倡导绿色生活、共建生态文明是社会时尚和进步的体现。精心策划组织生态环保主题活动，开展"世界环境日"和"浙江生态日"大型主题宣传活动。利用各类纪念日渗透生态理念，开展便民服务活动，进行生态科普宣传来加强对新居民的生态文明教育。开展"环保卫士服务队"宣传活动，通过送法下企业，开展重点区域、重点行业的环境宣传教育，提高企业遵守法律法规的自觉性；

---

① 吴妙丽.绿色浙江生态省 [N].浙江日报，2009-09-25(1).

通过农村污染防治宣传，提高农村环保自治水平，让绿色生活融入村民的生活。

2008 年，浙江为倡导绿色文明新风尚，开展了省树、省花评选活动，产生了良好的社会效果。积极探索全民义务植树形式，大力推进林木绿地、古树名木的认建认管认养，加快义务植树基地建设，广泛开展植纪念树、造纪念林活动。

2017 年，全民义务植树广泛开展，全年参加义务植树 2052.4 万人次，植树6103.8 万株。浙江把义务植树作为弘扬生态文化的重要手段，推动全社会广泛开展义务植树，近 5 年累计义务植树 3.6 亿株。① 今日之浙江，植树造林、栽花种草已成为一道彰显绿色文明风尚的风景线。

（三）唱响森林文化品牌

森林文化是指人对森林的敬畏、崇拜与认识，是建立在对森林认识以及对其各种恩惠表示感恩的朴素感情基础上，反映人与森林关系的文化现象。浙江充分发挥竹文化、茶文化、花文化等森林文化底蕴深厚的优势，围绕树立科学发展的理念，着力搭建生态文化平台，营造植树护绿、保护生态的良好社会风尚，有力地促进了林业产业和地方经济的协调发展。浙江根据"森林进城、园林下乡、城乡一体、整体绿化"的思路，结合"千村示范、万村整治"工程建设，积极开展各类绿化创建活动。在浙江，森林产品博览会与森林旅游节、长三角花卉产业论坛一起，构成了颇具影响的三大森林文化品牌。2014 年第 7 届中国义乌（国际）森林产品博览会共有来自 64 个国家和地区的 41.22 万人次采购商、参观者到会参观采购，实现成交额 46.83 亿元。各地也纷纷挖掘和利用当地林业文化资源，唱响森林文化。如仙居县以"杨梅节"为载体，积极培育杨梅文化，形成了独特的杨梅经济现象。打造森林文化品牌，潜移默化地起到了提升公民生态文明素养的作用。

三、营造生态环保社会氛围，塑造生态环保文化

浙江特色的生态文化价值指向就是把以创业创新为核心的"浙江精神"，与追求人、社会、自然和谐协调发展的生态文化密切结合起来，进一步拓展浙江精神的丰富内涵，提升浙江精神的文化品位，形成推动浙江发展的强大精神动力，构筑有浙江特色的生态文化。浸透着浙江精神的生态文化，为浙江生态文明建设提供了智力支持、精神动力和思想保证，增强了浙江文化软实力。

（一）实施"文化播绿"工程

自然界的绿化是保护和改善生态环境，促进社会可持续发展的重要途径；而文化播绿在社会文明发展中的作用并不亚于自然界的绿化。一方面，浙江充分发

---

① 林云举. 坚定践行"两山"理论，全力推进林业现代化建设 [N]. 中国绿色时报，2018–04–10(2).

挥森林生态文化的引领作用，打造人文内涵丰富的森林生态文化体系，促进人与自然和谐相处。推动茶文化、竹文化、石文化、海洋文化传播。截至 2017 年 11 月，浙江共有省级及以上森林公园 123 处，其中国家级 41 处、省级 82 处，经营总面积约 36.46 公顷。2011 年，丽水松阳卯山国家森林公园荣获国家生态文明教育基地称号。另一方面，浙江通过制定生态道德规范，倡导生态伦理，对领导干部、大中小学生和基层群众加强生态文明教育，充实环保绿色志愿者的队伍，建立省级生态文化基地，提高全民生态文明素养，这些举措对于建设"生态浙江"都起到了十分重要的作用。例如，农村文化礼堂建设就是打造当代农民群众的"精神家园"和当代乡村的"精神文化地标"，多用"滴灌"作业办法，坚持"送、种、育"一体推进，组织文化文艺等队伍进文化礼堂播种子，让先进生态文化因子生根发芽。

（二）多渠道开辟生态文化传播载体

不以牺牲资源环境为代价追求产值，不以牺牲未来利益为代价追求 GDP 增长，已越来越成为全省人民的共识，躬身生态建设，则成为大家的自觉行动。浙江注重建设各种各样的生态文化载体，让更多的人置身其中，陶冶性情。一是加强森林公园、湿地公园、地质公园、矿山公园、遗址公园、海洋公园和植物园的建设与管理，使其成为承载生态文化的重要平台。生态文化示范扎实推进，组织开展生态日、湿地日、野生动植物日、爱鸟周等宣传活动。2017 年，6 个行政村被授予"全国生态文化村"称号，新增 52 个浙江省生态文化基地。省政府颁布实施《浙江省古树名木保护办法》，全年建成古树名木主题公园 65 个。① 二是保护和开发生态文化资源，在生态文化遗产丰富、保持较完整的区域，建设一批生态文化保护区，维护生态文化多样性。近年来，浙江结合美丽乡村建设，调查登记近 2000 个传统村落，401 个村落列入中国传统村落名录，数量居全国第三；31 处村古建筑群列入全国重点文物保护单位，194 处村古建筑群列入浙江省级文物保护单位；国家级、省级非遗项目分别达到 217 项、886 项，为浙江美丽乡村建设注入了文化内涵和发展活力。② 三是结合生态城市、生态乡村建设，加快建设并形成一批以绿色企业、绿色社区、生态村为主体的生态文化宣传教育基地。开展生态文化示范，着力建设动物园、林业博物馆等生态文化设施。结合各地特色，积极举办"森林旅游节"和油茶、香榧、山核桃文化节等生态文化传播活动。大力发展竹文化、香榧文化、木雕文化等生态文化产业。已命名 179 个省生态文化基地，32 个村被评为"全国生态文化村"，数量居全国第一，有力推动了生

① 中国林业网.浙江省政府办公厅通报 2017 年度森林浙江建设目标责任制考核结果[EB/OL].(2018-04-16)[2018-08-15].http://www.forestry.gov.cn/2018-04-16.

② 骆蔓.浙江因地制宜推进非遗保护传承[N].中国文化报，2018-04-13(2).

态村庄和乡风文明建设。①

（三）开展全民共建共创生态文明活动

生态文化是生态文明的灵魂和源泉。浙江高度重视挖掘、提炼和弘扬生态文化，培育生态文明理念，拓展提升人文建设内涵。浙江是习近平总书记"两山"理论发源地。省委省政府一届接着一届干，一任接着一任传，相继提出了"绿色浙江""生态浙江""美丽浙江"等战略目标，不断凝聚正能量，经历了凤凰涅槃、浴火重生式的理念创新和实践创新阶段。绿色浙江代表了绿色发展的路径选择；生态浙江是生态立省方略的目标归宿；美丽浙江则是生态文明建设的外在表现。浙江始终坚持一张蓝图绘到底，把生态文明建设放在突出位置；坚持在保护中发展、在发展中保护，把发展生态经济和改善生态环境作为核心任务；坚持全面统筹、突出重点，把解决影响可持续发展和危害人民群众身体健康的突出环境问题作为着力点；坚持严格监管、优化服务，把保障生态环境安全和维护社会和谐稳定作为基本要求；坚持党政主导、社会参与，把创新体制机制和共建共享作为重要保障。

浙江的生态文明建设，由于省委省政府的高度重视，成绩斐然，始终走在全国前列。一是生态文化日益繁荣。通过生态文学、生态影视、生态节日等各种载体的引导和传播，形成了尊重自然、敬畏自然、保护自然的社会风气。二是生态环境明显好转。通过"治水""治气""治废"等一系列举措，森林生态功能稳定提升，水体环境质量显著好转，大气环境质量明显改善，城乡垃圾治理成效可嘉。老百姓越来越多地享受到生态文明建设所带来的"绿色福利"。三是生态经济蓬勃发展。通过大力推广"绿色发展"、淘汰"黑色发展"，大力推广"循环发展"、淘汰"线性发展"，大力推广"低碳发展"、淘汰"高碳发展"，生态经济呈现出蓬勃发展的态势，生态产品深受广大消费者青睐，逐渐形成"绿色时尚"。四是生态文明制度渐成体系。浙江在生态文明制度建设方面走在全国前列，形成了绿色政绩考核制度、领导干部环境问责制度等管制性制度体系，绿色财税制度、绿色产权制度等选择性制度体系，生态文化、生态道德等引导性制度体系。这些制度体系有力地保障了生态文明建设的顺利推进。今后五年，浙江将高标准推进生态文明建设，打造人与自然和谐共生的美丽浙江。把生态文明作为千年大计，深入践行绿水青山就是金山银山的理念，全面实施生态文明示范创建行动计划，坚定走生产发展、生活富裕、生态良好的文明发展道路。

二维码 9-5

---

① 林云举.坚定践行"两山"理论，全力推进林业现代化建设[N].中国绿色时报，2018-04-10(2).

 案例 9-1

湖州多管齐下打造生态水利风景线

日前，国家水利部对获得第十七批国家水利风景区的单位正式授牌，全省共有 3 个水利风景区获此殊荣，吴兴太湖溇港水利风景区名列其中，成为全省首个河网型国家水利风景区。至此，湖州市共有 5 个国家级水利风景区。

太湖溇港水利风景区东至吴兴乔溇村，西至大钱村，北至太湖，南至申苏浙皖高速，规划总面积 76 平方公里。自 2016 年 11 月太湖溇港成功入选世界灌溉工程遗产名录后，湖州市以兴水利、扬水韵、传水脉的"三水联动"思路，全力推进太湖溇港水利风景区建设，力争将其打造成集水乡观光、休闲运动、古村度假等功能于一体的水乡特色旅游休闲地。

近期，湖州市将投入 20 亿元对溇港区域河网进行全面治理，从主干到支流延伸，目前工程可研报告已报审批，其中南北横塘区域已先行开工。同时，还将投入 1.8 亿元，在太湖南岸溇港区域建设长 16 公里、宽 100 米的滨湖景观带，通过景观小品、绿道及花海建设，提升景区的视觉感观和生态体验，吸引越来越多游客观光旅游。

在打造国家级水利风景区的同时，湖州市加快水利工程的生态治理步伐。2017 年年初，灵峰旅游度假区开展浒溪生态治理（二期）工程，投资 3400 万元对浒溪灵峰段西岸进行生态治理。"抛石的空隙大，可以为动植物提供栖息之所，还能有效阻挡洪水冲击。我们借用抛石打造出的四个小岛，上面芦苇、柳条遍布，现在这里已成了白鹭、斑鸠栖息天堂。"工程负责人说。随着生态治理工程建设完成，浒溪的水质和景观日益提升，吸引更多大项目落地，也带来源源不断的客流。

近年来，湖州市积极践行新时期水利工作方针，将生态优先、绿色发展的理念与水利工作相融合，充分发挥水利对环境保护和生态建设的促进作用，大力发展大花园秀美水利，着力打造生态河道、美丽湖漾、人文工程，彰显江南水乡清丽风貌。在建设"百项千亿"水利工程中，湖州市坚持把尊重自然、顺应自然、保护自然的理念贯穿于水利工程规划、设计、建设全过程，严格落实环境保护和生态建设要求，多措并举全面提升水利工程的生态服务功能。

湖州市将重点抓好"一带、一区、多点"，即打造东苕溪景观带，大力推进东苕溪绿道及景观配套建设，全面提升东苕溪面貌；建设太湖溇港风景区，依托世界灌溉工程遗产，整合部门资源，提升滨湖溇港区域景观面貌；落实《水工程生态建设技术导则》，建设一批"水清、流畅、树山、花海"的生态河道、美丽湖漾。

资料来源：许峰.湖州多管齐下打造生态水利风景线 [N].湖州日报，2017-12-24(2).

 阅读书目

1. 夏宝龙. 以"五水共治"的实际成效取信于民. 人民日报，2014-01-22(15).

2. 赵洪祝. 转变发展方式 打造生态浙江. 求是，2012(3).

3. 中共浙江省委. 中共浙江省委关于建设美丽浙江创造美好生活的决定. 浙江日报，2014-05-29(1).

4. 中共浙江省委. 中共浙江省委关于推进生态文明建设的决定 (浙委〔2010〕64 号). 今日浙江，2010(13).

5. 浙江省人民政府.《浙江生态省建设规划纲要》的通知 (浙政发〔2003〕23 号). 浙江政报，2003(30).

6. 臧立. 马克思恩格斯论环境 [M]. 北京：中国环境科学出版社，2003.

 思考讨论题

1. 什么是循环经济？浙江循环经济发展主要集中在哪些领域？

2. 浙江是怎样加强海洋蓝色生态屏障建设的？

3. 什么是低碳生活？浙江如何建设资源节约型社会？

4. 浙江是怎样发展生态环保文化的？

5. 浙江特色的美丽中国建设新理念、新路径、新举措是什么？

第十章 全方位对外开放，全面利用世界资源

改革开放以来，浙江立足本省实际，秉持"改革推动开放、开放服务发展"的理念，以海纳百川的胸怀、求贤若渴的姿态，虚心汲取全人类所创造的一切文明成果，不断加大对外开放的力度，提高对外开放的水平，走出了一条富有浙江特色的对外开放之路。对外开放从根本上改变了浙江经济社会面貌，为提升浙江经济的国际竞争力和综合实力做出了重大贡献。

第一节 抓住对外开放先机，创造浙江先发优势

一、主动对接中央开放战略，率先推进全方位对外开放

改革开放以来，浙江紧紧抓住历史机遇，打造先发优势。浙江人凭借顽强拼搏精神和敢为人先的市场意识，"走遍千山万水，吃尽千辛万苦，说尽千言万语，想尽千方百计"，主动"走出去"，搏击省外和海外市场。早在1988年，省政府就颁布了《关于鼓励与省外联合、发展外向经济的暂行规定》，1999年又率先启动"走出去"战略。改革开放以来，对外开放推动着浙江经济社会发展走在全国前列。

浙江地处东南沿海，海岸线绵长，优良港口众多，在国家建立经济特区和区域梯度开放的过程中，获得区位优势。1978年，国务院批准浙江为对外贸易口岸，由此成为全国最早实行对外开放的省份之一。1979年，宁波、沈家门、海门等港口首先对外开放。此后，浙江抓住国家外贸经营体制改革和外贸经营权向地方下放的机遇，相继成立了省级进出口公司及与外贸有关的银行、海关、商检、对外贸易运输等机构。这一时期沿海经济开放区和外贸经营权的改革，为浙江个体、私营经济和中小企业在加工制造业领域的发展，提供了发展机遇。

1984年，宁波、温州被列入全国首批沿海14个对外开放城市，在扩大地方经济权限和引进外商投资方面享受国家优惠政策。1985年，嘉兴和湖州等成为沿海经济开放区。1988年，杭州、绍兴和台州的部分县市成为沿海经济开放区。

这些沿海经济开放区在一定程度上享受国家的优惠政策，在吸引国外资金和技术以及发展以出口为导向、发挥当地优势、发展加工工业的开放型经济中获得了先发优势。

20世纪80年代中后期到90年代，浙江抓住国家对外汇管理体制和人民币汇率制度改革这一时机，激发民营企业发展对外贸易的活力和发挥开拓国际市场的能力，利用汇率调整和人民币贬值的有利时机，增强中低档劳动密集型出口商品的国际竞争力，使民营企业在对外经济贸易发展中的竞争优势逐步体现。进入20世纪90年代，中央提出沿海、沿边、沿江、沿路的对外开放"四沿战略"，浙江沿海地区全部成为对外开放地区。到20世纪90年代中期，全省已经形成了全方位、多层次、宽领域的对外开放新格局。通过对外开放，充分发挥了区位优势，有效弥补了浙江人多地少、陆域资源短缺的劣势，经济社会得到长足发展。

随着经济的快速发展，浙江资源环境的压力日益增大，尤其是"市场大省"的大进大出，使陆域资源匮乏的浙江无法独立支撑经济发展对资源环境的需求，节约能源资源和保护生态环境的任务十分艰巨。为了建设资源节约型、环境友好型社会，把经济社会发展、生态环境良好的美丽浙江留给子孙后代，实现可持续发展，浙江必须立足省内省外、国内国外两个市场，进一步扩大对外开放，以海纳百川的胸怀请进来，以自信从容的姿态走出去，在统筹国内国外资源的过程中实现浙江的可持续发展。

二、全面推行大开放战略，全方位发展外向型经济

改革开放以来，浙江以市场开拓促对外开放，由市场开放推动生产过程的国际化，逐渐融入全球分工协作生产体系；并通过外资的引进嫁接，改造企业股权体系和治理结构，完成要素投入的国际化。1988年，在全国扩大沿海开放政策鼓舞下，浙江及时提出了"出口导向、贸易兴省"的战略，积极参与国际分工。到1991年，基本上形成了以杭、宁、温为中心，国家级开发区为先导，由沿海开放地区向省内其他地区梯度推进的全方位、多层次、宽领域的对内对外开放区域格局，外向型经济发展取得积极成效。

在建立和完善社会主义市场经济体制的过程中，浙江率先推进市场建设，形成了辐射全国、面向世界的商品营销网络，成为名副其实的市场大省。1992年，浙江前瞻性提出大经贸战略，即外贸、外资、外经"三外"一起抓，省级外贸公司、市地县外贸企业、自营出口企业、外商投资企业"四路大军"一起扩大出口的经贸发展战略。1999年，又提出推动省内专业市场向海外延伸、推动省内企业赴境外投资创业"两个推动"战略，把强化外向型经济发展作为跨世纪发展战略的重要内容，实现梯度推进，全面开放。这一时期，浙江相继出台了《关于加

快发展省际边界经济贸易的通知》《关于进一步深化改革加快对外贸易发展的通知》《关于鼓励企业开展境外加工贸易的若干意见》等文件，浙江对外开放的政策环境和制度优势不断得到加强和优化。

浙江为了进一步扩大对外开放，一方面，呼应上海，面向全国，充分发挥浙江在以上海为龙头的长江三角洲经济发展中的重要作用，积极发展与各省（区、市）的联合和合作，吸引省外优势企业来浙江投资，大力拓展国内市场特别是农村市场。浙江人在省外先后创办了"浙江村""温州城"等众多市场，如武汉的汉正街小商品市场、西安的浙江村超级服装城、昆明的螺蛳湾市场等，到处活跃着浙江人的身影；娃哈哈、华立集团、广厦集团、万向集团、正泰集团、德力西集团、雅戈尔集团等大批浙江知名企业实施跨区域发展战略，建立自己的市场营销网络。另一方面，努力提高对外开放层次和水平，积极探索与国际通行惯例接轨的运作方式。以企业为主体，把对外贸易、利用外资和开展国际经济技术合作交流紧密结合起来，使浙江经济在更大范围内配置生产要素，获得新的发展机遇，营造对外开放的综合优势，率先迈入外贸主体多元化、对外贸易快速增长的新阶段。

21世纪初，面对我国加入世贸组织的重要机会窗口，时任省委书记习近平同志以卓越的全球意识和战略眼光，做出了进一步扩大开放的战略部署：将开放纳入"八八战略"，将开放图强纳入与时俱进的浙江精神，提出"立足全局发展浙江，跳出浙江发展浙江"的重要思想，召开全省对外开放工作会议，全面拓展了对外开放的广度和深度，开创了对外开放工作新局面。浙江抓住我国加入世贸组织的契机，以更加积极的姿态参与国际竞争与合作。2003年，实施"跳出浙江、发展浙江"战略，鼓励更多浙商充分利用国际国内两个市场两种资源，力推浙江人由在外经商为主，转向在资源开发、能源利用、工业生产、现代物流、基础设施、旧城改造、教育科技、农副产品加工以及国有企业改革等领域进行大规模投资、大手笔开发和大资本运作，同时在国内国外建立资源基地、生产基地、营销网络、研发中心和经贸合作区，实现了从商贸流通、商品生产向品牌经营、资本运作的跨越，开放经济型的新突破，对外开放不断向纵深发展。

党的十八大以来，浙江对外开放面临新的机遇及挑战。一是国际贸易与投资规则正在发生重大变化，二是国际经贸格局正在发生变化，发展中国家成为拉动世界经济增长的重要力量。从贸易类型看，服务贸易发展快于货物贸易。浙江顺应对外开放的新形势，全面落实习近平总书记的重要指示，推动开放朝着优化结构、拓展深度、提高效益的方向转变。特别是近年来，坚决贯彻国家开放战略和主场外交战略部署，举全省之力做好G20杭州峰会服务保障工作，成功承办四届世界互联网大会，谋划打造"一带一路"枢纽，大力推进自贸试验区等平台建设，大大提升了浙江在世界的影响力和美誉度，将浙江对外开放推到了一个新高度。

浙江作为我国最早的沿海开放省份之一，全面参与国际分工和资源全球化配置，率先构建开放型市场经济新体制，争当开放型经济强国建设的排头兵，是浙江发展的战略使命。一是把参与"一带一路"建设作为最大使命、最大机遇、最大平台，充分发挥战略交汇、全球大港等优势，全面提升在"一带一路"国际合作中的参与度、连接度和影响力。到2020年，基本建成现代物流枢纽、国际科创产业合作高地、新型贸易中心、新兴金融中心、国际人文交流基地，在参与和服务"一带一路"建设上走在前列。二是按照高质量发展的要求，切实解决开放发展中的不平衡不充分问题，到2020年，优进优出的国际贸易格局、引进来和走出去并重的国际投资格局基本确立，全球市场份额进一步巩固提升，初步建成高品质产品产销基地和高质量外资集聚地、高水平对外投资策源地、高层次人才创业地，向全球产业链、价值链、创新链中高端迈出坚实步伐，在发展更高层次的开放型经济上走在前列。三是充分发挥"最多跑一次"改革的牵引作用，对标国际最高标准，破障碍、去烦苛、筑坦途，推动法治化、国际化、便利化营商环境建设取得重大进展，使各领域营商环境指标达到国际公认标准的先进水平，使企业的满意度和获得感全面提升，在打造国际一流营商环境上走在前列。

三、依托"浙江经济"，发展"浙江人经济"

"浙江经济"和"浙江人经济"虽只一字之差，但在内涵上却有很大差别。"浙江经济"概念的立足点在地域，是陆域10万余平方千米和海域面积26万余平方千米的浙江省行政区域范围内，浙江人和非浙江人创造的经济总量，相当于浙江的GDP。"浙江人经济"概念的立足点在"人"，是5600多万浙江人在浙江以及浙江以外任何地方创造的经济总量，相当于浙江人的GNP。"浙江人经济"的新理念更辩证、更开放、更实事求是，赢得了社会各界的广泛认同。

浙江的对外开放，直接促进了"浙江经济"的快速发展，浙江许多发展指标走在全国前列。第一，对外贸易从小到大、从大到强。1978年、2000年和2017年浙江进出口总额分别为0.7011亿美元[①]、278.3265亿美元[②]和25604亿元[③]，贸易结构逐步调整，外贸大省的地位确立。第二，对外投资迈向资本输出大省。截至2018年1月底，已经审批核准或备案的境外企业和机构共计9237家，累计中

---

① 浙江省统计局.浙江统计年鉴1995[M].北京：中国统计出版社，1995：303.

② 浙江省统计局，国家统计局浙江调查总队.浙江统计年鉴2011[M].北京：中国统计出版社，2011：415.

③ 浙江省统计局，国家统计局浙江调查总队.2017年浙江省国民经济和社会发展统计公报[N].浙江日报，2018-02-27(4).

方投资备案额 711.4 亿美元，覆盖 145 个国家和地区。^①第三，利用外资规模不断扩大，结构渐趋优化，领域逐步拓展。多年来，浙江外商投资领域已经从传统的轻工、房地产等行业转向高新技术、先进制造业及现代服务业。一大批企业包括民营企业，通过与国外同行特别是世界 500 强、知名跨国公司的合资合作，不仅引进了资金，还引进了先进技术、管理经验和各类人才，而且加速拓展了国际市场，实现了跨越式发展。党的十八大以来，浙江省货物贸易出口稳居全国第三，出口占全国份额明显提升。引进外资居全国第五，占全国利用外资的 9.2%。对外直接投资规模不断扩大，居全国第五。开放平台不断完善，形成了由 1 个自贸试验区、78 个省级以上开发区和 8 个海关特殊监管区组成的开放平台新格局。^②

走出浙江的浙江人，"年初赤条条出门，年末腰缠万贯回家"，一直让浙江引以为傲。但是，到了 21 世纪初，出现了大批上规模、上档次的企业带着资金、人才、产品、项目离家出走的新情况。在全国，北至黑龙江，西达新疆，南到海南，无不有浙江民间资本扩张的事例。仅温州一地的不完全统计，2004 年已经有超过 1000 亿元资本流向外省市。资本不仅跨省流动，而且还跨国。浙江以客观理性的姿态面对企业的外迁，认为流动性是资本的天然禀赋，当资本的扩张欲望与所在区域的资源或环境发生矛盾时，其外溢是一种自然选择；以放眼中国、游目骋怀的心胸，强调浙江人在国内其他地方创造的 GDP 也是中国的 GDP，浙江人在国内其他地方创造的财富也是中国的财富。由此，"浙江人经济"这个崭新概念越来越为人们所熟悉和认同。

遍布世界各地的浙商，形成了全球视域下的"三个浙江"版块：一是本土浙江。在 10 万余平方千米的浙江本土区域内，至 2017 年年末，全省共有各类市场主体 593.4 万户，在册市场主体总量位居全国第四，每万人市场主体拥有量为 1049 户。全省每千人拥有企业 34.7 户，比全国每千人拥有企业数量 21.9 户多出 12.8 户。^③二是省外浙江。在 960 万平方千米的中国土地上，有超过 600 万的浙商在省外经商办企业。三是海外浙江。150 多万浙商把生意做出国门，走向世界。^④浙商走出浙江，拓"浙江经济"为"浙江人经济"，有利于缓解浙江土地、能源和环境方面的压力，从根本上解决浙江在快速发展进程中所遇到的"资源小省"与"经济大省"、经济发展与环境保护之间日益尖锐的矛盾；有助于浙江产业、

---

① 浙江省商务厅，对外投资与经济合作处 . 2018 年 1 月全省对外投资情况统计快报 [R/OL]. (2018–02–13)[2018–08–15]. http://www.zcom.gov.cn/art/2018/2/13/art_1391162_15587945.html.

② 孟刚 . 构建新时代开放发展新格局 [N]. 浙江日报，2017–12–11(11).

③ 浙江省工商行政管理局 . 10 个浙江人里就有一个老板 [EB/OL]. (2018–01–31)[2018–08–15]. http://gsj.zj.gov.cn/art/2018/1/31/art_1236110_15434213.html.

④ 马跃明 . 推动"浙江经济"和"浙江人经济"融合共赢——浙江鼓励支持浙商跳出浙江发展浙江综述 [J]. 今日浙江，2011(21).

产品和投资结构的调整与提升，使浙江经济向高、精、尖方向发展；有利于缓解浙江境内的企业在行业内部之间日益激烈的竞争，改善了留在本地的企业的生存发展条件；有助于全国区域经济协调发展，缩小地区差距。遍布全球的"浙江人经济"，体现了浙江对外开放的大局心态和世界眼光，也为浙江"创业富民、创新强省"奠定了重要的国际人文和经济基础，优化了对外开放的国际环境，具有重大的经济及社会意义。

二维码 10-1

第二节　创业创新闯天下，全面利用世界资源

一、从以亲带亲走出去，到"集群式"抱团开拓国际市场

在近现代史上，为了生存和发展，数以千万计的浙江人近闯上海滩，远走欧美澳。改革开放以来，以温州、宁波为代表的浙江人恋家不守土，继承并发扬了"走出去"的历史文化传统，闯荡天下，四海为家，勤劳创业，勇于创新。

（一）以亲带亲走出去，积累资本拓市场

改革开放之初，浙江人主要靠老乡，以亲带亲"走出去"，闯荡市场谋发展。一开始主要是走出浙江走向全国。20 世纪 80 年代初至 90 年代初，浙江人凭借得天独厚的经商传统，勇闯上海、广东等东部沿海发达地区市场，同时将浙江产品推向内地，主要是经济较落后地区与农村市场。影响最大的是以能工巧匠为主体带动的劳务输出，如温州的修鞋匠、弹棉花匠，东阳、诸暨、上虞等地的建筑工，台州的豆嫂等，几十万浙江务工人员不畏艰辛与歧视，在全国各地艰苦打拼。20 世纪 80 年代中期以后，浙江的外出务工人员特别是小商小贩和乡镇企业的供销人员迅速增加。他们开店办厂摆地摊，不以利薄而弃之，做别人不愿做的事，实现了创业资本的原始积累。全国第四次人口普查结果显示，1990 年浙江常年在外务工经商人员达 100 万人左右；全国第五次人口普查结果显示，2000 年浙江在外务工经商人员达 207 万人左右。①另据全国 29 个省级浙江商会的不完全统计，至 2010 年年末，浙江在全国各地（除浙江外，不包括我国港澳台地区）经商办企业的人员超过 600 万，占浙江同期户籍人口 4748 万的 12.6%。

从 20 年前浙江乡镇企业万向集团跨出国门投资办厂开始，一批有远见的浙江企业家们便纷纷瞄准国外市场。最初，主要是利用海外关系、老乡网络进行境外投资，带动产品销售，海外关系、老乡网络成为浙江企业"走出去"的重要纽

---

① 数据来源：浙江省委政研室、浙江省政府经济合作交流办公室联合调查组于 2010 年 11 月发布的《关于促进省外浙江人经济与浙江经济互动发展的调查报告》。

带。华侨华人凭借信息、资本、营销渠道、人才等方面的优势，在浙江企业实施"走出去"战略中起着重要的桥梁和纽带作用。如温州打火机打进国际市场，就是从一个定居香港的温州商人开始的。他在香港与内地之间往返时发现了温州打火机，带到香港去试销，结果大获成功，温州打火机通过香港这个窗口迅速走向世界各地。

（二）企业"集群式"走出去，抱团合作创优势

进入21世纪，"走出去"已成为浙江对外开放的主攻方向，浙江企业开始大步踏上集群式"走出去"之路。浙江企业采取战略联盟的"集群式"走出去，与具有海外经营经验的企业或具有开拓海外市场意向的企业联手，共同使用资源，优势互补，风险共担，以规模优势开拓海外市场。集群式"走出去"与单个企业"走出去"相比，较好地克服了以往境外浙江企业总体规模偏小、实力较弱、境外经营经验不足、抗风险能力差等薄弱环节，对于提高企业国际竞争力、实现产能过剩行业转移、减少贸易摩擦、调整产业结构等都具有重要意义。

浙江企业集群式"走出去"主要有以下两大类型：

一类是营销网络型集群式对外投资。主要方式有打造境外商城、境外品牌展示（贸易）中心等。浙江境外营销网络机构数量多年来居全国首位。1998年，浙江中华商城有限公司在巴西独资创办全国首个境外商城。此后几年中，浙江企业先后在喀麦隆、俄罗斯、荷兰、阿联酋、美国、蒙古、英国、智利、芬兰等国家建立了15个境外商城，带动近500家企业"走出去"。境外商城是浙江企业集群式"走出去"的最初模式，现已成为企业建立境外营销网络，开拓国际市场的重要平台。近年来，浙江加快境外营销网络布局，加强境外服务机构建设，支持内外贸结合市场、外贸龙头企业等在境外建立海外仓、境外展示中心、分拨中心、零售网点、售后服务中心等各类境外机构，力争每年新设境外营销网络500家，着力构建行销全球的浙货销售网络体系。

一类是生产加工型集群式对外投资。主要方式是建立境外经贸合作区（工业园）。集群式"走出去"的主体以生产加工企业为主，主要目的是规避东道国贸易壁垒，开拓国际市场，带动国内产业转移。自2006年以来，境外经贸合作区坚持"政府引导、企业为主"的原则，基础建设稳步推进，产业集聚效应逐步显现，主动服务国家战略，实现共赢效应，为省内企业充分利用国际国内"两种资源、两个市场"，优化生产要素在国际市场上的配置，为省内产业"腾笼换鸟"、转型升级提供空间。截至2016年8月，由浙企投资的乌兹别克斯坦鹏盛工业园正式升级为浙江第四个国家级境外经贸合作区（另外三个国家级境外经贸合作区为泰国泰中罗勇工业区、俄罗斯乌苏里斯克经济贸易合作区、越南龙江工业园），

至此,在商务部确认的20个国家级园区中,浙江占得20%,位居全国第一。^①当前,浙江正以"一带一路"沿线国家主要节点城市和港口为重点,推动浙江企业依托大型投资项目在境外布局建设一批经贸合作区。巩固发展泰中罗勇、越南龙江等国家级境外经贸合作区,支持塞尔维亚贝尔麦克商贸物流园等省级园区提升创建国家级境外经贸合作区,新设墨西哥等园区,推动与欧美等发达国家共建一批科技园。

二、从出口农副产品赚外汇,到农业综合开发创效益

浙江地处长三角经济区,属农、林、牧、渔各业全面发展的综合性农业区域。改革开放以来,浙江农业"走出去"起步较早。从农产品抢占外埠市场,到农业企业走向省外以至跨出国门从事农业综合开发,农民到省外海外经营种养业,开创了农产品和农业生产要素齐头并进"走出去"新局面,农业发展空间得到有效拓展。

(一)扩大农副产品出口,发展外向型农业经济

浙江农业在农副产品贸易自由化进程中,获得了更多直接利用国际市场的机会,发展外向型农业的比较优势得到强化。浙江外向型农业的特点:一是优势农产品出口快速增长,商品结构进一步优化。二是传统市场与新兴市场同步增长,目标市场多元化进程加快。从出口市场看,浙江农副产品对欧盟、美国、日本等传统市场出口增长强劲,对新兴市场份额的增加和对传统市场依赖性的降低,标志着浙江农产品出口市场结构进一步趋于合理,有利于规避贸易壁垒,降低出口风险。三是省级以上骨干出口企业优势显著,市场集中度进一步提高。

浙江农业外向依存度高。2000年以来,浙江农副产品出口规模一直居全国第三位,出口农产品品种繁多,主要有茶叶、水产品、蔬菜、花卉、羽绒羽毛、罐头、皮革、药材、毛皮制品、木制品、坚果、珍珠、畜产品以及其他农产品等种类。2013年,全省农副产品出口贸易额100.5亿美元,首次突破百亿美元大关。其中,WTO谈判口径农产品和水产品出口额排名全国第四。^②2017年1—9月,全省农副产品出口总额为409.85亿元、同比增长4.45%,其中,WTO谈判口径农产品出口额160.20亿元、同比增长9.75%,水产品出口额88.51亿元、同比增长3.02%,农副产品加工品出口额161.13亿元、同比增长0.39%。^③浙江农副产

---

① 陈佳莹. 大规模走出去、高水平引进来,与全球经济互利共赢——"浙"行天下,从参与到创造 [N]. 浙江日报, 2016-09-03(6).

② 浙江省农业厅. 浙江农业概况 [EB/OL].[2018-08-15].http://nyt.zj.gov.cn/html/main/zjny/.

③ 浙江省农业厅, 浙江省农业厅外经办. 2017年1—9月我省农副产品进出口情况 [EB/OL]. (2017-10-31)[2018-05-15]. http://www.zjagri.gov.cn/html/main/cyzxView/278814.html.

品出口市场相对集中，主要在日本、美国、欧盟、韩国、俄罗斯等国家和我国香港地区。农副产品出口在带动农业发展、提升农产品质量和增加农民收入等方面发挥了重要作用。

（二）以农业综合开发为载体，带动劳务、技术和产品输出

浙江农业对外开放，经历了从以输出农副产品为主，到以境外农业综合开发为载体，带动劳务、技术和产品输出的发展过程。早在 20 世纪 80 年代，就有一批农民发挥当地种养优势，利用外地的市场和资源，积极"走出去"经营农业。进入 20 世纪 90 年代后期以来，随着效益农业发展战略的实施，农业市场化程度不断提高，越来越多的企业和专业大户为了谋求更大发展，顺应市场经济和现代农业发展规律，走出县域、省域、到外地外省甚至到了国外发展农产品生产和加工流通业。如杭州农民到上海、江苏等地种植大棚蔬菜，萧山农民到广西、云南等地发展花卉苗木基地，温州农民到辽宁、山东、福建等地建立海水养殖基地，诸暨农民到湖北、江苏等地养殖珍珠，温岭农民到缅甸种植西瓜等。温岭农民彭友达和他的"温岭市箬横西瓜专业合作社"，利用季节气候差，从温岭种到江西、广西，再到广东、海南，"追着太阳种西瓜"。2006 年开始，彭友达又在缅甸承包 6000 亩土地，将西瓜种到了邻国。乐清"虹丰米业"在黑龙江等省建无公害粮食基地，金华农民在乌拉圭承包经营藤稔葡萄基地，台州、绍兴等地的木制品加工企业到马来西亚、巴西等国承包林木采伐权，投资兴办木材初加工厂。瑞安华盛水产加工厂于 2006 年投资 5600 万元建造了中国第一艘海上干制品加工船，配备了 3 条国际先进水平的水产干制品加工流水线，可以对捕获的海产品进行即时加工，被誉为"海上流动的水产加工厂"。众多农业龙头企业、农民专业合作组织和种养业大户，走出浙江、跨出国门，购置或承包经营土地、林地和水域，积极发展种植业、养殖业和农产品加工业。截至 2012 年 6 月，已有 50 万浙商在全球 40 多个国家和地区从事农、林、牧、渔等产业，承包土地面积 300 余万亩；而在国内的浙江人已跨省承包 5000 万亩土地务农开发，面积已超本省耕地，相当于再造一个浙江农业。[①]在境外，浙江农民的足迹已遍布乌拉圭、俄罗斯、巴西、美国、日本、韩国等 40 多个国家和地区。除远洋捕捞挺进三大洋外，已有农民把鸭养到越南，水稻插到马来西亚，香菇种到美国……浙江农业"走出去"的地域分布越来越广，行业越来越多，单体规模不断扩大，大项目投资明显增多。如义乌市浙江华隆食品有限公司投资近 3 亿元，在新疆轮台县、拜城县建立了 34 万亩小白杏与番茄种植基地，设立了 10 余万平方米集研发、加工、储运为一体

① 之江平.浙江经济，在嬗变中快速崛起——迎接党的十八大系列评论之二 [N].浙江日报，2012-11-01(1).

的生产园区，年产小白杏 6 万吨、番茄 8 万吨，创利税 3100 万元。

浙江人多地少，人均耕地面积不到全国平均水平的一半，随着工业化、城市化进程的不断加快，浙江农业发展受资源、空间制约的矛盾更加突出。积极实施农业"走出去"战略，进一步拓展农业发展空间，在更大范围、更广领域内推动农业生产要素的优化配置，是新时代推进浙江现代农业发展、确保粮食安全、增加农民收入的重要举措。当前，浙江通过举办中国国际茶叶博览会、浙江农博会、浙江（上海）农产品展销会等系列展会，新建一批示范性全产业链、全国休闲农业与乡村旅游示范县、中国美丽休闲乡村，开发一批以农业文化遗产为主题的农旅结合精品线路等举措，加快产业融合发展，大力促进农产品出口贸易；积极参与"一带一路"建设，有序引导企业走出去，加快发展农业对外经济合作。

三、从"制造中心"走向总部经济中心

改革开放以来，浙江制造业得到了长足发展，成为全省经济发展的重要引擎。"浙江制造"已遍布五洲四海，走向千家万户，走出了一条富有浙江特色的制造业发展道路。

（一）把握对外开放发展机遇，打造享誉中外的"制造中心"

浙江发展制造业的先天条件并不好，改革开放前，工业基础薄弱、工业体系不完善，国家对浙江工业投入相对较少。但改革开放以来，浙江扬长避短，独辟蹊径，主要依靠本地民营企业，立足劳动力资源的比较优势，扩大具有国际竞争力的工业制成品出口，促进产品打出去、企业走出去、要素引进来，培育形成了具有很强区域和国际竞争力的制造业中心。

20 世纪 80 年代，浙江抓住国际上以轻纺产品为代表的劳动力密集型产业向发展中国家转移的机遇，着力发展轻纺产品一般贸易，培育纺织、服装、鞋类、箱包等一大批外向型产业。作为浙江支柱产业的轻纺工业，涌现了雅戈尔、杉杉、森马、奥康、恒逸、飞跃等一大批强势企业和名牌产品。进入 21 世纪，在"走出去"战略的鼓舞下，浙江境外投资蓬勃发展，2000 年境外投资项目突破 100 家，万向集团、飞跃集团等相继在美国、加拿大、墨西哥等地设立加工装配企业。中国加入 WTO 之后，浙江的轻纺、服装、金属制品、玩具、家电等劳动密集型产业进一步扩大了在国际市场上的份额，嵊州的领带产业群、海宁的皮件产业群、温州的打火机产业群、象山的针织产业群等，在国内乃至世界都具有相当大的影响力。浙江企业和专业化产业区加入跨国公司的全球生产网络，培育世界级制造基地和国际性产业中心，同时加强了对国外先进技术、资金和管理经验的引进与利用，促进了浙江高新技术产业的发展和整体产业优化升级，浙江制造业的国际竞争力不断增强，涌现了一批实力雄厚的企业。

2008 年全球金融危机后，浙江经济虽然受到经济不景气的影响，但浙企的海外并购却是风生水起。2010 年，浙江吉利控股集团完成对沃尔沃 100% 股权的收购，瞩目全球。浙江的纺织业、服装及其他纤维制造业、皮革毛皮羽毛（绒）及其制品业、金属制品业、塑料制品业、文教体育用品制造业、以家电为主的电气机械及器材制造业等，在国内具有较大优势。浙江成为全国乃至全世界重要的制造业基地。

（二）积极应对挑战，发展总部经济

总部经济的典型形式是跨国公司，总部经济掌控企业运营的核心环节和命脉，是高端资源集聚、知识含量密集的一种高端知识型经济形态。

浙江制造业的本土化发展越来越受到劳动力、土地、原材料、能源等要素成本上涨的约束。为了转变发展方式，突破发展"瓶颈"，发展总部经济，已成为浙江制造业转型升级的必然选择。改革开放中发展起来的浙江制造业，以劳动密集型产业（如纺织服装、金属制品、文教体育用品、工艺品、皮革等行业）和资本密集与劳动密集相结合的组装型产业（如家用电器、机电、仪表等行业）为主，主要承接美、日等国的制造业转移，为一些知名品牌企业贴牌生产，或私人办厂生产低端消费品，属于"两头（技术、市场）在外、中间生产在内"的低端作业、低端出口的制造模式，处于价值链低端环节，产品附加值较低，技术创新能力弱，亟待向研发、品牌等高端环节拓展。另外，欧美各国面对国内经济虚拟化、产业空心化问题，要从"去工业化"转向"再工业化"，新兴国家承接中低端制造业转移的"同质竞争"给浙江制造带来挑战。浙江制造业还面临着本省投资减少、产业外迁和一些企业"低留高出"（即低端产业存量留在浙江，而高端产业的增量部分却在外省另辟战场）的严峻态势。面对这一严峻形势和考验，浙江正确引导，科学决策，支持和鼓励浙商在逆境中求生存、在困难中谋发展、在顺境中把握机遇，以更宽广的胸怀走向世界，创业创新闯天下，积极发展"总部经济"。

发展"总部经济"，主要是通过价值链的有效组织和分工，以主动性、战略型的产业扩张替代被动性的产业转移，营造"总部经济在浙江、生产基地延省外、研发机构国际化、营销网络全球化"的新型产业组织格局，夯实浙江未来发展的产业基础。一方面，浙江制造业采取"总部—制造基地"的总部经济布局模式，将总部留在本土的同时，积极实施"走出去"战略，在国内其他地区乃至海外地区设立工厂、生产基地，实现企业跨区域、跨国经营，参与更大范围内的市场竞争。另一方面，浙江的大城市和中心城市，积极吸引国内外知名制造业企业设立总部和区域性总部，增强区域对于高端资源的集聚能力，推动浙江制造业向高端环节拓展升级，提升浙江制造业竞争优势；通过对企业总部分布在全国乃至世界范围内的分支机构、生产基地等实施管理和控制活动，提升浙江对更广阔范围内资源的整合与配置能力，增强"制造品牌"的控制力和影响力，推动浙江由"制造中心"走向总部经济中心，实现新的发展和跨越。《浙江省全面改造提升传统制造业行动计划（2017—2020年）》提出，力争到2020年，重点传统制造业培育国际竞争力较强、国际形象良好、海外布局业内领先、跨国经营指数较高的本土民营跨国公司15家以上。

二维码 10-2

第三节　创新招商引资战略，提升经济开放水平

一、从招商引资到招商选资，推动外向型经济上水平

世界近代史证明，当今世界上没有哪一个国家能够拥有发展本国经济所需要的全部资金、技术和资源。任何国家为了加速本国经济的发展，都必须与他国互通有无，利用国外资金和技术。利用外资是扩大对外开放、提升经济国际化水平的重要举措，是优化产业结构、提高经济运行质量的重要途径。自1978年国家实行对外开放以来，浙江通过引进外资，促进了经济发展，拓展了市场空间，增加了社会就业，扩大了税收来源，提高了人民收入，提高了综合竞争实力，外资经济已成为浙江经济发展的重要增长点。

浙江利用外资始于20世纪70年代末80年代初。1979—1991年，全省累计实际利用外资不足12亿美元，其中外商直接投资约3亿美元。20世纪90年代初中期，随着国内经济尤其是东部沿海地区经济迅速增长，浙江外来投资（为海外投资）进一步增长，1992—1998年，浙江累计吸收外来直接投资实际金额达86.13亿美元，是7年前的30余倍。[①] 为了进一步加快利用外资步伐，省政府出台了《关于进一步改善外商投资软环境的决定》，省委省政府出台了《关于进一步扩大对外开放，加快发展开放型经济的决定》。这两个文件的出台，大大改善了外商投资软环境。主要是简化外资审批程序，提高办事效率；为外商提供全程式、全方位的专业化服务；建立和完善按国际惯例办事的外商投资企业投诉、处理机制和良好法制环境；等等。全省利用外资连年持续增长，实现了增长速度和质量双提高。1998—2002年，外资企业累计投资24012个项目，累计投资金额362.41亿美元。全省实际利用外资累计达到119.59亿美元，其中外商直接投资85.17亿美元。全球500强企业在浙投资踊跃，大项目不断增加。

2001年中国加入WTO后，浙江针对土地资源日趋紧张，能源、劳动力等要素成本攀升，区域间竞争白热化等问题带来的挑战，适时调整引进外资思路，使

---

① 浙江省统计局，国家统计局浙江调查总队.浙江统计年鉴2011[M].北京：中国统计出版社，2011：421.

利用外资从政策优惠为主的招商向提高环境综合竞争力为主的招商转变，从追求数量为主的招商向偏重质量和档次为主的招商转变，从"招商引资"向"招商选资"转变，注重提高引进外资的质量和水平。其主要措施：一是鼓励外资以参股、并购等方式参与省内企业的改组改造和兼并重组。支持 A 股上市公司引入境内外战略投资者。利用境外资本市场，继续支持符合条件的企业根据国家发展战略及自身发展需要到境外上市。允许外商投资企业债权转股权。二是重点加大吸收北美、日本、欧盟等发达国家和地区投资的力度，进一步做好吸收香港、澳门和台湾地区投资的工作，加强与东盟、非洲等地区的投资合作，进一步重视引进华侨资金，积极利用侨资促进浙江经济发展。三是主动走出去招商，大力开展网上招商，突出产业招商主题，探索推进高新技术企业、优秀民营企业境外上市融资的引资模式，发挥开发区集聚外资的作用。

为吸引更多外商来浙江投资，一方面，浙江加大对外招商宣传力度，如成功举办"香港·浙江周"、"浙江·澳门经贸合作推介会"、日本"中国浙江省暨杭州市投资旅游说明会"、"美国·浙江周"等多个重大经贸活动，提高了浙江在国际上的知名度。另一方面，一手抓改善投资硬环境，加强开发区建设，使开发区成为吸引外资的主要载体；一手抓改善投资软环境，创造公平有序的市场环境。不仅为吸引外商投资开辟了市场新商机、产业新机会的发展通道，更为外商投资营造了一个生态环境优美、人居环境舒适、创新环境活跃的良好局面。日本的新日铁住金、松下，美国的思科、苹果，英·荷的联合利华，德国的大众，荷兰的飞利浦等世界著名跨国公司来浙投资异常活跃。党的十八大以来，浙江引进外资居全国第五，占全国利用外资的 9.2%，提前完成"五年五千亿"目标。[①]当前，浙江全面落实国家放宽服务业、制造业、采矿业等领域外资准入限制政策，推进内外资公平竞争。贯彻落实《外商投资产业指导目录（2017 年修订）》及相关政策法规，营造有利于各类投资者平等准入的市场环境。支持外资参与创新驱动发展战略实施、制造业转型升级和海外人才在浙江创业发展，引导外资投向重点产业领域。鼓励外资投向信息、环保、健康、旅游、时尚、金融、高端装备制造、文化等八大万亿产业和工业设计、电子商务、现代物流、高技术服务等现代服务业，引导外资以"建链、补链、强链"形式投向战略性新兴产业和高技术产业，加快推进传统产业转型升级，扩大城乡基础设施和农业领域利用外资。

---

①　孟刚. 构建新时代开放发展新格局 [N]. 浙江日报，2017-12-11(11).

二、从招商选资到招商引智，提高自主创新能力

"功以才成，业由才广。"当今世界的竞争说到底是人才竞争，构建全面开放新格局的关键是要有高素质的国际化人才。进入 21 世纪以来，浙江经济发展正由量的扩张向质的提高转型升级。特别是当前浙江正加快"两个高水平"建设，我们比以往任何时候都更加需要国际化人才。实现这一目标迫切需要再造人才优势，拥有与浙江经济发展相适应的高素质人才资源，以实现科技进步和技术创新。浙江要求各地各部门牢固树立"人才为王"的观念，建立健全引才用才制度，怎样有利于集聚人才就怎样办，怎样有利于发挥人才作用就怎样做，加快打造人才生态最优省。

（一）创新人才引进方式，加大人才引进力度

人才引进是解决紧缺人才和补充人才的有效途径。浙江经济社会的快速发展，迫切需要建设一支与之相适应的数量充足、门类合理、素质优良的人才队伍。为了加强人才队伍建设，省委省政府于 2004 年做出了《关于大力实施人才强省战略的决定》、2010 年制定《浙江省中长期人才发展规划纲要（2010—2020 年）》之后，2016 年又出台了《关于深化人才发展体制机制改革支持人才创业创新的意见》等多项引才育才用才的新政策，目标是打造人才生态最优省份，努力把浙江建设成为人才集聚之地、人才辈出之地、人才向往之地，并形成一整套具有浙江特色的人才政策创新体系。一是刚性引进与柔性引进并用。毕业生招聘、同行引入、带项目引进、对口调入等引进方式属刚性引进，在人才引进的数量上占主导地位。柔性引进方式是指用人单位以岗位聘用、项目聘用、任务聘用和人才租赁等灵活用人方式引进人才，该方式具有户口不迁、关系不转、双向选择、来去自由等特点，不求所有，但求所用，重在引进人才带来的新理念、新信息和具体成果。二是主动出击，组团奔赴全国各地招聘人才。针对高层次人才流动的要求，推出"小范围、封闭式高层次人才洽谈会"；首创把引才的工作机构设在著名高校内，增强高校与浙江的联系和合作。三是利用先进的信息技术，举办网上人才交流大会，帮助企事业单位招聘高层次适用人才，初步形成了连通国内外、嫁接八方英才的无形人才市场。

（二）创新用人体制机制，营造人才施展才华环境

在争夺人才的激烈国际竞争中，不仅要创造条件吸引人才，留住人才，更要为人才施展才华创造良好环境，使人才有用武之地。各级党委和政府纷纷创新政策、加大投入，搭建高层次人才创新创业平台，为吸引人才、留住人才、用好人才营造良好环境。通过待遇留人、事业激励、情感留人，最大限度地调动人才的积极性，实现引进人才与浙江发展的共生共荣。

为了引进和吸引海内外人才来浙江工作，各地出台了优惠政策。如杭州市每年安排人才资源开发专项资金，重点用于高层次和紧缺人才的引进和培养；宁波市财政每年拨专款用于实施人才"一号工程"，以保障人才开发工作；温州设立"突出贡献科技人才"奖励基金，重奖为经济社会发展做出突出贡献的优秀人才；等等。

为了吸引和留住海外高层次人才，并充分发挥他们的重要作用，浙江先后出台了《关于鼓励出国留学人员来浙江工作的意见》《浙江省大力引进国内外人才若干规定的通知》《关于大力实施海外优秀创业创新人才引进计划的意见》《浙江省"海外高层次人才引进计划"暂行办法》《浙江省"钱江人才计划"管理办法（试行）》等一系列创新政策，鼓励支持国内外高层次人才来浙创新创业。

（三）充分发挥引进人才作用，为建设现代化浙江建功立业

为了建设一支可持续发展的人才队伍，省委省政府要求全省各级党委政府牢固树立人才是科学发展第一资源、第一要素和第一推动力的理念，把人才作为转型之要、竞争之本、创新之源，采取有效措施，加大工作力度，努力开创人才辈出、人尽其才、才尽其用的新局面，为各类人才创造良好环境。在省委省政府的重视和支持下，浙江已引进和拥有了一批在各自研究领域中处于国内、甚至国际领先水平并有较大影响力的专家学者，为浙江的经济社会发展做出了巨大贡献。如来自清华大学任职西湖大学校长的施一公院士、来自麻省理工学院的教授孔金瓯、著名实验核物理学家沈文庆、参与我国"两弹"研究的中科院院士唐孝威、成功证明了世界著名难题"马里诺·瓦发猜想"的数学家刘克峰教授等。浙江省科协以"院士专家工作站"建设为主要抓手，柔性引进院士、专家等高端科技人才，帮助企业解决技术难题，培育创新人才，提高自主创新能力，助推浙江经济转型升级。

浙江坚持培育国际化人才和引进外国人才两手抓，既立足浙江，加强本土人才国际化能力建设；更面向全球，创新海外引才方式，完善国际化人才创业创新服务体系，高标准建设"千人计划"产业园和海外人才离岸创新创业基地，将全省打造成为全球人才追逐梦想、实现梦想的理想创业地。优化国际化人才管理服务，消除人才国际流动的体制机制障碍，加强国际教育、国际医疗、国际社区建设，将全省打造成为全球人才创造美好生活、享受美好生活的理想居住地。

三、从"来者不拒"到"招大引强"，提升招商引资档次

长期粗放式增长的"制造大省"，使得要素资源约束不断增大，劳动力成本大幅增长，环境压力日益突出，"八亿件衬衫才能换一架波音客机"的残酷现实，使经济大省先一步遭遇到了产业低端的窘迫。为了加快转变经济发展方式，实现

科学发展，2003 年省委提出了以推动经济社会发展转型升级的"八八战略"；2009 年提出"招大引强"（"大平台、大产业、大项目、大企业"）战略，把"引进来"的目光瞄准了国际大企业、大项目、高新技术，通过借梯登高以推进经济转型升级。

（一）"招大引强"促进科技创新

技术创新和技术进步是一个国家经济发展的根本动力。改革开放以来，浙江高度重视从国外（海外）引进技术，较好地推动了经济发展。浙江引进技术起步艰难，从 1979 年至 2000 年，全国经注册备案的技术引进合同额超过 1200 亿美元，浙江仅 10 亿美元左右，比重不足 1%。2000 年，省委省政府颁发《关于加强技术创新发展高科技实现产业化的若干意见》，指出要进一步改善投资环境，以高新技术产业为重点，加大招商引资力度，吸引国外跨国公司来浙江兴办高新技术企业。"十五"时期以来，随着对外开放的加快，浙江技术引进的规模迅速扩大，呈现出"放量"的局面。2007 年，浙江技术引进经费支出共计 15.76 亿元，浙江外资企业共签订技术引进合同 224 份，占全年总金额的 45.9%。[①] 2016 年，浙江省（不含宁波）全年技术进出口合同登记数为 865 份，合同金额为 11.5 亿美元。引进的技术主要是：关键设备制造工艺、先进设计方案、专利专有技术输入、研发投产的高端新品等。[②] 技术引进来源更趋广泛，从以前的港澳台地区等传统技术合作和贸易交流区域，扩展到发达国家和地区；引进技术途径日益丰富，除了直接的技术贸易外，浙江还通过引进外资项目、进口设备和技术、境外购并、加工贸易、国际性开发基金和引进人才等方式获得国外先进技术；引进技术结构明显提升，从产品交易向设备带技术，专利、专有技术，管理技术和服务贸易等多领域、深层次发展，软技术引进正逐渐增加。

实现浙江传统产业的转型升级，培育发展战略性新兴产业等，需要以重大技术突破为基础，以科技创新为支撑。但从总体上来说，浙江企业进行原始创新和集成创新的技术创新能力还较薄弱，需要学习国外先进技术。"招大引强"，能够扩大技术引进规模和提高技术档次，在承接全球性的技术外溢中，重点引进高新技术、关键设备、关键技术以及必要的软件，通过技术引进及消化吸收再创新，快速提升浙江企业的技术装备水平，用高新技术改造传统产业，有利于促进浙江出口产品结构的快速提升和浙江产业层次的升级调整，有利于促进重点骨干企业

---

① 罗卫红，洪积庆，周锦红，等.浙江省技术引进消化吸收与再创新现状及对策研究[EB/OL]. (2013-11-04)[2018-05-15]. http://www.zjkjt.gov.cn/news/node11/detail110408/2013/110408_47226.htm.

② 浙江省商务厅政务网.浙江省技术出口全年快速增长 [EB/OL]. (2017-03-02)[2018-05-15]. http://zcom.zj.gov.cn/art/2017/3/2/art_1384591_13692351.html.

的成长。如绍兴纵横轻纺、义乌浪莎、娃哈哈集团、雅戈尔、东方通信、杭州汽轮动力集团、嘉兴加西贝拉压缩机有限公司、浙江正原电气股份有限公司等企业，其主要的技术及装备都是在引进的基础上消化吸收再创新形成竞争力的。

（二）"招大引强"促推经济转型升级

"十二五"时期是浙江转变经济发展方式、推动经济转型升级的关键时期。"招大引强"这一借梯登高方式对浙江经济转型具有重要的促进作用。

一是有利于发展具有引领作用的龙头企业。大规模承接并实施对产业升级有重大推进作用的大项目，需要一批自主创新能力强、技术创新投入高的大型跨国公司。而浙江经济发展一直以来缺乏龙头企业引领（民营企业中迄今还没有千亿级巨头），虽然小企业的灵活性在开拓市场方面有其优势，但面对复杂的国际市场，小企业在进入发达、成熟的欧美市场，法律、财务、销售渠道控制、人工成本等高额费用等方面都处于劣势，很难自身消化。2009年省政府确定了146家工业行业龙头骨干企业进行重点培育，至2011年中国企业500强中浙江有44家，列省（区、市）第4位；中国制造业500强中浙江有79家，中国服务业500强中浙江有75家，均居省（区、市）前列。在全国工商联公布的"2011中国民营企业500强"中，浙江共有144家民营企业入围。2011年，省属国有企业浙江物产集团成为浙江省第一个世界500强企业；工业龙头企业镇海炼化销售收入早在2010年就突破千亿元；杭钢集团、万向集团2010年的销售收入均突破800亿元关口；"饮料巨头"娃哈哈集团在2011年列全国民营500强第12位，掌舵人宗庆后先后在2010、2012年上榜内地首富。浙江吉利控股集团收购瑞典沃尔沃，中国首家跨国汽车企业横空出世。[①]

二是引发企业发展的联动效应。一家客商进来了，会有一批客商跟进扎堆；一家企业"火"起来了，会有很多同类企业向它靠拢集聚；一个项目盘"发"了，会引出一条长长的产业链；一步"棋子"走活了，会把一盘棋全部带活。"引进一个，带来一串，辐射一片"的联动效应，其在大幅度扩大所进入行业总体规模的同时，也带动了与其配套行业的发展，形成一个综合性的强势产业群。[②]2012年1月7日，上海大众项目在宁波杭州湾新区正式奠基，4个月后，长安福特马自达项目在杭州举行落户大江东新城签约仪式。而这还只是一个缩影。近年来，世界500强企业进入浙江的步伐明显加快。世界500强投资项目具有产业链整体转移和群体带动效应。在浙江投资的不少世界500强都投资兴办了多个企业，形成了相互配套、相互关联的生产体系。如日本的松下电器公司自1994年在杭州

①　佚名.浙江146家龙头企业高歌猛进　"十二五"培育5家千亿企业[EB/OL]. (2012-05-20)[2018-05-15]. http://news.hangzhou.com.cn/zjnews/content/2012/05/20/content_4206161.htm.

②　佚名.引进世界500强　推动浙江新发展[N].浙江日报，2012-06-05(24).

合资兴办了杭州松下家用电器有限公司之后，又陆续投资兴办了 7 家企业，一个以国际著名品牌为标志的完整配套生产体系逐步形成。世界 500 强项目的落户，也提升了相关产业，优化了产业结构。

三是有利于推进高水平省级产业集聚区建设，打造战略性大平台。省级产业集聚区应成为发展大产业、培育大企业、承接大项目的战略性大平台。2016 年，杭州市政府发布杭州城西科创大走廊规划、支持政策和综合交通建设规划方案。城西科创大走廊东西长约 35 千米，南北宽约 7 千米，面积约 224 平方千米。集聚了浙江大学、未来科技城、青山湖科技城、阿里巴巴、梦想小镇等诸多资源，是浙江"十三五"期间着力打造的科技创新高端要素集聚区与创新驱动平台，是引领全省发展的"创新极"。

浙江积极引进国际大企业、大项目和高新技术，尤其注重引进海外浙商创办的国际大企业、开发的大项目和拥有的高新技术。实施"招大引强"战略，建设好创新平台，是浙江吸引浙商回归、开展新一轮创业创新的关键。近年来，为了加快推进经济转型升级，浙江充分利用世界浙商大会、世界互联网大会的国际影响力，发挥浙商总会的桥梁纽带作用，推动境外浙商产业、资本、人才、科技全方位多领域回归，带动更多外资大项目、好项目在浙江落户。一是推动国家级（省级）开发区、高新技术产业园围绕一个主导产业开展产业链招商，重点引进一批国际高端大型集团公司，集中引进一批能带动产业结构升级、引发产业裂变、增强发展后劲的国际一流高新技术项目。实行招商引资与招才引智"双招双引"工程，完善人才引进政策，吸引高端海外优秀人才到开发区创新创业。二是高水平打造国际产业合作园。以开发区为依托，创建一批主体功能突出、外资来源地相对集中的国际产业合作园。进一步整合政策资源和国际经贸合作资源，推动国际先进技术、高端制造业项目在国际产业合作园落地。三是实施精准招商，推进高端产业和高端要素在特色小镇集聚，实现小空间大集聚、小平台大产业、小载体大创新。

乘着改革开放的浩荡春风，浙江在开放发展的道路上探路先行。以宁波港对外开放为起点，从宁波经济技术开发区获批到自贸试验区挂牌，从义乌小商品市场开放到"义新欧"班列首发，从首家中外合资企业西湖藤器有限公司成立到 179 家世界 500 强企业落户，从首家贸易机构亚利公司在香港注册到阿里巴巴美国上市、吉利收购沃尔沃，浙江大地演绎了一个个"春天的故事"，对外开放图景次第展开、日新月异。

时间是最伟大的书写者。从改革开放之初到 2017 年，全省对外贸易连续跨过三个千亿美元台阶，出口占全国的比重达到 12.7%；实际利用外资从 132 万美元提高到 179 亿美元，占全国的比重达到 8.1%；境外投资从基本为零提高到 96

亿美元，存量超过 700 亿美元。[①]

习近平总书记在博鳌亚洲论坛 2018 年年会开幕式和庆祝海南建省办经济特区 30 周年大会上的重要讲话，郑重宣示了新时代开启中国同世界交融发展新画卷的坚定信念，旗帜鲜明提出了扩大对外开放的重大举措，发出了新时代改革开放再出发的动员令。在新时代新起点上，浙江将高举习近平新时代中国特色社会主义思想伟大旗帜，推进开放强省，以"一带一路"建设为统领、构建全面开放新格局，奋力书写同世界交融发展的美好画卷，为推进"两个高水平"建设提供强大动力和坚实支撑。

二维码 10-3

案例 10-1

2017 杭州跨境电商："菜单"很丰盛，动能很强劲

点点鼠标，最新鲜的巴氏奶从新西兰全程冷链送到家；十分钟通关通检，足不出户就能吃遍全球鲜活水产；沿着"数字丝路"，越来越多的"杭州制造"正走入"一带一路"沿线国家人们的生活……

2018 年 1 月 10 日，杭州检验检疫局"晒"出年度跨境电商监管"账单"。2017 年，中国（杭州）跨境电子商务综合试验区（简称杭州综试区）检验检疫机构共监管跨境电子商务零售进出口邮包 6484.13 万件，货值 88.90 亿元，同比分别增长 59.66% 和 34.66%。杭州综试区进出口 B2C 体量的增长动能不断加强，产品种类更加丰富。

进口：创新破解"跨境保税生鲜"之题，杭州人的"进口菜单"越来越丰富

每天清晨四点半，恒天然新西兰牧场的奶牛们准时"上班"产奶。通过国内的跨境电商平台下单，只要五天，这些牛奶就将通过全程冷链保鲜，送上杭州市民的餐桌。"监管前移"还运用到了鲜活水产品的进口上，让杭州的美食爱好者能够第一时间在自家门口享用到高端海鲜。

出口：杭州综试区制度优势进一步释放，杭企抢占"一带一路"新兴市场

前不久，资深媒体人罗振宇在他的跨年演讲中为一家杭州企业"点了赞"，这家企业就是浙江执御信息技术有限公司。其打造的"Jollychic"APP，目前已成为中东最大的移动电商平台，用户数超过 3000 万。近期，该公司已宣布完成了对中东本土电商 MarkaVIP 的收购，2018 年将"双向出击"，进一步扩大中东电商市场份额。

---

① 车俊.坚持"一带一路"统领 全面推进开放强省——在全省对外开放大会上的讲话（2018 年 5 月 9 日）[R/OL]. (2018-05-09)[2018-05-15]. http://zjnews.zjol.com.cn/gaoceng_developments/cj/newest/201805/t20180509_7218900.shtml.

2017 年杭州综试区出口邮包 2417.98 万件，货值 7.46 亿元，同比分别增长 165.67% 和 84.65%。服装、鞋帽、家居用品、饰品、五金工具等杭州优势产业、产品受到海外市场的欢迎。

资料来源：王莉莉，陈浩.2017 杭州跨境电商："菜单"很丰盛，动能很强劲 [N]. 杭州日报，2018-01-11(A13).

 案例 10-2

浙江与捷克合作掀开新的一页，"一带一路"捷克站启动建设

捷克当地时间 2017 年 7 月 19 日上午 11 时 40 分，随着悠长的汽笛声，通过中捷双方共同努力，首趟中欧班列（布拉格—义乌）从美丽的布拉格出发，驶向中国东部城市义乌。这趟班列的开通，开启了捷克和浙江新的贸易通道，标志着"一带一路"捷克站建设正式启动。该班列满载着 41 个货柜，共计 82 个标箱，总货值约 500 万美元包括水晶、汽车配件、啤酒等捷克特色产品在内的优质欧洲商品，平均每个货柜约 12 万美元，途经波兰、白俄罗斯、俄罗斯、哈萨克斯坦，由阿拉山口入境，最终抵达目的地义乌，全程运输时间约 16 天。这些商品将依托义乌市场的优势，分销至中国乃至世界。

"一带一路"捷克站是浙江省深入贯彻"一带一路"国际合作高峰论坛又一生动实践。它是浙江与捷克在新时期共同策划和实施的综合系统，秉持"共商、共建、共享"原则，将充分发挥捷克"中心、中枢、中转"功能，紧密联合构筑"一带一路"产业生态链，打造落实"一带一路"倡议的综合性、平台性、国际性标杆项目。据悉，圆通速递、国贸集团、正泰电器等企业纷纷同期在捷克考察选址，寻求互利合作。

初步规划，"一带一路"捷克站是涵盖中欧班列、物流分拨、生产加工、跨境电商、展示交流、人文合作、综合配套等多种功能的开放综合体，并特别规划设置了义乌海外精品市场。同时，浙江省也计划在义乌市高铁枢纽附近设置浙江捷克小镇，推动更多捷克及欧洲产品进入中国，促进各领域交流，促进浙江与欧洲的双向开放。

捷克与浙江的双向中欧班列是"一带一路"捷克站建设的重要内容，意味着中欧班列在中东欧的布局更加完善。此次从布拉格开出的班列，是中欧班列开通以来第一条先从欧洲发车的线路，也是义乌的第九条国际班列线路。

资料来源：浙江与捷克合作掀开新的一页，"一带一路"捷克站启动建设 [EB/OL]. (2017-07-21)[2018-05-15]. http://zj.people.com.cn/n2/2017/0721/c186327-30509239. html.

阅读书目

1.陈一新，等.天下浙商.北京：研究出版社，2011.

2.浙江日报报业集团编委会.感受 30 年：纪念改革开放 30 周年特别访谈录.杭州：浙江人民出版社，2008.

3.程惠芳，黄先海，徐剑锋，等.开放浙江：引进来与走出去.杭州：浙江人民出版社，2006.

4.李强.政策创新与浙江发展.杭州：浙江人民出版社，2009.

思考讨论题

1.简述浙江对外开放的历程与成就。

2.如何看待"浙江人经济"？

3.浙江是怎样引资引技引智，全方位利用世界资源的？

4.浙江对外开放在引进来和走出去上有哪些特色和经验？

第十一章　全面加强党的建设，着力提高执政能力

改革开放以来，浙江各级党组织坚持以邓小平理论、"三个代表"重要思想、科学发展观和习近平新时代中国特色社会主义思想为指导，紧紧围绕中心任务，着眼于加强党的长期执政能力建设、先进性和纯洁性建设，全面从严治党，以改革创新精神全面推进党的思想建设、政治建设、组织建设、作风建设、纪律建设和制度建设，党的领导水平和执政能力不断提高，为浙江的"两个高水平"建设提供了强有力的政治保障。

第一节　加强思想建设，提高理论武装能力

一、改进创新学习方式，提高理论武装水平

重视思想理论建设是党的优良传统。思想理论建设是贯穿党的建设的中心环节，离开了党的思想理论建设，党的其他方面的建设就失去了前提和基础。长期以来，浙江省委高度重视党的思想理论建设，注重理论学习实效，创新学习方式，打造理论学习特色平台，以扎牢思想根基和增强精神动力。

（一）加强理论武装，夯实思想基础

先进性和纯洁性建设是马克思主义政党建设的根本任务，而思想理论建设是党的建设的根本，是始终保持党的先进性和纯洁性的根本途径。改革开放尤其是党的十八大以来，省委牢牢把握加强党的长期执政能力建设、先进性和纯洁性建设这条主线，坚持把思想理论建设放在重要位置，用科学理论武装广大党员干部的头脑，强调理论武装的关键是把中国特色社会主义理论学习好、领会好、贯彻落实好，把学习贯彻习近平总书记系列重要讲话精神和党中央治国理政新理念新思想新战略作为首要政治任务，用发展着的马克思主义指导浙江实践。2017年召开的省第十四次党代会明确提出，深入学习贯彻习近平总书记系列重要讲话精神和治国理政新理念新思想新战略，用马克思主义中国化最新理论成果武装头脑、指导实践、推动工作、规范行为。党的十九大闭幕不久，省委迅速召开十四届二

次全体（扩大）会议，通过了《中共浙江省委关于高举习近平新时代中国特色社会主义思想伟大旗帜奋力推进"两个高水平"建设的决定》（简称《决定》），提出要迅速兴起学习贯彻党的十九大精神的高潮，用习近平新时代中国特色社会主义思想武装头脑，推动马克思主义中国化最新理论成果入脑入心，使习近平新时代中国特色社会主义思想成为认识和改造主观世界、指导各项工作的行动指南。

（二）注重学习实效，创新学习方法

在开展理论武装工作中，省委注重学习实效，积极探索和创新学习方法，形成了以党委理论学习中心组、网络学习平台、"论坛"、"讲坛"、编写通俗理论学习读本等为主要载体的多种学习形式，较好地推动了党员干部的理论学习。

长期以来，省委高度重视"党委理论学习中心组"这一学习载体在理论武装中的重要作用，在各级党组织中层层建立"理论学习中心组"，并把学习活动制度化常态化。省委规定："省委常委会每年集中学习不少于12天，省委理论学习中心组每年至少举行1至2次集中学习，各市、县（市、区）每年举行1至2次专题学习会或读书会。"2018年春节后上班第一天，省委理论学习中心组举行习近平新时代中国特色社会主义思想专题学习会，拉开了新一年大学习、大调研、大抓落实的序幕。在省委的带动下，各地各部门党委（党组）普遍建立了党委理论学习中心组和集体学习、脱产培训、学习考核等制度。

充分利用网络、传媒学习平台作用。2010年，浙江在全国率先开办的网络学院，覆盖全体省管、市县管干部和机关单位、事业单位、企业、高校等有关人员近20万人，成为全省领导干部脱产培训、在职自学的新渠道和开阔视野、提高能力、交流工作的重要窗口。省委有关部门推出的"浙江党建手机报"，及时发布党建信息，传达中央、省委有关党建工作精神，成为各地基层组织开展理论学习和党建工作经验交流的新平台。2013年，浙江电视台开播的全国首个党建访谈节目《党建好声音》，以全新方式、全新风格向社会发出好声音、传递正能量，影响和带动着基层党员群众，日益成为党员教育的新手段、党建宣传的新品牌。不少地方充分发挥现代远程教育功能，开辟"网上党校"学习平台，组织党员干部培训，采取邮寄资料、文艺宣传等形式，增强理论学习的吸引力和感染力。

浙江在探索理论武装工作中创办的各类"论坛""讲坛"，早已成为党员干部理论学习的重要载体。创建于2000年的"浙江论坛"，是省委理论学习中心组的重要学习形式之一，效果好、影响大。县以上党委中心组都建立了形式多样的学习"论坛""讲坛""讲堂"，在党员干部学习宣传党的创新理论中发挥了重要作用。省社科联等发起组织的"人文大讲堂"早已成为晓誉全省的人文教育和理论学习的品牌。

编写通俗理论学习读本，是浙江引导和推进广大党员干部理论学习的又一重要形式。如省委党校 2014 年编写出版的《学习习近平总书记系列讲话精神干部读本》，一经面世便受到广大干部群众的喜爱，发行数周内便跻身"当当网"时政类新书销售排行榜首位。《人民日报》《学习时报》先后对该读本的出版给予了报道和推荐。

（三）汲取思想养分，增强精神动力

党的十八大以来，省委更是把补足党员干部精神之"钙"作为党的建设首要任务来抓。而补足精神之"钙"，当务之急是快学早学、学深学透党的十八大、十九大精神和习近平新时代中国特色社会主义思想，学习红船精神。省委坚持先学一步、多学一点、学深一些，迅速把十八大以来党中央提出的治国理政的新理念新思想新战略传达到党员干部群众中、落实到党建工作实践中。2017 年 6 月，省第十四次党代会闭幕后的第一个工作日，新一届省委常委会赴嘉兴南湖瞻仰红船，重温红船精神，接受革命精神教育，并召开第一次会议，研究省委常委会加强自身建设等问题。召开的省委十四届二次全体（扩大）会议，深入学习贯彻党的十九大精神，对高举习近平新时代中国特色社会主义思想伟大旗帜，大力弘扬红船精神，坚定不移沿着"八八战略"指引的路子阔步前进，奋力推进"两个高水平"建设做出了全面部署。全省各地纷纷掀起学习宣传贯彻党的十九大精神热潮，把认真学习宣传贯彻党的十九大精神作为头等大事，以高度的政治责任感认真学习贯彻党的十九大精神，把习近平新时代中国特色社会主义思想贯彻到社会主义现代化建设全过程、体现到党的建设各方面，把红船精神融入血脉、化作基因，从中汲取真理的力量、创新的力量、实干的力量、道德的力量，不断增强精神动力。

二、建设学习型党组织，提升党员干部理论水平

在理论武装中，浙江积极发挥各级领导干部的表率作用，完善学习制度，打造学习阵地，以学习型党组织建设带动学习型社会建设。

（一）领导带头做示范，营造良好学习风尚

省委高度重视学习型党组织建设，坚持以学习型党组织建设带动学习型社会建设。建设学习型党组织，关键是领导干部要以身作则。省委明确要求领导干部特别是省级领导干部要做读书学习的表率，以自身的示范作用带动学习型党组织和学习型社会建设，引导全社会树立自主学习、终身学习理念，形成崇尚知识、热爱读书的良好风气。将春节过后上班头一天作为"学习日"，已成为省委的优良传统，迄今未变。

在近年来开展的"两学一做"学习教育实践中，各级机关和党员领导干部学在深处、做在前头，在读原文原著、专题研讨、查问题补短板、保障护航 G20 峰会、抗台救灾、志愿服务中发挥了示范带头作用，推动基层党组织和广大党员自觉拉

高标杆、对标看齐。自2016年4月以来，全省一场场接地气的"两学一做"学习教育宣讲报告，一次次深入人心、发人深省的专题党课，滋润着广大党员的精神世界。以党支部为单位，以"三会一课"等为基本形式，组织党员读原著、学原文、悟原理；结合落实党员固定活动日制度，以县（市、区）或乡镇为单位，每月固定一天组织党员开展集中学习、交流讨论等，确保学习有内容、讨论有主题、效果有保障；深入开展"万场党课到基层"，组织党员领导干部和讲师团成员、党校教师、先进模范到农村、社区、企业、学校等基层单位党支部讲党课；组织开展"最美浙江人——时代的先锋"优秀共产党员先进事迹巡回党课，赴11个设区市做报告、讲党课。在各级领导干部的率先垂范下，各地各单位纷纷组织报告团、宣讲团、导学团等，设置专题党课"菜单"，供基层党组织和党员"点单"选课，全省共组织专题党课37.6万余场，提高党课的吸引力和实效性。作为党员干部教育培训的一个重要渠道，各级党校则将党章党规和习近平总书记系列讲话纳入培训必修课程，通过配备专职教师、开设专门课程、组织专题学习研讨，深化党章党规和系列讲话学习，共培训主体班次学员5.6万人次。

（二）建立健全学习制度，推进理论学习常态化

业无学不立，邦无学不兴。建设学习型党组织，必须建立相应的组织机构，制定切实可行的学习制度，使学习制度化常态化，变成党员干部的自觉行动。在推进学习型党组织建设中，要在增强理想信念上求深化；在联系实际、推动发展上求深化；在密切联系群众上求深化；在加强制度建设上求深化。省委成立建设学习型党组织工作协调小组，制定了《关于推进全省学习型党组织建设的实施意见》，建立了集体学习、干部轮训、个人自学、调查研究、干部宣讲、网络学习、考核评价、评选表彰等八项制度，把学习的"软任务"变成"硬约束"。2017年，省委下达《省委常委会关于加强自身建设的意见》，提出推进"两学一做"学习教育常态化制度化，认真落实定期做报告制度，每位省委常委每年至少到基层或学校讲课1次。坚持并完善省理论学习中心组集体学习、省委专题读书会、"浙江论坛"、报告会等制度。建立省委常委会集体学习制度，一般每月举办1次。定期向省委常委会成员推荐阅读书目，引导各级领导干部多读书、读好书，带动全民阅读。

（三）打造学习新阵地，建设学习型党组织

为了实现建设学习型党组织"地域行业全覆盖、全体党员都参与"的目标，各地不断创新学习载体、手段，打造了大批富有特色的新阵地、新平台。如宁波北仑区的"张人亚党章学堂"、金华的"月月读"、温州市的"四学四力"①、

---

①　"四学四力"是指温州党组织开展的通过学理论、学政策、学科学、学技能，着力增强各级党组织学习力、创新力、执行力和公信力，深入推进学习型党组织的创建活动。

仙居县的"三学模式"①等，全省学习型党组织创建活动呈现出形式多样、生动活泼的局面。在学习型党组织创建活动中，一些地方积极探索把理论学习同地方特色和传统文化结合起来的形式，如嘉兴市将"红船论坛"办成推动转型发展的大讲堂；海盐县传统文化中的"书香""墨语""琴韵"等元素，以党员群众喜闻乐见的形式，融入学习型党组织的创建中。在金华市金东区孝顺镇，群众喜闻乐见的金华道情成了理论宣传的重要形式。

学习型党组织建设较好地推动和带动学习型社会建设，社区、企业、乡村群众学习平台不断创新，学习氛围日趋浓厚。如温州正泰集团的5分钟班前学习会，瑞安嘉特利集团的"电邮党课"，海盐的"新农民大课堂""广播党校""空中课堂"等，深受广大职工和农民群众的欢迎。面向农民的文化民生工程——农家书屋工程，实现全覆盖。还有一支支活跃在全省各地的理论宣讲团、大学生村官宣讲团、新市民宣讲团、乡土乡音宣讲团等，都已成为浙江建设学习型党组织和学习型社会的一道亮丽风景线。

三、弘扬求真务实学风，学以致用提升能力

长期以来，省委在推进党的建设过程中，始终坚持求真务实的学风，强调理论学习要结合省情、市情、县情，善于在学习思考、理论研讨中探寻破解浙江发展的难题。

（一）结合实际学理论，求真务实谋发展

浙江各级党组织理论学习的特点是务实，结合实际学理论，从需要破解的重大实际问题中寻找理论研讨主题，用理论研讨成果来指导实际工作，解决实际问题，并将实践经验提升为理论，既丰富和创新了理论，又提高了党的领导水平和执政能力。党的十九大闭幕不久，省委就强调要"把深入学习习近平新时代中国特色社会主义思想与学习习近平总书记在浙江工作期间的重要论述紧密结合起来，切实做到学深悟透、深谋实干"。

长期以来，全省各级党组织始终将理论学习的出发点和落脚点放在解决实际问题上，坚持问学于民、问计于民、问政于民、问需于民，让学习的过程成为集民智、听民意、排民忧、聚民心的过程，将破解社会建设中出现的问题、民生改善中群众反映强烈的难题，作为各级党组织、党员学以致用的重要命题。"十一五"以来，省委把加快转变经济发展方式作为全省的重要主题进行研讨，省委省政府领导每年都带头围绕全年工作中心任务主持20项左右重点调研课题，并形成重点调研报告，

---

① "三学模式"是指仙居县探索建立的结对互学、群组共学、定向帮学的三种学习模式，以形成班子成员带头学、基层支部推动学、普通党员比着学的良好局面。

明确工作思路。"海洋经济强省"的发展战略，就是在省委省政府领导班子多次考察调研、专题读书会、培训班之后确立的，现已成为浙江新一轮快速发展的突破口，《浙江海洋经济发展示范区规划》已上升为国家战略。各地各部门则紧密结合本地区本部门实际，进行研究式、共享式学习，使学习与工作有机融合、相互促进。如杭州市将学习型党组织建设与持续为群众破解民生"七难"紧密结合，围绕帮扶困难群众、促进充分就业、深化医药卫生体制改革、加强保障性住房建设、缓解行车难和停车难、维护社会稳定等民生议题，有针对性地设置理论学习内容，推动党员干部"走进基层、破解七难"。绍兴市和舟山市把学习理论同完成年度目标任务结合起来，同做好换届工作结合起来，同加强党的先进性纯洁性建设结合起来，同促进经济社会又好又快发展结合起来，研讨当前的中心工作和重大决策部署。温州市、丽水市、台州市、嘉兴市等都把理论学习的收获转化为领导发展的实际能力，转化为广大干部群众的自觉行动，切实抓好各项工作，使中国特色社会主义真正成为深入推进社会主义新农村建设、推动落实各项工作的强大思想武器。

（二）立足省情实际学理论，汇聚思想共识促发展

浙江党的建设始终坚持以服务大局为要务，围绕发展而部署，围绕发展而展开，围绕发展而深入，以发展成效检验党的建设。2003年，省委紧紧围绕"发展是执政兴国第一要务"展开讨论。当时在浙江工作的习近平明确指出，发展是以经济建设为中心的发展，是经济、政治、文化的协调发展。党的十六大以来，党的建设为实现浙江科学发展创造了良好的社会环境。省委全面把握走在前列的要求，先后提出实施"八八战略""两创战略""两富战略""两美战略""两个高水平"等事关浙江经济社会发展的重大战略决策，积极推进"六个浙江"建设。这些都是省委省政府立足省情实际，在通过深入调查研究、理论研讨、科学论证的基础上提出来的，较好地破解了发展难题，推进了全省的改革开放和现代化建设，使浙江经济发展、社会进步走在全国前列。

纵观浙江发展历程，省委省政府始终把理论学习与解决实际问题紧密结合，越是面临复杂形势和发展困难，越注重学习，通过学习提高领导能力。每有大的发展思路、发展动作出台，都经过充分的学习调研和思想大动员、理论大讨论，紧紧结合浙江实际，依靠学习来汇聚思想共识、探索发展新路。始终坚持围绕中心工作开展理论学习，把两者紧密结合起来一起谋划、一起部署、一起考核，把党员干部的思想理论学习抓具体、抓深入、抓全面。近年来，不管是围绕打造"审批事项最少、办事效率最高、投资环境最优省份"的目标，推进"最多跑一次"改革和"四张清单一张网"建设等，还是以"八八战略"为指导，围绕干好"一三五"、实现"四翻番"，大力推进"五水共治""三改一拆""四换三名""四边三化"和浙商回归等中心工作的顺利开展，都是立足浙江实际，在充分学习调研基础上

不断凝聚思想共识的结果。

四、坚持把讲政治放在首位，营造风清气正政治生态

改革开放尤其是党的十八大以来，省委高度重视党的政治建设，强化"四个意识"，推进全面从严治党。

（一）旗帜鲜明讲政治，不断强化"四个意识"

早在习近平担任浙江省委书记期间，就注重把政治建设摆在突出位置，强调"政治方向问题始终是党的事业和党的建设的根本问题"，要时刻保持清醒的政治头脑，旗帜鲜明地批评和纠正"上有政策、下有对策"的现象，要求各级党员干部特别是党政正职切实增强政治意识、大局意识、责任意识和党性观念，坚决维护党中央权威。他特别注重完善坚持党的领导机制，强调要贯彻民主集中制，"凡属方向性、全局性、战略性的重要问题，都必须按照'集体领导、民主集中、个别酝酿、会议决定'的原则办"，并要求正确处理好地方党委和几套班子的关系，健全和完善"一个核心""三个党组""几个口子"①的组织机构和工作机制。党的十八大以来，省委更加重视党的政治建设。2017年召开的省第十四次党代会回顾过去五年工作经验，其中第一条就是"始终坚持把讲政治放在首位，同以习近平同志为核心的党中央保持高度一致"，强调"党的领导是中国特色社会主义最本质的特征。要坚决服从党中央的集中统一领导，牢固树立政治意识、大局意识、核心意识、看齐意识，提高政治站位，增强政治定力，在思想上拥护核心、政治上维护核心、行动上紧跟核心，做到中央有要求、浙江见行动，确保党中央的大政方针和决策部署在浙江落地生根、开花结果"。②在随后省委召开的十四届省委常委会第一次会议上，通过了《省委常委会关于加强自身建设的意见》，再次强调切实增强"四个意识"，提出要经常与党中央对表，不断从政治意识和大局意识上找差距，自觉向党中央看齐、向习近平总书记看齐、向党的理论和路线方针政策看齐、向党中央决策部署看齐。把贯彻中央精神和立足浙江实际结合起来，确保中央的大政方针和决策部署在浙江一个声音贯到底，以实际行动维护以习近平为核心的党中央权威和党中央集中统一领导。强调要模范遵守党章党规党

---

① 就省一级而言，"一个核心"是指省委全委会，在省委全会闭会期间，由常委会主持日常工作；"三个党组"是指省人大常委会、省政府、省政协三个党组；"几个口子"是指省委副书记和常委分管的经济建设、纪检监察、农村工作、组织党群、意识形态、政法、统战、国防建设和民兵预备役等几个方面。

② 车俊.坚定不移沿着"八八战略"指引的路子走下去 高水平谱写实现"两个一百年"奋斗目标的浙江篇章——在中国共产党浙江省第十四次代表大会上的报告[N].浙江日报，2017-06-19(2).

纪，始终保持政治上的高度清醒，带头做政治上的明白人。十九大闭幕不久，省委十四届二次全体（扩大）会议提出突出抓好党的政治建设，要求全省党员干部要旗帜鲜明讲政治，牢固树立"四个意识"，坚定"四个自信"，坚定执行党的政治路线，严格遵守政治纪律和政治规矩，坚决落实中央政治局关于加强和维护党中央集中统一领导的若干规定精神，把忠诚维护习近平总书记领导核心地位作为最大的政治，在政治立场、政治方向、政治原则、政治道路上同以习近平为核心的党中央保持高度一致。以党章为根本遵循，更加自觉地学习党章、遵守党章、贯彻党章、维护党章，坚持和加强党对一切工作的领导。严格执行新形势下党内政治生活若干准则，坚持和落实民主生活会和组织生活会制度。严格执行民主集中制，完善和落实各级党委（党组）集体议事规则、决策程序和责任追究制度。加强党员干部特别是领导干部党性锻炼，不断提高政治觉悟和政治能力，强化对党忠诚、为党分忧、为党尽职、为民造福的根本政治担当。

（二）净化党内政治文化，营造风清气正政治生态

发展积极健康的党内政治文化，全面净化党内政治生态，是以习近平为核心的党中央着眼深入推进党的建设新的伟大工程，确保党永葆旺盛生命力和强大战斗力提出的一项重大任务。这既是基于对全面从严治党阶段性特征的深刻把握做出的重大实践创新，也是基于对管党治党规律的深刻把握做出的重大理论创新，标志着我们党对自身建设规律的认识达到了新的高度。改革开放尤其是十八大以来，省委大力发展积极健康的党内政治文化，营造风清气正的良好政治生态，为不断增强党的政治领导力、思想引领力、群众组织力、社会号召力，始终成为时代先锋、民族脊梁，提供更基本、更深沉、更持久的精神力量。

营造风清气正的良好政治生态，基础是发展积极健康的党内政治文化。2015年5月，习近平考察浙江时做出了"坚持伟大工程和伟大事业协同推进"的重要指示，赋予浙江"干在实处永无止境、走在前列要谋新篇"的新使命；2016年9月，习近平在浙江提出了"秉持浙江精神，干在实处、走在前列、勇立潮头"的新要求。近年来，浙江坚定不移沿着习近平总书记指明的方向，层层压实压紧管党治党主体责任和监督责任，推动全面从严治党向纵深推进、向基层延伸、向每个支部和党员覆盖，切实增强自我净化、自我完善、自我革新、自我提高能力。省第十四次党代会擘画今后五年奋斗目标时提出，在全面从严治党上更进一步、更快一步，努力建设清廉浙江，并且强调要高度重视党内政治文化建设，坚持共产党人价值观。

营造良好政治生态，要从各级领导干部首先是高级干部做起。近年来，浙江坚持党管干部原则，落实"信念坚定、为民服务、勤政务实、敢于担当、清正廉洁"的好干部标准，打造具有铁一般信仰、铁一般信念、铁一般纪律、铁一般担当的浙江铁军；突出事业选人、以事择人，强化实干实绩导向，较好破除唯票、

唯分、唯 GDP、唯年龄的"四唯"痼疾。2016 年，省委出台《关于认真学习贯彻党的十八届六中全会精神　从严加强干部队伍建设的决定》，提出了"以领导干部为重点，从严教育培养、从严选拔任用、从严管理监督，努力打造绝对忠诚、干事担当、干净自律、充满活力的铁一般干部队伍"的新要求，着力锻造更多政治强、懂专业、善治理、敢担当的干部。一是强化责任担当。各级党委（党组）书记要认真履行管党治党第一责任人责任，对党和人民高度负责，对本地区本单位的政治生态负责，对干部的健康成长负责。班子成员要履行"一岗双责"，抓好分管领域管党治党工作，调动起各方面积极性，形成一级抓一级、层层抓落实的工作格局。二是坚持以上率下。领导干部既有领导责任，还有示范责任。各级领导干部特别是一把手，要清醒认识自己岗位的特殊重要性，切实增强自律意识、标杆意识、表率意识，以身作则、率先垂范。三是始终严格自律。慎独慎微是党员领导干部应有的修养境界。要在选人用人上把好方向、守住原则，坚持党管干部原则，落实好干部标准，坚决防止用人上的不正之风。要保持亲清新型政商关系。要习惯在受监督和约束的环境中工作生活。为防止"带病提拔"，实行"凡提四必"，筑牢六道"防火墙"①。持续从严管理监督干部，防范和纠正用人上的不正之风。

二维码 11-1

第二节　加强组织建设，提高政治领导能力

一、适应社会治理重心下移要求，加强和创新基层党组织建设

改革开放带来了社会结构的深刻变化，使社会治理重心下移。为了适应社会治理重心下移的变化，省委高度重视党的基层组织创新与建设。

（一）适时创新党建工作抓手，推进农村基层党组织建设

1. 以"三级联创"和"先锋工程"为抓手，建设"五强"基层党组织

为了加强农村基层组织建设，省委于 1998 年在全省农村开展"三创"活动（创

---

①　2016 年 8 月，中共中央办公厅印发的《关于防止干部"带病提拔"的意见》提出"凡提四必"要求，即干部档案"凡提必审"，个人有关事项报告"凡提必核"，纪检监察机关意见"凡提必听"，反映违规违纪问题线索具体、有可查性的信访举报"凡提必查"，确保人选干净、忠诚、担当。2015 年浙江出台《干部选拔任用"五个办法"》，将干部选拔制度化规范化，在严把动议关、推荐关、考察关等方面提出针对性措施，构建了选人用人六道"防火墙"：第一道，强化党委（党组）领导把关责任；第二道，深入考察干部"德"的表现；第三道，对考察对象做到"三必"（即必审、必核、必查）；第四道，对拟提拔对象廉政情况开展"两轮体检"；第五道，充分运用巡视、审计等成果；第六道，推行选拔任用纪实制度。

建基层组织建设先进县、"六好"乡镇党委、"五好"村党支部），2003年又下发了《关于全面开展农村基层组织"先锋工程"建设的意见》。经过各地党组织的积极努力，"先锋工程"建设取得了"五强"显著成效：一是"强核心"。即以建好领导班子为基础，巩固农村党组织的领导核心地位。主要举措包括选好配强"一把手"、积极推行村干部创业承诺制、创新农村基层党组织设置、建立农村工作指导员制度、实施"领头雁"工程①等。二是"强素质"。即以能力提升为重点，切实加强农村基层党员干部队伍建设。主要是实施农村"党员人才工程"建设，把致富能手培养成党员，把党员培养成致富能手，把党员致富能手培养成村干部，并利用县乡党校、乡村电教中心、农村远程教育网络等培训阵地，对农村党员和基层干部进行教育培训。三是"强管理"。即以制度创新促乡村管理，不断完善农村基层组织工作的运行机制。主要包括健全乡镇党委政府工作机制、创新村"两委"协调机制、完善村级重大事项民主决策机制、建立和落实村干部离任审计制度等。四是"强服务"。即强化宗旨意识，密切农村基层党组织与群众的血肉联系。各地从建立健全联系群众、服务群众的长效机制着手，引导农村基层干部进一步增强群众观念、提高服务水平，在服务方式上实现从分散服务向系统服务、被动服务向主动服务、传统服务向现代服务的转变，提高为基层为群众服务的有效性。五是"强实力"。即发挥党员的先锋模范作用，努力实现农村产业转型升级，积极探索加快经济发展路子，多形式发展壮大村级集体经济实力。

2. 以"整乡推进、整县提升"为抓手，提升农村基层党建水平

进入21世纪以来，省委对农村基层党组织建设提出了更高标准和要求，不断探索和创新农村基层党组织建设载体和抓手。总结提炼出诸如农村基层党建责任清单、选树"千名好支书"、落实"四个走遍"②、村"两委"选举明确"五不能六不宜"③、建立党员关爱基金等二十条经验做法，受到中央领导的高度肯定。2015年，中组部印发《浙江省农村基层党建工作经验做法》文件，全面推行"浙江二十条"经验做法。

---

① "领头雁"工程，是一项以加强村党支部书记为重点的农村基层干部队伍建设的系统工程。

② "四个走遍"，即省委书记带头走遍县（市、区），市委书记走遍乡镇（街道），县委书记走遍行政村，乡镇（街道）党（工）委书记走遍自然村和困难户。

③ "五不能六不宜"，即明确规定被判处刑罚或刑满释放未满5年的、违反计划生育未处理或受处理未满5年的、涉黑涉恶受处理未满3年的、受到党纪处分尚未超过所受纪律处分有关任职期限制期限的、丧失行为能力的等五种情况人员不得列为候选人（自荐人）、不能当选；煽动群众闹事扰乱公共秩序的、有严重违法用地违章建房行为拒不整改的、长期外出不能正常履行职务的、有辞职承诺情形而不主动辞职的、党员日常考评中被评为不合格党员的、道德品质低劣在群众中影响较坏的等六种情形人员不宜当选。

省委十三届七次全会将"浙江二十条"主要经验写入《关于加强基层党组织和基层政权建设的决定》，专门召开全省农村基层党建工作推进会，举办全省基层党建骨干培训班和全省村（社区）党组织书记示范培训班，对抓好农村基层党建"浙江二十条"落实，推进农村基层党建"整乡推进、整县提升"，抓好党支部经常性工作等进行部署。督促指导全省各地一条一条对标、一个乡镇一个乡镇地推动、一个村一个村地落实，确保二十条经验做法在我省基层全面落实。为了强化工作责任，省委将落实二十条经验作为市、县、乡党委书记抓基层党建述职评议考核的重要内容，省委组织部专门组织力量赴 11 个市开展整乡蹲点调研。2017 年全省建立基层党建巡查制度，确保二十条经验不折不扣落实。

（二）适应社会治理重心下移要求，加强社区基层党组织建设

社区是城市治理的基层单位，是党在城市执政的基础。社区党组织所承担的地区性、社会性、群众性、公益性工作越来越多，客观上要求加强社区党组织建设，探索社区党建和社区建设新路子。从 1999 年杭州市下城区成为全国社区建设实验区开始，全省全面开展了社区基层党组织建设试验。为推动社区党建工作的制度化和规范化，省委下发了《关于加强城市社区党建工作的意见》等文件。在社区党建中，各地积极推广社区建党委、楼群建支部的做法，构建了全面覆盖的社区组织体系，基本实现了"一社区一支部（党委、总支）"的目标，党组织在社区的领导核心作用得到了有效发挥。各地还按照"健全网络促参与、抓好党建带全面"的工作思路，以辖区共建为抓手，积极构建"四位一体"的"共驻共建"社区党建工作网络，形成以街道党（工）委为核心、社区党组织为基础、社区全体党员为主体、社区内各单位党组织共同参与的社区党建工作新格局。

（三）适应改革发展需要，改革创新国有企事业单位党建工作

在国有企业党建中，浙江省委切实加强和改进党对国有企业的政治领导。一是在坚持现代企业制度框架内，以"双向进入、交叉任职"的办法，不断完善企业领导体制。二是将参与重大问题决策作为国有企业党组织发挥政治核心作用的重要途径，积极探索在公司制股份制改革、健全法人治理结构条件下，实现民主集中制的有效途径。三是建立和完善企业选人用人制度，把党管干部原则贯穿到企业人才培养中，配强领导班子。为了提高国有企业领导班子和领导干部的领导能力，在全省国有企业中开展了"四强""五好"①的创先争优活动。全省 60%以上国有企业基层党组织达到了"四强""五好"的要求，加强了国有企业基层党组织建设。

---

① "四强"：政治引领力强、推动发展力强、改革创新力强、凝聚保障力强。"五好"：领导班子好、党员队伍好、工作机制好、工作业绩好、群众反映好。

浙江全面加强高等院校、医疗卫生等事业单位党的建设。一是坚持把思想政治建设放在第一位。先后在事业单位党组织开展了"三讲"教育，保持共产党员先进性教育，学习实践科学发展观、创先争优、群众路线教育，"三严三实"专题教育和"两学一做"学习教育等活动，提高党员干部的思想政治素质。二是坚持党管干部的原则，推进事业单位干部队伍建设。根据事业单位特点，分层分类制定了《浙江省高等学校领导干部职务任职办法》《高校党委讨论任用干部票决制实施办法》《浙江省省级医疗卫生单位总会计师和财务科长委派制实施办法》等文件，进一步规范了事业单位选人用人行为，增强了事业单位选人用人的公信力。三是适时调整事业单位基层组织设置，提高基层党组织覆盖面。

二、适应经济社会组织变化新要求，全面加强"两新"组织党建工作

"两新"组织是新经济组织和新社会组织的简称。省委根据改革开放以来"两新"组织快速发展的新情况，解放思想，开拓创新，积极探索"两新"组织党建工作。省委于 2011 年成立"两新"工委。其后，11 个市、90 个县（市、区）全部建立"两新"工委，并在 869 个乡镇（街道）建立相应机构，落实编制和人员，配强力量，基本形成了一个覆盖省、市、县（市、区）和乡镇（街道）具有浙江特色的"两新"组织党建工作领导体系。

（一）扩大新经济组织党建覆盖面

浙江是非公有制经济起步较早发展较快的省份，早在 20 世纪 80 年代中期就开始了非公有制企业党建工作的探索，1997 年在 2150 家个私企业建立了党组织。[①]2000 年，省委出台了《关于加强非公有制企业党建工作的若干意见》，并建立了非公有制企业党建工作联席会议制度。此外，浙江还积极推进非公有制企业党建"双覆盖"。浙江紧紧围绕"党建强、发展强"的目标，通过扩大"两新"组织党建工作覆盖面，推动"两新"组织党组织发挥作用，提升"两新"组织党建工作整体水平。针对部分"两新"党组织不够稳定、小微单位覆盖难、新领域新业态覆盖有空白点等问题，全省各地按照不同行业、不同区域的特点，坚持因企制宜、一企一策，探索单独组建、联合组建、挂靠组建、村厂联建、行业统建、编组共建等多种有效形式，扩大工作覆盖、全面兜底管理。确保有党员的"两新"组织实现组织覆盖，没有党员的实现工作覆盖。如在"建筑之乡"东阳市，各类建筑企业达 275 家，足迹遍布国内，有的甚至走出了国门。在这支建筑大军中，流动党员占到了 64%。为此，金华市在东阳成立建筑业协会党委，做到党组织与项目部同步组建、党建工作与项目管理同步部署，使"党建跟着工程走，支部

---

① 庄跃成.党建创新看浙江 [M].杭州：浙江人民出版社，2008：136.

建在项目上",共有 2509 名在册党员及流动党员都能过上正常党组织生活。温州则从社会组织执业的关键环节入手,采取"党建＋重大决策""党建＋中心工作""党建＋行业发展"等办法,促使社会组织党组织真正发挥作用。温州全市社会组织党组织覆盖率达 90％,遍布全球的温州商会党组织覆盖率达 70％ 以上,工作覆盖率达 100％。

为消除党建"盲区"和"空白点",浙江集中推进党的组织和工作覆盖。目前,全省非公企业党组织组建率从过去的 14.6％ 提升到 93.6％,社会组织从 8.9％ 提升到 75.2％。为防止党组织"边建边散",浙江建立了党组织"防瘫预警"机制,每年组织开展"两个覆盖回头看"检查。2016 年又专门开展"规范提升工作",解决"两新"组织党建工作中遇到的突出问题,不断巩固覆盖成果。

浙江一手抓新经济组织全覆盖建设,一手抓新经济组织工作机制建设。一是在新经济组织中建立党组织参与决策机制、服务发展机制、双向沟通机制和关心帮扶机制等四大机制。二是积极开展创"五好"党组织活动。从 2003 年开始,浙江在非公有制企业党组织中全面开展"双比双争创五好"活动。通过开展创"五好"活动,使先进上水平、中等跨台阶、后进变面貌,一大批非公有制企业党组织达到"五好"要求。三是按照"党群工作一体化"要求,注重发挥群团对党建的强基造势作用,初步形成党建带群团、群团促党建的良好态势。四是推进党建工作标准化,提高非公有制企业党建工作科学化水平。如评为"全国新时期好支部"的台州宝石集团党委,把 ISO 9000 标准导入企业党建工作,成功创建党建质量管理体系。这一创新之举通过中国质量认证中心现场审核,获得了浙江省首张民营企业党建质量管理体系认证证书。[①]2013 年,省工商局发布《关于开展全省商品交易市场党建工作标准化建设的指导意见(试行)》,提出了市场党建的"浙江标准",包括党员信息动态化、组织建设科学化、制度建设规范化、党员示范公开化、教育管理经常化、党建保障常态化等。

(二)发挥新社会组织党组织政治核心作用

在省委的领导下,各地采取多种形式积极开展新社会组织党建工作,通过单独组建、联合组建、指派党建工作联络员、挂靠业务主管单位、建立临时支部等多渠道多形式,拓宽党的工作覆盖面。在全省新社会组织党建工作中,各地积极探索新社会组织中党组织工作方式,采取"灵活、小型、多样、务实"的方法,以"党员＋带头"等活动为载体,寓教于业务、寓教于管理、寓教于娱乐,有针对性地开展党的活动,发挥新社会组织中党员的先锋模范作用,发挥党组织的政治核心作用。首先,做好新社会组织党建工作,一要认真选好配强党组织负责人;

---

① 金志良,林绍泉.宝石:企业党建拓出新路[N].台州日报,2012-06-29(1).

二要抓好新社会组织党员的管理和发展；三要充分发挥协调、组织党员及各方力量的作用；四要寻找党建工作和业务工作的结合点，帮助新社会组织把握正确的政治方向，促进新社会组织各项业务的开展。其次是全面实施"党员人才工程"，提高非公有制企业党组织的影响力、凝聚力、战斗力。主要做法是选好配好书记，扩充党务工作人才队伍，做好"三培养"①工作，加强党务工作人才教育培训等。

（三）建设好"两新"组织的党组织活动场所

要让党组织有效运转起来，需要有活动场所作为保障。浙江大力推进"两新"组织党群服务中心活动场所建设。截至2016年年底，全省共新建"两新"组织党群服务中心486个，服务辐射周边61700多家"两新"组织。如在金华市党群服务中心内，阅览室、健身活动室、谈心谈话室、党组织活动室一应俱全；在绍兴市柯桥经济开发区党群服务中心里，"一站式"服务台、园区创业咖啡厅、众创空间、科技大市场等服务平台，为园区内企业、党员职工、科技人才提供精准贴心服务。

通过党群服务中心建设，"两新"组织党建工作总体水平不断提升，活动内容与形式丰富多彩。如"两新"组织生活会、"聚人心，谋发展"主题座谈会、"党的光辉照我心"文艺汇演、"优秀党员与员工集体生日"等。又如2014年建成的杭州市银泰城党群服务中心，共计举办活动120余场，服务"两新"组织党组织近200家、党员群众1万多人次。而对党员人数较少或没有党员、暂不具备条件单独建立党组织的"两新"组织，党群服务中心还承担起了党建孵化和培育的重任。金华市社会组织党群服务中心（社会组织创新园）为全市社会组织提供党务、场地、需求对接、公益活动等服务，自2013年建立以来，已孵化45个新社会组织的党组织。

三、适应城镇化新要求，加强流动党员管理

浙江是流动人口的大省，随着城市化的深入发展，流动党员不断增多，各级党委积极探索流动党员的教育管理模式和党建工作体系。

（一）适应区域化发展新变化，健全城乡统筹党建工作体系

顺应经济区域化、人才集聚化的趋势，浙江按照区域统筹的工作理念，依托社区、行政村、工业园区、产业集聚区、大型商贸区、商务楼宇、专业市场、行业协会、外来务工人员集中居住区等"两新"组织、外来流动人口相对集中的区域和行业，实行"组织联建、党员联管、设施共享、活动共搞"，积极构建动态开放

---

① "三培养"即把优秀技术人员培养成党员，把党员培养成优秀技术人员，把党员优秀技术人员培养成企业管理人员。

的区域化党建工作体系。如外来人员集聚地的区域化党建；农村城镇化中的区域化党建；城市社区的区域化党建；工业园区的区域化党建；商贸区、商务楼宇、集贸市场中的区域化党建；行业、产业中的区域化党建等。为了推动区域内党组织之间的联系和合作，各地结合实际积极探索建立相应的组织工作制度，如建立区域党建协调共商机制、健全区域党建经费投入机制和完善区域群团组织共建机制。

在区域化党建工作推动下，区域内农村、社区、非公有制经济组织、社会组织、机关、学校等各领域党建工作统筹谋划，学习教育区域联动、组织活动区域联动、人才培养区域联动等。各地按照"共享共建、集约利用"的理念，集中有限的财力人力，全力推进党员服务中心建设，为推进区域化党建工作提供阵地保证。区域联动党建机制建设，加强了区域内党建资源和社会资源的集约利用，优化了党基层组织的设置，促进了城乡统筹基层党建新格局的形成。

（二）强化党组织服务教育功能，创新流动党员管理方式

针对流动党员从业的多样性、分散性和流动性特点，各地结合本地实际和特点，着重做好"三个坚持"，探索流动党员的有效教育管理模式。

一是主动做好服务工作。及时掌握辖区流动党员的数量和分布，通过"组织找党员、党员找组织、党员找党员"的"三找"活动，采取登门走访、信函电话追访、亲戚朋友寻访等多种有效形式，及时掌握、摸清辖区流动党员情况。设立流动党员服务中心，直接为广大流动党员服务。依托"党员电化教育网""党建短信中心"，定期向流动党员发短信，提供各种信息"导航"，并设立党员互助金，对经济困难的流动党员提供帮助，让流动党员感受"家"的温暖。

二是坚持组织与工作双覆盖。针对流动党员有效管理的"组织架构难"问题，根据不同经济组织和社会组织的特点，各地因地制宜建立健全相对固定的组织架构，扩大组织和工作覆盖，确保每个流动党员都编入党的组织。如杭州市创造性地推出了十种流动党员组织构架办法 ①，加强了流动党员的教育和管理。

三是坚持规范化管理。主要做法包括建立流动党员档案；建立专人联系制度；严格执行流动党员活动证制度；实行流动党员网络化管理制度；建立流动党员教育管理联席会议制度、组织指导员工作制度、考评制度、动态管理制度、党内活动制度、"三亮相"（即亮形象、亮职责、亮心声）制度等。

（三）积极探索新领域新业态党建工作新方式

近年来充满活力的特色小镇纷纷兴起，是浙江发展的一个亮点，也给党建工作带来新的挑战。一方面，小镇创业者多为年轻人，他们思维活跃、个性鲜明、

---

① 十种流动党员组织构架办法，即楼宇组建法、市场组建法、行业组建法、工程项目组建法、个私协会组建法、跟踪管理法、集中代管法、委托管理法、持证管理法、站室管理法。

流动性大，对这一群体开展党建工作不能照搬传统方式，需要创新工作方式；另一方面，许多特色小镇是跨行政区域的"非镇非区"，这对党组织的有效覆盖和党建工作体系提出了新要求。结合特色小镇发展的实际，浙江提出小镇规划建设与党建工作同步启动、同步实施、同步推进，通过建立特色小镇党（工）委，成立党建联盟、党建工作联席会等，整合与特色小镇发展关系密切的乡镇（街道）、村（社区）、"两新"组织等力量，建设区域性党群活动中心，构建区域党建工作大平台。全省 359 个特色小镇中已有 244 个建立了党（工）委。

针对经济下行压力增大，浙江还在"两新"党组织内广泛开展"我为发展献一策"、征集金点子等活动。如杭州市山南基金小镇借力 3000 平方米的"江南1535"聚募茶馆平台，搭建党员众创平台，组建以基金小镇党员骨干为主体的"精英智囊团"，其提出的很多意见、建议被园区采纳，已吸引全国各地 30 多个创业团队前来创业。党建工作不仅服务党员与"两新"组织，而且要引导"两新"党组织带动党员服务社会。如参与 G20 杭州峰会服务、抗洪救灾、"五水共治"等。浙江现有"两新"组织 9835 支党员服务队，活跃在志愿服务一线，开展"点亮微心愿"活动 469 场，实现党员职工微心愿 48571 个，3.9 万家企业建立党员关爱资金（基金）。作为基层党建的一支重要力量，浙江的"两新"组织党组织在推动经济发展、促进社会和谐等方面正发挥着重要作用，不断用实效生动诠释"党建强、发展强"的理念。

二维码 11-2

第三节　加强作风建设，增强党群凝聚力

一、加强作风建设常抓不懈，省委身体力行作表率

党的作风，是全党包括党的各级组织和党员在实践过程中形成的比较稳定地反映党的特征和品格的整体精神风貌。党的作风体现着党的宗旨，关系党的形象，关系人心向背，关系党和国家的生死存亡。省委始终高度重视和切实加强自身的作风建设，并不断注入新的时代内容。

省委一贯高度重视作风建设。早在 2001 年，为了贯彻落实《中共中央关于加强和改进党的作风建设的决定》精神，省委及时下发了《关于贯彻〈中共中央关于加强和改进党的作风建设的决定〉的意见》，提出了"八个坚持、八个反对"，要求"省级机关和领导干部特别是省委省政府领导和各级党政主要领导要率先垂范，做出表率，一级带一级，一级抓一级，层层抓落实"。2007 年，省委又通过了《关于进一步加强自身作风建设的决定》，在思想作风、学风、工作作风、领导作风和生活作风等五个方面提出了更高的标准。

党的十八大召开后,省委制定了《贯彻落实中央政治局关于改进工作作风、密切联系群众八项规定及实施细则的办法》,明确提出:一要改进调查研究,健全调查研究常态化机制,多与基层干部群众接触交流,帮助解决实际问题。省领导到基层调研要轻车简从,不搞层层多人陪同。二要精简会议活动,严格会议审批程序,控制各类会议活动规模和时间,开短会、讲短话,切实改进会风,提高会议效率。三要精简文件简报,切实改进文风,实行发文立项审批制度。四要规范出访活动,严禁无明确公务、一般性考察和重复考察的团组,不得把出访作为一种待遇。五要改进接待和警卫工作,减少交通管制,不得封山、封园、封路,不清场闭馆,不得停止、限制正常的生产经营活动。六要改进新闻报道,遵循新闻传播规律,根据工作需要、新闻价值、社会效果决定是否报道。七要厉行勤俭节约,严禁铺张浪费,强化预算管理。在会议举办地有住房的与会人员不安排住宿,省领导下基层考察调研期间,不安排宴请,一般到机关食堂、农家乐就餐,有条件的地方可安排自助餐。八要加强督促检查,确保抓出成效。省委要求全省各级组织要认真学习贯彻中央和省委文件精神,对照本地区本部门和自身在作风建设方面的不足和差距,从严从紧研究提出改进的措施和办法,做到以好的作风抓作风,以实的办法抓落实,以转变作风的实际成效真正赢得群众的信任和拥护。

党的十九大召开不久,省委传达学习《中共中央政治局关于加强和维护党中央集中统一领导的若干规定》《中共中央政治局贯彻落实中央八项规定的实施细则》,强调省委常委会及全省各级党组织、广大党员干部要认真学习、坚决贯彻,尤其是省委常委会和省人大常委会、省政府、省政协党组要率先垂范、带头贯彻执行。省委明确提出要高标准落实中央八项规定实施细则精神,结合浙江实际制定具体实施意见,坚决杜绝"四风"问题反弹回潮,坚决反对特权思想和特权现象。强化纪律执行,重点强化政治纪律和组织纪律,带动廉洁纪律、群众纪律、工作纪律、生活纪律严起来。坚持纪法分开、纪在法前、纪严于法,运用监督执纪"四种形态",强化监督执纪问责。加强党性党风党纪教育,引导广大党员干部特别是领导干部讲党性、守纪律、作表率。并对《贯彻落实中央八项规定实施细则的办法》进行修订补充,将原"28条办法"扩增至"36条办法",更贴合工作实际,更具指导性、操作性,推动中央八项规定精神落地生根、风化俗成。坚持问题导向,突出专项治理,如及时出台《关于进一步加强扶贫领域监督执纪问责工作的意见》,针对扶贫领域不正之风开展省市县"三级联查"。仅2017年,全省就查处违反中央八项规定精神问题1172起,处理党员干部1866人,其中给予党纪政纪处分1208人;查结2016年以来发生的形式主义、官僚主义问题261起。①

---

① 丁谨之. 作风建设从严抓起 [N]. 浙江日报,2018-01-15(5).

二、创新作风建设方法，健全完善作风建设机制

省委对作风建设不仅思想上高度重视，常抓不懈，而且积极探索和创新作风建设方法，力求真抓实干取得成效。多年来，省委在抓作风建设上，抓住重点难点问题，持续不断地深化作风建设。自2007年以来，已连续多年开展"作风建设年"活动，每年坚持设定一个主题，做到年年有创新、年年有提升、年年有成效，以作风建设的实际成效推动浙江经济社会的全面发展。

2007年，省委在全省领导干部中开展以"树新形象、创新业绩"为主题的"作风建设年"活动。通过"百名书记蹲点调研""走进矛盾、破解难题"等专项行动，着力解决事关群众切身利益的实际问题。2008年，以巩固和发展"作风建设年"活动成果为目标，开展"我为创业创新做贡献"作风建设大讨论等"九个一"系列活动，着力建立健全作风建设长效机制。2009年，为积极应对国际金融危机的冲击，部署开展了服务发展、服务民生、服务基层，让人民满意的"三服务一满意"活动，以及提高工作效率、提升服务水平、降低公务支出、降低行政成本的"两提高、两降低"专项行动。2010年，以"治庸治懒、提能增效、狠抓落实"为主题，在全省开展深化"作风建设年"活动。

党的十八大以来，浙江聚焦"四风"抓好专项整治，深入开展群众路线教育实践活动和"三严三实"专题教育。坚决贯彻落实中央21项专项整治和省委"六项集中行动""八项专项整治"任务①，深入推进针对本地实际的专项整治工作。为了深入推进作风建设，省委主要领导带头给领导干部讲"三严三实"专题党课，要求各级党员干部要把"严"和"实"的要求立起来、树起来，带头学深"三严三实"、悟透"三严三实"，争做"三严三实"的好干部。

浙江近年来大力推进的"最多跑一次"改革，就是以人民为中心的发展思想的生动实践，彰显"想群众之所想、急群众之所急"的作风。纠正"四风"，一方面领导干部自身要端正思想观念，另一方面还要进一步加强对公权力的制约和监督。整治"四风"问题先要治权，领导干部应当认真听取和吸收各方意见、建议和批评，让政策和决策更加科学化、民主化。要以钉钉子精神驰而不息纠正"四风"，既要警惕高压态势下奢靡享乐之风的隐形变异，更要采取过硬措施反对和纠正形式主义、官僚主义的"十种表现"。要强化理想信念教育、层层压实主体责任，把查找"四风"问题特别是形式主义、官僚主义新表现纳入年底党员干部民主生活会，认真开展自查自纠，起到表率作用。

---

① 我省推进教育实践活动整改落实　以敬终如始精神抓好活动 [EB/OL].(2014-09-11)
[2018-05-15]. http://zjnews.zjol.com.cn/05zjnews/system/2014/09/11/020248911.shtml.

三、真抓实干求实效，作风改观获实效

历届省委班子在抓作风建设上，真抓实干，常抓不懈，一任接着一任干，取得了显著成效。一是干部队伍精神面貌进一步改善。通过作风建设，大力营造敢于作为、勇于创新、狠抓落实、推动发展的良好氛围，推动广大干部树立和保持良好的精神状态，在工作中自我加压、开拓创新，以一种躺着想事、坐着议事、跑着干事的冲劲和激情投身于浙江经济社会发展各项事业。二是群众生产生活困难进一步解决。采取蹲点调研、下访约访、结对帮扶、上门服务等方式，开展和深化"走进矛盾、破解难题""服务企业、服务基层"等专项行动，以及"千局万站优环境促发展推进年"等活动，深入了解民情、体察民意，真诚解决民难。三是作风方面的突出问题进一步得到治理。针对群众反映强烈的突出问题进行集中整治和专项治理，深入开展"医药回扣专项治理年"活动，全面实施以省为单位的网上集中采购工作，着力整治企业反映强烈的突出问题，不断深化减轻农民负担工作，进一步解决征地拆迁、教育、食品药品安全、公路"三乱"等方面群众反映强烈的突出问题。四是行政服务效能进一步提高。坚持不懈地开展机关效能建设，扎实推进行政许可职能归并、行政审批制度、"最多跑一次"等改革，完善省级政府网上办事大厅，规范市县行政服务中心领导体制、机构性质和编制管理，加强电子监察系统建设，建立健全覆盖城乡、上下联动的五级公共服务体系，打造阳光政务运行平台，大力推动公共服务网络向农村基层延伸，不断提升各级政府效能。五是作风建设的体制机制进一步完善。省委认真总结近几年来深化作风建设的实践经验，下发了《关于建立健全作风建设长效机制的意见》，把作风建设的好做法上升为制度规范，把作风建设作为党风廉政建设责任制的重要考核内容，形成了抓作风建设的常态化机制。六是党群干群关系进一步密切。在深化作风建设的实践中，党员干部与人民群众在交流沟通中加深了解，在攻坚克难中增进感情，在互帮互助中贴近心灵，党群干群关系更加和谐。据中央巡回督导组测评结果，全省党员群众对本地区本单位教育实践活动评价"好"的为99.1%。

二维码 11-3

第四节　加强纪律建设，提高拒腐防变能力

一、从思想教育入手，增强拒腐防变意识

"物必先腐，而后虫生。"在纪律建设中，省委注重从思想教育入手，充分发挥思想教育在源头治腐中的基础性作用，不断筑牢党员与领导干部拒腐防变的思想道德防线。

（一）党性党风党纪教育常抓不懈

省委在纪律建设中，有针对性地开展岗位廉政教育、示范教育、警示教育，改进教育方式，创新教育载体，丰富教育内容。十八大以来，省委坚定执行党的政治路线，坚持严字当头，把纪律和规矩挺在前面，全面落实中央颁布的《廉洁自律准则》《纪律处分条例》《问责条例》的要求，既治标又治本，既抓关键少数又抓全体党员，着力净化党内政治生态。2015年，省委办公厅印发了《浙江省贯彻〈2014—2018年全国党员教育培训工作规划〉实施意见》，提出在党性党风党纪教育方面，加强党的宗旨和党的群众路线教育，深入整治"四风"，巩固拓展教育实践活动成果，提高做好新形势下群众工作的能力，切实做到为民务实清廉。省委坚持把维护党的政治纪律和政治规矩作为首要任务，确保全省各级党组织和广大党员干部始终在政治立场、政治方向、政治原则、政治道路上同以习近平同志为核心的党中央保持高度一致。以党章为根本遵循，坚持和加强党对一切工作的领导。严格执行新形势下党内政治生活若干准则，坚持和落实民主生活会和组织生活会制度。严格执行民主集中制，完善和落实各级党委（党组）集体议事规则、决策程序和责任追究制度。加强党的纪律特别是政治纪律和组织纪律教育，严明政治规矩，严格党内政治生活，自觉参加党的组织生活。

（二）廉洁从政教育警钟长鸣

省委坚持对党员干部特别是领导干部经常性开展理想信念和从政道德教育。在群众路线教育实践活动中，省委以"坚定理想信念，敢于担当克难"为主题开展教育，要求各级党组织紧密结合个人思想和工作实际，结合本地本单位的突出问题，结合征求意见中群众提出的问题，对照"三严三实"要求，着力把学习成效体现到树立正确的世界观、人生观、价值观这个"总开关"上来。加强新任职领导干部廉政教育，开展任职前廉政法规知识测试工作。把廉洁从政教育列为各级党校、行政学院和干部教育培训机构的必修课程，坚持党委（党组）中心组每年安排廉洁从政专题学习、主要领导干部带头讲廉政党课等制度。引导广大党员充分认识反腐败斗争的长期性、复杂性、艰巨性，始终保持清醒头脑，干净干事。2015年以来，对1800多名省管干部和4万名县处级以上干部进行党章党规党纪集中轮训。从2016年4月启动的"两学一做"学习教育以来，全省共组织专题党课37.6万余场，给全省380多万名党员带来思想的震荡、灵魂的洗礼。

（三）廉政文化建设与时俱进

省委高度重视廉政文化建设，将廉洁文化融入国民教育和精神文明建设、法制教育之中，纳入文化强省战略。把廉政文化建设纳入公共文化服务体系建设的重要内容，兴建了一批廉政文化教育基地和法纪教育基地，深入实施廉政文化精品工程，广泛开展廉政文化"六进"活动：以"为民、务实、清廉"为主题，推动廉政文化进机关；以"敬廉崇洁"为主题，推动廉政文化进学校；以"诚信廉洁、依法经营"为主题，推动廉政文化进企业；以"树廉洁家风"为主题，推动廉政文化进家庭；以"创清风家园"为主题，推动廉政文化进社区；以"创清廉村风"为主题，推动廉政文化进乡村。以此培育良好的民风社风，净化社会风尚。如编印违纪违法领导干部忏悔录，挖掘整理优秀传统家规家训，通过新媒体开展宣传教育作用。通过红色文化资源开展党性教育、打造"指尖上的课堂"，"三会一课"焕发了新活力；通过一次次"辣味"十足的批评与自我批评，各级党员干部真刀真枪、红脸出汗、身心通透，民主生活会开出了高质量；通过广泛谈心谈话、揭短亮丑，广大党员解开思想疙瘩，组织生活会提升了"含金量"。

二、从制度建设入手，构建惩防腐败的制度体系

制度建设是反腐倡廉建设的重要组成部分，是从源头上预防腐败的重要保证。为了适应新形势新变化，2013 年省委制定出台了《浙江省建立健全惩治和预防腐败体系 2013—2017 年实施办法》，坚持标本兼治、综合治理、惩防并举、注重预防，从作风、惩治、预防三方面构建了惩防制度新体系，扎实推进反腐败体制机制创新和制度保障。

（一）优化作风建设制度环境，推进作风建设常态化

作风建设对党的建设的检验和推动的特性，决定了作风建设必须通过常态化的制度来巩固建设成果。省委提出要坚持以改革办法解决滋生"四风"的深层次问题，形成有利于改进作风的制度环境。主要是健全领导干部带头改进作风、深入基层调查研究机制，完善党员干部直接联系和服务群众制度及畅通群众诉求反映渠道制度，改革政绩考核机制。深化农村基层党风廉政建设。规范并严格执行国有企业领导人员薪酬管理、职务消费等制度。健全作风建设领导体制和工作机制，把作风建设情况纳入党风廉政建设责任制考核范围，开展年度专项检查，及时纠正存在的问题。

（二）健全办案工作机制，提升惩治腐败工作水平

新形势下违纪违法案件呈现高发多发新特点，健全完善办案工作机制尤为重要。省委明确提出，要健全案件发现机制，坚持抓早抓小，防止小问题变成大问题；健全案件突破机制，深入研究办案工作规律，全面加强办案队伍专业化建设，提升办案能力；健全协调配合机制，加强跨地区、跨部门、跨行业协作，完善纪检监察机关与审判、检察、公安、组织人事、审计、房管、金融、电信等单位协作配合，增强办案合力；健全办案执行机制，定期开展执行情况专项检查，确保党纪政纪处分决定执行到位；健全以查促防机制，加大重大典型案件通报力度，

加强对典型案例的剖析，督促相关部门有针对性地建章立制，发挥办案治本功能；落实办案安全责任制，切实保障涉案人员的合法权益和违纪违法对象的申诉权利，进一步提高办案质量和效率。

（三）加强反腐倡廉纪律法规建设，把权力关进制度的笼子里

为了卓有成效地开展反腐倡廉工作，省委明确要求坚持以法治思维和法治方式反对腐败，大力推进反腐倡廉法规制度建设，做到用制度管权管事管人。一是健全惩治腐败制度。如修订工程建设违法行为行政处分规定，健全行贿黑名单制度，制定移送案件规程和案件检查协调办法等。二是健全预防腐败制度。如完善党内民主制度，制定拟提拔干部廉政报告制度，健全防止利益冲突制度，完善利益回避制度，规范国有企业"三重一大"决策制度等。三是健全反腐倡廉地方性法规制度。如制定规范行政程序、行政自由裁量权和行政执法举报投诉处理等制度，探索建立行政问责办法。四是健全反腐倡廉法规制度执行机制。如建立健全制度执行综合考评办法，把制度执行情况纳入党政领导干部问责范围等。党的十八大以来，省委把党内法规制度建设摆在突出位置，出台了党内法规20多部、党内规范性文件50多件。如制定实施《省委党内法规制定工作五年规划纲要（2013—2017年）》《省委党内法规制定细则》《省委党内法规和规范性文件备案细则》《浙江省党内监督十项制度实施办法（试行）》等一系列地方性党内法规。这些具有浙江特点、体现浙江特色的地方性党内法规制度体系的建立，有效地把权力扎紧在党规党纪的笼子里，为浙江全面依规治党提供了制度保障。

三、从严厉惩治入手，提高治腐震慑力

（一）以零容忍惩治腐败，"打虎""拍蝇""猎狐"三管齐下

查办案件是惩治腐败最直接最有效的手段。改革开放以来，浙江在反腐败斗争中把查办案件放在突出位置，加大惩处力度。坚持有腐必反、有贪必肃，以零容忍态度惩治腐败，严肃查处严重违反党的政治纪律、组织纪律的行为；严肃查处问题线索反映集中、群众反映强烈，现在重要岗位且可能还要提拔使用的领导干部；严肃查处领导干部插手工程建设、土地出让、房地产开发，侵吞国有资产，买官卖官、以权谋私、腐化堕落、失职渎职案件；加大对群众身边腐败问题的查处力度；将转移赃款赃物、销毁证据，搞攻守同盟、对抗组织审查的行为，纳入依规惩处的重要内容。狠抓追逃追赃，把外逃腐败分子绳之以法。2015年7月至2017年8月，全省各级纪检监察机关共立案34178件，处分34113人。其中，厅局级56人，县处级545人。2016年全面部署开展农村基层作风巡查，共发现问题16962个，立案1609件，给予党纪政纪处分1198人，移送司法机关188人。2017年7月，省纪委组织专项督查，剑指26个加快发展县、省扶贫协作和对口

支援重点地区，至今共查处扶贫领域违纪违规问题 68 件。近年来"猎狐"取得丰硕成果，成功追回杨秀珠等 3 名"百名红通人员"，共追回外逃党员和国家工作人员 20 名。

（二）强化对权力运行的制约和监督

为了加强对权力运行的制约和监督，省委省政府着力构建决策科学、执行坚决、监督有力的权力运行体系，促进权力规范透明运行。

第一，加强党内监督。省委制定出台了《浙江省党内监督十项制度实施办法（试行）》。对集体领导和分工负责、重要情况通报和报告、述职述廉、民主生活会、信访处理、巡视、谈话和诫勉、舆论监督、询问和质询、罢免或撤换要求及处理等十项监督制度规定了具体实施办法。

第二，加强法律监督。支持人大及其常委会依法通过询问质询、执法检查、听取和审议工作报告、预算审查、特定问题调查、备案审查等形式，加强对"一府两院"的监督和对法律实施情况的监督，加强对政府全口径预算决算、国有资产、政府重大投资建设项目、专项资金的审查监督。保证审判机关依法独立公正开展行政审判活动，强化检察机关对立案侦查活动、审判和执行活动的监督。

第三，加强行政监督。强化政府法制监督，充分发挥行政复议的监督作用。强化行政监察职能，推进政府绩效管理和行政问责工作，发挥特邀监察员作用。加强对行政执法的监督，完善行政执法程序，规范执法自由裁量权。加强对党政主要领导干部的经济责任审计，2011 年颁发了《浙江省党政主要领导干部和国有企业领导人员经济责任审计办法》，建立重要岗位领导干部任期内轮审制度，推进政府性资金审计全覆盖。

第四，加强民主监督。2013 年，省委在全国率先出台了《关于加强人民政协民主监督的意见》，明确了 10 种主要监督形式，即会议协商监督、专项集体民主监督、民主监督员监督、民主评议监督、提案监督、委员视察监督、反映社情民意监督、参加党政部门组织的监督、联动联合监督以及其他形式监督。2014 年，首次开展专项集体民主监督，以助推"五水共治"为主题，三级政协联动，万名委员同行，提出意见建议 4728 条。①深化在全国率先探索建立的村（居）务监督委员会制度。重视和加强舆论监督，支持新闻媒体开展科学监督、依法监督和建设性监督，运用和规范互联网监督。

第五，健全监督制约机制。建立权力清单制度。浙江是全国第一个省市县三级统筹设计、梯次推进权力清单制度的省份。2013 年省编办印发了《关于开展政府部门职责清理规范行政权力运行工作的通知》，2014 年省政府下发了《关

---

① 陈东升.法治中国的浙江实践 [N].法制日报，2014-10-17(1).

于全面开展政府职权清理推行权力清单制度的通知》，规定了权力清单制度的范围内容、工作任务、工作流程、工作要求、时间安排及分析审核的重点内容等。引入独立第三方审核评估组织，建立"三报三审三回"①工作流程。2014年，省级42个部门的权力清单在浙江政务服务网上公布，4236项行政权力列入清单，清晰可查，这是全国首张完整的省级部门权力清单。②嘉善县是全国唯一的县域科学发展示范点，被称为权力公开监督的"嘉善样本"。

深化廉政风险防控机制建设。浙江廉政风险防控工作起步于2008年。为进一步提高党员干部廉政风险防范能力，2012年制定出台《关于深化廉政风险防控机制建设的意见》，重点建设"六大长效机制"，即建立健全廉政风险教育机制、权力配置制约机制、权力运行监督机制、廉政风险预警处置机制、廉政风险防控检查评价机制和廉政风险预警处置机制。2012年实现各级党政机关、所有岗位廉政风险防控机制全覆盖。深化"阳光工程"建设。2012年以来，在全省普遍建立政务公开制度的基础上，浙江大力开展以保障性住房阳光监管等八项重点工作为主要内容的"阳光工程"建设，着力解决群众反映强烈的教育、医疗、住房和环境保护等方面的突出问题。至2014年3月，47个省级部门共梳理出2645项行政权力事项和68项重点事项向全社会公开，省"阳光工程网"上线运行。③2014年，浙江省人民政府办公厅出台了《关于深化"阳光工程"建设的意见》，全面推进各级政府及其工作部门权力公开规范运行，进一步探索村（居）务公开、厂务公开的新途径新方法。

二维码11-4

第五节 加强制度建设，提高科学管理能力

一、加强领导制度建设，提高执政水平能力

领导制度是党的领导工作与活动的规则和程序，这是党实现科学执政、民主执政、依法执政的基础和保证。在新的历史条件下，省委把中央的要求和本地实际紧密结合起来，着重从决策权、执行权、监督权等方面加强领导制度建设，提

---

① "三报"是指省级部门初次上报权力事项，各部门对审核意见提出拟采纳或不拟采纳意见，并做出说明，然后第二次、第三次上报省编办。"三审"即专家咨询团队及省编办、省审改办、省法制办等对各部门总共三次上报的权力事项或反馈意见进行分析审核，并提出取消、转移、下放、整合、严管等调整意见。"三回"即把三次分析审核后的调整意见回复给各部门。

② 叶慧.把行政权力关进制度笼子里——浙江省级部门权力清单出台前后[J].今日浙江，2014(13).

③ 王海超."阳光工程"建设高歌猛进[J].今日浙江，2014(3).

高党的领导水平和执政能力。

（一）率先试行党代会常任制

浙江在全国率先试行党代会常任制。从 1988 年台州市椒江区试点开始，浙江试行党代会常任制已有 30 年历史，目前，全省所有乡镇全面推行乡镇党代会年会制，形成了以党代表任期制、党代会年会制、党委会负责制为主要内容的党代表大会常任制基本制度，有效提高了党的决策能力。浙江探索的党代表提案制和乡镇党代会年会制，写入了党的十八大报告。

（二）健全党委领导工作制度

省委根据中央提出的"总揽全局、协调各方"原则，要求各级党委把决策方式、议事规则、工作方法制度化、规范化，切实加强党委领导制度和工作制度建设。

一是建立健全地方党委总揽全局、协调各方的工作机制。党委对全局工作通盘考虑，整体谋划，处理好重点工作与面上工作的关系，从而形成了在党委统一领导下各司其职、各尽其责、互相配合、全面推进的工作机制。

二是强化党委主体责任。省委明确要求各级党委（党组）每年定期以书面形式向上一级党委及纪委报告党委（党组）履行主体责任的工作情况，主要负责人履行"第一责任人"职责情况。同时要求各级党委建立党政领导班子成员"一岗双责"，即领导干部既要承担所在岗位的工作职责，又要承担所在岗位的党风廉政建设职责。

三是建立健全民主决策的工作规范和制度。各级党委按照"集体领导、民主集中、个别酝酿、会议决定"的要求，强化全委会的权力和作用，凡属方针政策性的大事、全局性的问题、重要干部的选拔任用，逐步由常委会讨论决定扩大为由全委会讨论决定。为推进决策的民主化和科学化，省委先后制定了一系列文件，把调查研究、征求意见、决策咨询和集体讨论决定作为党委重大决策的必要程序。

（三）扎实推进纪检监察体制改革

纪检机关和监察机关的职能作用发挥如何，对于建立科学的党的领导体制意义重大。十八大以来，浙江扎实推进纪检体制和监察体制改革，较好地发挥了纪检机关和监察机关的作用。

一是强化上级纪委对下级纪委的领导。健全完善执纪审查工作以上级纪委领导为主的机制，落实纪委书记、副书记提名考察以上级纪委会同组织部门为主的规定。

二是加强和改进对纪检监察派驻机构的统一管理。全面完成省市县三级派驻机构改革，实现派驻监督全覆盖，注重发挥派驻监督"探头"作用。省第十三次党代会以来的五年，全省各级派驻机构共立案 5198 件，党纪政纪处分 5100 人。

三是充分发挥巡视"利剑"作用。紧紧围绕加强党的领导、维护党中央权威这个根本，加强政治巡视。积极配合中央巡视组开展工作，省纪委、监察厅制定落实"十大整改行动"方案。不断创新巡视方法，积极开展常规巡视、专项巡视、"回头看"等。强化巡视成果运用，抓好巡视反馈和整改督查，公开通报主要问题和整改情况，解决了一批疑难问题。出台浙江省巡视工作实施办法，健全了一批制度。2016 年 2 月，浙江省在全国率先实现省市县三级派驻全覆盖。

四是深入推进国家监察体制改革试点。2016 年 12 月，全国人大常委会通过关于在北京市、山西省、浙江省开展国家监察体制改革试点工作的决定。浙江按照全国人大常委要求制定了改革试点实施方案，全面完成省市县三级监察委员会组建转隶工作。各级监察委员会与纪律检查委员会合署办公、职能融合，覆盖所有行使公权力的公职人员的监察体系初显雏形。

二、完善党内民主制度，以党内民主带动人民民主

改革开放以来，省委立足浙江实际，以保障党员民主权利为基础，以完善党的代表大会制度和党的委员会制度为重点，积极推进党内民主建设，对人民民主建设起到了示范作用。

（一）夯实党内民主基础，切实保障党员民主权利

全省各级党组织普遍实行基层党务公开制度，全面推行民主恳谈会、民主听证会、民主议事会、民情沟通日的"三会一日"制度。全面建立村务监督委员会，推行民主决策由党员群众建议、村党组织提议、村两委商议、党员大会审议、村民代表会议或村民大会决议，决议公开、实施结果公开的"五议两公开"工作法，深化村务公开制度，全省 85% 以上村建立民主恳谈会制度。

（二）完善党内选举制度，扩大党内选举民主

一是改进党代表的推荐选举办法。广泛发动基层党组织和党员参与代表候选人初步人选的推荐提名，基本实现基层党组织和党员的"两个全覆盖"。在基层党员代表推选中，各地普遍实行党员推荐和群众推荐的"两推"办法，并适当扩大差额推荐和差额选举的范围和比例。

二是积极推进公推直选制度。全省机关、企业、中小学等基层党组织普遍推行公推直选，有条件的村、社区等也推行公推直选。在 2011 年全省 943 个乡镇党委换届中，对委员候选人全面实行党员自荐、党员（群众）联名推荐、组织推荐的"公推"提名方法。

三是实行任用干部票决制。早在 1988 年，台州市椒江区委就对区委管理的干部任免全部实行票决。2004 年，市、县（市、区）党委常委会全面试行任用干部票决制。2009 年，省委常委会讨论任用省委管理干部首次实行票决制。目

前从省委到县（市、区）委全部实行了票决制。

（三）全面实行党代表任期制，充分发挥党代表作用

浙江较早探索和推行党代表任期制。一是出台实施党代表提案、提议、调研视察、列席党内重要会议、学习培训等的"五项制度"，使党代表活动趋于常态化。二是推行党代表工作室建设。早在2005年前后，宁波市江北区、温岭市太平街道等地探索建立了全省第一批党代表工作室，以发挥党代表在大会闭会期间的作用，落实党代表的知情权、参与权、监督权和建议权。省委组织部于2011年下发《关于推进党代表工作室建设的指导意见》。2012年，11个市、90个县（市、区）已建立党代表工作室4000多个，市、县、乡三级22000多名党代表进驻工作室。目前，浙江党代表个人工作室遍地开花，党代表全覆盖传递党情，心贴心倾听民声，零距离服务群众。三是积极探索发挥代表作用的其他有效途径和形式。如推行乡镇代表评议乡镇党委领导班子、代表询问、代表票决党内重要事项等制度。

三、改革领导干部考察评价制度，建设高素质专业化干部队伍

浙江坚持党管干部原则，深化干部人事制度改革，不断完善领导干部和班子考核评价办法，打好干部工作"上下管育爱"组合拳，为高水平谱写实现"两个一百年"奋斗目标的浙江篇章，打造具有铁一般信仰、铁一般信念、铁一般纪律、铁一般担当的勇立潮头的浙江铁军。

（一）完善领导干部和领导班子考核评价办法

改革开放以来，省委不断探索和完善对领导班子和领导干部的考核评价办法。2009年，省委组织部颁发了"一个意见、五个办法"的考核评价办法。坚持正确选人用人导向，不简单把GDP、发展速度作为评价干部实绩的主要依据，注重考核推进经济转型升级、社会管理、保障和改善民生、党风廉政建设的实际成效；更加注重对德的考核，开展正、反双向测评；更加注重动态分类考核，设置个性化指标和动态指标，坚持考核因地制宜、因人制宜、因时制宜；更加注重基层群众评价，首次设置廉政建设、公民权益保障、民生改善、组织工作、生态环境质量等五项公众满意度指标，并赋予20%的权重，让"群众满意"成为检验工作成效的重要标准；更加注重综合考核，整合各类考核资源，科学分析考核结果，加强考核结果通报和反馈，增强考核评价工作实效。

（二）改进领导干部选拔机制

长期以来，省委高度重视干部队伍建设，改进领导干部选拔机制。中共中央印发《党政领导干部选拔任用工作条例》后，浙江认真落实"信念坚定、为民服务、勤政务实、敢于担当、清正廉洁"的好干部标准，不断改进领导干部选拔机制。

突出政治标准，强化实干实绩和基层导向，提拔重用牢固树立"四个意识"和"四个自信"、坚决维护党中央权威、全面贯彻执行党的理论和路线方针政策、忠诚干净担当的干部，注重选优配强各级党政正职；修订市县党政领导班子和领导干部实绩考评指标体系，着重筑牢防止"带病提拔"的六道"防火墙"，把更多"狮子型"干部发现出来、使用起来，配强好班长，建设好班子，培养好梯队；突出凭绩提人，将G20杭州峰会、世界互联网大会、拆违治危、环境整治等中心工作、重点工作作为检验干部能力、素质、作风的大赛场、大熔炉，引导各级干部冲上前线、沉在一线、争上火线；出台《关于完善改革创新容错免责机制的若干意见》，引导广大干部勇当改革排头兵、弄潮儿；实施基层干部激励计划，出台《关于进一步加强乡镇干部队伍建设的意见》，制定乡镇干部经济待遇一般高于县级机关同职级干部20%以上，乡镇（街道）公务员年度考核优秀等次比例提高到20%等举措；推行"日志式"管理，坚持"二八分"原则识别干部，做到提人知情、提情知人。

（三）动真格推进干部能上能下

浙江把推进干部能上能下作为深化干部人事制度改革、强化干部管理监督的重要突破口，构建起"能者上、庸者下、劣者汰"的用人导向和从政环境。关于"下"干部的红线，2013年制定《浙江省调整不适宜担任现职领导干部办法（试行）》，2015年中央《推进领导干部能上能下若干规定（试行）》下发后，浙江在第一时间制定了实施细则，进一步对干部6种"下"的渠道和情形进行了细化明确，提出了不适宜担任现职领导干部的5大类21种情形。2016年，省委组织部又组织开展了"治理为官不为、推进干部能上能下长效机制"专项督察。"下"干部先从省管干部开刀，逐级传递压力。自2015年以来，全省共调整不胜任不称职干部1545名。通过设定"下"干部红线底线，有效解决了干部能力不足、担当不够、不作为等问题。党员干部普遍反映，各单位拉关系找门路的少了，谋实事干成事的多了；做"老好人"的少了，坚持原则、敢于得罪人的多了。

（四）重视领导干部"生活圈、社交圈"的考察

领导干部的生活圈和社交圈，是领导干部个人的自由空间，往往是监督上的"空白地带"。推行"两圈"考察，拓展了对领导干部的考核面，能够有效防止干部考察失实失真，提高干部考核的准确性。2002年，湖州市被中组部确定为全国干部制度改革试点单位。2004年，省委组织部制定了《关于推行领导干部生活圈、社交圈考察的意见》，要求重点在市、县党政机关县处级及以下干部的考察中全面推行"两圈"考察。"两圈"考察的内容主要包括个人修养、社会交往、家庭生活三个方面。主要采用个别谈话、召开座谈会等形式，到考察对象单

位、所在社区、家庭、街坊邻里向有关人员了解考察对象的"两圈"表现。征询考察对象所在地纪检、监察、公安、法院、检察院、信访、审计等有关部门的意见，广泛收集干部监督信息。推行"两圈"考察制度，有利于加强对领导干部的监督，优化用人环境，受到广大干部群众的热情拥护和好评。

二维码 11-5

 **案例 11-1**

围炉夜话叙初心

春节长假刚过，夜渐深，屋外寒风呼啸，仙居县上张乡姚岸村古祠堂内的炉火正旺，但更令围坐在四周的村民们暖上心头的，却是一位年逾七旬的老人。老人叫陈金木，是一位退休老干部，平时喜欢把老百姓特别关注的最新政策内容，编成通俗易懂的顺口溜，帮助村民们了解。晚上，他作为上张乡"红色讲师团"成员，用自己编的顺口溜，给姚岸村的村民们宣讲党的十九大精神。

"党的十九大，说出百姓心里话，不忘初心和使命，奋斗梦想永不懈……"老陈讲得十分投入，声情并茂。为了编写出能让普通村民都听得懂的顺口溜，老陈已记不清自己事前逐字逐句读了多少遍十九大报告，编写好后又反复诵读。围坐在火炉四周的村民们听得专注，听到精彩处，情不自禁地鼓起掌来。

"接下来就请大家说说自己的想法，可是要结合我们村的发展啊。"乡长郑芳欣用乡村振兴的话题打开了党员群众的话匣子。

"上张乡有红色历史，结合红色文化开展农旅活动，聚得起人气""小城镇环境综合整治，可得发动群众和党员一块儿努力"……句句不离十九大报告，个个心系家乡发展。两个小时，在你一言我一语之中不知不觉度过。

"围炉夜话"学习十九大报告，是上张乡"红色讲师团"宣讲十九大精神的主要方式之一。由老党员、机关干部、民间名嘴、草根讲师、青年志愿者等43人组建而成的这个宣讲团，进村庄、走地头宣讲，使十九大精神深入人心。截至目前，当地已开展入户宣讲80余次，走访党员、群众上千人。

"我们通过'强基惠民村村帮'团队组建各式各样的'红色讲师团'，进村入户开展'千场党课下基层、十九大精神进万家'活动，将十九大精神贯彻落实在基层一线。"仙居县委组织部主要负责人告诉记者。

目前，除组织开展"千场党课下基层、十九大精神进万家"活动外，仙居还要求各级党员领导干部到联系企业开展专题宣讲活动，并组织各级党代表、先进模范、党校教师到基层一线党支部巡回讲党课。截至目前，仙居县、乡、村各级共开展各类宣讲活动1200多场次，受众2.9万多人次。

资料来源：徐子渊，罗亚妮. 围炉夜话叙初心 [N]. 浙江日报，2018-02-28(3).

 阅读书目

1.中共浙江省委.中共浙江省委关于认真贯彻《中共中央关于加强和改进新形势下党的建设若干重大问题的决定》的实施意见.今日浙江，2009(20).

2.车俊.坚定不移沿着"八八战略"指引的路子走下去 高水平谱写实现"两个一百年"奋斗目标的浙江篇章——在中国共产党浙江省第十四次代表大会上的报告.浙江日报，2017-06-19.

3.中共浙江省委.中共浙江省委关于高举习近平新时代中国特色社会主义思想伟大旗帜奋力推进"两个高水平"建设的决定.浙江日报，2017-11-14.

4.胡承槐，王侃，邱巍.主体维度论——浙江党建实证研究.杭州：浙江大学出版社，2008.

5.庄跃成.党建创新看浙江.杭州：浙江人民出版社，2008.

6.肖剑忠.浙江基层党建：实践创新与理论思考.杭州：浙江大学出版社，2015.

 思考讨论题

1.浙江在学习型党组织建设中是怎样创新学习形式和手段的？

2.浙江在推进"两新"组织党建中有哪些特点？取得了怎样的成效？

3.近年来浙江如何推进党的政治建设？

4.浙江反腐倡廉建设有何经验和特色？

5.浙江在加强党内制度建设上采取了哪些举措，有何经验？

后 记

　　《中国特色社会主义在浙江的实践》是根据中共浙江省委的要求编写的与国家统编教材《毛泽东思想和中国特色社会主义理论体系概论》配套的浙江省高校德育教材。

　　本教材从立项编写到出版历时一年多，几易其稿。我们立足浙江省情和实际，力求写出浙江特色，展示浙江经验，努力做到生动、活泼、鲜活、流畅，具有可读性和吸引力。教材编写得到了浙江大学万斌教授、浙江省社科联原副主席蓝蔚青研究员、浙江省社科院陈华兴研究员、中共浙江省委宣传部理论处陈先春处长的指导和支持，他们对教材编写提出了许多宝贵的建设性意见。

　　本教材编写成员由来自全省高校具有教授和副教授职称，且长期担任《毛泽东思想和中国特色社会主义理论体系概论》课教学的骨干教师组成。全书编写分工是：绪论，谭劲松，浙江理工大学。第一章，张国宏，浙江商业职业技术学院；梁丽华，浙江交通职业技术学院。第二章，任映红，温州大学；周文俊，浙江中医药大学；陈仁涛，浙江工业大学。第三章，于成文，宁波大学；陈仁涛，浙江工业大学。第四章，华正学，浙江财经大学。第五章，詹真荣，浙江工商大学。第六章，王康，杭州师范大学；常楷，浙江传媒学院。第七章，傅夏仙，浙江大学。第八章，万泽民，浙江农林大学。第九章，邹宏秋，浙江金融职业学院；姜建红，杭州电子科技大学。第十章，章小朝，浙江师范大学；杨红，中国计量学院。浙江理工大学唐灵魁、浙江工商大学杭州商学院徐麟文参加了部分章节的修改讨论；浙江财经大学华正学参与了部分章节初统稿。副主编参与了全书初统稿，主编负责全书框架体系设计、初统稿和最终统稿定稿。

　　参加教材编写的老师以高度责任感和使命感，严谨治学、精益求精。但是，由于受理论水平和写作能力的限制，教材中还存在诸多不足，难免有错误，希望老师和同学们在使用中发现和提出，以便修改和更正。

　　本教材采用了诸多已有成果，鉴于教材体例，无法一一注明；出版社、责任编辑等为本书的出版付出了辛勤劳动，在此一并表示衷心感谢。

本书编委会

2013 年 6 月

第二版后记

《中国特色社会主义在浙江的实践》2013 年 6 月出版，两年以来，中国特色社会主义理论又有新发展，浙江社会主义现代化建设实践又有创新。为了及时吸收和反映理论发展和实践创新成果，决定对本教材进行修订。

本次教材内容的修订，一要全面吸收两年来中国特色社会主义理论发展创新成果。突出宣传"四个全面"战略布局，习近平治国理政重要论述，党的十八届三中、四中全会精神。二要全面总结和诠释浙江在"八八战略"引领下，从"两创""两富"到"两美"战略实践取得的丰硕成果和重要经验。

本次修订基本保持教材原有章节架构和篇幅不变，案例和参考书目适当调整和更新，更正教材中存在的表述不规范、错漏字、统计数据资料有误等问题。

修改实行章主编负责制，原则上按原承担任务进行修改。

全书修订分工：绪论，谭劲松，浙江理工大学。第一章，张国宏，浙江商业职业技术学院；梁丽华，浙江交通职业技术学院。第二章，任映红，温州大学；周文俊，浙江中医药大学。第三章，于成文，宁波大学；陈仁涛，浙江工业大学。第四章，华正学，浙江财经大学。第五章，詹真荣，浙江工商大学。第六章，王康，杭州师范大学；常楷，浙江传媒学院。第七章，傅夏仙，浙江大学。第八章，万泽民，浙江农林大学。第九章，邹宏秋，浙江金融职业学院；姜建红，杭州电子科技大学。第十章，章小朝，浙江师范大学；杨红，中国计量学院。

本次教材修订，广泛听取了全省"概论"课教师培训班、备课会，研究会QQ 群中老师提出的宝贵意见，还通过访谈、座谈相关专家、任课教师和学生收集了修改意见，在此特表示衷心感谢。

本次教材修订，虽然大家都很认真和尽力，但囿于水平和能力，难免有不尽如人意之处，仍存在不足，希望老师和同学们指正。

本书编委会
2015 年 6 月

第三版后记

《中国特色社会主义在浙江的实践》2013 年 6 月出版，2015 年 6 月出版第二版。第二版出版三年多来，中国共产党召开了十八届五中、六中、七中全会和十九大，十九届一中、二中、三中全会。党的重要会议不仅推进了中国特色社会主义理论的重大创新和发展，产生了习近平新时代中国特色社会主义思想，而且在习近平新时代中国特色社会主义思想指导下，中国特色社会主义建设的伟大实践又取得了新的辉煌成就。处在理论创新和实践创新伟大时代的浙江人民，遵照习近平总书记"干在实处永无止境，走在前列要谋新篇"的要求，沿着"八八战略"指引的方向，在"两个高水平"建设的伟大实践中又迈出了新步伐。

第三版教材的修订，一方面，要全面反映和吸收党的十八届五中全会特别是十九大以来中国特色社会主义理论的重大发展和创新成果，突出宣传习近平新时代中国特色社会主义思想；另一方面，旨在全面总结和诠释浙江在"八八战略"引领下，从"两创""两富""两美"到"两个高水平"建设战略实践中取得的丰硕成果、积累的重要经验、创造的浙江样本。

第三版教材的修订，在基本保持教材原有章节架构的前提下，新增了"教育改革创新，推进教育强省建设"作为第七章，使全书增至十一章。改革开放四十年来，浙江教育体制改革和教育事业的发展都走在前列，教育强省建设取得辉煌成就。新增"坚持教育优先发展战略，持续推进教育强省建设"一章，不仅弥补了教材前两版的缺陷，而且有利于身在高校的思政教师和学习思政理论课的学生更好地了解浙江教育体制改革和教育事业的发展。

本次修订在原有案例、参考书目、思考题基础上增加了链接和二维码，旨在更好地帮助学生更多了解教材外的学习资料。本次修改对原有案例和参考书目做了适当调整和更新，并对原教材中存在的表述不规范、错漏字、统计数据资料有误等问题做了更正。

本次修订实行章主编负责制，原则上按原承担任务进行修改。第三版修订分工：绪论，谭劲松，浙江理工大学。第一章，张国宏，浙江商业职业技术学院；梁丽华，浙江经济职业技术学院。第二章，周文俊，浙江中医药大学；卓高生，温州大学。第三章，于成文，宁波大学；陈仁涛，浙江工业大学。第四章，华正学，浙江财经大学。第五章，詹真荣，浙江工商大学。第六章，王康，杭州师范大学；常楷，浙江传媒学院。第七章，金一斌，浙江工商大学。第八章，傅夏仙，浙江大学。第九章，万泽民，浙江农林大学。第十章，邹宏秋，浙江金融职业学院；姜建红，杭州电子科技大学。第十一章，章小朝，浙江师范大学；杨红，中国计量大学。

　　本次教材修订，从 2017 年 11 月启动，历时半年多，老师们几易其稿，反复修改，编者、正副主编之间反复斟酌商讨，真可谓态度认真，尽心尽力。尽管这样，但囿于水平和能力，难免仍存在不足，甚至存在错误，恳请老师和同学们批评指正。

本书编委会

2018 年 6 月